Opaschowski: Tourismus

Freizeit- und Tourismusstudien
Band 3

Die weiteren Bände:

Pädagogik der freien Lebenszeit (3. Aufl. 1996)
Einführung in die Freizeitwissenschaft (3. Aufl. 1997)
Umwelt. Freizeit. Mobilität (2. Aufl. 1999)
Freizeitökonomie (2. Aufl. 1995)
Futurologie von Arbeit und Freizeit (in Planung)
Ethik von Freizeit und Konsum (in Planung)

Horst W. Opaschowski

Tourismus

Eine systematische Einführung
Analysen und Prognosen

3., aktualisierte und erweiterte Auflage

Leske + Budrich, Opladen 2002

Gedruckt auf säurefreiem und alterungsbeständigem Papier.

Die Deutsche Bibliothek – CIP-Einheitsaufnahme
Ein Titeldatensatz für die Publikation ist bei
Der Deutschen Bibliothek erhältlich

ISBN 3-8100-3216-6

Satz: Verlag Leske + Budrich, Opladen
Druck: DruckPartner Rübelmann, Hemsbach
Printed in Germany

Inhalt

Vorwort

„Travel“ und „Travail“, Reisen und Arbeiten, haben die gleiche Wortwurzel und deuten auf das gleiche Phänomen hin: Der Mensch kann auf Dauer nicht untätig in seinen eigenen vier Wänden verweilen. Noch nie in der Geschichte des modernen Tourismus reisten so viele so viel. Reisen gilt als die populärste Form von Glück. Reisen ermöglicht Orts-, Szenen- und Rollenwechsel. Reisen bietet die Chance, zeitweilig die Seele vom Alltagsballast zu befreien. Für viele Menschen ist der Urlaub heute zum Rechtsanspruch und die Reise zur Passion geworden – in dem Doppelsinn des Wortes Leidenschaft, in dem Leiden und Lust nahe beieinander liegen, wie Abschied und Heimkehr auch.

Wer heute von Berufs wegen mit Reisen und Tourismus zu tun hat, sollte nicht nur wissen, wohin die Reise geht, sondern sich auch darüber Gedanken machen können, woher die Menschen kommen, warum und wie sie verreisen, was sie tun und wie zufrieden sie im Urlaub wirklich sind.

Der Band „Tourismus. Systematische Einführung – Analysen und Prognosen“ will für den Leser selbst eine Reise sein – in die Geschichte und Psychologie des Reisens, in die große Neugier und die kleinen Abenteuer, in die großen Urlaubshoffnungen und das kleine Urlaubsglück. Er informiert über aktuelle Ergebnisse der europäischen Tourismusforschung und Tourismuskritik, enthält Tourismusanalysen über Motive, Daten und Hintergründe, weicht aber auch Tourismusprognosen nicht aus. Urlaubsträume, Reisetrends und Szenarien machen deutlich: Reisesehnsüchte von heute können Reiseziele von morgen sein.

Noch 1960 erschien es lediglich „denkbar“, dass der Tourist in Zukunft „zu einem wissenschaftlich legitimierten Forschungsgegenstand“ werden könne (Knebel 1960, S. VI). Inzwischen ist es soweit: Tourismustheorie und Tourismuskritik haben in Forschung und Wissenschaft ihren systematischen Platz: Aus der ehemals wirtschaftswissenschaftlichen Lehre vom Fremdenverkehr (Artur Bormann 1931) bzw. Fremdenverkehrskunde (Robert Glücksmann 1935) ist heute eine interdisziplinäre Tourismuswissenschaft geworden.

Das Titelbild von Georgi Takev stellt eine symbolische Komposition aus realen, futuristischen und fantastischen Elementen der touristischen Umwelt dar. Die Ferieninsel Lanzarote galt bisher als Symbol dafür, dass Architektur und Natur kein Widerspruch sein müssen. Die stimmungsvolle Vulkaninsel im Atlantik verdankte ihren Reiz nicht zuletzt der besonnenen und der Natur angepassten Architektur des verstorbenen Künstlers Cäsar Manrique. Und gerade diese seltene Symbiose von Landschaft und Architektur ist in Gefahr. In seinem Manifest „Lanzarote stirbt“ wies Manrique auf die nicht wiedergutzumachenden Fehler für den Tourismus hin, die durch Geldgier und Bodenspekulation, Massentourismus und ungebremstes Wachstum der Insel drohen. Wer die Zerstörung der natürlichen Grundlagen des Tourismus heute nicht verhindert, kann sie morgen nicht mehr rückgängig machen.

Die vorliegende dritte, aktualisierte und erweiterte Auflage hat sich nicht nur im Umfang, sondern auch im Inhalt verändert: Das empirische Datenmaterial wurde aktualisiert und das Literaturverzeichnis erweitert. Neu hinzu gekommen sind die Kapitel VI „Zwischen Billigreise und Luxusurlaub. Tourismusökonomie“, Kapitel VII „Service für das Wohlbefinden. Qualitätstourismus“ sowie Kapitel VIII „Immer wieder einmalig. Eventtourismus“. Schließlich wurde das Kapitel X „Politik im Tourismus“ um den Aspekt „Ethik“ ergänzt.

Horst W. Opaschowski

I. Touristische Grundbegriffe. Terminologie

1. Reisen im Spiegel der Sprache

1.1 Wandern, Fahren und Reisen

Das Wort *Wandern* ist nur im Westgermanischen, speziell im Deutschen und Anglofriesischen, vorhanden. In der elsässischen und schweizerischen Literatur tritt es erst im 16. Jahrhundert auf. Auch die Wörter „vandra" im Schwedischen und „vandre" im Dänischen sind aus dem Deutschen entlehnt worden. Ähnliche Beobachtungen kann man bei dem deutschen Substantiv *Reise* machen. Ihm steht in anderen Sprachen nichts Entsprechendes gegenüber. Es ist auf das Deutsche beschränkt und erst später ins Nordische und Romanische gedrungen. Sowohl dänisch „reise", schwedisch „resa" wie altfranzösisch „raise" und „rüse" sind aus dem Deutschen entlehnt.

Mit der Reise verbindet sich der Wunsch, die fremde Welt – im ursprünglichen Sinn des Wortes – zu *erfahren*. Denn als erfahren galten früher nur Menschen, die viel gereist und daher vieles gesehen, erlebt und gelernt hatten. Im reisenden Erkunden und Erfahren der Welt lag die Grundbedeutung dieses Wortes. Eine ähnliche Bedeutung besitzt auch unser heutiges Wort *bewandert*. Einer, der in seinem Leben viel gewandert und in der Welt herumgekommen war, wurde damals als „bewanderter Mann" (franz. „routinier") und damit als weltkundig, aufgeklärt und gelehrt bezeichnet. Daher nennen wir bis heute einen, der seine Sache versteht und reiche Kenntnisse besitzt – also wohlinformiert ist – „gut bewandert".

Noch in einer Reihe anderer deutscher Wörter spiegelt sich die Bedeutung, die das Reisen seit jeher für die Deutschen gehabt hat, wider, auch wenn heutzutage ihr ursprünglicher Sinn längst vergessen ist. Hier wäre zuerst unser heutiges Wort *fertig* zu nennen, dessen ursprünglich konkreter Wortinhalt darin bestand, zum *Fahren* oder zur *Fahrt* imstande oder geeignet zu sein. Erst nach jahrelangen Fahrtübungen erwarb man durch Fleiß und eigene Geschicklichkeit eine gewisse Gewandtheit und Fertigkeit. So ist die heutige Bedeutung des Wortes fertig im Sinne von „bereit" und „vollendet" zu verstehen.

Findet sich jemand in allen Verhältnissen zurecht, dann sprechen wir davon, dass er *in allen Sätteln gerecht*, dass er *sattelfest* oder *gut gesattelt* ist. Die Redewendung ist in einer Zeit entstanden, da man in Deutschland vorzugsweise zu Pferde reiste und für die Menschen dieser Zeit das Reiten lebenswichtig war. Die Redensart *in einer Sache beschlagen sein* (ihr entspricht franz. „Etre ferre sur quelque chose") weist auf die Kenntnis und Gründlichkeit des Wissens hin, die jemand in einem bestimmten Fachgebiet besitzt. In der sprachgeschichtlichen Deutung ist ebenfalls von jener Zeit auszugehen, in der das Pferd als Reit- und Zugtier vor Antritt einer Reise durch Hufbeschlag besonders tüchtig und widerstandsfähig gemacht wurde.

Es bleibt festzustellen, dass Wörter wie „bewandert", „erfahren", „fertig", „sattelfest" und „beschlagen", die ursprünglich der Sprache der Reisenden angehörten, enge Sinnverwandtschaft aufweisen und heute geistige Fähigkeiten bezeichnen.

Die jahrhundertealte Reiselust der Deutschen bereicherte das Ausland nicht nur mit barer Münze, sondern auch mit neuen Wörtern aus der Reisesprache wie z.B.

- Wanderlust (engl.)
- Rucksack (engl.)
- Alpenstock (engl., franz.)
- Ratskeller (franz., ital.)
- Kursaal (franz., ital., niederl., span.)
- Kurdirektion (schwed.)
- Kneippkur (schwed.)
- Wintergast (niederl.)

1.2 Tour, Tourist und Tourismus

Tour bezeichnete im Griechischen ein zirkelähnliches Werkzeug. Kennzeichnend für die gesamte Wortgruppe (vgl. auch mittelllatein. „tornum") war der Begriff der Rundung, der eine zum Ausgangspunkt zurückkehrende Wendung beinhaltete: Im militärischen Bereich und in der Reitkunst bedeutete Tour eine Wendung oder Schwenkung und beim Tanzen eine bestimmte Figur. Schon Schiller bewunderte den „aus vielen verwickelten Touren komponierten englischen Tanz". Unser heutiges Wort „Extratour" (Tanz außer der Reihe) geht auf diese Bedeutung zurück. Das Wort Tour wurde schließlich auf Dinge übertragen, die sich drehten oder gedreht wurden, wie zum Beispiel die Umdrehung einer Walze, einer Welle, eines Motors (vgl. „Tourenzahl").

Im Sinne des französischen Ausdrucks „mouvement en round" erhielt Tour im 17. Jahrhundert die Bedeutung „Umgang, Rundgang, Spaziergang". Eine „tour de promenade" bzw. „tour du propriétaire" war ein Rundgang um den Besitz (am Abend) in der Bedeutung des geruhsam-beschaulichen Spaziergangs. In Adelskreisen unterschied man schon bald zwischen der „kleinen Tour" und der „großen Tour". Die große Tour, die „Grand Tour of Europe", war pflichtgemäßer Bestandteil des adligen Erziehungsprogramms.

Mit der Erschließung der Alpen und dem Aufkommen der Bergtouristik um 1870 erhielt das Wort schließlich die spezielle Bedeutung „alpine Bergbesteigung", „Bergreise", „Berg- und Gletscherfahrt" und „Hochgebirgswanderung". Zur gleichen Zeit entstanden neue Wortzusammensetzungen wie „Fußtour", „Tages-", „Ski-", „Ferien-", „Gebirgs-", „Hoch-", „Winter-" und „Klettertour", ebenso „Vergnügungstour" und „Spritztour".

Das Wort *Tourist* ist erstmals um 1800 im Englischen belegt. 1818 taucht es im Französischen auf. Im Deutschen wird es nach 1830 unmittelbar aus dem Englischen übernommen. Im Deutschen Wörterbuch von Grimm wird unter Tourist ein Reisender verstanden, „der zu seinem Vergnügen, ohne festes Ziel, zu längerem Aufenthalt sich in fremde Länder begibt, meist mit dem Nebensinn des reichen, vornehmen, unabhängigen Mannes". Grimm stand noch ganz unter dem Eindruck der englischen Bergtouristen, einer finanziell unabhängigen und begüterten Schicht, die im 19. Jahrhundert die Bergwelt der Schweiz bevölkerte.

Doch schon Ende des 19. Jahrhunderts änderte sich dies, als die moderne Technik ihren Siegeszug antrat. Touristen in aller Welt unternahmen jetzt Badereisen, fuhren in die Sommerfrische oder leisteten sich eine von Cook organisierte Gesellschaftsreise. In dieser Zeit entstanden Ausdrücke wie „Touristenkarte", „Touristenkleidung", „Touristengesellschaft", „Touristenliteratur", „Touristenschwarm" und „Touristenvolk".

Tourismus ist eine junge Wortbildung, die bei uns in Deutschland erst nach dem Zweiten Weltkrieg Verbreitung fand. In einigen Wörterbüchern war dieser Begriff in den 60er Jahren noch gar nicht aufgeführt. Im Zuge der Internationalisierung des Massenfremdenverkehrs wurde Tourismus aus dem englischen „tourism", dem französischen „tourisme" und dem italienischen „turismo" entlehnt. Seine bisher größte Bedeutung und Verbreitung erlangte der Begriff im Jahre 1967, als die Vereinten Nationen in New York auf Anregung der „Union International des Organismes Officiels de Tourisme" (UIOOT) das Jahr 1967 zum Jahr des Welttourismus proklamierten und als Motto ausgaben: „Tourismus – ein Weg zum Frieden". Der Tourismus versprach eine „neue Strategie" (S.N. Chib), durch die im letzten Drittel unseres Jahrhunderts der historische Prozess, der die Kluft zwischen den Industrieländern und der Dritten Welt zuzuschütten versprach, beschleunigt werden sollte.

Ende des 19. Jahrhunderts tauchte das Wort *Touristik* (zunächst mit ausschließlicher Beziehung auf Hochgebirge und Bergbesteigung) und die Bezeichnung der Ausübenden als *Touristen* im Deutschen auf. Touristik galt bald ganz allgemein für alle Reisen nichtgeschäftlicher Art, und auch die sich bildenden Vereine und sonstigen Organisationen benutzten den Ausdruck. Bereits 1888 wurde die „Förderung der Touristik" ausdrücklich in der Satzung des Österreichischen Touristenclubs vermerkt. Als mit der Entwicklung der Gesellschaftsreisen (Cook, Riesel, Stangen) die Alpen zum allgemeinen Reiseziel wurden, entwickelte sich die Touristik zur Massenbewegung. Die Alpen verloren den Reiz ihrer Unbesiegbarkeit, und die individuelle Berg- und Hochtouristik hörte weitgehend auf. Mit der Ausbreitung des Reisens nach dem Zweiten Weltkrieg bürgerte sich die Verwendung des Begriffs Touristik in besonderer Weise im Sprachgebrauch der Reiseveranstalter und Reisebüros ein (Abteilung Touristik, Touristik-Sachbearbeiter u.ä.)

Die vorliegende Einführung in die Tourismuswissenschaft gibt einen orientierenden Überblick und konzentriert sich auf interdisziplinäre Problem- und Fragestellungen.

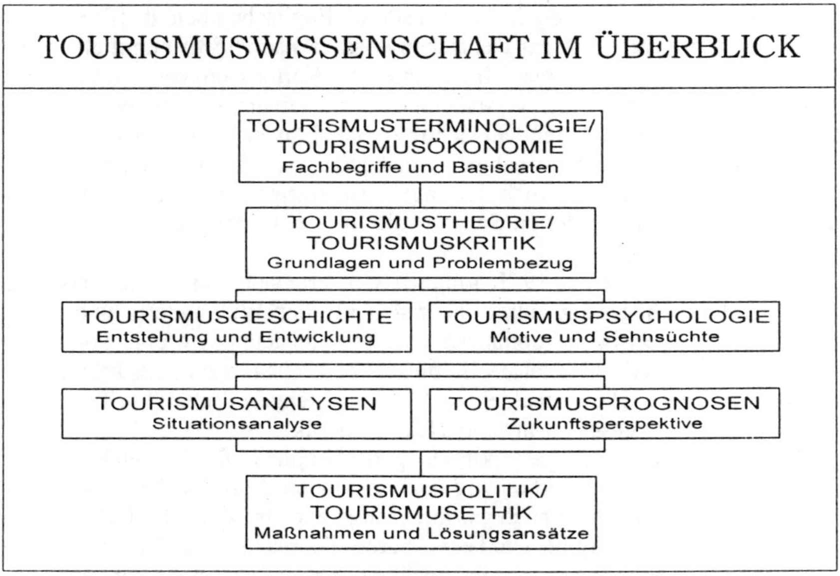

1.3 Urlaub und Ferien

Unser deutsches Wort *Urlaub* geht auf das Wort „erlauben“ (gotisch: uslaubjan – althochdeutsch: irloubon – mittelhochdeutsch: erlauben) zurück, das selbst wiederum zur Wortgruppe „lieb“ (gotisch: liufs – althochdeutsch: liob – mittelhochdeutsch: lieb) gehört und ursprünglich „für lieb halten, gutheißen“ bedeutete (vgl. das lateinische libere: „belieben, gefällig sein“; libido: „Begierde“). In der höfischen Sprache der mittelhochdeutschen Zeit bezeichnete „urloup“ die Erlaubnis wegzugehen, die eine Dame dem Ritter bzw. ein Höherstehender dem niedriger Stehenden zu geben hatte.

Die Bedeutung des Wortes verengte sich schließlich ganz allgemein zu „Erlaubnis fortzugehen, Abschied“: Der Scheidende bat jemanden um Urlaub; erst wenn dieser seine Einwilligung gab, konnte er von ihm Urlaub nehmen, d.h. seinen Abschied einreichen. Entsprechendes gilt für das Englische: Aus angelsächsisch „leaf“ (Erlaubnis) wurde englisch „leave“ (Abschied).

Urlaub konnte aber auch gewährt werden, ohne dass man ihn erbat. Dann war Urlaub gleichbedeutend mit einem unfreiwilligen Abschied, einer Entlassung aus dem Dienst. Unter den veränderten Verhältnissen der Neuzeit wurde Urlaub übertragen auf die zeitweilige Befreiung vom Dienst.

Als amtliche vorübergehende Freistellung von einem Dienstverhältnis wurde Urlaub speziell auch auf den Militärdienst bezogen: Der Urlauber war hierbei der vorübergehend vom Militärdienst Freigestellte bzw. Beurlaubte.

Noch heute versteht man in der Schweiz unter Urlaub fast ausschließlich die vorübergehende Befreiung vom Militärdienst, während man die bezahlte Freizeit, die der Wiederherstellung und Erhaltung der Arbeitskraft des Arbeitnehmers dienen soll, als *Ferien* (latein. feriae = freie Tage, Feiertage) bezeichnet.

Im Gegensatz zu Urlaub stammt der Begriff *Ferien* vorwiegend aus der Gerichtssprache. Er diente im 16. Jahrhundert an den Gerichten als Bezeichnung für einzelne freie Tage, an denen nicht Gericht gehalten wurde. J. Gobler widmete im Jahre 1536 in seinem Buch „Gerichtlicher Proceß“ den „Ferien und Feiertagen“ ein besonderes Kapitel. Daneben galten Ferien aber auch als Bezeichnung für einzelne freie Tage an den Schulen und Universitäten. Als Vorläufer unserer heutigen Schul- bzw. Semesterferien können bereits die „vindemiales feriae“ (Ferien der Weinlese) im 4. Jahrhundert n.Chr. angesehen werden, von denen Augustinus in seinen „Confessiones“ (9. Buch, 2. Kap.) ausführlich berichtet. Diese vorlesungsfreien Tage wurden von Lehrern und Schülern zu Ferienreisen in die nähere Umgebung genutzt.

Gegenwärtig bezeichnet Urlaub sowohl die Befreiung vom Dienst (im Sinne von Beurlaubung) als auch die arbeitsfreie Zeit, die Freizeit und Urlaubszeit mit gleichzeitiger Fortzahlung des Entgelts (vgl. Wortzusammensetzungen wie Heimat-, Ernte-, Zwangs-, Erholungs-, Sommer-, Winterurlaub u.a.). Das Wort „Ferien“ wird in Deutschland heute mehr den Kindern, Schülern und Studenten (z.B. Semesterferien), das Wort „Urlaub“ als Rechtsbegriff (vgl. Urlaubsgesetze) mehr den Erwachsenen (Erwerbstätigen) zugeordnet.

1.4 Fremdenverkehr

Es entbehrt nicht eines gewissen Reizes, dass die erste Erwähnung der Bezeichnung *Fremdenverkehr* im neuzeitlichen Sinn vor über einhundertfünfzig Jahren ausgerechnet in der Denkschrift eines Arztes zu Fragen der Prostitution in Berlin erfolgte. Der Arzt Fr.J. Behrend veröffentlichte 1850 im Auftrag des Ministers von Ladenberg eine Denkschrift unter dem Titel: „Die Prostitution in Berlin und die gegen sie und die Syphilis zu nehmenden Maßregeln“. Behrend wies nach, dass es – trotz des beschleunigten Wachstums der Bevölkerung der Stadt Berlin und der gleichzeitigen Zunahme des Fremdenverkehrs „in hohem Grade“ – der Polizei gelungen sei, die Prostitution in Berlin erheblich einzuschränken.

Man mag heute darüber verwundert sein, die erste Erwähnung des Fremdenverkehrs in so unrühmlicher Nachbarschaft vorzufinden. Doch dies ist keineswegs zufällig, hängt vielmehr eng zusammen mit der negativen Bewertung, die dem Fremdenverkehr Jahrhunderte lang in Deutschland zuteil wurde, und die darum auch heute noch den Begriff *Fremdenverkehr* selbst in Fachkreisen höchst fragwürdig erscheinen lässt. Ein Blick in die Herkunft und Bedeutungsentwicklung des Begriffs macht dies deutlich.

Mit „*fremd*" bezeichnet man im Deutschen das, was einem nicht nahe steht, also unbekannt ist, womit man nicht befreundet oder vertraut ist. Fremd bedeutet ein Fernsein. Als Fremden (althochdeutsch „fremedi") beschrieb man früher einen, der „fram" (Grundbedeutung „weg, entfernt"), „exterus" (ex terra = aus dem Land), fern von seinem Heimatland war, also den Nichteinheimischen, den Ausländer. Der Fremde war zugleich der Feind, der auf Schutz und Frieden keinen Anspruch erheben konnte. Bis in die frühe Neuzeit hinein wurden dem Fremden bestimmte Rechte vorenthalten (Grunderwerb, Marktrecht, Prozess, Erbrecht, Berufsausübung). Außerdem war er vom Kult ausgeschlossen, ganz im Gegensatz etwa zu den Griechen, wo Gastrecht und Gastfreundschaft Grundsätze des öffentlich-rechtlichen Lebens und bürgerliche Tugenden waren.

Die Gastfreundschaft ging bei den Griechen sogar so weit, dass sich ehemalige Gastfreunde im Kriege auf dem Schlachtfeld mieden (z.B. Glaukos und Diomedes). In Rom erlangte der Fremde („peregrinus" in der Bedeutung „außerhalb des ager Romanus, in der Fremde sein") erst in der Kaiserzeit das Gastrecht (hospitium) und konnte teilhaben an den politischen Rechten des Bürgers (civis).

Bei den Germanen hingegen stand der Fremde grundsätzlich außerhalb des Rechts. Eine gesicherte Rechtsstellung konnte er nur durch Einheirat, Verschwägerung und „künstliche" Verwandtschaft (Adoption, Blutsbrüderschaft) erlangen. *Vor dem Fremden hatte man magische Furcht. Man begegnete ihm nur mit Misstrauen.* So ließen es z.B. Sitte und Aberglauben nicht zu, dass einem Fremden Neugeborene – insbesondere Ungetaufte – gezeigt wurden, da der Fremde als Vorbote der Pest und des Krieges, als Träger unbekannter und rätselhafter Kräfte galt. Bestand ein Fremder dennoch darauf, so musste er dem Kleinkind Weihwasser geben oder „Behüte es Gott" sagen, um seine gute Absicht zu dokumentieren und seinen schlechten Einfluss zu paralysieren.

Wie die Menschen der Frühzeit zum Fremden standen, beweisen beispielsweise auch die Pfahlbauten im Bodensee bei Unteruhldingen. Dem Fremden wurde Unterkunft gewährt – doch vor dem verschlossenen Haus!

In neuerer Zeit entstand mit der wachsenden Bedeutung des Kaufmannsstandes und der Entwicklung des Städte- und Herbergswesens eine neue Art von Fremdenrecht, in dem das Gastrecht, d.h. die gegenseitige Verpflichtung von Wirt und Bewirteten in feste juristische Formen gebracht wurde und der Fremde nicht mehr grundsätzlich außerhalb der Friedens- und Schutzgemeinschaft stand.

Erst unter dem Einfluss der Kirche trat die rechtliche, soziale und karitative Seite der Gastfreundschaft zunehmend in den Vordergrund; nun wurde die Gastfreundschaft auch als wohltätige Handlung angesehen. Damit erhielt der gesamte Fremdenverkehr eine neue Vertrauens- und Rechtsbasis.

Der Ortsfremde war nun nicht mehr rechtlos, sondern wurde unter das Gastrecht gestellt. Fremdenrecht und Gastrecht gingen ineinander über. So erklären sich noch heute Wortzusammensetzungen wie Flug-, Kur-, Bade-, Sommer- oder Stammgast. Das Wort Fahrgast geht auf die ursprüngliche Bezeichnung für nichtseemännische Besatzungsangehörige zurück, wie die Ausdrücke aus der Seemannssprache (z.B. Boots-, Ruder- oder Signalgast) beweisen. Geblieben aber ist bis heute das unschöne Wort Fremdenverkehr, das doch eigentlich Gastreiseverkehr heißen sollte.

2. Fachbegriffe und ihre Bedeutung

2.1 Begriffssystem Fremdenverkehr/Tourismus

Fremdenverkehr ist zum Gegenstand einer eigenen Wissenschaft, der „Fremdenverkehrslehre“ bzw. „Fremdenverkehrswissenschaft“ geworden, die 1942 von den Schweizern W. Hunziker und K. Krapf mit folgender Definition begründet wurde: „Fremdenverkehr ist der Inbegriff der Beziehungen und Erscheinungen, die sich aus der Reise und dem Aufenthalt Ortsfremder ergeben, sofern daraus keine dauernde Niederlassung entsteht und damit keine Erwerbstätigkeit verbunden ist“ (Hunziker/Krapf 1942). Diese Definition enthält wesentliche Merkmale des modernen Urlaubsreiseverkehrs, insbesondere den temporären Ortswechsel, die zeitlich begrenzte Mobilität sowie den Ausschluss erwerbswirtschaftlicher Absichten. Was jedoch der klassischen Fremdenverkehrs-Definition im Vergleich zum heutigen Tourismus-Begriff fehlt, ist der motivationale Aspekt, sind die individuellen Urlaubsbedürfnisse nach Ruhe und Erholung, nach Unterhaltung und Vergnügen, nach Komfort und Luxus, nach Kontrast und Kultur (vgl. Opaschowski 1970, S. 20f.).

Die Begriffe *Fremdenverkehr* und *Tourismus* werden meist synonym verwendet; sie umfassen den nationalen und internationalen Reiseverkehr. Der traditionelle Begriff Fremdenverkehr wird in den deutschsprachigen Nachbarländern im Zeichen der Völkerverständigung immer mehr aus dem Vokabular der internationalen Beziehungen verdrängt und durch den Begriff Tourismus ersetzt, der zudem in den anglo- und frankophonen Ländern analog (als „tourism“ bzw. „tourisme“) – mithin weltweit – verwendet wird.

Nach übereinstimmender Auffassung der Welttourismusorganisation (WTO), der Organisation für Wirtschaftliche Zusammenarbeit und Entwicklung (OECD) sowie des Statistischen Amtes der Europäischen Gemeinschaft (SAEG) ist der Tourismusbegriff an zwei Grundvoraussetzungen gebunden:

1. Der Besuch eines Ortes außerhalb des gewöhnlichen Aufenthaltsortes ist nur vorübergehend.
2. Am Zielort ausgeübte Tätigkeiten werden nicht von dort entlohnt.

Auf der Internationalen Konferenz über Reise- und Tourismusstatistik der Welttourismusorganisation (WTO) 1991 in Ottawa/Kanada wurde eine allgemeine Definition für den Begriff Tourismus verabschiedet. Nach dieser Definition bezeichnet der Begriff Tourismus die Aktivitäten von Personen, die sich an Orte außerhalb ihrer gewohnten Umgebung begeben und sich dort nicht länger als ein Jahr zu Freizeit-, Geschäfts- und anderen Zwecken aufhalten, wobei der Hauptreisezweck ein anderer ist als die Ausübung einer Tätigkeit, die vom besuchten Ort aus vergütet wird. Hierbei sollen die Formulierungen

- *gewöhnliche Umgebung* Reisen am Wohnort sowie Routinereisen ausschließen,
- *nicht länger als ein Jahr* langfristige Wanderungen ausschließen und
- *Ausübung einer Tätigkeit, die vom besuchten Ort aus vergütet wird*, Wanderungen zur vorübergehenden Arbeitsausübung ausschließen.

Touristen/Reisende nutzen Leistungen der touristischen Infrastruktur (z.B. Einrichtungen der Beherbergung, Verpflegung und Unterhaltung) und verbrauchen fremde Wirtschafts- und Kulturgüter, ohne dagegen Produktivleistungen für das besuchte Land zu erbringen. Durch Reisende kommt es zu einer temporären Kaufkraftverlagerung.

2.2 *Reisende und Besucher, Touristen und Ausflügler*

Die begrifflichen Vereinbarungen auf internationaler Ebene gehen vom System Fremdenverkehr/Tourismus bzw. Reiseverkehr aus. Im Mittelpunkt steht immer der Reisende bzw. Besucher, der entweder „Tourist“ oder „Ausflügler“ ist.

GLIEDERUNG DER REISENDEN
(„classification of travellers“)

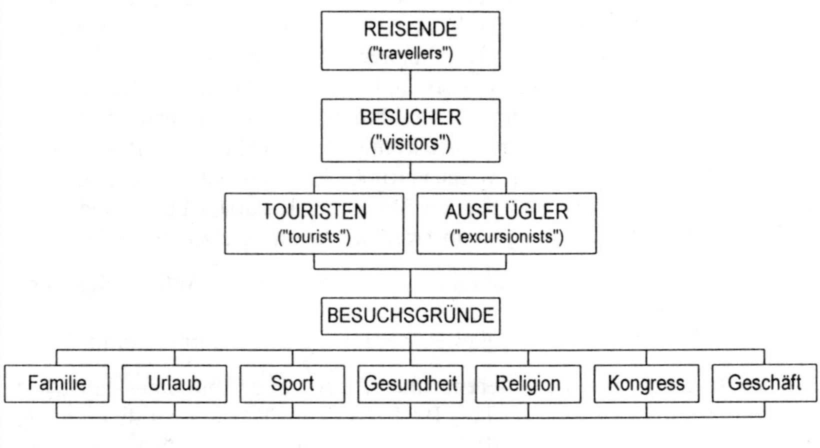

Nach der internationalen Reisestatistik gilt:

- *Touristen* sind vorübergehende Besucher, die wenigstens eine Nacht und weniger als ein Jahr in dem Besuchsland verbringen, wobei ihr Besuchszweck entweder familienorientiert (Verwandten- und Bekanntenbesuche) oder freizeitorientiert ist (Urlaub, Erholung, Gesundheit, Sport, Religion), der Weiterbildung (Kongress, Tagung, Studium) oder einer geschäftlichen Tätigkeit dient.
- *Ausflügler* („excursionists") bzw. *Tagesbesucher* („same-day visitors") sind vorübergehende Besucher, die nicht mindestens eine Nacht im Gastland verbringen, obwohl sie das Land möglicherweise an einem oder mehreren Tagen besuchen und zum Schlafen auf ihr Schiff oder in ihren Zug zurückkehren.

Das wichtigste Kriterium zur Untergliederung von Reisen ist der Zweck der Reise: *Fast zwei Drittel aller Reisen sind Urlaubsreisen.* Sie stellen die bedeutendste Reisekategorie dar. Nur mehr knapp jede zweite Reise wird von den Urlaubern selbst organisiert, in den anderen Fällen nehmen die Urlauber ganz oder teilweise Leistungen von Reiseveranstaltern und Reisebüros in Anspruch.

2.3 *Touristische Fachbegriffe im Überblick*

Seit 1951 bemüht sich die Académie Internationale du Tourisme in Monte Carlo/Monaco darum, die wachsende Zahl von Fachausdrücken und Spezialbezeichnungen, die sich weltweit im internationalen Tourismus herausgebildet haben, zu erfassen, begrifflich zu klären und zu systematisieren. Mit der Expansion des Reisens hat auch die Zahl neuer Wortschöpfungen und Wortveränderungen zugenommen.

Die folgende Darstellung konzentriert sich auf die Auswahl einiger wesentlicher Fachbegriffe, die in Tourismuspraxis und Tourismusforschung vielfach Verwendung finden. Dabei wird nicht übersehen, dass sich zunehmend eine Insidersprache entwickelt, vor der mancher Laie kapituliert. Der Reisebürokunde versteht die Fachbegriffe der Branche oft nicht mehr. Zum Beispiel hat jeder zweite keine oder falsche Vorstellungen von „Individualreisen" bzw. „Individualtourismus". Die einen denken an „Abenteuerreise", die anderen an eine „billige Reise". Und jeder zehnte verwechselt die Individualreise mit einer „Veranstalter- oder Pauschalreise" (Datzer/Anders 1983).

Ausflug
Kurzfristiges Verlassen des Wohn- oder Ferienortes für ein paar Stunden oder einen ganzen Tag zu Fuß oder mit Verkehrsmitteln (bei Schiffsreisen sogenannte „Landausflüge").

Beherbergungskapazität
Anzahl von Gästebetten, die in einem Ort bzw. Gebiet für gewerbliche Beherbergungszwecke zur Verfügung stehen.

Besichtigung
Einzeln oder in Gruppen bzw. im Rahmen von Gesellschaftsreisen unter ortskundiger, wenn nötig fremdsprachiger Leitung übliche Führungen durch Ortschaften und Sehenswürdigkeiten (Sightseeing). Vielfach durch Vorschriften geregelt (geprüfte Führer, amtlich festgesetzte Gebühren).

Freizeittourismus
Sammelbezeichnung für Tagesausflugstourismus (ohne Übernachtung), Wochenendtourismus (1 bis 2 Übernachtungen) und Kurzurlaubstourismus (2 bis 4 Tage).

Gesellschaftsreise
Organisierte Reise von Personen, die untereinander nichts weiter verbindet, als dass sie sich an dasselbe Reisebüro oder an denselben Transportunternehmer gewendet haben. In der Regel von Reisebüros nach bestimmtem Programm mit Reiseleiter durchgeführte Gruppenfahrt.

Haupturlaubsreise
Reise, die – im Fall mehrerer längerer Urlaubsreisen – für den Befragten die subjektiv größte Bedeutung hat.

Incomingtourismus
Reisen von Ausländern ins Inland.

Individualtourismus
Mehrdeutiger Begriff: Kann sowohl die Einzelreise im Gegensatz zur Gesellschaftsreise meinen als auch den Verzicht auf jede Zusammenarbeit mit einem Reisebüro/Reiseveranstalter und absolut selbstorganisierte Reiseabläufe bedeuten (= individuelle Gestaltung von Reise und Aufenthalt).

Jugendtourismus
Tourismus der etwa 14- bis 29-Jährigen, die nicht mehr gemeinsam mit ihren Eltern und noch nicht mit ihrer eigenen, noch zu gründenden Familie in die Ferien fahren.

Kurzurlaubsreise/Kurzreise
Reise, die 2 bis 4 Tage dauert und nicht beruflichen Zwecken dient.

Landschaftsschutzgebiet
Gebiet, in dem Veränderungen (z.B. Häuserbauten, Überlandleitungen, Reklameschilder), die das Landschaftsbild störend beeinflussen, aufgrund besonderer Verordnungen nur mit behördlicher Genehmigung vorgenommen werden dürfen (vgl. Naturschutzgebiet).

Massentourismus
Bezeichnet die durch wachsenden Wohlstand hervorgerufene Reiseintensität breiter Bevölkerungsschichten in der westlichen Welt; wird in kulturkritischer, z.T. polemischer Absicht aber meist negativ verwendet aufgrund des „massiven" Auftretens von Touristen.

Naturschutzgebiet
Aufgrund gesetzlicher Bestimmungen vor äußeren Eingriffen geschütztes und in seiner natürlichen Beschaffenheit erhaltenes Landschaftsgebiet mit entsprechender Kennzeichnung. Je nach Umfang des Schutzes werden Voll-Natur-Schutzgebiete (z.B. Lüneburger Heide), Nationalparks (z.B. Bayerischer Wald), Landschaftsschutzgebiete und Naturparks unterschieden.

Outgoingtourismus
Reisen von Inländern ins Ausland.

Pauschalreise
Von Reiseveranstaltern für Gruppen oder Einzelpersonen zu einem Gesamtpreis („Pauschalpreis“) angebotenes „Paket“ verschiedener touristischer Leistungen (z.B. Beförderung, Unterkunft, Verpflegung, Reiseleitung), von denen alle oder ein Teil der Leistungen in Anspruch genommen werden können (z.B. Vollpauschalreise, Teilpauschalreise).

Reise
Fahrt nach Orten außerhalb des ständigen Wohnsitzes zwecks Erholung, Erlebnis, Sport, Bildung, Kultur, Vergnügen, geschäftlicher oder beruflicher Betätigung oder aus Anlass familiärer Ereignisse (Verwandtenbesuche).

Reisehäufigkeit
Anzahl der im Laufe eines Jahres unternommenen Urlaubsreisen pro Reisender. Reisehäufigkeit sagt etwas darüber aus, wie oft dieselbe Person (über 14 Jahre) im Laufe eines Jahres eine Urlaubsreise unternommen hat.

Reiseintensität
Anteil der Bevölkerung über 14 Jahre, der im Laufe eines Jahres mindestens eine Urlaubsreise unternommen hat.

Reiseveranstalter
Tourismusbetrieb, der im Rahmen eines hierzu gegründeten Unternehmens überwiegend Leistungen Dritter zur Befriedigung des zeitweiligen Ortsveränderungsbedürfnisses und damit zusammenhängender anderweitiger Bedürfnisse zu einer neuen, eigenständigen Leistung verbindet und diese im Namen und auf Rechnung des Reiseveranstalter-Unternehmens anbietet.

Reisevolumen
Anzahl der insgesamt in einem Jahr unternommenen Urlaubsreisen.

Rundreise
Eine Reise, die sich aus einer Reihe von Kurz- bzw. Besichtigungsaufenthalten zusammensetzt.

Seniorentourismus
Tourismus der nicht mehr erwerbstätigen über 60-jährigen Personen (Vorruheständler/Rentner/Pensionäre).

Sozialtourismus
Tourismus kaufkraftschwacher Bevölkerungsgruppen, der staatlich finanziell unterstützt wird.

Tourismusanalyse
Jährlich vom B·A·T Freizeit-Forschungsinstitut in Hamburg durchgeführte sozialwissenschaftliche Grundlagenuntersuchung, die repräsentativ das Urlaubsverhalten der deutschen Bevölkerung über 14 Jahre (G-TA) bzw. der europäischen Bevölkerung über 14 Jahre (Euro-TA) erfasst.

Tourismusberufe
Zu den Tourismusberufen zählen der/die Reiseverkehrskaufmann/-kauffrau mit vier speziellen Qualifikationen: Reisevermittlung – Reiseveranstaltung – Reiseverkehr – Kur- und Fremdenverkehr sowie die fünf gastgewerblichen Berufe (Koch/Köchin – Restaurantfachmann/-frau – Hotelfachmann/-frau – Kaufmannsgehilfe/-gehilfin im Hotel- und Gaststättengewerbe – Fachgehilfe/ -gehilfin im Gastgewerbe). Verschiedene Fachhochschulen wie Bremen, Heilbronn, Kempten, München, Wilhelmshaven oder Worms bieten verschiedene touristische Spezialisierungen an. Ein weiterbildendes Studium „Tourismuswissenschaft" für Hochschulabsolventen mit Berufserfahrung im Tourismus gibt es an der Universität Bielefeld. Diplom-Psychologen, -Soziologen, -Geographen und Sportwissenschaftler können an der Universität Hamburg das Nebenfach „Freizeit- und Tourismuswissenschaft" studieren.

Tourismusorganisationen
Das Deutsche Fremdenverkehrspräsidium ist ein Zusammenschluss des Deutschen Fremdenverkehrsverbands (DFV, Bonn), des Deutschen Hotel- und Gaststättenverbands (DEHOGA, Bonn), des Deutschen Bäderverbands (DBV, Bonn), des Deutschen Reisebüro-Verbands (DRV, Frankfurt/M.) und der Deutschen Zentrale für Tourismus (DZT, Frankfurt/M.).

- Der DFV ist ein Zusammenschluss der Landes- und der regionalen und lokalen Verkehrsverbände, Verkehrsämter und Verkehrsvereine.
- In der DEHOGA sind Betriebe des Gastgewerbes organisiert.
- Der DBV setzt sich aus einzelnen Berufsverbänden des Kur- und Bäderwesens zusammen.
- Der DRV ist ein Verband für Reisemittler und Reiseveranstalter. In ihm sind die großen Reiseveranstalter und Reisebüros zusammengeschlossen – im Gegensatz zum Konkurrenten ASR, dem Bundesverband mittelständischer Reisebüros.
- Die DZT vertritt Deutschland als Reiseland im Ausland und wird überwiegend vom Bundesministerium für Wirtschaft finanziert.

Hinzu kommen internationale Tourismusorganisationen wie z.B.

- IATA (International Air Transport Association), ein Zusammenschluss von Linienfluggesellschaften zur Koordinierung des Weltluftverkehrs.

- UFTAA (Universal Federation of Travel Agents' Associations), ein weltweiter Zusammenschluss von Reisebüroverbänden.
- EUTO (European Union of Tourist Officers), ein Europäischer Dachverband der nationalen Berufsverbände der Kur- und Tourismusfachleute.
- WTO (World Tourism Organisation), eine Weltorganisation zur Förderung des Tourismus und zur Erstellung der Welt-Tourismus-Statistik.
- ICAO (International Civil Aviation Organisation), eine Unterorganisation der UNO und ein Staatenzusammenschluss zur Erstellung von internationalen Standards für den Luftverkehr.
- Tourismuskomitee der OECD (Organisation for Economic Cooperation and Development), ein Komitee in der von 24 europäischen Staaten betriebenen Wirtschaftshilfe-Organisation.

Urlaubsreise
Reise, die nicht beruflichen Zwecken dient und in der Regel mindestens 5 Tage dauert. Unterschieden werden drei verschiedene Reiseformen: 2 bis 4 Tage (Kurzurlaub), 5 bis 13 Tage (Kürzere Urlaubsreise) und 14 Tage und mehr (Längere Urlaubsreise).

Vor-/Nachsaison
Bezeichnung für die Reisemonate zwischen den Hauptsaisonzeiten.

Zweit-/Drittreise
Urlaubsreise, die von der subjektiven Bedeutung her die zweite bzw. dritte Stelle einnimmt.

II. Von der Pilgerfahrt bis zum modernen Tourismus. Tourismusgeschichte

Ohne einen Blick in die Geschichte des Reisens ist ein Verständnis der Motive und Entwicklungstendenzen im gegenwärtigen Massentourismus nur bedingt möglich. Der moderne Tourismus ist als Folge einer geschichtlichen Entwicklung zu sehen und in die Reihe der Emanzipationen aus traditionellen gesellschaftlichen Bindungen einzuordnen. In der Zeit des sich seiner bewusst und autonom werdenden europäischen Abendlandes sind die Ursprünge des modernen Reisens zu suchen. Während sich die europäischen Nationen entdeckend, erobernd und kolonisierend über die Erde ausbreiteten, entstand eine innereuropäische – vor allem von der Jugend getragene – Reisebewegung, die heute noch wirksam ist.

Die historische Herleitung beginnt mit ausgewählten Aspekten aus der ständischen Gesellschaft des Mittelalters und der frühen Neuzeit. In diesem Zeitabschnitt bilden sich auf der Grundlage herrschender Normen und Traditionen in Studenten-, Adels-, Handwerks- und Bürgerkreisen eigene ständische Reiseformen heraus und prägen bestimmte Reisetypen wie den „fahrenden Schüler", den „Kavaliersreisenden", den „Wandergesellen" oder den „Bildungsreisenden". Erst mit der Auflösung der traditionsgeleiteten und der Entstehung der mobilen Gesellschaft werden die Reisetypen mehr und mehr formalisiert: Und die touristische Epoche beginnt.

1. Zeit der fahrenden Schüler

Mit der Entwicklung der Scholastik in Frankreich und der Rechtswissenschaft in Italien im 12. Jahrhundert setzte eine gewaltige Erweiterung des Wissens ein. Sie ebnete den Weg für die Zeit der wandernden Kleriker und fahrenden Schüler. Junge unerfahrene Theologiestudenten, die nicht dem Gelübde der Ortsbeständigkeit *(stabilitas loci)* unterstanden, wurden von der *cura vagandi*, der Lust am Umherziehen, gepackt. Sie traten das Erbe des vorbenediktischen Wandermönchtums *(monachi gyrovagi)* an und prägten fortan als *vagi clerici* und *vagi scolares* – neben den Kaufleuten – das Bild des Reisenden in den nächsten Jahrhunderten. Die 15- bis 20-jährigen fahrenden

Schüler reisten ins Ausland, um dort berühmte Lehrer aufzusuchen und in den Besitz der neuen theologischen Kenntnisse der Zeit zu gelangen.

Das Wandern nach Paris, Oxford und anderen hervorragenden Bildungsstätten wurde allgemeiner Brauch. Das dynamische Moment beherrschte das mittelalterliche Hochschulwesen und verband Studium und Wanderleben miteinander. Die Bezeichnung „vagi scolares" charakterisierte eigentlich beide – Lehrer wie Schüler: *Während sie reisten, lernten sie.* Das rasche Anwachsen der Scholarenzahl brachte es mit sich, dass viele junge Leute nach ihrer Rückkehr in die Heimat keine Anstellung mehr fanden und sich aus Verzweiflung darüber ganz der Ungebundenheit und Zügellosigkeit des fahrenden Lebens hingaben und oft bettelnd und sittlich verwahrlost im Lande umherstreiften. Die Grenzen zwischen dem fahrenden Volk, den Spielleuten *(mimi, ioculatores)* und den fahrenden Scholaren (jetzt *Goliarden* genannt) begannen sich zu verwischen.

Karikatur auf trunkene Scholaren. Holzschnitt aus: De generibus ebriosorum. Nürnberg, Höltzel, 1516.

Das mittelalterliche Vagantentum entwickelte sich zu einer internationalen Landplage. Allein in der Stadt Breslau sollen sich zum Zeitpunkt der Ankunft von Thomas Platter „etliche tausend Bacchanten" aufgehalten haben. Der Titel eines zeitgenössischen Vagantenliedes „Vagate in mundo! Durchfahrt die Welt!" wird zum Lebensprinzip der studierenden Jugend. Ein aufgeschlossener, weltoffener Sinn für Unbeständigkeit und Ruhelosigkeit, ja reine Freude am Durchfahren der Welt charakterisieren den jungen Vaganten dieser Zeit:

„Man" reist nicht mehr nur, um zu studieren, sondern das *Ich* reist, um zu reisen.

Die Selbstbiografien dieser Zeit lassen ein gesteigertes Interesse an der Darstellung des eigenen Selbst erkennen. Innere Vorgänge und persönliche Gefühle werden geschildert; deutliche Einflüsse des Humanismus sind sichtbar. Der *Wandel zum Individualismus* kündigt sich an. In der Studien- und Wanderzeit gelangen viele erst zur Entfaltung ihrer Persönlichkeit, gewinnen sie Lebenserfahrung und Einklang mit sich selbst. In der Suche nach geistiger Selbstständigkeit unternehmen fast alle bedeutenden deutschen Humanisten seit der Mitte des 15. Jahrhunderts Studienreisen ins Ausland – vorwiegend nach Italien. Johannes Caesarius, Conrad Mutianus Rufus, Johannes Cochläus und Ulrich von Hutten studieren in Bologna, auch die wandernden Humanisten Rudolf Agricola (Huisman), Konrad Celtis und Erasmus von Rotterdam halten sich wiederholt in Italien auf. Die Studienreisen erschließen den Humanisten nicht nur neue Länder, sondern machen sie vor allem mit Persönlichkeiten bekannt.

Die Reisenden wollen alles selbst erforschen und zu eigener Auseinandersetzung mit der Umwelt gelangen, wie dies Konrad Celtis' „Lobpreis auf die Wanderschaft" zum Ausdruck bringt: „Willst' die geheimen Gründe der Natur du erkennen/Selbst zu deinem Gewinn verschiedene Länder such' auf!... Wohlan also, erwach' und wage, wovon die Jahrhunderte sprechen!" Celtis bekennt sich zur echten Selbstverwirklichung der Persönlichkeit. Nur auf Reisen kommt es zur Entfaltung innerer und äußerer Fähigkeiten und erlebt der Reisende sich als freies, souveränes Individuum.

Das subjektive Reiseerlebnis wird zu einem Kennzeichen der beginnenden Neuzeit. Auf Reisen erlebt das eigene Ich seine Befreiung. Sesshaftigkeit und Stillstand werden verachtet, die Reiselust wird Teil einer neu erwachenden Lebenslust, die die sozialen und geistigen Fesseln des Mittelalters für immer sprengt.

Auch die einsetzende *humanistische Bewegung* ist ihrem Wesen nach *Aufbruch* – Aufbruch in die weite offene Welt der dynamischen Bewegtheit des suchenden Menschen. Wandern und Reisen werden fortan zu Medien der Selbstverwirklichung.

2. Grand Tour of Europe

Vom 16. bis 17. Jahrhundert sind uns die *Kavaliersreisen der jungen Adligen* überliefert, die ihrem Charakter und Wesen nach pflichtgemäßer Bestandteil des adligen Erziehungsprogramms waren, in ihren äußeren Formen aber, was Ausmaß und Wirkung der Reisen anbetrifft, einer allseits beliebten Modeerscheinung glichen. Die Auslandsreisen traten die jungen Adligen in Begleitung von Hofmeistern (Reisemarschällen, Lehrern, Mentoren, Tutoren, Projektoren, Proteges, Domestiken und Kutschern) an, die dafür Sorge trugen, dass der junge Kavalier sich in der Welt wie ein *galant homme* verhielt und auf Reisen „politische Klugheit" und „vernünftige Conduite" erlangte.

An fremden Höfen sollte er sich die Hofkunst *(Courtoisie)* aneignen und lernen, sich als *honnête garçon* richtig zu verhalten, d.h. sich courtois zu benehmen. Nicht in der Enge der Heimat, sondern in der Weite der Welt auf der Grand Tour of Europe konnte der junge Adlige die Lebensform eines weltorientierten Cortegiano, eines Höflings und Weltmanns, erwerben. Die Tugend der Weite zeichnete den vollkommenen Hofmann aus, der in sich die Eigenschaften eines galant homme (die Conduite und Courtoisie) vereinigte mit den Fähigkeiten eines *Politicus* (der politischen Welt-Klugheit) aber auch der Lebenskunst. Wer dieses *savoir vivre* auf Reisen erworben hatte, wurde als *homme de qualité* geachtet. Die Grand Tour galt als eine „Werkstatt der Politesse" und „Schule der Geduld".

In Begleitung der jungen Adligen befanden sich Hofmeister, die nicht nur für Aufsicht sorgten, sondern auch ein Tagebuch über den Verlauf der Auslandsreise führen mussten. Ein Blick in ihre Aufzeichnungen zeigt, dass die Person des Fürsten und seine Einführung in die adlige Gesellschaft primäres Ziel der Auslandsreise waren. Der Drang zum Reisen war politisch-gesellschaftlich motiviert, wie es auch der Dichter Sigmund von Birken (1626-1681), der Reisebegleiter des sechzehnjährigen Markgrafen Christian Ernst zu Brandenburg, begründete: „Fuersten erben zwar die Regirung: Aber die Regirkunst muessen sie lernen." Diese Kunst konnten sie sich nur auf Reisen aneignen, indem sie fremde Höfe aufsuchten und dabei „andere Staats-Formen" kennen lernten. Dabei musste die individuelle Aneignung von Kenntnissen zurücktreten hinter den Erfordernissen, die an den künftigen Galant Homme und Politicus gestellt wurden. Die Hohe Schule weltmännischer Umgangs- und Lebensformen sollte auf Reisen erlernt werden. *Lebensbewältigung*, um den hohen Ansprüchen der adligen Gesellschaft zu genügen, nicht humanistische Bildung waren Zweck und Ziel des Reisens. Man reiste nicht nur, um „viel Seltenes zu sehen/sondern auch viel Nützliches zu lernen", das „dann zur Lebens Lehre dienen" sollte. Kurz: Das Reisen galt als eine Schule aller Tugenden, die man der „Wollust" und des „Nutzens willen" besuchte.

Hieraus leitete sich auch die Rechtfertigung des Vergnügens und das *Recht auf Lebensgenuss* ab. Den Bildungsansprüchen der damaligen Zeit genügte die kritiklose Bewunderung berühmter Merkwürdigkeiten und Kuriositäten. Kunstwerke und Sehenswürdigkeiten wurden als Kuriositäten- und Raritätenkammern bestaunt, und das Interesse konzentrierte sich auf die „Beschauung denkwürdiger Sachen und etlicher Soloniteten". Gemessen an den Bildungsreisen des 18. Jahrhunderts mag diese Art von Bildung und Ausbildung seltsam eng gefasst und gleichförmig erscheinen. Es findet seine Erklärung darin, dass sich der europäische Adel gerade wegen seiner supranationalen Verbindungen und Beziehungen zueinander eigentlich immer im gleichen sozialen Raum bewegte und nie über die eigene adlige Gesellschaftsschicht hinaus mit anderen sozialen Gruppen in Berührung kam.

Die Bildungsbestrebungen der Kavaliersreise standen unter dem Zeichen der Nützlichkeit (*utilitas*) und des Amüsements (*voluptas*).

Um Nutzen aus der Reise ziehen zu können, mussten gebildete Persönlichkeiten aufgesucht und über Sitten und Gesetze des Landes ausgefragt werden. Daneben aber war es ein legitimes Recht der jungen Leute, auf Reisen das Vergnügen zu genießen und sich zu amüsieren. Sie sollten an allen „Lustbarkeiten und Festivitäten" teilnehmen, um den Hof „in seiner größten Splendeur" erleben zu können, und dabei zu lernen, welche Hof-Manieren gefordert werden. Für die Reisenden war es darum selbstverständlich, einen großen Teil ihrer Reisezeit im Ballhaus, auf dem Fechtboden oder in der Reitbahn zu verbringen.

Gerade für der Deutschen *austerity* oder Ernsthaftigkeit soll es ein notwendiges „requisitum" gewesen sein, auf Reisen Libertät und Galanterie zu erlangen, *l'air du monde* anzunehmen und sich selbst erkennen zu lernen. Noch im 17. Jahrhundert schien es G.F. Löhneiss unglaubhaft, dass ein junger Kavalier „rechten vollkommenen Verstandes sei, der nicht bewandert und zum wenigsten etliche Länder durchzogen habe".

Die Auslandsreisen übten auch nachteilige Einflüsse auf die jungen Adligen aus. Der Anblick ausländischer Fürstenhöfe wie der Pomp weltlicher Grandezza in Spanien, der Glanz unumschränkter Machtvollkommenheit in Frankreich oder die Einflüsse machiavellistischer Maximen in Italien konnten nicht ohne Wirkung bei den jungen Fürsten bleiben. Manch junger Reisender hat „sich in die frantzoesischen galanterien/vanitaeten und falschen politiquen theoretischer weise" vergafft oder „in den Italienischen Opern, masqueraden, weinkellern und hurhaeusern gar" verloren. „Und wenn ein solcher ja wieder zu hause kommt, wird er einen mit auslaendischen eitelkeiten und thorheiten angefuellten kopff, ein verwundetes gewissen, einen ungesunden leib, und einen leeren beutel heimbringen..." Viele begannen, die bürgerliche Moral gering zu achten, die vaterländische Sitte als altväterlich und beschränkt zu bespötteln und die ausländischen Moden, die die privilegierte Stellung der Fürsten und des Adels auch in sittlicher und gesellschaftlicher Hinsicht sanktionierte, als ein Resultat fortgeschrittener Bildung zu rühmen.

3. Wanderbrauch junger Handwerksgesellen

Die Wanderjahre sind die Universitätsjahre des jungen Handwerkers gewesen und galten als das beste Heilmittel für Spießbürger und „soziale Philister". Die Wanderschaft stellte zugleich ein Ausleseverfahren dar, bei dem nur die persönlich und fachlich Qualifizierten bestehen konnten. Die Verführung zum ziellosen Umherschweifen war groß. Wie im mittelalterlichen Vagantentum waren Missbräuche und Entartungen vielfach die Folge.

Reisen wurden zum sozialpolitischen Problem, das den Staat durch Verordnungen und Verbote zum Eingreifen zwang und die „allgemeine Seuche" der „reisegierigen deutschen Handwerker" einschränken ließ – wenn auch mit wenig Erfolg.

Zu stark war der Wunsch der jungen Gesellen, den oft misstrauischen und engherzigen Beschränkungen und Verordnungen der heimatlichen Zünfte möglichst fern zu sein. „Die Welt macht den Mann", so lautete ein traditioneller Handwerksspruch. Das Handwerkswandern entwickelte sich zu einer internationalen Bewegung. Im fremden Berufskollegen lernten die jungen Gesellen den gleichberechtigten Mitbürger achten. Gerade das schuf das Solidaritätsbewusstsein, das in so hohem Maße in den Handwerksgesellen lebte.

Wer zum Mann und „nützlichen Bürger" gebildet werden wollte, musste einige Jahre in der Welt zubringen (vgl. „bewandert" oder „erfahren").

Als begehrte Auslandsziele galten die Länder Schweden, Dänemark, Holland, die Schweiz sowie Ungarn und Polen, weniger die romanischen Länder Frankreich, Spanien und Italien. Im Laufe des 17. Jahrhunderts wurde die Wanderschaft auch auf England ausgedehnt, ebenso nach Skandinavien und selbst nach Russland. Hauptanziehungspunkte waren dabei die Großstädte Paris, Straßburg, London, Amsterdam, Kopenhagen, Stockholm, Leipzig, Warschau, Pressburg und Wien. Nach einer Bestimmung des Markgrafen Carl Friedrich von Baden aus dem Jahre 1763 mussten die Schuhmachergesellen des Landes drei Jahre lang mindestens zehn Stunden entfernt von den Grenzen des Landes ihre Arbeit verrichten. Wer in den großen Städten „Straßburg, Wien, Mannheim, Cassel, Frankfurt am Mayn, Dresden, Berlin oder dergleichen Städten in Arbeit gestanden" hatte, sollte dafür bevorzugt in die Zunft aufgenommen werden.

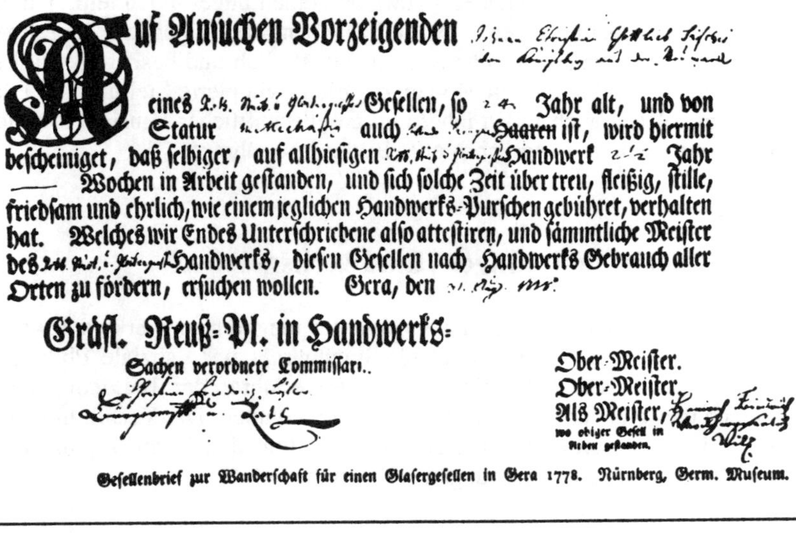

Auf Ansuchen Vorzeigenden

Meines … Gesellen, so … Jahr alt, und von Statur … auch … Haaren ist, wird hiermit bescheiniget, daß selbiger, auf allhiesigen … Handwerk … Jahr — Wochen in Arbeit gestanden, und sich solche Zeit über treu, fleißig, stille, friedsam und ehrlich, wie einem jeglichen Handwerks-Purschen gebühret, verhalten hat. Welches wir Endes Unterschriebene also attestiren, und sämmtliche Meister des … Handwerks, diesen Gesellen nach Handwerks Gebrauch aller Orten zu fördern, ersuchen wollen. Gera, den …

Gräfl. Reuß-Pl. in Handwerks-Sachen verordnete Commissari..

Ober-Meister.
Ober-Meister,
Als Meister, wo obiger Gesell in Arbeit gestanden.

Gesellenbrief zur Wanderschaft für einen Glasergesellen in Gera 1778. Nürnberg, Germ. Museum.

Zwischen manchen Erscheinungen im Tourismus der Gegenwart, der *Landplage der Vaganten* im Mittelalter und der *Seuche der Handwerksreisen* im 17. und 18. Jahrhundert zeigen sich kaum prinzipielle Unterschiede. Auf diese „allgemeine Seuche in Deutschland" wies erstmals der anonyme Verfasser des Reisebuchs aus dem Jahre 1674 hin. Er sprach von der Unsitte der „reißgierigen Teutschen", bei denen der „Handwerker und fast jedermann, dem etwa die Mutter zehen Heller in die Sparbüchs gesammelt, reisen" würde, nur weil „unter den Qualitäten eines geschickten Mannes das Reisen mit erfordert" werde. Diese Seuche ging auf einen seit dem 14. Jahrhundert in Deutschland geltenden Wanderbrauch der jungen Handwerker zurück, der sich im Laufe des 16. Jahrhunderts zum *Wanderzwang* weiterentwickelte.

Manchem jungen Gesellen ist diese langjährige Wanderschaft verhängnisvoll geworden. Mehr und mehr entfremdete ihn seine Lebensweise von der Arbeit und dem „zünftigen Brauch". Es lag sicher auch in der Jugend der Wandergesellen begründet, dass häufig die berufspädagogischen Ziele nicht erreicht wurden. Die Wanderschaft wurde oft als die ersehnte Gelegenheit wahrgenommen, dem kleinstädtischen Milieu den Rücken kehren zu können und in der Fremde weniger das Handwerk als vielmehr das „wahre Leben" kennen zu lernen. Der Gebrauch dieser Freiheit schlug manches Mal in Missbrauch um, in Zügellosigkeit und Arbeitsscheu.

Andererseits konnten zahlreiche Handwerkstechniken einfach nur in der Fremde erlernt werden. Die Wanderschaft bildete eine unerlässliche Vorbedingung für die Erlangung eines zünftigen Meisterrechts. Unabhängigkeit und Ungebundenheit schufen Emanzipationssituationen, in denen sich die jungen Wandergesellen behaupten und bewähren mussten. Neben den fahrenden Schülern stellten die Handwerksgesellen Jahrhunderte lang das dynamischste und expansivste Bevölkerungselement dar.

4. Bildungsreisen des gehobenen Bürgertums

Die große Epoche der Bildungsreisen des gehobenen Bürgertums fiel in die Zeit der Aufklärung. Rousseau, Pestalozzi und die Philanthropisten hatten eine allgemeine *Volksbildungsbewegung* eingeleitet, die sich zu einer spezifisch bürgerlichen Bewegung entwickelte und eine Humanisierung des sozialen und kulturellen Lebens nach sich zog. Mit dem Sturz des Feudalsystems (1789) übernahm eine neue Schicht die Führung, die sich aus dem städtischen Adel, dem wohlhabenden Großbürgertum und dem aufgestiegenen Kleinbürgertum zusammensetzte. Die Schranken zwischen Adel und Bürgertum waren abgebaut, der Adel selbst durch die Hofmeister- und Erziehertätigkeit gebildeter Bürger am Hofe „verbürgerlicht". Eine städtisch-bürgerliche Kultur mit einer Reihe von bürgerlich-praktischen Tugenden wie *Streben nach Selbstständigkeit, Aufstiegswillen und Fortschrittsoptimismus* schob sich in den Vordergrund. Besitz und Bildung charakterisierten das neu entstandene bürgerliche

Zeitalter. An seine Spitze trat eine Art *Honoratiorengesellschaft*, die Herrschaft durch Macht und Bildung gewann. Bildung wurde zur gesellschaftlichen Aufgabe. Durch sie konnte sich der Gebildete herausheben aus der Masse des Volkes und sich einer geistigen Aristokratie zugehörig fühlen, die sich ihre geistigen und moralischen Leitbilder selbst schuf.

Dieser Stand der Gebildeten stellte zunächst die Brücke zum Adel dar, entwickelte sich jedoch im Laufe des 18. Jahrhunderts zur kulturell einflussreichsten Schicht, bis im 19. Jahrhundert Deutschland kulturell, wirtschaftlich und politisch schließlich ganz vom Bürgertum beherrscht wurde. Das gebildete Bürgertum verstand sich als die neue geistige Führungsschicht, die durch Besitz und Bildung gesellschaftliche Anerkennung und eine ihr gemäße politische Stellung beanspruchte.

Bildung war nicht nur bloßes Wissen, sondern auch eine Fertigkeit, die sich jeder einzelne in der Auseinandersetzung mit der Umwelt – insbesondere auf seiner Bildungsreise aneignen musste. *Was die Ferne lehrte, war die Relativität.* Erst im Ausland wurde man sich seiner individuellen, lokalen und nationalen Eigenheiten richtig bewusst. Alle lebenswichtigen Ideen, die des Eigentums oder die der Freiheit, wurden durch den Vergleich in und mit der Ferne in Frage gestellt und nach der Rückkehr im Kreise des gebildeten Bürgertums diskutiert.

Die als vorbildlich geltenden Bildungsreisen bedeutender Persönlichkeiten (Montaigne, Montesquieu, Rousseau, Goethe u.a.) kamen dem Bildungseifer der Zeit entgegen und ließen die jungen Bürger im Geiste der Kosmopoliten die historischen Stätten Italiens, Griechenlands und Frankreichs aufsuchen. An den großen Vorbildern orientierten sich die jungen Reisenden. In ihrem Geiste reisten sie von einer gebildeten Persönlichkeit zur anderen und legten ihnen ihr Reise-Stammbuch vor. In der Auswahl der persönlichen Vorbilder offenbarte sich ihr Bildungsideal. Auf der „Kreisfahrt durch das gesittete Europa“ (Goethe) wurden ihre religiösen, sozialen und politischen Grunderfahrungen gebildet.

Im Alter von sechzehn Jahren floh Rousseau aus seiner Heimatstadt Genf und vagabundierte jahrelang durch die Westschweiz. Im vierten Buch seiner „Bekenntnisse“ hielt Rousseau Rückschau auf diese Zeit: „Was ich im Hinblick auf die Einzelheiten meines Lebens, die ich aus der Erinnerung verloren habe, am meisten bedauere, ist, dass ich keine Tagebücher über meine Reisen geführt habe. Nie habe ich so viel nachgedacht, nie war ich mir meines Daseins, meines Lebens so bewusst, nie war ich sozusagen mehr Ich als auf den Reisen...“.

Die Reisen nahmen für Rousseau einen zentralen Ort innerhalb der Erziehung des jungen Menschen ein. Weil der junge Mensch sich auf ein Leben in und mit der Gesellschaft vorbereiten musste, kam seiner Welt- und Menschenkenntnis, die er auf Reisen in der persönlichen Begegnung mit fremden Menschen und Ländern erwerben konnte und die an die Stelle reiner Wissensbildung trat, eine so große Bedeutung zu. Rousseaus Ideen einer allgemeinen menschlichen Bildung fanden in seinem Gedankenexperiment, dem

„Emile", ihren Niederschlag. Dieses Werk über Erziehung, das einen starken Einfluss auf das europäische Geistesleben des 19. Jahrhunderts ausübte, enthält in seinem fünften Buch ein ausführliches Kapitel darüber, wie junge Leute reisen sollen. Rousseau gibt dabei zu verstehen, dass „Reisen für jedermann" so lange fruchtlos bleiben müssen, solange die jungen Leute nur „von Stadt zu Stadt, von Palast zu Palast, von Gesellschaft zu Gesellschaft" reisen, sich nur „mit nichtigen Dingen" beschäftigen und, nachdem sie „Europa mit großen Kosten durchlaufen" haben, am Ende gelangweilt zurückkehren, ohne „etwas gelernt zu haben, was ihnen nützlich ist".

Daraus jedoch zu schließen, dass Reisen für junge Leute unnütz sei, hält Rousseau für falsch. Es genügt nur nach seiner Meinung nicht, die Länder einfach zu durcheilen; vielmehr muss man auch *zu reisen verstehen* (*il faut savoir voyager*), d.h. nicht nur „umherirren, umherschweifen", sondern „greifbares Interesse, sich zu belehren", muss hinzukommen. Der junge Mensch soll auf Reisen Ausschau halten, sehen, beobachten und seine „bürgerlichen und mitbürgerlichen Beziehungen" ins Auge fassen. Nur dann kann jeder einzelne aus seinen Reisen für sich selbst Belehrung schöpfen. „Wer immer von einer Weltreise zurückkommt", so gibt Rousseau seiner Überzeugung Ausdruck, „ist bei seiner Rückkehr das, was er sein ganzes ferneres Leben hindurch sein wird".

Den bedeutendsten Niederschlag fanden die Bildungsreisen in der Dichtung und in den Reiseromanen der Zeit. Christian Weises „Drei Erznarren", Christian Reuters „Schelmuffsky", Laurence Sternes „Sentimental Journey", Wilhelm Heinses „Ardinghello", Goethes „Wilhelm Meister" und Jean Pauls „Levana" legen Zeugnis davon ab. Die gebildete literarische Welt kämpfte *gegen einseitige Büchergelehrsamkeit* und sah in den Reisen und im Umgang mit fremden Menschen die große Möglichkeit, Erfahrungen zu sammeln und ein eigenes klares Urteil zu erwerben.

Die Reisen als ein *Mittel der Erziehung und Charakterbildung*, als eine Mischung aus Neugier und Interesse, Wissensdrang und Bildungsstreben, haben oft über Jahre hinweg Nachwirkungen gehabt und die jungen Reisenden in ihrer persönlichen und beruflichen Entwicklung entscheidend beeinflusst. Die Zeit der Bildungsreise ist nicht selten der interessanteste, hoffnungsvollste und glücklichste Abschnitt in ihrem Leben gewesen. Da sie auf der Reise nur Verbindung mit Männern gleichen Standes aufnahmen und Gedanken und Erfahrungen mit ihnen austauschten, war der soziale Bewegungsraum allerdings recht gering. Sie bewegten sich innerhalb eines dichten Netzes der sich bildenden oder gebildeten Gesellschaft, die für das Leben eines fremden Volkes im Ausland nur wenig Interesse zeigte. Sie blieben unter sich, sowohl vom Bildungsstand, vom Geschlecht als auch vom Alter her, denn es reisten fast nur junge aufgeschlossene Leute. Das gab ihnen ein Gefühl der Zusammengehörigkeit.

> Im Laufe des 19. Jahrhunderts entwickelte sich die sogenannte Bildungsreise zum allgemeinen Brauch, zur Selbstverständlichkeit, zur traditionellen Reise der Deutschen.

Mit ihrer Popularität aber verlor sie auch viel von ihrer Eigenart und nahm schon bald den *Charakter einer veredelten Bummelei* an.

5. Forschungs- und Entdeckungsreisen

Das Zeitalter der Forschungsreisen geht in seinen Ursprüngen auf das 15. bis 17. Jahrhundert zurück, auf jene Epoche, in der die Menschen in Europa über Autoritäten und traditionsgebundene Anschauungen hinweg versuchten, durch eigene Beobachtungen und Erfahrungen ein neues Weltbild zu schaffen und durch Entdeckungsfahrten neue Kontinente zu erschließen. Im Vordergrund standen dabei ausschließlich macht- und handelspolitische Ziele. Zur Erreichung dieser Ziele scheuten die Entdecker selbst vor brutaler Gewalt nicht zurück, wenn es darum ging, Macht und Reichtum zu erringen. Gewinnsucht, Abenteuerlust und religiöser Eifer sind ihre Motive gewesen, nicht wissenschaftlicher Entdeckungsdrang.

Über dieses Zeitalter der Entdeckung hinaus war ein allgemeines Interesse für ferne Reisen und Entdeckungsfahrten wachgeblieben. Es sollte das Zeitalter der Weltumsegelungen und Forschungsreisen im 18. Jahrhundert begründen. Hier ging es nun nicht mehr um bloße Eroberungen. Reiselust, Tatendrang, Wissbegierde und wissenschaftlicher Eifer, aber auch Kühnheit, Mut und Ausdauer charakterisierten die meisten jungen Entdecker und Forscher, die noch im Stillen Ozean die *terra australis incognita* vermuteten und ihr Augenmerk auf eine systematische Erforschung der Erde richteten. Endlich sollten eigene Beobachtungen traditionelle Vermutungen und Hypothesen ablösen und Gewissheit an die Stelle von Zufall treten. Der Geist der Aufklärung als „Ausgang des Menschen aus seiner selbstverschuldeten Unmündigkeit“ (Kant) hatte ein neues Verständnis für Leben und Sitten der „Primitiven“ geweckt. In ihren Sitten sah man nun den Urzustand des menschlichen Lebens am reinsten verkörpert. Die Beschäftigung mit ihrer Lebensweise wurde als eine vordringliche wissenschaftliche Aufgabe erkannt.

Hatte es in den Augen der Entdecker nur *Wilde* und *Barbaren* gegeben, so prägten jetzt die Naturforscher des 18. Jahrhunderts vor allem unter dem Einfluss der Rousseauschen Philosophie neue Bezeichnungen wie *Les naturels* oder *Naturvölker*. Geringschätzung und Verachtung schlugen plötzlich in höchste Bewunderung und Idealisierung der Naturvölker um.

> Otaheiti wurde das magische Zauberwort, das Paradies und Arkadien der Dichter. Matthias Claudius, Heinrich von Gerstenberg, Heinrich Voss, Friedrich G. Klopstock und viele andere wollten auf Otaheiti eine deutsche Künstlerkolonie begründen. Otaheiti, die stille und glückliche Südseeinsel, wurde für lange Zeit Sehnsucht, Traum und Reiseziel Deutschlands und Europas.

Tayti,

oder

Die glückliche Insel.

von

Friedrich Wilhelm Zachariä.

Das schönste Land, vom schönsten Volk bewohnt.

Braunschweig,

im Verlag der Fürstl. Waisenhaus-Buchhandlung. 1777.

Hinter der Sehnsucht nach der Südsee verbarg sich das Heimweh nach dem verlorenen Paradies — ein Menschheitstraum, der bis heute nichts von seiner Faszination eingebüßt hat.

Zweifellos haben die Weltreise des 16-jährigen Georg Forster und die ausführliche Schilderung seiner Reiseerlebnisse die Reiselust der Zeitgenossen beflügelt. Mit Forster begann die Epoche der Forschungs- und Entdeckungsreisen, die sich als eine weltumfassende, aber ganz und gar apolitische Bewegung entwickelte und allein auf eine Erweiterung des geistigen Horizonts gerichtet war. Mit der Epoche der Forschungs- und Entdeckungsreisen wurde endgültig von der Neuzeit Besitz ergriffen. Es ist die Zeit jener „großen kosmopolitischen Seelen“ *(les grandes âmes cosmopolites)*, wie Rousseau sie nannte, „die die eingebildeten völkertrennenden Grenzen überschreiten und...das ganze Menschengeschlecht in ihr Wohlwollen einschließen“. An die Stelle des Patrioten tritt nun der *Weltbürger*, der nirgends zu Hause, aber auch nirgends ein Fremdling ist. Kosmopolit wird in der zweiten Hälfte des 18. Jahrhunderts zum Schlagwort der Zeit.

Erst dieses Weltbürgertum ermöglichte Reisen im großen Stil, deren hohen Anforderungen nur junge Menschen gewachsen waren. Ein „Trieb nach Reisen“ (Alexander von Humboldt) von Kindheit an, ein „Trieb zu Abenteuern“ (Gerhard Rohlfs), ein „Hang zum Abenteuerlichen“ (Gustav Radde), ein besonderes „Interesse an fernen Ländern“ (Heinrich von Maltzan) oder einfach reine „Neugierde“ (Gustav Nachtigall) entwickelten sich zur treibenden Kraft für künftige Forschungsreisen. Es bestand ein enger Zusammenhang zwischen Reiselust und wissenschaftlichen Forschungsreisen.

Die Motivation der Forschungs- und Entdeckungsreisenden beschrieb Alexander von Humboldt in „Kosmos“ so: „Der Hang nach dem Anblick der südlichen Sternbilder, *Abbildungen von Palmen und libanotischen Cedern in einer Bilderbibel* können den frühesten Trieb nach Reisen in ferne Länder in die Seele pflanzen“. Von einem der größten deutschen Afrikareisenden – Gustav Nachtigall (1834 bis 1885) – ist ebenso bekannt, dass er seine Forscherlaufbahn nicht aus wissenschaftlichem Ehrgeiz begann. Der junge Nachtigall war „aus Neugierde nach Tunis“ gereist, weil ihn die „wenig verfälschte Eigenartigkeit“ dieses Landes „angelockt“ hatte. Schon in seiner Jugend war „der Wunsch lebhaft“ in ihm aufgestiegen, „mehr von dem geheimnisvollen Continente“ zu sehen.

> Die Nähe zum modernen Tourismus wird sichtbar: Was jenen kühnen Forschungsreisenden damals gelang, will auch der moderne Tourist erringen – wenn auch nur in einer gänzlich harmlosen Wiederholung ihrer Taten. Vor keiner „Wildnis“ schreckt er zurück – allerdings nur, wenn diese zugleich zivilisationsfern und komfortabel ist.

Der deutsche Schriftsteller Hans Magnus Enzensberger ist sogar davon überzeugt, dass diese Forschungsreisenden selbst schon – ohne es eigentlich zu wollen – Touristen waren, weil die romantische Aura, die den früheren Entdeckern erst nachträglich verliehen wurde, ihnen schon zu Lebzeiten zufiel. Das Unbekannte, Geheimnisvolle, Abenteuerliche umgab ihre Reisen mit einem Nimbus, der sie auch für den modernen Touristen reizvoll macht. Was also die Forschungsreisenden für den modernen Tourismus beitrugen, waren die *Wertzeichen des Abenteuerlichen, Elementaren, Unberührten.*

Über die persönliche Wirkung hinaus haben die Forschungsreisen wagemutiger Leute ganz allgemein der europäischen Welt neue ferne Erdteile erschlossen, nachfolgenden Generationen – neben traditionellen Reiseländern wie Italien, Griechenland oder Frankreich – neue interessante Reiseziele eröffnet und der sich ausbreitenden Touristik manchen Anreiz geboten. Die *Ur-*

sprünge des heutigen Ferntourismus (Kreuzfahrten, Afrika-, USA-, Südsee-, Karibik-, Asienreisen u.a.) liegen in dieser Zeit.

6. Alpinismus

Im April 1336 bestieg der italienische Dichter Francesco Petrarca (1304 bis 1374) mit seinem jüngeren Bruder Gherardo von Avignon den Mont Ventoux (1900 m), den höchsten Berg dieser Gegend. In einem Brief an seinen Beichtvater Francesco Dionigi begründete Petrarca die für mittelalterliche Verhältnisse außergewöhnlich mutige Tat: „Dabei trieb mich einzig die Begierde, die ungewöhnliche *Höhe* dieses Flecks Erde durch Augenschein *kennen zu lernen*".

Allen Warnern zum Trotz hatten die beiden Brüder den höchsten Gipfel erstiegen. Petrarca berichtete davon, dass er von dem „ganz freien Rundblick" auf dem Gipfel betäubt wurde. Beeindruckt von dem Gesehenen wandte er schließlich „das innere Auge" ganz auf sich selbst: „...und von Stund an hat niemand mich reden hören, bis wir unten ankamen".

Über die persönliche Wirkung hinaus ist diese Besteigung vielfach als ein Ereignis von weltgeschichtlicher Bedeutung gewertet worden, weil Petrarca der erste uns bekannte Mensch des Mittelalters gewesen ist, der aus bloßer Neugier und rein alpinem Interesse eine solche Bergbesteigung vorgenommen und dabei bewusst Naturgenuss gesucht und empfunden hatte. In der Tourismusforschung gilt seither der Brief Petrarcas als *erstes Zeugnis der touristischen Literatur.*

Petrarcas bergsteigerische Leistung hat weithin Beachtung gefunden; und noch 1818 konnte George G.N. Byron von ihm sagen: „Ihm ziehen viele nach.../Als Pilger seines Geistes". Petrarca ist der Begründer des modernen Alpinismus und seine Erstbesteigung der Geburtstag des modernen Bergsports gewesen.

Dennoch sollte sein Bergerlebnis nur historische Episode bleiben. Zwei Jahrhunderte vergingen, bis die *literarisch-wissenschaftliche Eroberung der Alpen* einsetzte, die zum eigentlichen Schrittmacher des modernen Alpinismus wurde und die Jahrhunderte lang empfundene „Scheußlichkeit der Alpen" überwand. Die Periode der wissenschaftlichen Erforschung der Bergwelt wurde eingeleitet durch den späteren Historiker Aegidius Tschudi (1505 bis 1572), der als 18-Jähriger allein die Schweizer Alpenwelt durchwanderte und das Matterhorn und den Gotthard bestieg. Seine persönlichen Eindrücke, die von der Begeisterung über die Schönheit der Alpen künden, schrieb er 1538 in seinem Werk „Grundliche und warhaffte beschreibung der uralt Alpischen Rhetie" nieder.

Ein Zeitgenosse Tschudis war der Schweizer Humanist Konrad Gessner (1516 bis 1565), mit dem Beinamen „der deutsche Plinius", ein Freund

Zwinglis. Auch er bereiste als Jugendlicher die Schweiz und widmete sich dabei besonders der Naturforschung. 1541 schrieb der 25-jährige Gessner einen Brief an seinen Glarner Freund Jakob Vogel (Avienus), in dem er begeisterte Worte über die Herrlichkeit der Alpen *(de admiratione montium)* fand. Dieser Brief ist seinem „Libellus de lacte, et operibus lactariis" abgedruckt. Darin heißt es: „Ich bin entschlossen, so lange mir Gott das Leben erhält, jährlich einige oder doch wenigstens einen Berg zu besteigen, und zwar in der Jahreszeit, da die Pflanzenwelt in ihrer vollen Kraft ist, theils um meine Kenntnisse derselben zu erweitern, theils um meinen Körper zu stärken und meinem Geiste die edelste *Erholung* zu gestatten. Welches *Vergnügen*, welche Wonne gewährt es doch dem Geiste, der Berge Riesenmassen *bewundernd* zu betrachten".

Seine bergbegeisternden Worte könnten aus der Zeit des Hochalpinismus stammen; in seinem persönlichen Verhältnis zur Natur war er seiner Zeit voraus. Gessners Schriften, nur in Gelehrtenkreisen bekannt, war eine weitere Verbreitung verwehrt. Und so blieb auch er nur ein Pionier und Vorkämpfer einer neuen Epoche, in der sich Empfinden und Verhältnis zu Natur und Bergwelt einer langsamen Wandlung unterzogen.

Den größten Einfluss auf das Naturverständnis seiner Zeit übte der junge Arzt und Dichter Albrecht von Haller (1708 bis 1777) aus. Nachdem er als 17-Jähriger England und Frankreich bereist hatte, unternahm er im Alter von 20 Jahren mit seinem Freund Johann Gessner (1709 bis 1790), einem Schüler J. Jakob Scheuchzers, eine längere Gebirgsreise durch die Schweiz. Diese vorwiegend botanische Exkursionsreise beschrieb Haller in dem Lehrgedicht „Die Alpen", das er im März 1729 in Basel vollendete und im gleichen Jahr anonym veröffentlichte. Als es 1732 unter seinem vollen Namen im Druck erschien, rief es eine Welle der Begeisterung und Kritik hervor. Das Gedicht enthielt starke kulturfeindliche Züge und sagte der Unmoral und dem Luxus der Städte den Kampf an: „Ihr werdet arm im Glück, im Reichthum elend bleiben." Dagegen setzte er die reine Bergidylle, den Reichtum der Natur. „Die Natur allein kann glücklich machen." Die *Natur ist der Schauplatz einer Welt*, der „mehr als einem Volke" Aufenthalt gewähren kann. Hier herrscht das wahre Leben.

Der Aufruf des 24-jährigen Haller zum voraussetzungslosen Naturerlebnis fand ein weltweites Echo. Noch zu Lebzeiten des Verfassers erreichte das Werk insgesamt dreißig Neuauflagen in deutscher, französischer, englischer, italienischer und lateinischer Sprache. Lessing, Goethe und Schiller haben sich mit dem Werk auseinandergesetzt. Haller war der erste deutsche Dichter, der die Alpen durch seine Dichtung ästhetisch und moralisch würdigte. Auf Haller geht der Brauch junger Leute zurück, fortan neben dem Besuch der Städte Paris und Rom auch eine Wanderung durch die Schweiz in ihre europäische Bildungsreise einzubeziehen.

Ein noch größeres Echo als Haller erreichte J.J. Rousseau. Rousseau floh aus dem Lärm der Städte und der beengenden Gesellschaft in die freie Natur. Wie kein anderer seiner Zeit besaß der junge Rousseau die Fähigkeit, sich an der Schönheit der Alpennatur zu erfreuen und sie aus erlebter Unmittelbarkeit zu schildern. Die schwärmerische Darstellung und poetische Verklärung der Natur in seinem Roman „La Nouvelle Héloîse" begeisterte die Welt. An die Stelle eingehegter Parklandschaften setzte Rousseau die wilde, ungebändigte Kraft des Alpenzaubers, die wirklich freie Landschaft, die bei ihm Individualität erlangte und zum epochemachenden Naturerlebnis wurde.

In aller Welt erschallte nun der Ruf „*Retour à la Nature*" und ganze Scharen gefühlvoller, des Stadtlebens überdrüssiger Touristen aus England, Frankreich und Deutschland wallfahrteten zu den „heiligen Stätten" der Rousseauschen Nouvelle Héloîse. Die enthusiastische Kraft seines Naturevangeliums zog das geistige Europa in ihren Bann und weckte bei vielen Bewunderung und Natursehnsucht, Naturbegeisterung und Naturschwärmerei. Das *Zeitalter der Schweizerreisen*, der Wallfahrten nach den Stätten Rousseaus, begann. Die durch Rousseau geweckte Alpenbegeisterung verwandelte sich in eine Massenbewegung: Die Alpen wurden das ersehnte *Ziel einer allgemeinen Flucht.* In dem Leser der Nouvelle Héloîse entstand der Wunsch, an den gleichen Orten zu wandern und ebenso zu empfinden wie der Held Saint-Preux. Mit der einsetzenden Flut der Alpenreisenden entstand zugleich eine eigene literarische Gattung – die sentimentale Reisebeschreibung, die sich meist wörtlich auf Rousseau bezog. Sie fand in Laurence Sternes „Sentimental Journey through France and Italy" von 1768 ihre literarische Vollendung. Der Höhepunkt des europäischen Alpenerlebnisses wurde erreicht mit der Beschreibung der Besteigung des Mont Blanc durch De Saussure im Jahre 1788.

Belsazar Hacquet: „Unterricht für Bergreisen"
Historische Quelle aus dem Jahre 1784

„Der physische Bau des reisenden Bergsteigers muss vollkommen *wohlgebildet und ohne Leibesgebrechen sein.* Von fünf bis fünfeinhalb Schuh ist die beste Größe, höhere Menschen taugen aus folgenden Gründen nicht so gut dazu: Ein allzu langer Mensch hat selten stärkere Muskeln als ein untersetzter, folglich nicht mehr Kräfte und doch wegen der Höhe seines Körpers mehr zu tragen als der letztere. Ferner, je höher ein Körper ist, desto leichter kommt er aus dem Gleichgewicht und desto häufiger kommt er in Gefahr, niederzustürzen. Je länger seine Knochen sind, desto leichter können sie brechen.

Ein Bergsteiger muss in allen Fällen beherzt sein und *keine Furcht vor jähen Abstürzen haben.* Der sogenannte Schwindel entsteht aus Furcht. Um von dieser befreit zu sein, ist es gut, sich vorher auf hohe Türme zu begeben und so stufenweise auf freien Gerüsten und Dächern herumzuklettern.

Ferner muss ein Reisender *nie beweibt sein.* Liebt er seine Gattin, wie es der Stand erfordert, so verliert er bei der Trennung viel von seinem Mute. Außerdem wagt ein Verheirateter weniger, besonders ein Vater unmündiger Kinder, der sich nicht gerne in Gefahr begeben mag und kann. Lange und öftere Abwesenheit vom schönen Geschlecht macht, dass dasselbe allmählich Gesinnungen annimmt, die dem Verheirateten nicht gleichgültig sein und die häusliche Glückseligkeit nicht fördern können. Hat man sich einmal Führern, wer sie auch sein mögen, anvertraut, so muss man ihnen folgen und nicht den Doktor machen oder es besser wissen wollen, denn es kommen meist Dummheiten heraus. Ich habe einige Male mit meiner übel angebrachten Weisheit das Lehrgeld gegeben, indem ich mit meinen Führern nicht mehr vor- noch rückwärts wusste. Das Versteigen in dem Gebirge kann das Leben kosten und mehr kann man doch auf der Welt nicht verlieren. *Wilddiebe sind die besten Geleiter*, denn sie wissen sich in der größten Gefahr herauszuhelfen, sie sind unermüdlich, abgehärtet, können eine große Last tragen, wissen alle Schlupfwinkel ihres Gebirges und man ist sicher, bei ihnen nicht zu verhungern.

Zu den Gerätschaften, deren man beim Bergsteigen bedarf, gehört ein langer, leichter Stock, unten mit einem Ring ohne Stacheln und oben mit einem zurückgebogenen Haken versehen, um damit den Zweig einer Staude oder den Rand einer Felskluft zu erfassen. Ein langer Strick ist ebenfalls notwendig für den, welcher auf Gletschern und Eisbergen vorangeht. Man bindet ihn um den Leib, um ihn mit Sicherheit herauszuziehen, wenn er in eine Kluft stürzen sollte, oder um den Nachfolgenden heraufzuhelfen, wenn der Vorgehende die Anhöhe eines Felsens erreicht hat.

Steigeisen sind allgemein, sowohl für Hände als Füße bekannt, indes sind sie nur im Kalkgebirge und auf Gletschern von einigem Wert. Auf Granit und Sandgebirgen habe ich mich tausendmal besser *mit Sandalen, aus Stricken gefertigt*, befunden. Sie werden aus Stricken von der Stärke eines kleinen Fingers gemacht, welcher in Öl getränkt sein muss, mit Darmsaiten zusammengenäht und dann mit Riemen an die Stiefel geschnallt. An glatten Wänden oder Felsplatten kommt man nie in Gefahr, auszugleiten wie bei einem Steigeisen, da die Fußsohlen mit dem rauhen Überzug versehen sind. Sie halten zwar nicht lange, aber man kann sie alle Tage verfertigen, wenn man Schnüre, Darmsaiten und eine Nadel hat.

Man muss auf hohen Gebirgen nicht ganz ohne Gegenwehr sein. Man hat hier nicht mit Menschen zu kämpfen, sondern mit anderen Feinden, mit *großen Adlern*. Ist man allein und geht auf dem Rücken eines großen Absturzes, so ist dieser Vogel kühn genug, mit seinen Flügeln nach dem Reisenden zu schlagen oder zu stoßen. Stürzt er, so hat er wohl gar das Tier mit seinem mächtigen Gebisse und den Krallen auf dem Nakken.

Auf der Spitze merkwürdiger Anhöhen muss man Zeichen einhauen oder andere Denkmale zurücklassen. Denn in allen Fächern gibt es Zweifler, also auch hier. Diese zurückgelassenen Wahrzeichen drücken den *Stempel der Wahrheit* auf die Erzählung des Reisenden. Es ist auch gut, Gebirgskarten zu verfertigen, um demjenigen, der die Reise nach mir macht, zu zeigen, welche Gegenden ich durchstreift habe".

Quelle: *Belsazar Hacquet: Mineralogisch-Botanische Lustreise vom Berg Terglow in Krain zu dem Berg Glockner in Tyrol im Jahre 1779 und 1781. Wien: Verlag der Johann Paul Kramischen Buchhandlung 1784*

7. Bergtouristik

1760 fasste der 20-jährige Geologe Horace Benedicte de Saussure (1740 bis 1799), ein Schüler Albrecht von Hallers, zum erstenmal den Entschluss, den Mont Blanc zu besteigen. Zusammen mit dem Genfer Marc Theodore Bourrit misslangen ihm jedoch mehrere Bergbesteigungsversuche. Erst 1786 gelangen dem 24-jährigen Jacques Balmat sowie Michel Paccard, dem Klosterarzt von Chamonix, die Erstbesteigungen. Als ein Jahr später auch Saussure dieses Ziel erreichte und 1788 seinen „kurzen Bericht einer Reise auf den Gipfel des

Mont Blanc" veröffentlichte, war der Mont Blanc mit einem Mal weltberühmt und *der Alpinismus geboren*. Damit hatte die mit Mut, Entdeckerfreude und Erkenntnisdrang begründete wissenschaftliche Gebirgsforschung ihren Abschluss gefunden.

Immer mehr entwickelten sich die Alpen zu einem großen Erholungsziel der modernen europäischen Welt. Vergessen war das Geheimnisvolle der Alpenwelt; Schrecken wandelte sich in Bewunderung und Freude. Für jugendliche Gipfelstürmer ergaben sich unbegrenzte Möglichkeiten des Tatendranges und der Abenteuerlust. An das ursprünglich wissenschaftliche Anliegen dachte niemand mehr. Bergtouristen aus aller Welt bestürmten und eroberten die Alpen. Ein Gipfelsieg folgte dem anderen. Bergsport und Reisen begannen, Ideale der Jugend zu werden, einer vor allem akademisch gebildeten und der finanzkräftigen Oberschicht angehörenden Jugend, deren sportliche, kämpferische und abenteuerliche „Pionierleistungen" auch andere Bevölkerungskreise begeisterte und zu ähnlichen Erfolgen anspornte. *Sonntagstouristen, Naturvergnüglinge und Lebensgenussreisende* bevölkerten fortan die Schweiz.

Die Schweiz als Reiseland verdankte ihre touristische Bedeutung seit Beginn des 19. Jahrhunderts vor allem den Reisenden aus England. Sie entstammten vorwiegend der finanziell unabhängigen Schicht, die sich solche Reisen leisten konnte. Daher hat man auch bald in jedem wohlgekleideten Fremden einen Engländer sehen wollen. Mitte des 19. Jahrhunderts änderte sich das Bild, als nun auch sozial Schwächere auf ihre *Sightseeing-Tour* nicht verzichten wollten. Doch blieben die englischen Bergtouristen zunächst noch in der Überzahl. Von den 64 Bergbesteigungen des Mont Blanc in den Jahren zwischen 1852 und 1857 entfielen allein 60 auf Bergsteiger aus England. In diesen Jahren erschien das Werk des Engländers Leslie Stephen „The playground of Europe", dessen Titel zum Schlagwort der Zeit geworden ist und in der deutschen Sprache durch *Spielwiese* bzw. *Tummelplatz Europas* Eingang gefunden hat.

8. Schülerreisen

Nach dem Vorbild des 1857 in London gegründeten Touristenklubs *Alpine Club* erfolgte in vielen Ländern die Gründung nationaler *Alpenvereine*, die sich die alpinistische Betreuung und Ausbildung der Jugend zur Aufgabe machten. Der von Franz Senn am 9. Mai 1869 in München gegründete „Deutsche Alpenverein" setzte sich die „Durchforschung der Alpen" und die „Erleichterung ihrer Bereisung" zum Ziel. Vier Jahre später schloss er sich mit dem Österreichischen Alpenverein zum „Deutsch-Österreichischen Alpenverein" zusammen, dessen Zweck die gemeinsame Förderung des Bergsteigens und die Pflege des Jugendwanderns war. Damit stand der touristischen Erschließung der Alpen nichts mehr im Wege. Mit der Verbesserung und Vervollkommnung der Weg- und Unterkunftsverhältnisse stieg auch die Mitgliederzahl zusehends, so dass der Deutsch-Österreichische Alpenverein sich schon bald zum größten Bergsteigerverein der Erde entwickelte.

Das Jugendwandern wurde noch durch eine andere Entwicklung gefördert, die im 18. und 19. Jahrhundert unter dem Namen *Schweizerreisen* bekannt gewesen ist. Ihr Begründer war der Züricher Naturforscher und Arzt Johann Jakob Scheuchzer. Seit 1702 bereiste Scheuchzer mit jungen Leuten, die in seinem Hause wohnten, die Schweiz. Diese Reisen junger Leute sollten eine Art staatsbürgerliche Erziehung sein und Kenntnisse der Heimat vermitteln. Damit stellte man sich bewusst gegen alle Konvention und Tradition, wonach Bildung vor allem in der fernen Welt zu erwerben sei. Auslandsreisen der Jugend wurden sogar als überflüssig hingestellt.

Ebenfalls mehrtägige Schülerwanderungen waren von den Philanthropisten, insbesondere Basedow, veranstaltet worden. Lehrer wie Schüler trugen bei diesen Wanderungen die Uniform des Dessauer Philanthropins. Man hat Dessau nicht zu Unrecht als die eigentliche *Wiege der Schulreisebewegung* bezeichnet. Während der Wanderungen wurde in Zelten übernachtet. „Gewaltmärsche" waren nichts Ungewöhnliches; so hatten die Schüler auf einer Harzreise in 16 Tagen nicht weniger als 285 km zurücklegen müssen.

Diese Schülerwanderungen hat der ehemalige Dessauer Philanthropinlehrer Salzmann auch in Schnepfenthal eingeführt. Von dort gelangte die Wanderbewegung zu anderen Privatanstalten wie Burgdorf und Iferten. Besonders Pestalozzis Institut in Iferten legte auf die Durchführung 2- bis 3-wöchiger Alpenreisen großen Wert. Fußwanderungen nach Besançon, ins Chamonixtal, zum Großen St. Bernhard und nach Oberitalien wurden dabei mit anschaulichem Geographie- und Naturkundeunterricht verbunden.

Um die Jahrhundertwende erschien eine Fülle von pädagogischen *Schriften über das Schülerreisen* wie etwa Theodor Bachs „Wanderungen, Turnfahrten und Schülerreisen", Fleischmanns „Anleitungen zu Turnfahrten", Beyers „Deutsche Ferienwanderungen", Zillers „Theorie pädagogischer Reisen", Kanters „Beiträge zur praktischen Ausgestaltung der Ferienreisen mit Schülern" oder H. Stoys „Pädagogik der Schulreise". Darin wurden die Ferienreisen der Schüler als „wichtiges Stück der Erziehungspraxis" und „ausgezeichnetes Erziehungsmittel" beschrieben.

Neben umfangreicher pädagogischer Literatur über Schülerreisen erschienen zur gleichen Zeit zahlreiche Reiseschriften und Reiseführer, die wertvolle Hinweise für ausländische Touristen enthielten. 1804 erschien der Schweizer Reiseführer des aus Norddeutschland stammenden Arztes Johann Gottfried Ebel (1764 bis 1830) unter dem Titel: „Anleitung auf die nützlichste und genussvollste Art die Schweitz zu bereisen." Dieses vierbändige Reisehandbuch erlebte in den folgenden vierzig Jahren acht Auflagen.

Ein wirklich durchschlagender Erfolg aber gelang erst dem 26-jährigen Karl Baedeker (1801 bis 1859). 1827 gründete er in Koblenz einen Reisehandbücherverlag, der durch die Umarbeitung und Veröffentlichung von Johann August Kleins Werk „Rheinreise von Mainz bis Cöln" internationales

Ansehen erlangte. 1844 gab Baedeker den Reiseführer „Die Schweiz: Handbüchlein für Reisende“ nach „eigener Anschauung und Erfahrung“ und nach „den besten Hülfsquellen“ heraus. Er war besonders der „wanderlustigen Jugend“ und „vorzugsweise“ den Studenten gewidmet. Dieses Werk erhielt weltweite Anerkennung und erlebte allein bis 1885 21 Auflagen in deutscher, 14 in französischer und 10 Auflagen in englischer Sprache. Ganz im Gegensatz zu den oft phantastischen Reisebeschreibungen früherer Jahrhunderte kamen diese Reisehandbücher von Ebel und Baedeker durch ihre sachlich nüchterne Beschreibung dem *Informationsbedürfnis der Reisenden* sehr entgegen. Sie wurden bis zur zweiten Hälfte des 19. Jahrhunderts notwendige und unumgängliche Reiseführer jedes Touristen, der die Schweiz selbstständig durchreisen wollte.

9. Entwicklung der Gesellschaftsreisen

Schlagartig änderte sich das Bild mit der Entwicklung der Dampfschifffahrt und des Eisenbahnverkehrs, die den europäischen Fremdenverkehr von Grund auf veränderte. Um dem Massenansturm europäischer Bergtouristen gewachsen zu sein, richtete man in der Schweiz seit dem Jahre 1820 auf Seen und Flüssen regelmäßige Dampferlinien ein. Schon nach dem ersten Jahr war die Zahl der Schiffsreisenden auf 52 000 gestiegen. 1835 wurden allein auf der Strecke Straßburg-Köln 100 000 Dampferpassagiere gezählt. Die moderne Technik hatte in der Touristik ihren Siegeszug angetreten und die Entwicklung des Personenverkehrs der Eisenbahnen machte den Reise- und Fremdenverkehr zu einer breiten *Volksbewegung* auch über die Grenzen der Schweiz hinaus. Natürliche Grenzen und soziale Kontraste verloren zunehmend an Bedeutung: Der Zug zum Massenhaften des Reiseverhaltens war unaufhaltsam.

Entwicklung des Personenverkehrs in Preußen (Eisenbahn-Reisende in Millionen)

1860	1870	1880	1890	1900
4,46	17,41	71,55	274,55	581,63

Die Eisenbahn wurde der technische Schrittmacher des modernen Tourismus. Sie leitete die Popularisierung des Reiseverkehrs ein.

Mit dem wachsenden Ausbau eines weitverzweigten Eisenbahnnetzes entwickelte sich aus dem ehemaligen Luxusverkehr einiger begüterter und finanziell unabhängiger Reisender der *Massenreiseverkehr*. Wesentlich beeinflusst und beschleunigt wurde diese Entwicklung durch das infolge der Industrialisierung ständig *wachsende Erholungsbedürfnis der Menschen* und die dadurch notwendig gewordene Gewährung von arbeitsfreien Tagen zur Erhaltung ihrer Arbeitskraft. Bis zum 19. Jahrhundert haben die regelmäßigen Ruhe- und Feiertage im Jahr vollkommen ausgereicht. Ein außergewöhnliches Erholungsbedürfnis gab es nicht, auch ein besonderes Schutzbedürfnis der Jugend lag nicht vor. Mit Beginn der Industrialisierung änderte sich dies: Die Einführung von Maschinen, die Rationalisierung in den Fabriken und die verschärfte ausländische Konkurrenz machten intensivere Arbeitsleistungen nötig. Dabei wurden auch Kinder und Jugendliche als billige Arbeitskräfte eingesetzt. Die physischen und psychischen Belastungen nahmen zu, erhebliche gesundheitliche Schäden der jungen Beschäftigten waren die Folge. 1839 musste ein „Preußisches Regulativ über die Beschäftigung jugendlicher Arbeiter in Fabriken" erlassen werden, das „für alle Landesteile der Monarchie gesetzliche Kraft" besaß und den Jugendlichen mindestens 14 Stunden täglich als arbeitsfreie Zeit garantierte.

Mit dem gestiegenen Arbeitstempo erhob man generell auch die Forderung nach einer Verkürzung der Arbeitszeit und nach größeren Erholungsmöglichkeiten. Man beanspruchte bessere soziale Verhältnisse und die Gewährung einer *mehrere Tage dauernden Arbeitspause,* die nur der Erholung dienen sollte. Im Reichsbeamtengesetz vom 31.3.1873 und in der kaiserlichen Verordnung vom 2.11.1874 traf man schließlich *erste gesetzliche Regelungen des Urlaubsrechts.* Auch Beschäftigten ohne Beamteneigenschaft wurde – wenn auch nur zögernd – das Recht auf Erholungsurlaub durch kollektive Regelungen in Tarifverträgen und Betriebsvereinbarungen oder durch Einzelarbeitsverträge (insbesondere bei leitenden Angestellten) sichergestellt.

> Der Ferienanspruch, zunächst als Akt der sozialen Fürsorge des Arbeitgebers verstanden, entwickelte sich in den nächsten Jahrzehnten zum Gewohnheitsrecht.

Seit der zweiten Hälfte des 19. Jahrhunderts reisten immer mehr Menschen zur Erhaltung der Arbeitskraft und Gesundheit in landschaftlich reizvolle Gegenden. Sie leisteten sich eine zur Mode werdende *Badereise*, weil sie der Gesundheit so sehr förderlich schien und für das gesellschaftliche Prestige nicht unbedeutend war. Oder sie fuhren in die *Sommerfrische*, um sich wirklich zu erholen, nicht ohne auch hierbei Abwechslung und Vergnügen zu suchen. Die Menschen lernten die Ferienreisen zu schätzen, denn nur sie ermöglichten ihnen eine bisher unbekannte soziale Dimension – den *Milieuwechsel.*

Diesem Bedürfnis kamen vor allem die *neuen Reisebüros* mit ihren organisierten Reisen entgegen. Die Reise nach Maß – alles inbegriffen – trat ihren Erfolgszug an, die bürgerliche Reisewelle begann. Das Zeitalter der Industrialisierung leitete den *Serientourismus* ein, der auch den weniger kaufkräftigen Bevölkerungsschichten zum Ferienmachen verhalf. Gleichzeitig verminderten sich mit dem Aufkommen der Eisenbahn die Reisekosten in dem Maße, wie die Zahl der Reisenden stieg. Diese Chance hatte der findige englische Geschäftsmann Thomas Cook (1808 bis 1892) rechtzeitig erkannt. Schon am 5. Juli 1841 veranstaltete er die *erste Gesellschaftsreise* in einem Sonderzug von Leicester nach Loughborough mit 570 Personen. Cooks Gesellschaftsreisen waren von Anfang an besonders auf die *Bedürfnisse des Kleinbürgertums* zugeschnitten, das durch die Industrialisierung zu einigem Wohlstand gelangt war und als Zeichen seiner neu erworbenen Unabhängigkeit an den Gesellschaftsreisen teilnahm – im Gegensatz zu den Bauern und der Arbeiterschaft, die auch weiterhin darauf verzichten mussten.

Cook organisierte nicht nur „Mittelstandsreisen". Der amerikanische Präsident U.S. Grant, der Prinz of Wales, Kaiser Wilhelm II. und selbst indische Fürsten beanspruchten seine Dienste. Cook hat den Reisemarschall der Grand Tour abgelöst und die aristokratische Reiseepoche durch eine demokratische – den Tourismus – ersetzt.

Cook hat noch eine weitere Reiseschicht für den Tourismus gewonnen – die Jugend. Er organisierte sogenannte *Bildungsreisen für Jugendliche.* Vor allem glaubte er den Bildungsgedanken betonen zu müssen, und so wurden die jungen Leute während der Reise in kulturelle und historische Sehenswürdigkeiten eingewiesen. Die erste dieser organisierten Jugendreisen fand im Jahre 1856 statt. Die Reise führte von Newcastle nach Edinburgh; etwa zweitausend Jugendliche nahmen daran teil. Hier sind die *Ursprünge des organisierten Jugendtourismus* zu suchen. Nach Meinung eines Zeitgenossen sollen die jungen Leute damals „voll so viel neuen Wissens" von ihren Reisen zurückgekehrt sein, wie es ihnen keine noch so ausgiebige Schulbildung hätte vermitteln können.

Vielleicht war es kein Zufall, dass das erste deutsche Reisebüro im Jahre 1854 von einem Lehrer gegründet wurde. Karl Riesel, der in der Organisation von Schulreisen bewandert war und selbst an großen Auslandsreisen und Weltreisen teilgenommen hatte, machte sich seine jahrelangen Reiseerfahrungen zunutze und bot seit den fünfziger Jahren statt Schulfahrten *Gesellschaftsreisen* an, die erwartungsgemäß auf großes Interesse stießen. Angeregt durch Cooks und Riesels Erfolge gründeten Carl und Louis Stangen 1863 Reisebüros in Breslau und Berlin und führten *„Separat-Kurierzüge", die Vorläufer unsere heutigen Reisesonderzüge*, ein, die von Berlin aus in die Sächsische Schweiz, an die Nord- und Ostsee, nach Süddeutschland, Österreich und der Schweiz fuhren. Zunehmender Wohlstand, erhöhte Komfortansprüche und ein gesteigertes Streben nach Lebenssicherheit kennzeichneten die neue Zeit und ihren wachsenden „Kult des Lebens" (J. Huizinga).

Zusammenfassung

Gegen Ende des 19. Jahrhunderts hatte der Reise- und Fremdenverkehr einen ersten Höhepunkt erreicht. Eine Jahrhunderte lange, in den letzten Jahrzehnten geradezu hektisch verlaufende Entwicklung fand ihren vorläufigen Abschluss. Ein weiter Bogen spannte sich vom Begründer des Alpinismus, Petrarca, über Gessner und Scheuchzer, den geistigen Bahnbrechern, die die für den modernen Ferien- und Erholungsverkehr so bedeutsame gesundheitsfördernde Wirkung des Hochgebirges erkannt hatten, bis hin zu Haller und Rousseau, die als erste die Alpen ästhetisch und moralisch würdigten und bei den Zeitgenossen Naturbegeisterung weckten. Die Arbeit der Alpen-, Touristen- und Wandervereine, die große Beliebtheit der Schweizerreisen, eine ad hoc geschaffene Reiseliteratur und der mit dem Aufkommen von Eisenbahn und Schifffahrt entstandene Gesellschaftsreiseverkehr taten ein übriges, den Reiseverkehr aus der Sphäre der Luxusbedürfnisse endgültig herauszuheben und die *Ferienreisen zum Massenbedürfnis* zu machen.

10. Wandervogel, Jugendbewegung und KdF

Viele Erwachsene lächelten anfangs noch über das Wiederaufleben eines mittelalterlichen Vagantentums: Am 4. November 1901 war der „Wandervogel“, der Ausschuss für Schülerfahrten, in Steglitz gegründet worden. Vier Jahre später gab es bereits 80 Ortsgruppen. Hans Blüher (1888 – 1955), einer der geistigen Väter der Jugendbewegung, nannte in seiner Geschichte der Jugendbewegung als Hauptgrund für das Wiederaufleben eines „alten, längst vergrabenen Vagabundenideals“ die Tatsache, dass die Jugendlichen *„auf diese Weise billig ein Stück Welt sehen* konnten“ (Blüher 1912, S. 104). Eine Begründung, wie sie auch für die heutige Jugendbewegung der Interrailer und Last-minute-Reisenden kennzeichnend ist. Der Wandervogel verstand sich als eine Art Fluchtbewegung gegen die Lebens- und Reiseformen der Erwachsenen – mit romantischen, abenteuerlichen und ungewöhnlichen Akzenten.

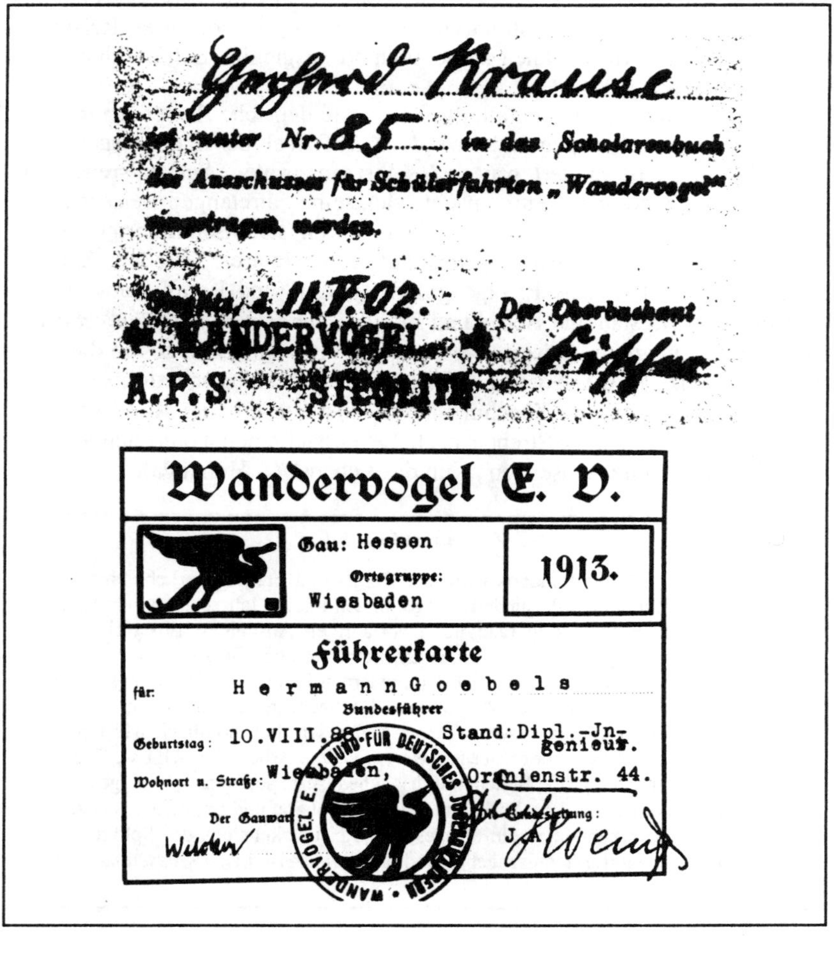
Gerhard Krause
ist unter Nr. 85 in das Scholarenbuch
des Ausschusses für Schülerfahrten „Wandervogel“
eingetragen worden.
Steglitz, d. 11.V.02.
Der Oberbachant
WANDERVOGEL
A.F.S. STEGLITZ

Wandervogel E. V.
Gau: Hessen
Ortsgruppe: Wiesbaden
1913.
Führerkarte
für: Hermann Goebels
Bundesführer
Geburtstag: 10.VIII.88
Stand: Dipl.-Jngenieur.
Wohnort u. Straße: Wiesbaden, Oranienstr. 44.
Der Gauwart:
Die Bundesleitung: J. A.
Wandervogel E. V. Bund für deutsches Jugendwandern

Auf ihrer Suche nach neuen Lebensinhalten und Ideen wurde die Jugend von der Literatur ihrer Zeit beeinflusst und unterstützt. Nach den Wegbereitern Rousseau, Fichte und Arndt kämpften nun Friedrich Nietzsche, Paul de Lagarde, Frank Wedekind, Robert Musil, Walter Hasenclever, Hermann Hesse und Thomas Mann gegen eine verlogene Atmosphäre von Wohlanständigkeit und Prüderie der Erwachsenen. Die Fluchtbewegung verstand sich als eine *Reiseschule*, die den Teilnehmern das Reisen nicht bloß „erleichtern, bequemer machen, nur verbilligen", sondern auch „genuss-, erfahrungs- und erlebnisreiche Fahrten" vermitteln wollte (Lissner 1910, S. 6). Nach dem 1. Weltkrieg kam es zu einer stärkeren *Politisierung des Wandervogels*. Die Reiseerlebnisse wurden jetzt als politische Arbeit gewertet. Durch Auslandsreisen sollte die politische Urteilsfähigkeit geschärft und weiter ausgebildet werden.

Bald begann auch der Nationalsozialismus, sich die auf den Auslandsfahrten gewonnenen Erfahrungen zueigen zu machen und das politische Ideengut des Wandervogels und der Bündischen Jugend für seine machtpolitischen Zwecke zu nutzen. Aus der ehemals romantischen Großfahrt des Wandervogels wurde die *völkische Heerfahrt für das Reich*. Wenn das deutsche Volk von einer „Gesamtbewegung ergriffen" wurde, dann „durfte es auch in der Jugend keine Eigenbrötelei mehr geben". Die Bünde mussten aufgelöst bzw. in die Hitlerjugend „eingegliedert" werden. Die Jugendbewegung wurde „aufgehoben, im Sinne von ausgelöscht". Jeder Widerstand der „hoffnungslos Unpolitischen" war zwecklos. An ihre Stelle sollte eine „Große Aufgabe" treten, eine „Neugestaltung", der „Dienst an einem kommenden Großdeutschland" (Fick 1940, S. 218ff.).

Es wäre falsch, allein vom politischen Schicksal der Jugendbewegung her eine Bewertung ihrer Arbeit und ihrer Zielvorstellung vorzunehmen. Das *Gemeinschaftserlebnis* und das Moment des *Unter-sich-sein-Wollens* sind vielleicht die beiden großen Leistungen der Fahrten des Wandervogels und der Bündischen Jugend gewesen, wenn auch die ursprüngliche Flucht in die Romantik und in das mittelalterliche Vagantentum am Ende misslungen ist, weil man nach unechten Mitteln griff. Wandervogel und Jugendbewegung haben zur Gründung des *Deutschen Jugendherbergswerks* um 1919 geführt. Seitdem nahm nicht mehr nur die Jugend des gehobenen, gebildeten oder besitzenden Bürgertums an den Reisen teil, sondern Jugendliche aller sozialen Schichten. Indem sich die Jugend auf ihren Fahrten gegenüber Herkunft und Milieu unbestimmt, wenn nicht gar gleichgültig verhielt, förderte sie den gerade für den modernen Tourismus typischen *Emanzipationsprozess*. Sich auf Reisen auch außerhalb des eigenen sozialen Milieus bewegen zu können, ist das historisch Neue. Der Wandervogel trug wesentlich zur *Demokratisierung des Jugendreisens* bei, auch wenn er ursprünglich nur einer bestimmten Schicht, den Schülern und Studenten, vorbehalten war. Gleichzeitig hat der Wandervogel zur *Verbreitung des Mädchenreisens* beigetragen und die weibliche Jugend trotz heftiger Widerstände „tourismusfähig" gemacht.

Mit dem Nationalsozialismus bekam die touristische Bewegung ein anderes Gesicht: Ein politisch organisierter *Volks- und Sozialtourismus* entstand.

Am 23. Juli 1933 hatte das Reichskabinett unter Hitler die Bildung eines Reichsausschusses für den Fremdenverkehr beschlossen, dessen Vorsitz Josef Goebbels, Minister für Volksaufklärung und Propaganda, übernahm. Bereits vier Monate später beauftragte Hitler am 14. November 1933 Robert Ley, den Leiter der „Deutschen Arbeitsfront", mit der Errichtung einer deutschen Freizeitorganisation – der *„Nationalsozialistischen Gemeinschaft Kraft durch Freude" (KdF)*, die nach dem Vorbild von Mussolinis faschistischer Freizeitorganisation *„Dopolavoro"* aufgebaut wurde. Die Leiter von KdF waren gleichzeitig Unterführer der Partei, um eine wirkungsvolle Durchsetzung der nationalsozialistischen Ideologie zu garantieren.

Zur KdF-Bewegung gehörte ein eigenes „Amt für Reisen, Wandern und Urlaub", das sich zum Massenveranstalter von Reisen entwickelte. Bereits 1934 nahmen an den KdF-Reisen über zwei Millionen Arbeiter teil; 1935 waren es über fünf Millionen. Zwischen 1934 und 1939 organisierte KdF 43 Millionen Reisen. Die Angebote waren konkurrenzlos billig: 7 Tage Norwegen 60 RM oder 18 Tage Madeira 120 RM. Eine eigene KdF-Flotte stand zur Verfügung. Direkte Kontakte der KdF-Reisenden mit der einheimischen Bevölkerung waren meist nur in geschlossenen Gruppen möglich. Ansonsten sorgten eigene KdF-Programme vom Sackhüpfen bis zum klassischen Konzert für genügend Ablenkung.

Mit dem Kriegsbeginn war zugleich die *freizeitideologische Aufbauarbeit* beendet. Die KdF-Schiffe fanden als Lazaretteinrichtungen Verwendung und der KdF-Leiter B. Lafferentz wurde zum „Reichsbeauftragten für die Bergung" ernannt. Qualifiziert für diese Aufgabe war er – denn er besaß „Erfahrung auf dem Gebiet der Bewegung und Betreuung großer Massen – nämlich von Touristen" (Prahl/Steinecke 1979, S. 177). Der KdF-Tourismus fand sein vorzeitiges Ende. Knapp sechs Jahre nach den ersten KdF-Reisen war NS-Politik nur noch Krieg. Die Entdeckung und Verbreitung des hohen Erlebniswerts der individuellen Urlaubsreise blieb der Nachkriegszeit vorbehalten.

11. Nachkriegstourismus

Der Nachkriegstourismus kam nur langsam in Gang:

- Das Institut für Demoskopie in Allensbach erhielt im Januar 1950 auf die Frage „Haben Sie im vergangenen Jahr eine Urlaubsreise gemacht?" lediglich 21 Prozent „Ja"-Antworten. Die Urlaubsreise war für die meisten Bundesbürger noch ein Luxusgut.
- Zehn Jahre später war es bereits ein Drittel der westdeutschen Bevölkerung, die sich eine Urlaubsreise leistete.
- 1968 gab es erstmals mehr Auslands- als Inlandsreisende.
- Und 1972 war fast jeder zweite Bundesbürger (49%) im Urlaub unterwegs. Ein Jahr später gaben die Deutschen sogar mehr Devisen im Ausland aus (vgl. Schildt 1996, S. 81) als die Bürger in den USA.

Die *explosionsartige Entwicklung* des Massentourismus begann. Jeder zehnte Urlauber war schon 1955 ein „Gesellschaftsreisender“, der ein Reisebüro in Anspruch nahm. Zwischen 1950 und 1956 hatten sich z.B. die Teilnehmerzahlen bei TOUROPA verzehnfacht und einen Umsatz von 65 Millionen Mark erzielt. Zur gleichen Zeit erreichte der Gesamtumsatz des westdeutschen Tourismus 5 Milliarden Mark (Der Spiegel Nr. 29 vom 18. Juli 1956). An der touristischen Entwicklung haben die Großstädter, die gehobenen Einkommensschichten, die freien Berufe, die Angestellten und Beamten am meisten partizipiert (Knebel 1960, S. 76). *Die Chancen*, das kommerzielle Urlaubsangebot wahrzunehmen, sind seither *ungleich verteilt*. Beruf und Einkommen entscheiden auch heute noch über die Reiseintensität.

Auch die Reisehäufigkeit veränderte sich grundlegend. Neben die Urlaubsnormalität von einer Reise pro Jahr kamen immer häufiger *Zweit- und Dritt-Urlaubsreisen*. Waren die Urlauber der fünfziger Jahre in erster Linie auf die öffentlichen Verkehrsmittel (Bahn/Bus) angewiesen, so hat die Pkw-Massenmotorisierung seit den sechziger Jahren die Entwicklung des Massentourismus beschleunigt. Bahn und Bus verloren an Bedeutung (vgl. Wohlmann 1993, S. 14). Fortan wurde *massenhaft mit dem eigenen Auto* verreist. Und die westdeutschen Urlauber begannen, sich mit dem Massencharakter des Tourismus zu arrangieren.

Ganz anders die *Situation in der DDR* nach dem Krieg bis zum Erreichen der neuen Reisefreiheit Ende der achtziger Jahre. *9. November 1989*: „Privatreisen nach dem Ausland können ohne Vorliegen von Voraussetzungen beantragt werden.“ Dieser Satz von Günter Schabowski während einer internationalen Pressekonferenz machte die bisher unerfüllte Forderung nach Reisefreiheit zur massenhaften Realität. Die Mauer fiel und mit ihr der staatlich verordnete DDR-Tourismus (vgl. Spode 1996, S. 16):

- *1946* entsandte der Freie Demokratische Gewerkschaftsbund (FDGB) 7.000 DDR-Urlauber in Ferienheime.
- Zwei Jahre später wurde der Feriendienst des FDGB gegründet, der allen „Aktivisten“ einen verbilligten Urlaub ermöglichte.
- *1951* konnte die Bettenzahl auf 46.000 und die Gästezahl auf 369.000 gesteigert werden.
- *1954* wurden die ersten touristischen Reisen ins sozialistische Ausland erlaubt, denen massive Reiseerleichterungen folgten wie z.B. der visafreie Verkehr nach Polen und der Tschechoslowakei.
- *1955* wurde die Millionengrenze der „vergebenen“ Reisen überschritten.
- *1967* trat die Verordnung des Ministerrats über die Erhöhung des Mindesturlaubs auf 15 Tage in Kraft. Davon profitierten 1,5 Millionen Berufstätige. Hinzu kam eine neue Ferieneinteilung, die 21 schulfreie Sonnabende im Jahr vorsah.
- Unter Einbeziehung der INTER-HOTELS erreichte das Ferienangebot mit 137.000 Betten und 1,9 Millionen Gästen im Jahr *1985* ihr Maximum.
- Hinzu kamen 2,5 Millionen Gäste (*1989*) auf staatlichen Campingplätzen.

Auf 108.33 km² von Rügen bis Suhl konnten die DDR-Bürger Urlaub machen – vorausgesetzt aber waren „Pfiffigkeit, Organisationstalent, die Lust auf Tauschgeschäfte (vergleichbar mit der Urgesellschaft Ware gegen Ware) und Vitamin B (B wie Beziehung)“ (Meißner 2000, S. 69). Für die DDR war Tourismus weniger ein Wirtschaftsfaktor als ein Gesellschaftsfaktor ersten Ranges für die sozialistische Entwicklung. Tourismus galt als *Synonym für staatlich organisiertes und hoch subventioniertes Ferienwesen*. Die Folge: Die Reiseintensität der DDR-Bürger war höher als in Westdeutschland – mit einem wesentlichen Unterschied: Nur knapp jede zehnte Reise ging ins Ausland wie z.B. Sowjetunion, Polen, Rumänien, Ungarn, Bulgarien, Jugoslawien, Kuba und Vietnam. Alle anderen Urlauber hielten sich auf Rügen, im Thüringer Wald, der Sächsischen Schweiz, im Harz, Vogtland, Erzgebirge oder im Lausitzer Bergland auf. Wem es aufgrund der FDGB-Zugehörigkeit gelang, an sogenannte Luxusplätze (z.B. Binz) zu kommen, brauchte für 12 Tage mit Vollverpflegung nur 59,90 Mark pro Person zu bezahlen ... Der Unterschied zwischen DDR- und BRD-Tourismus lag mehr im qualitativen Bereich: DDR-Bürger hatten auf Reisen zunehmend das *Gefühl von Einheitsurlaub und Sozialtourismus*.

1990 – im ersten Jahr der deutschen Vereinigung – stellte das B·A·T Freizeit-Forschungsinstitut bei einem Vergleich der ost- und westdeutschen Reisemotive noch grundlegende Unterschiede fest, die aber in den darauffolgenden Jahren zunehmend verloren gingen: Die westdeutschen Bundesbürger wollten im Urlaub *fast alles*, die ostdeutschen Bundesbürger auch – nur von allem *noch mehr*. Die Urlaubserwartungen der Ostdeutschen wirkten intensiver, erschienen stärker fordernd, ja fast grenzenlos. Offensichtlich war der Nachholbedarf an realisierbarer Reisesehnsucht so groß, dass die hohen Urlaubserwartungen beinahe Gefahr liefen, überhöht zu sein, so dass die Wunschvorstellungen hinter der Urlaubswirklichkeit herhinkten. Das spezifische Urlaubsprofil der Ostdeutschen ließ sich Anfang der neunziger Jahre mit drei Worten umschreiben: *Natur – Kultur – Kontakt*:

Jeder zweite ostdeutsche Urlauber (51% – West: 38%) träumte von „idyllischer Landschaft“ und „freier unberührter *Natur*“. Die ökologischen Probleme im eigenen Umfeld machten verständlich, warum der grüne Kontrast zum grauen Alltag gesucht wurde. Man wollte „Natur um sich haben“ (Ost: 45% – West: 35%) oder direkt „im Grünen wohnen“ und „Natur vor der Tür“ (Ost: 38% – West: 26%) haben. Intakte Rahmenbedingungen von Natur und Landschaft, nicht so sehr das eigene umweltbewusste oder naturverträgliche Urlaubsverhalten standen dabei im Mittelpunkt. Zu einem schönen Urlaubserleben gehörte eine schöne Naturlandschaft.

Im Unterschied zur westdeutschen Bevölkerung spielte darüber hinaus das Urlaubsmotiv *Kultur* eine besonders große Rolle. Jahrzehntelang waren der DDR-Bevölkerung Reisen ins westliche Ausland verwehrt. Daher war ihr Informations- und Erlebnishunger nach kulturellen Sehenswürdigkeiten außerordentlich groß. Die Bürger in den neuen Bundesländern wollten jetzt endlich „berühmte Bauwerke“ besichtigen (46% – West: 29%) und „andere

Kulturen, Einheimische" kennen lernen (31% – West: 24%). Das Kennenlernen von Denk- und Sehenswürdigkeiten wurde von ihnen als nachhaltigere Urlaubsimpression empfunden als Erholung, Entspannung und Faulenzen.

Kontakt lautete das dritte Motiv, das ostdeutsche Urlauber deutlich von den Westdeutschen unterschied. Dabei zeigte sich, dass das Zusammensein mit der Familie für sie eine Bedeutung hatte (53% – West: 32%), wie sie Anfang der sechziger Jahre das Urlaubsverhalten der Westdeutschen charakterisierte, als der Urlaub noch ein knappes Gut war (1960: 16 Tage – 1991: 31 Tage). Urlaubszeit war damals wesentlich Erholungszeit in und mit der Familie. Mit dem Familienurlaub war für die ostdeutschen Urlauber außerdem die Hoffnung verbunden, mit anderen Menschen zusammenkommen zu können (Ost: 53% – West: 32%). Das Bedürfnis, die Alltagsgesichter (von Kollegen, Nachbarn u.a.) hinter sich zu lassen, war bei den ostdeutschen Urlaubern besonders stark ausgeprägt. Sie suchten im Urlaub vor allem das Neue, das ganz Andere: Ablenkung, Zerstreuung und Vergnügen (Ost: 40% – West: 26%). Sie waren neugierig – auf andere Menschen, andere Landschaften und andere Kulturen (B·A·T Freizeit-Forschungsinstitut 1991).

III. Die populärste Form von Glück. Tourismuspsychologie

1. Qualitative Tourismusforschung: Problem- und Fragestellungen

Die Tourismusforschung – immer mit dem Anspruch verbunden, quantitative *und* qualitative Forschung zu betreiben – kann bei der Frage, wann wer wie lange verreist, nicht stehen bleiben. Wie empfinden die Menschen eigentlich ihre Urlaubszeit, haben sie womöglich Probleme damit, zeigen sie nur zufriedene Mienen nach dem Urlaub oder sind sie auch zufrieden? Nicht das, was die Menschen im Urlaub tun, sondern ob sie sich dabei wohlfühlen, muss im Mittelpunkt qualitativer Tourismusforschung stehen.

Auch im Paradies gibt es Probleme – solche Erkenntnisse lassen sich nur bedingt aus Repräsentativerhebungen gewinnen. Nicht selten stoßen Repräsentativumfragen an ihre *erhebungstechnischen Grenzen*. Wenn Nichtreisende beispielsweise in den persönlichen Interviews den eigenen Mangel an Geld nicht nennen mögen, weichen sie vermutlich auf andere Antwortmöglichkeiten aus wie z.B. „keine Zeit". Die wirklichen Wünsche vieler Urlauber können in der quantitativen Tourismusforschung „nur zum Teil erfasst" werden. Wenn es „ans Eingemachte", an das ganz Persönliche, die Privatsphäre geht, sind die befragten Urlauber kaum mehr zu einer ehrlichen Antwort bereit.

Andererseits lautet eine Forderung qualitativer Tourismusforschung, die Urlaubswelt so lebensnah zu erforschen und zu beschreiben, dass man das Urlaubsleben sinnlich wahrnehmen, ja „buchstäblich sehen und hören kann" (Glaser/Strauss 1979, S. 103). Die heutige Urlaubswelt ist Wunschwelt und Traumwelt zugleich. Im Urlaub spiegeln sich Wünsche und Träume nach einem besseren Leben wider. Gehört dann nicht auch zur *Dramaturgie qualitativer Urlaubsforschung* die Erforschung des Urlaubs als Traum, Spiel, Märchen oder Utopie?

Wir erzählen Märchen ...
Aus der Sicht der Ferienmacher

„Es war einmal ... So fangen Märchen an. Und so war's auch bei Center Parcs. Denn die Entwicklung ist fast märchenhaft. Zuerst war die Idee. Ein Mann hatte sie. Und dieser Mann hatte die Kraft und Überzeugung, seine Idee in die Tat umzusetzen. Die Idee: Warum muss man eigentlich kilometerweit reisen ... hinter der Sonne her. Warum kann man die Sonne nicht ins Land holen?

Center Parcs bietet Ihnen Sommerfreuden und sonnige Urlaubs-Temperaturen im Subtropischen Schwimmparadies. In jedem Park. Zu jeder Jahreszeit! ...TÄGLICH SONNIGE 29°C."

Werbebroschüre von CENTER PARCS

„*Schön wie ein Südseemärchen* – das Urlaubsdorf aus Strohhütten. Seit es sie gibt, haben Tausende von Menschen das einfache Leben in den Strohhütten liebgewonnen. Denn so erstaunlich es klingt: nur selten bekommt man die Chance, einmal ein edler Wilder' zu sein. Der Club Méditerranée unterhält noch 14 von diesen ‚tahitiinspirierten' Urlaubsdörfern. Aber wie kam es ursprünglich dazu?

Es war einmal ... eine junge Frau im August 1954. Mitten in der Nacht ließ sie mehrere Tonnen Stroh in ein Zeltdorf liefern, in dem 600 Urlauber schliefen. Heimlich wurde das Stroh abgeladen und in einem leerstehenden Gebäude versteckt. Alle Spuren wurden verwischt. Nicht ein einziges Strohhälmchen sollte etwas von dem Geheimnis verraten. Das ganze sollte eine Überraschung werden. Es wurde eine Sensation. Im Winter dieses Jahres entstand mit dem herangeschafften Stroh das erste Strohhüttendorf in der Geschichte des Urlaubs. Es war Korfu ..."

Werbebroschüre von CLUB MEDITERRANEE

Die Erfahrung zeigt, dass die Tourismuswerbung für die Bedürfnisse von Urlaubern oft ein besseres Gespür hat als die Tourismusforschung. Ein Grundsatz touristischer Werbung lautet: „Wir erzählen Märchen; ob sie später in Erfüllung gehen, liegt hauptsächlich an dem Reisenden selbst. Uns ist vor allem wichtig, Lust auf die Ferne zu wecken" (tdt vom 19. März 1990).

Wenn qualitative Forschung der Empfindungs- und Erlebniswelt Urlaub wirklich auf die Spur kommen will, muss sie andere methodische Wege gehen, d.h. *die Urlauber selbst Märchen erzählen, Rollen spielen und Phantasiereisen unternehmen lassen.* Befragungen, Interviews und verbale Techniken (z.B. in Form der klassischen Gruppendiskussion) sind hierzu kaum geeignet. Dem Forschungsobjekt Urlauber müssen vielmehr andere Ausdrucksmöglichkeiten, die mit nonverbalen Methoden arbeiten, an die Hand gegeben werden. Sprache wird nur indirekt auf einer Meta-Ebene eingesetzt, emotionale Inhalte und verborgene funktionale Erlebniszusammenhänge werden sichtbar gemacht. Das Erzählen von Urlaubsmärchen kann eine echtere und wahrhaftigere Ausdrucksform der Wirklichkeit sein als manche Datenbank. „*Mythos und Märchen* können gerade dann, wenn sie am sinnlosesten sind, von größter Tiefe und unendlicher Deutbarkeit sein" (Jaspers 1938).

Märchen I:
Vom Urlaub, der zum Alltag wurde ...

Es war einmal ein Urlaub. Er lebte in den Tag hinein und erfreute die Menschen. Eines Tages sagte er: „Ich will nicht immer nur Urlaub sein; ich will auch einmal etwas anderes werden". Und so beschloss er: „Ich werde jetzt Alltag". Und er wurde Alltag.

Sein Aussehen veränderte sich. Er wurde grau statt bunt. Doch die Menschen um ihn herum wurden immer trauriger. Sie vermissten den Urlaub sehr. Einige bekamen immer schlechtere Laune, andere wurden krank.

Der Urlaub, der jetzt ein Alltag war, merkte bald, dass die Menschen immer unzufriedener wurden. Aber er wusste nicht, dass es an ihm lag. Auch er wurde immer langweiliger. Vor lauter Langeweile fing er einmal an zu spielen. Er zog ein buntes Tuch aus der Tasche, setzte seine Sonnenbrille auf und spielte Ball. Jedes Mal, wenn er das tat, klatschten die Menschen vor Begeisterung und hörten auf, sich zu streiten. Da wusste er, dass die Menschen Freude brauchten und er ihnen Freude brachte. So beschloss er, wieder Urlaub zu werden ...

Der Mensch braucht offenbar den Kontrast von Alltag und Urlaub. Die Abschaffung des Gegenpols „Urlaub" würde zu erheblichen Spannungen und Konflikten im Alltagsleben führen. Dabei kann die Vorstellung, Urlaub machen zu können, mitunter genauso wichtig wie die tatsächliche Realisierung sein. Die Alltagswirklichkeit gibt Sicherheit und Geborgenheit, der Urlaub verspricht Freiheit und verheißt ein schöneres, heitereres Leben.

Märchen II:
Vom Urlaub, der etwas anderes sein wollte ...

Es war einmal ein Urlaub. Eines Tages war er es leid, immer nur für andere da zu sein, für sie zu planen und ihnen die schönsten Wochen des Jahres zu bieten. Er wollte auch einmal etwas anderes sein. „Nur was?" dachte er. „Was habe ich gelernt, außer Reisen zu organisieren, phantastische Ziele zu entdecken und die Wünsche meiner Kunden zu erfüllen?" Lange grübelte er, wie er es anstellen könnte, einmal etwas anderes zu werden.

Schließlich fasste er den Entschluss, es in der harten Arbeitswelt zu versuchen. Doch wo er auch hinkam, er hielt es nie lange aus und ihn konnte auch keiner lange ertragen. Seine ansteckende Fröhlichkeit, seine Art, Probleme locker mit einem Lächeln zu lösen, traf auf Unverständnis. Er war es nicht gewohnt, Menschen zu übervorteilen, und auch die Ellbogen-Mentalität war ihm fremd. Auch hatte er kein Gefühl für einen geregelten und durchorganisierten Tagesablauf. Schon bald fühlte sich der Urlaub sehr einsam. Im Alltag waren einfach nicht diese glücklichen Menschen um ihn herum, wie er es gewohnt war. Das machte ihn krank.

In dieser Situation wurde ihm bewusst, was ihn so einsam und krank machte. So ging der Urlaub wieder zurück in sein Leben voller Freizeit. Und wenn er nicht gestorben ist, dann urlaubt er noch heute ...

Auf den Urlaub muss man sich freuen können. Urlaub ist wie eine Art ‚zweites Leben' – nur fröhlicher und unproblematischer.

Ein Hauptanliegen motivationspsychologischer Untersuchungen zum Urlaub ist es, die Hintergründe subjektiver und kollektiver Urlaubsträume und Traumziele aufzudecken und die Motivationen der Reiselust zu deuten. Die Urlaubspsychologie will *einen Blick unter die Oberfläche und hinter die Kulissen* nicht nur des Urlaubsgeschäfts, sondern auch der Reisesehnsucht einschließlich der freiwillig in Kauf genommenen Strapazen und (Schein-) Abenteuer werfen. Dabei geht es ebenso um die Frage einer möglichen Ent-Mythologisierung des Urlaubs.

Hier handelt es sich um ein ausgesprochen schwieriges Unternehmen. Denn die gängige Urlaubsphilosophie, nach der ein Urlaub einfach gelungen sein muss, und die subjektive Schwierigkeit, enttäuschte Urlaubserwartungen zuzugeben, stehen einer offenen und unvorbelasteten Erforschung im Wege. Wer dem Mythos Urlaub auf die Spur kommen will, muss die Diskrepanzen zwischen den subjektiven Bedürfnissen und der tatsächlichen Urlaubswirklichkeit aufzeigen, ja „entlarven". Dies ist nur auf einer gefühls- und erlebnismäßigen Ebene möglich, die verbale Barrieren umgeht und statt Worte Bilder und Symbole sprechen lässt. Dies bedeutet, möglichst frei und offen an die Thematik heranzugehen und mehr Wert auf das „Warum" als auf das „Was" und „Wie" des Urlaubsverhaltens zu legen. Tiefergehende Analysen müssen die Bewusstseinssphäre verlassen und sich auch dem vorbewussten und unbewussten Bereich zuwenden.

Die folgenden Ausführungen sind das Ergebnis einer solchen Vorgehensweise: Verschiedene Kleingruppen (jeweils getrennt nach „Singles" und „Familienangehörigen") haben unter der Moderation von Psychologen mehrere Stunden intensiv miteinander agiert. Die Teilnehmer wurden nicht befragt, mussten nicht reagieren, sondern wurden selbst zu Agierenden und zu gemeinsamer Phantasie und Aktivität motiviert (vgl. Opaschowski 1991, S. 7). Dies geschah über

- *non-verbale Techniken*
  (Collagen, kollektives Malen) und
- *verbale Techniken*
  (Rollenspiele, Phantasiereisen, Tagträume, Märchen, Assoziationsübungen).

Allein der Versuch, das Wort U-R-L-A-U-B assoziativ zu buchstabieren, fördert eine Vielfalt von Aspekten des Urlaubslebens zutage: Von den Sonnen- bis zu den Schattenseiten.

„Urlaub" buchstabieren ...

Positive Assoziationen

U	Umwelt, Unendliche Weite, Urwüchsig, Ursprünglich, Unbekannt, Ultramarineblau, Utopie
R	Raus, Reiselust, Ruhe, Relaxen, Richtig ausschlafen, Reden, Reichtum, Restaurant, Radfahren, Rudern, Rucksack, Rastplatz
L	Lachen, Leben, Lieben, Licht, Luft, Lesen, Lümmeln, Land, Leute, Lernen
A	Alles, Action, Abenteuer, Ausland, Ausflüge, Abschalten, Aufatmen, Ausspannen, Ausgehen, Autofahren, Anschauen
U	Ufer, Unterkunft, Unterhaltung, Unternehmen, Ungezwungenheit, Unabhängigkeit, Uhrlosigkeit
B	Berge, Blumen, Bett, Baden, Blauer Himmel, Bikini, Bräune, Boot, Bilder malen, Bummeln, Bekanntschaften, Bewirtung, Barbecue

Der Urlauber will eigentlich „alles" – nur ganz anders als zu Hause.

„Urlaub" buchstabieren ...

Negative Assoziationen

U	Umweltverschmutzung, Unruhe, Ungeduld, Untertauchen, Uhrzeitgebunden, Unsinn, Unfrieden
R	Rasen, Rastlosigkeit, Rausch, Resturlaub, Reisekrankheit, Richtlinien
L	Lustlosigkeit, Launen, Langeweile, Leere, Lotterleben
A	Anpassen, Ärger, Apotheke, Attrappe, Angetrunken
U	Unrast, Unfall, Unrecht, Übelkeit, Umgehungsstraße
B	Bauchweh, Beschwerden, Betteln, Bewusstseinsspaltung

Die Schattenseiten sonnigen Urlaubslebens: Zwischen Unruhe, Bauchweh und Umweltverschmutzung.

So können spielerisch Märchen erzählt werden, „wie Urlaub zu seinem Namen kam" und „von dem Urlaub, der etwas anderes sein wollte". Man kann *Phantasieexpeditionen* an den phantastischen Ort unternehmen,

- an dem sich alle Urlaubsträume erfüllen,
- den noch nie ein Mensch gesehen hat,
- an dem für immer Urlaub ist und
- an dem Urlaub etwas ganz anderes bedeutet.

Oder man hat „3 Urlaubs-Wünsche frei", bei dem Geld keine Rolle spielt. Schließlich können mit Collagen-Techniken „Traumurlaub"-Szenarien über den Urlaub der Zukunft entwickelt werden, über Wünsche und Hoffnungen, Ängste und Befürchtungen.

2. Einem Mythos auf der Spur: Urlaub zwischen Sein und Schein

In Alltagssprache und Medienöffentlichkeit ist die Verwendung der Begriffsverbindungen „Urlaubstraum", „Traumurlaub" und „Urlaubsparadies" fast zur Gewohnheit geworden. Man muss heute nicht mehr nur auf die Sprache der Reisekataloge zurückgreifen, um den Urlaub als Traum und Paradies zu beschreiben. Die selbstverständliche und teilweise oberflächliche Verwendung der Begriffe ist offenbar nicht weiter erklärungsbedürftig. Niemand nimmt Anstoß daran, dass damit unerfüllbare Ansprüche, Hoffnungen und Vorstellungen verbunden sind:

- Wenn das *Paradies* wirklich das vorherrschende Reiseziel wäre, dann würde kein Urlauber sein Ziel je erreichen.
- Und wenn der *Traum* Wirklichkeit würde, dann könnte er kein Traum mehr sein.

Das Grundmodell aller Urlaubsparadiese und Traumurlaube ist gleich – und illusionär

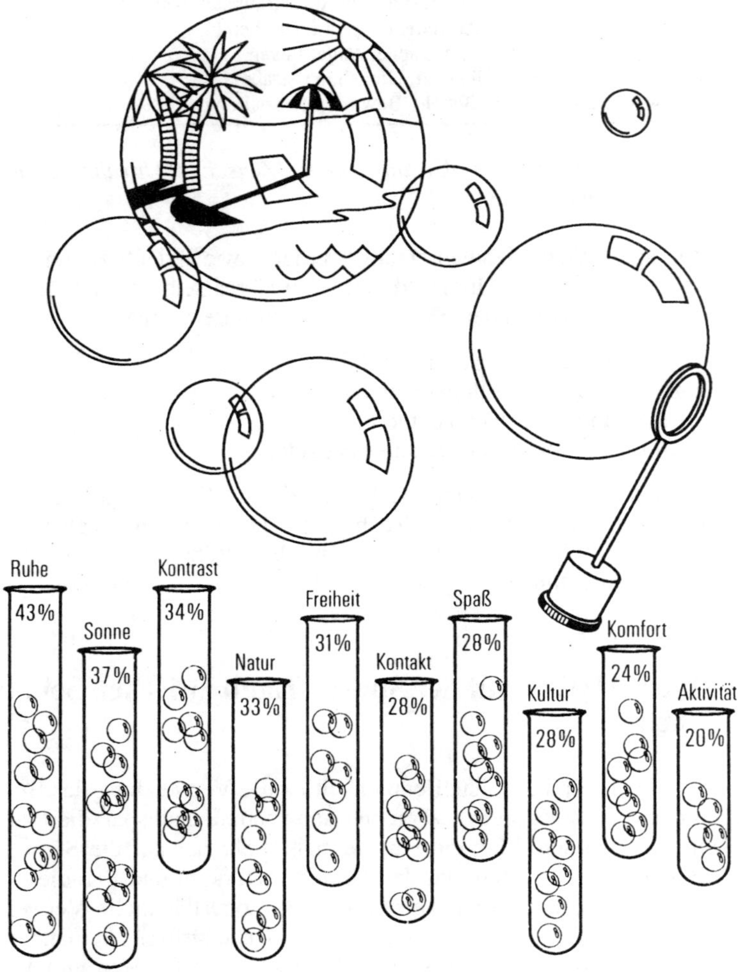

Repräsentativbefragung von 1000 Bundesbürgern ab 14 Jahren in den westdeutschen Bundesländern
Quelle: B·A·T Freizeit-Forschungsinstitut 1991.

Andererseits sind aber auch die Probleme, Konflikte und Enttäuschungen im Urlaub offensichtlich nicht so schwerwiegend oder gar dramatisch, wie sie eigentlich sein müssten, wenn sie eine schlüssige Erklärung für das Unerreichbare wären. Was also stimmt nicht mit unserem Bild vom Urlaub?

- Ist das anvisierte Paradies nur noch hohle Phrase, d.h. als Redewendung so entwertet und bedeutungslos geworden, dass es keine echte Sehnsucht mehr benennt?
- Wie gelingt es den Urlaubern, die Diskrepanz zwischen Paradies und Urlaubswirklichkeit wahrzunehmen und zu verarbeiten?

> Aus motivationspsychologischer Sicht gelingt es den Menschen tatsächlich, eine Balance zwischen unerfüllbaren Paradiessehnsüchten und konkret erreichbaren Urlaubszielen herzustellen. Ist ein gelungener Urlaub manchmal nichts anderes als eine gelungene Selbsttäuschung – ein handfester Traum, eine reale Fiktion, eine konkrete Utopie?

Damit lässt sich durchaus leben, ja sogar eine gewisse Art von Harmonie finden. Die Urlauber werden zu Pragmatikern oder Illusionisten, indem sie

- *das Ist für das Soll halten und*
- *den Schein als das Sein ausgeben.*

Die Frage, wie, warum und in welchen Formen diese Suche nach Harmonie und Balance gelingt, ist die entscheidende tourismuspsychologische Frage, ist der Schlüssel zum *Mythos Urlaub*. Offensichtlich schaffen es die meisten Menschen, die doch das Paradies wollen, die vorgefundene Urlaubswirklichkeit dafür zu halten oder sie dafür auszugeben.

Die Vermutung liegt nahe, dass"Urlaub an sich" keine substantielle Bedeutung hat, sondern lediglich einen Anspruch erfüllen muss, die eigenen Traumvorstellungen und *Paradiessehnsüchte nicht zu enttäuschen*. Der Verdacht drängt sich auf, dass es eigenständige Urlaubsmotivationen gar nicht gibt. Das Wo (des Urlaubsortes) und das Wie (der Urlaubsbeschäftigung) erscheinen ziemlich gleichgültig. Entscheidend ist, dass sich das ganze zeitliche „Unternehmen" als persönlicher Erfolg „verbuchen" lässt. Die Urlaubserlebnisse müssen der Inquisition der Freunde, Nachbarn und Arbeitskollegen standhalten können:

- „Wir kommen aus Neuseeland – und allen fällt die Kinnlade runter."
- „Nur Positives. Alles war super. Die Feste nächtelang, die Leute toll. Hauptsache, man kann protzen."
- „Man möchte natürlich nicht zugeben, dass es schlecht war. Wenn es nicht gut war, erzähle ich nichts, bleibe aber bei der Wahrheit".

Wie auch immer – am Ende der Urlaubsreise muss sich die Traumqualität einstellen und den eigenen Ansprüchen genügen, so dass die Paradies-Sehnsucht weiterhin aufrechterhalten werden kann.

Nicht der Urlaubsort ist das Ziel des Urlaubs, sondern der Wunsch, das erhoffte Glücksgefühl (die „Urlaubsfreude“) zu erreichen.

Auch ältere Stamm-Urlauber, die aus Gewohnheit immer den gleichen Urlaubsort wählen, verbinden damit meist eine zur Gewohnheit gewordene Erinnerung, hier – irgendwann einmal – *ein Stückchen Paradies erhascht oder erlebt* zu haben: Das Ferienhaus in Dänemark, die Familienpension in Österreich oder den Campingurlaub in Korsika. Sie suchen alle das Gleiche – und wenn sie „ein bisschen was“ davon gefunden haben, halten sie es fest. Sie trauen sich nicht mehr, doch einmal nachzusehen, ob nicht „nebenan“ mehr davon zu bekommen ist. Die Folge: Sie wiederholen sich.

Märchen III:
Von einem, der auszog, den Urlaub kennen zu lernen ...

Es war einmal ein kleiner Kerl, der hatte einen so dicken Bauch, dass er kaum durch die Tür passte. Er ging immer denselben Gewohnheiten nach: Donnerstags zum Kegeln, freitags in die Stammkneipe. Und am Samstag saß er mit seiner Frau zusammen und sie guckten fern.

Eines schönen Tages kam seine Frau mit der freudigen Mitteilung zu ihm, sie habe bei einem Preisausschreiben 14 Tage Urlaub gewonnen. Zuerst gefiel diese Nachricht dem Mann überhaupt nicht, aber dann dachte er, dass es ja auch sein Gutes hätte, mal herauszukommen. Also fuhren die zwei in den Urlaub.

Der kleine Dicke wunderte sich über die schmutzigen Straßen, die er überall sah und meinte: „Die könnten ja ruhig mal saubermachen“. Im Hotel angekommen, hatte er Hunger und wollte essen. Aber das Restaurant war geschlossen. Am nächsten Morgen beim Frühstück bekam er statt Milch nur Kaffee oder Tee. Das ärgerte ihn sehr. Aber er fand sich damit ab. Am Abend wollte er mal in eine richtige Kneipe gehen. Aber dort bekam er nur einheimisches Bier, nicht sein heißgeliebtes „Bingo“-Bier. „Das ist ja das Letzte“ sagte er sich und ging enttäuscht ins Hotel zurück.

Am nächsten Abend fand ein Kegelturnier statt. Er freute sich darauf, allen zeigen zu können, wie gut er kegeln kann. Aber als er loslegen wollte, knickte er um und verstauchte sich den Fuß. Humpelnd ging er zum Arzt, der ihm die sofortige Heimreise empfahl. So tat es der kleine dicke Mann dann auch.

Als er mit seiner Frau wieder zu Hause war und freitags in seiner Stammkneipe war, schmeckte ihm sein Bier besonders gut. Er schwor sich, so schnell nicht wieder in Urlaub zu fahren. Denn im Urlaub ist ja alles so anders ...

Urlaub sprengt den Alltagsrahmen. Für Menschen, die gern an ihren Gewohnheiten festhalten (z.B. ältere Menschen), kann Urlaub auch mit Enttäuschung, Stress oder Krankheit verbunden sein.

Was auf den ersten Blick hilf- und einfallslos erscheinen mag, ist in der Regel ein Ergebnis eigener Einsicht: Die Erfahrung, dass letztlich nirgendwo mehr zu erwarten ist und es daher auch sinnlos erscheint, umherzuziehen und ständig neue Orte aufzusuchen oder auszuprobieren.

3. Das Urlaubs-Dilemma: Mehr Flucht als Suche

Urlaub ist „der" Kontrastbegriff zum Alltag. Urlaub muss geradezu als Sammelbecken aller positiven Möglichkeiten, Hoffnungen und Erwartungen erscheinen: Eine strahlend schöne, unbeschwerte Wunschwelt, die all das beinhaltet, was man schon immer sein oder haben wollte. Sozusagen spiegelverkehrt zum Alltag („was ich zu Hause nicht habe") macht sie bewusst, was man eigentlich zum Leben braucht: Zeit haben und entspannen, locker und ungezwungen sein, auf andere Gedanken kommen, also an einem anderen Ort an etwas anderes denken.

Im Urlaub soll alles ganz anders sein: „Alles, was in unserem Denken vorkommen kann, findet dort statt" – so lautet das Ergebnis einer Phantasieexpedition an einen Ort, „wo immer Urlaub ist". Und dieses Anders-Sein bezieht sich nicht nur auf einzelne Besonderheiten, sondern hat einen viel grundsätzlicheren, elementareren, ja archaischeren Sinn:

> Urlaub ist die Idee von einem anderen Dasein – in einem handfesten physischen Sinn (als Ort der Erfüllung von natürlichen Interessen) und in einer metaphysischen Bedeutung: Hier können Heilsversprechen, Erlösungshoffnungen und Vorstellungen vom Himmel wahr werden.

Die *diesseitigen Vorstellungen* konzentrieren sich auf die Sehnsucht nach einer heilen Welt, im natürlichen Einklang von Mensch, Tier- und Pflanzenwelt. Die *jenseitigen Vorstellungen* aber speisen sich aus dem im wirklichen Leben Unerfüllbaren: Aus dem Wunsch, das „Jenseits von Eden", die Vertreibung aus dem Paradies, rückgängig zu machen. Dabei schwingt ebenso eine gewisse Todessehnsucht bzw. die Hoffnung auf ein Leben danach mit. Darauf deutet auch die Urlaubersprache selbst hin: „Abschalten", „Sich-hängen-Lassen", „die Seele baumeln lassen" u.a. Hier wird das Ende der Reise, der Tod, beschworen und zugleich die Hoffnung auf Erfüllung am Zielort.

Die Sehnsucht nach dem Paradies ist eigentlich klar, aber niemand weiß, wie es dort aussieht und was einen erwartet. Dies erklärt auch, warum es selten gelingt, *Urlaubsutopien* zu entwickeln – sie *bleiben notwendigerweise unbeschreiblich*: unbestimmt und unfassbar. Einer Verwirklichung sind ganz natürliche Grenzen gesetzt. Da man das Paradies ja er"leben" will, sucht man im Urlaub notgedrungen den Himmel auf Erden.

> Am Ende steht ein durch irdische Faktoren (z.B. Geld, Zeit, Raum) eingeschränktes Bild vom Paradies. Zwischen subjektiven Wünschen und objektiven Möglichkeiten wird der Urlaub zu einem echten Balanceakt zwischen Rahmenbedingungen und Projektionsfläche: Es gibt einen feststehenden Rahmen, aber kein Bild.

Für die Situation der Urlauber bedeutet dies: Sie wissen, dass sie etwas brauchen, aber sie wissen nicht, was. Was Urlaub zu sein hat, können sie nur abstrakt mit einem Wort umschreiben: „anders". Dies kann vieles bedeuten: ruhig, schön, beschaulich, erholsam, interessant, erlebnisreich, abenteuerlich, paradiesisch ...

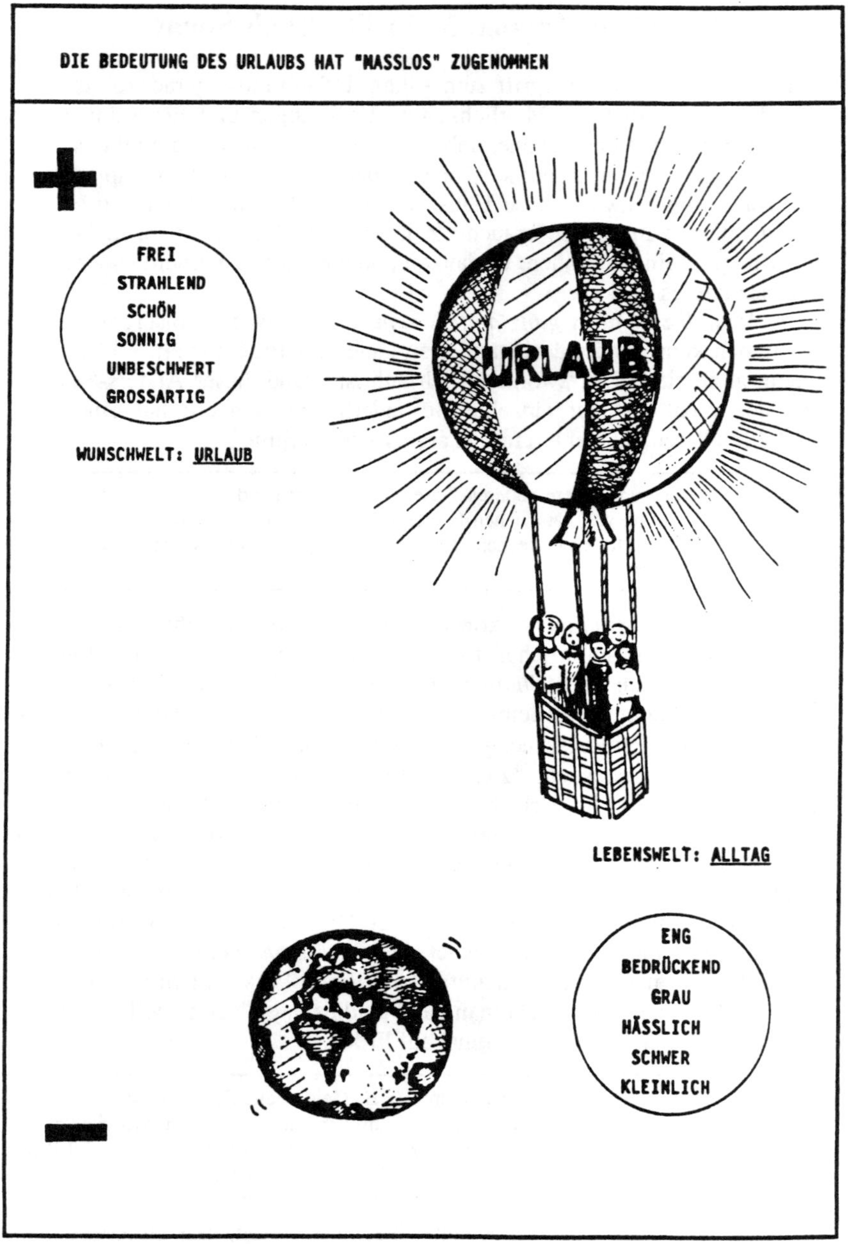

Die vage Sehnsucht nach dem Paradies gleicht der Vorstellung vom Glück als Lebensziel. Wer kann schon Glück beschreiben? Davon gibt es kein Bild, kein Foto, keine präzisen Vorstellungen, allenfalls Elemente, Bestandteile, Zutaten.

Das Paradies hat keinen Ort, so wie das Glück keine Stunde hat. Keines von beiden lässt sich wirklich konstruieren. Man kann überall und nirgends sein.

Die Vorstellung vom Paradies gleicht einer schönen Idee, ist aber auch eine Überlebens-Notwendigkeit. Da sich *das Erreichen des ersehnten Ziels als Illusion* erweist, ist die Frage, ob Urlauber Wert auf „Original-Schauplätze“ legen oder mit Scheinwelten und Kulissen zufrieden sind, beinahe sekundär. Alles, was dem ersehnten Gefühlszustand nahe kommt, ist willkommen.

Die Urlauber wollen den Traum. Der Traum soll Wirklichkeit werden und dennoch Traum bleiben – ein Paradox.

Das ist ja gerade das Dilemma mit dem Urlaub: Im Urlaub soll etwas realisiert werden, was eigentlich keine Realität hat oder haben kann. Daraus nun zu folgern, den Urlaubern sei alles zuzumuten, ist einfach falsch. Ganz im Gegenteil. Der letztlich aussichtslose Versuch, die eigenen Träume zu verwirklichen und das Paradies zu finden, führt zu immer höheren Ansprüchen.

Die touristische Erlebnisindustrie sieht sich eher mit einer Anspruchsrevolution konfrontiert. Die Forderungen an das, was machbar und erlebbar ist, werden immer maßloser. Doch eine Problemlösung ist selbst bei annähernder Erfüllung dieser Wünsche nicht in Sicht. Je mehr das gerade noch Mögliche verwirklicht wird, desto traumhafter wird es zugleich – um den Preis der eigenen Realität.

Die Urlaubswelten werden immer perfekter, arrangierter, inszenierter und künstlicher – auf Kosten von Einfachheit, Echtheit, Originalität und Ursprünglichkeit.

Die Perfektionierungswünsche befreien die Urlauber letztlich nicht aus ihrem Dilemma. Die andere Seite des Dilemmas wird plötzlich spürbar: Weil die Urlauber ihren Traum nicht verwirklichen können, fangen sie an, die Wirklichkeit zu verträumen.

Urlaubspläne werden gemacht, Ziele ausgewählt, Entscheidungen getroffen. Doch wie kommt dies alles zustande? Es sind eigentlich nur zwei Motivationsbereiche, aus denen heraus sich die Entscheidung zu einem Urlaub strukturiert: Die Suche nach etwas („*hin zu ...*“) und die Flucht vor etwas („*weg von ...*“).

– *Die Suche nach etwas*

Bei der Urlaubsentscheidung spielt die positive Vorstellung von dem, was man eigentlich will, die geringste Rolle. Nur wenige versuchen wirklich ernsthaft, konkrete Bedürfnisse und Wünsche in der Angebotsauswahl durchzusetzen. Eher finden sich Ansätze von Neugier, Interesse, Offenheit und Bereitschaft, den Urlaub als Chance zu sehen, weitere Wünsche an das Leben anzumelden und zu realisieren. Es fällt vielen schwer, zum Ausdruck zu bringen, was sie im Urlaub zu erleben hoffen, worauf sie neugierig sind und worauf sie sich freuen. Für sich genommen scheint Urlaub wenig Eigenständigkeit zu besitzen. Man weiß nur, was man *nicht* will. Ansonsten wünscht man sich das Andere, das Neue: Neue Gegenden, neue Leute, neue Erfahrungen – anders als der Alltag eben. Es ist eher eine ziellose, schlaffe, passive Neugier, die risikolos und nur entspannend unterhalten werden will.

– *Die Flucht vor etwas*

Das Motiv, dem Alltag zu entfliehen, ist der stärkste Urlaubsimpuls. Ausschlaggebend hierfür ist nicht nur das konkrete Leiden am Alltag, sondern auch die Unfähigkeit, sich vorzustellen, was Urlaub sein könnte. Für die meisten Menschen ist Urlaub nur als *Anti-Konstruktion* zum Alltag vorstellbar. Ohne Alltag gäbe es keinen Urlaub. Nur im Vergleich und in der Gegenüberstellung mit dem Alltag gewinnt der Urlaub indirekt an Kontur, lässt etwas von seiner Attraktivität und Wichtigkeit ahnen. „So nicht" heißt das am Alltag orientierte Konzept für den Urlaub; einen selbständigen Alternativentwurf „So" gibt es nicht. Erst im Rückbezug zum Alltag erhält der Urlaub Farbe.

Alltag ist die ungeliebte Mutter des Urlaubs. Beide gehören zusammen, bilden ein natürliches Ausgleichssystem. Der Urlaub nimmt die Freiheitsbedürfnisse, Müdigkeiten und Spannungen des täglichen Lebens auf und fungiert als Ventil und Ausgleichsmöglichkeit.

Der Urlaub bringt neben Ruhe und Entspannung neue Kraft und neue Ideen, neue Erlebnisse, Einsichten und Erfahrungen, die ihrerseits wieder den Alltag bereichern und ihn erleichtern können und sollen.

4. „Raus" und „weg": Vom Zwang zum Verreisen

Urlaub ist geradezu zwanghaft mit Reisen und Wegfahren verbunden. Man braucht die Reise und die Ortsveränderung, um „Neues zu sehen" und „andere Luft zu riechen". „Raus" und „weg" heißt das Ziel, das Wohin der Reise erscheint beinahe zweitrangig.

„Raus" aus ...
- dem Alltagstrott, den Gewohnheiten,
- der Arbeit, den Terminen, dem Stress,
- der Routine, der Langeweile, den Problemen,
- der Verantwortung, der Verpflichtung, den Zwängen,
- den Grenzen ...

„Weg" von ...
- den gewohnten Gesichtern,
- den Kollegen,
- den Nachbarn, den Freunden,
- den eigenen vier Wänden,
- der gewohnten Umgebung ...

Raus aus allem, was mit dem alltäglichen Leben zu tun hat („Einmal im Jahr muss man raus"). Weg von dem Wirklichen, der eigenen Realität. Diese Fluchttendenz ist die geheime Triebfeder für Fernreisen. Der Wunsch, sich aus dem Alltag zu entfernen, braucht die reale Bestätigung durch entfernte Reiseziele. Je ferner das Reiseziel erscheint, desto perfekter ist der Eindruck oder die Illusion von der Distanz.

> Es ist nicht so wichtig, dass der Urlaubsort besonders „fern der Heimat" liegt; zumindest reisend muss eine große Distanz zurückgelegt werden – etwa nach dem Muster: Köln – Wladiwostock – Wuppertal.

Die im Alltag erfahrene oder jedenfalls subjektiv so wahrgenommene Enge der eigenen Lebenssituation braucht die erfahrene oder mindestens so definierbare *Dimension von Weite* als ihr Pendant. Es gehört wohl zu den unabdingbaren Forderungen an Urlaub, dass in dieser Zeit eine *räumliche Entfernung zum Wohnort* besteht. Es reicht also nicht aus, Urlaubswelten am Rande von Ballungszentren zu errichten. Die Nähe zur vertrauten häuslichen Umgebung ist zu greifbar, die nötige Distanz zu gering. Das Lokalkolorit als Urlaubs-Manko wird noch verstärkt durch die gewohnten Gesichter der Miturlauber, die beim besten Willen nicht die Exotik von „Eingeborenen" und „Einheimischen" ersetzen können. Wer weit ab von jeglicher Zivilisation „auf Safari" den Nachbarn von nebenan trifft, stellt sich deshalb nicht selten die Frage, ob der Urlaub wirklich diese weite Reise wert war.

Dieses erlebnispsychologische Phänomen erklärt den wachsenden Anteil der Auslandsreisenden und zeigt auch die *Attraktivitätsgrenzen des Inlandsurlaubs* auf. Das Anderssein ist beim Urlaub im eigenen Land nur für besonders sensible Beobachter (z.B. Natur-, Kultur-, Bildungsreisende) erfahrbar. Für die meisten anderen aber *wird das Vertraute zur Reisebremse* – mit Ausnahme der älteren Generation, die bewusst (auch aus gesundheitlichen Gründen) an dem Gewohnten festhält.

Der Wunsch nach Urlaub resultiert wesentlich aus dem Mangel an Glück, der hoffen und suchen lässt. Doch fast alle Versuche, diesen Wunsch zu konkretisieren, misslingen, bringen Formeln oder Banalitäten hervor, wirken nicht aufrichtig oder gar verlogen. Kulturelle Interessen werden mehr demonstriert als realisiert, das Verweisen auf Belange der „Eingeborenen" oder Probleme der „Dritten Welt" dient mehr der Selbstdarstellung.

> Die meisten Urlauber wollen zwar eine fremde Umgebung haben, sich aber nicht einlassen auf fremde Lebensweisen, sie lediglich beobachten und betrachten.

- „Es ist schon interessant, mal zu schauen, wie die leben".
- „Man hat nicht viel Gelegenheit, Einheimische kennen zu lernen. Sie gehören aber dazu und stören mich nicht".
- „Ich hab' schon einmal versucht, die Kinder miteinander spielen zu lassen, damit die auch lernen, wie gut es ihnen geht".

Fremdheit – in originaler Version – ist durchaus erwünscht, ja notwendig, um echtes Urlaubsgefühl aufkommen zu lassen. Einheimische sollten schon echt sein, aber nicht zu nahe kommen, keine Wünsche äußern oder gar Forderungen stellen.

Das *Standardmodell Urlaub* basiert auf Urelementen wie Erde, Wasser und Feuer (= Sonne). Wenn Urlauber ihre Wünsche äußern, kommt dieses Standardmodell in mehr oder minder variierter Form (in Verbindung mit Insel-Motiven und Paradies-Vorstellungen) fast immer zum Zug. Ob Erholungsurlaub, Clubferien, Kreuzfahrt oder Fernreise, das Wunschbild bleibt stets gleich: stereotyp, klischeehaft, illusionär. Die Ansprüche an die Urlaubsszenerie sind offenbar bescheiden und in ihrer Substanz (und Einfallslosigkeit) ziemlich ernüchternd. *In fast allen Ferienträumen fehlt die Kultur*. Nur das „Schöne" als Kulisse zählt, die Traumwelt als Anti-Welt zum Alltag. Auch die gelegentliche Garnierung des Strandidylls um abstrakte Forderungen wie „Freiheit", „Erlebnis" oder „Glück" kann nicht darüber hinwegtäuschen, dass das Erfolgsrezept von Reiseveranstaltern und Urlaubskatalogen auf einem simplen Grundmodell basiert.

„Standardmodell Urlaub"
Die (unerfüllbare) Sehnsucht nach dem (verlorenen) Paradies

Erfolgsrezept „Man nehme ..."		*Fluchtmotiv „Leiden am Alltag"*
Mensch	Urlauber, Freunde, Clique, Partner(in), Familie, nette Leute, Kontakte, Geselligkeit, Erlebnis, Erotik/Sex, frei, ungezwungen, unverbindlich...	Kontaktlosigkeit Beziehungslosigkeit Oberflächlichkeit Vereinzelung
Sonne	Wärme, tropische Temperaturen, gutes Wetter, Solarium, strahlend schön und sonnig, braun werden, sich wohlfühlen ...	Kälte Ungemütlichkeit
Erde	Strand, Sand, Palme, Berge/Felsen, Naturlandschaft, Weite, idyllisch ...	Enge Grenzen
Wasser	Meer, See, Bach/Fluss, Wasserfall, Quelle, kühl, frisch, rein ...	Umweltverschmutzung Verstädterung Motorisierung
Insel	Boot, Surfbrett, Floß, Schiff, Flugzeug, Auto/Homemobil, Zelt, Freiheit, einsame Insel, ruhig still, unbeschwert ...	Stress Spannung Müdigkeit Probleme
Paradies	Exotik/Tropik/Karibik, Glück, Neues/Anderes/Fremdes, andere Kulturen, reizvoll, großartig, traumhaft, unbeschreiblich ...	Alltagsumfeld - routine - monotonie - langeweile

Urlaub wird als positiver Gegenentwurf zum Alltag empfunden.

4.1 Typus Jugend-Urlaub: „Höher. Weiter. Schneller“

Der „Kick“ aus dem Freizeitalltag hat bei den Jugendlichen mittlerweile auch den Urlaub erreicht: „Kurzfristige Erfolgserlebnisse bedeuten den meisten Spaß. Lange Vorbereitungszeiten oder Misserfolge sind 'uncool' und werden möglichst vermieden“(Porwol 2001, S. 55). Spaß im Urlaub gilt als Chiffre für Abenteuer, Unterhaltung und Zerstreuung, für Erlebnis, Geselligkeit und Lebensfreude.

Die herausragenden Merkmale des Typus Jugend-Urlaub sind heute Spaß, Action und Aktivprogramme und zuallerletzt Kultur, Sprache und Wandern. „Bildungsorientierung“ (Nolteernsting 1998, S. 132ff.) ist im Jugend-Urlaub immer weniger, Erlebnis- und Vergnügungsorientierung immer mehr gefragt. Aus der kommunalen „Stadtranderholung“ und „Kinderlandverschickung“ ist der kommerzialisierte Jugendtourismus, aus der Jugendbetreuung die Sicherstellung der Kundenzufriedenheit geworden. Und die ehemalige „Spielwiese für das Erwachsenwerden“ (Müller 1996,) gleicht mehr einem Marktplatz, auf dem die Gesetze von Erwachsenen gelten und in Anspruch genommen werden.

4.2 Typus Single-Urlaub: „Vor allem eins, aber auf jeden Fall alles“

Die meisten Singles wollen im Urlaub vor allem eins: *nicht allein sein.* Ein Urlaub ist für sie dann besonders erfolgreich und gelungen, wenn sie möglichst schnell und problemlos (und ohne selbst viel dafür zu tun), die „richtigen Leute“ treffen, mit denen sie im Urlaub (und nur da) zusammen sein können:

- „Nette Leute, die man trifft, von denen man sich aber jederzeit wieder zurückziehen kann“.
- „Ich habe das Bedürfnis, mich mitzuteilen. Aber ich muss mich völlig unabhängig fühlen können“.

Reisemotive von Singles
Kontrast, Kontakt und Aktivität besonders ausgeprägt

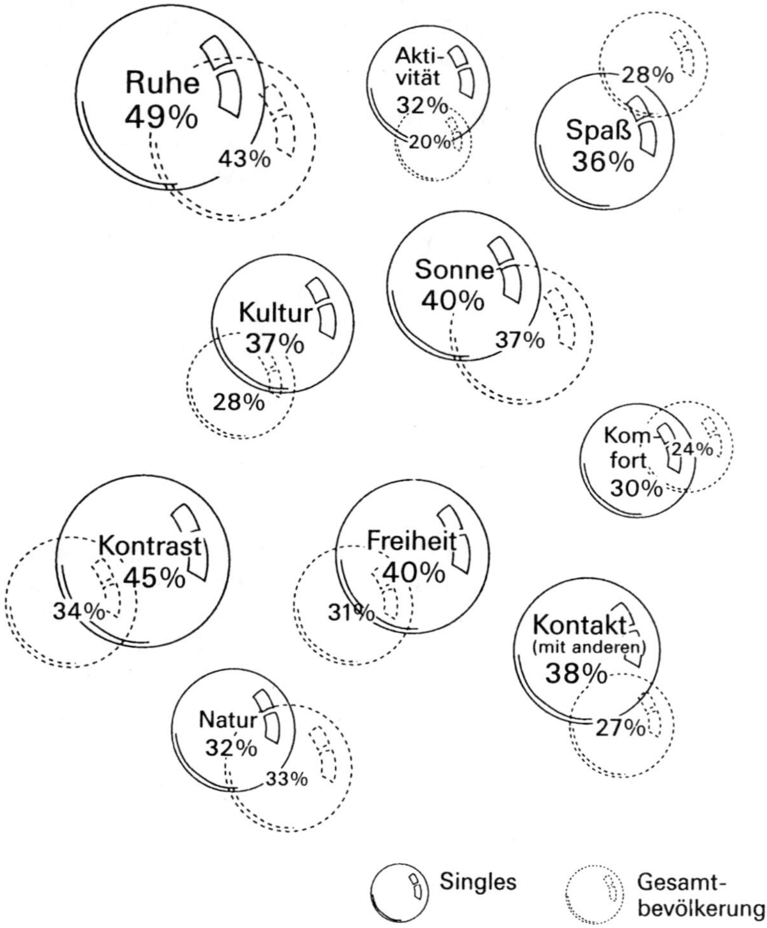

Repräsentativbefragung von 1000 Bundesbürgern ab 14 Jahren in den westdeutschen Bundesländern (Singles: 25 bis 49 Jahre)
Quelle: B·A·T Freizeit-Forschungsinstitut 1991.

Darüber hinaus wollen sie im Urlaub das volle Angebot; nichts soll unmöglich sein. Mit einem Wort, sie wünschen sich möglichst: *Alles*. Wenn sich ein Bedürfnis regt, soll es dafür auch das entsprechende Angebot geben. Alles soll möglich sein, ohne sich festlegen zu müssen. Viele Singles sind ständig auf der Suche und wissen oft nicht, wonach. Keine Zwänge und Regeln, keine Festlegungen und Folgen. Urlaub bedeutet für sie Unverbindlichkeit. Die Versorgung muss gewährleistet sein, die Entlastung von der eigenen Verantwortung auch. Die Angebotsvielfalt darf Rückzugsmöglichkeiten nicht ausschließen: Auch der Single braucht seine Insel.

Was das Freizeitleben von Singles im Alltag charakterisiert (z.B. Gewinn an Freiheit, Mangel an Geborgenheit), soll sich im Urlaub als Vorteil erweisen. Die Urlaubszeit, die Zwänge und Verpflichtungen vermeintlich außer Kraft setzt, erscheint wie gemacht für Menschen, die sich nicht festlegen und verpflichten wollen. Sie werden im Urlaub befreit von all den Alltagspflichten wie Entscheidung, Engagement, Mühe oder Hilfe. Andererseits:

> Die Erwartungen der Singles an den Urlaub werden selten erfüllt. Viele verwechseln Fülle mit Erfüllung und lassen sich buchstäblich alles bieten.

Der Single-Urlaub gleicht einer Dauerveranstaltung, bei der alles geboten wird, aber nicht alles zu bekommen ist. Der grenzenlose Anforderungskatalog zwischen 24-Stunden-Service und Rundum-sorglos-Paket täuscht viele Singles über ihr eigenes Hauptproblem hinweg: Bindungsangst und Kontaktprobleme lassen sich durch Dauerkonsum nicht lösen.

4.3 Typus Familien-Urlaub: „Alles im Rahmen“

Ruhe, Erholung und friedliches Miteinander kennzeichnen den Typus „Familien-Urlaub“. Ein gleichmäßiger und ausgeglichener Verlauf der Ferien wird gewünscht – auf einem mittleren freundlichen Niveau, ohne Höhen und Tiefen. Ein *wohl abgewogener Kompromiss* zwischen den Einzelinteressen der Familienmitglieder soll emotionale und soziale Schwierigkeiten in jeder Beziehung vermeiden. Einzelinteressen müssen weitgehend zurückgestellt bzw. in erträglichen und verträglichen Grenzen gehalten werden.

Im Vergleich zum Alltag nehmen die Familienmitglieder im Urlaub mehr Rücksicht aufeinander. Der Umgangston ist freundlicher. Jeder gibt sich entspannter, lockerer, umgänglicher. Das im Alltag eingeübte Verhaltens- und Beziehungsschema bleibt auch im Urlaub intakt. Der durch die Familiensituation im Alltag gesetzte Rahmen wirkt im Urlaub geradezu entlastend (und nicht einengend). Andererseits:

> Das Geflecht aus Gewohnheiten und eingeübten Verhaltensweisen reduziert im Familien-Urlaub den Spielraum für Neues, Überraschendes, für Erfahrungen, Ereignisse und Erlebnisse, die außerhalb des Gewohnten liegen.

Reisemotive von Familien mit Kindern

Ruhe und Familie dominiernen

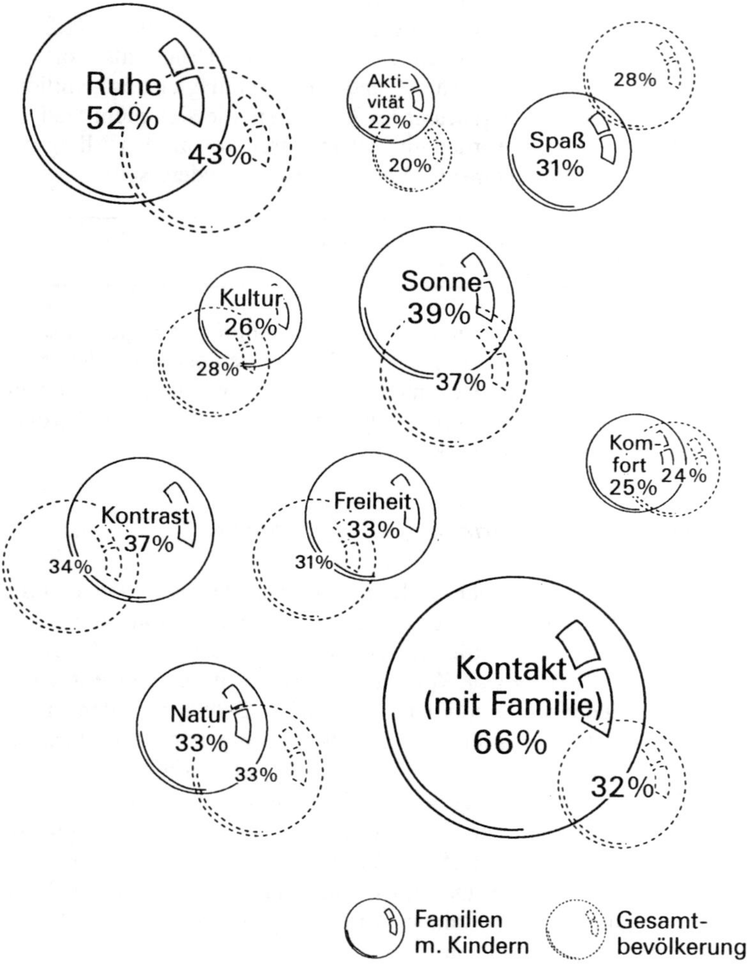

Repräsentativbefragung von 1000 Bundesbürgern ab 14 Jahren in den westdeutschen Bundesländern (Familien mit Kindern unter 14 Jahren: 25 bis 49 Jahre)
Quelle: B·A·T Freizeit-Forschungsinstitut 1991.

Mittelpunkt des Familien-Urlaubs sind die Familienmitglieder selbst, das touristische Umfeld hat nachgeordnete Bedeutung. Der Urlaub gewinnt Tiefe und Bedeutung nicht so sehr in der konkreten Zeit, die am Urlaubsort verbracht wird. Der Urlaub stellt nur *eine* Größe im familiären Lebensablauf dar, hat also nicht die herausragende Bedeutung wie bei den Singles. Dies lässt sich auch an der Vor- und Nachbereitung des Urlaubs ablesen. Die Vorfreude und Planung, die Erinnerung und das Erzählen davon, das Nachempfinden oder Wiederanschauen (z.B. Fotos, Film, Video) können fast genauso wichtig wie das eigentliche Urlaubsgeschehen sein.

5. Die Dramaturgie des Urlaubs

5.1 Urlaubsinszenierung

Von den Fesseln des Alltags vermeintlich befreit, sehen sich die Urlauber selbst als Akteure. Sie übernehmen Urlaubsrollen und wollen Nicht-Alltägliches spielen und erleben. Urlaub ist wie *Theater* – mal Vergnügen und mal Tragik, auf jeden Fall Dramatik. Und Urlaub ist ein Spiel, in dem jede(r) seine/ihre Rolle „hat" oder spielen „will" (auch wenn sie gar nicht zu ihm/ihr passt). Manche halten sich nicht an die Spielregeln oder spielen einfach nicht mehr mit. Und wieder andere nutzen die Mitspieler nur aus, weil sie deren Gefühle und Reaktionen brauchen, um bestätigt zu werden. Die meisten wollen auf jeden Fall eine neue Rolle spielen, weil ihre Rolle im Alltag nicht mehr zu reichen scheint. Und: Fast alle wollen eine *glückliche Rolle* spielen. In diesen Stunden und Tagen spüren sie, wie viel Glück ihnen zu Hause entgeht. Im Urlaub holen sie Glück nach; auch das verstehen sie unter Erholung.

Urlaubsambiente als Bühnenausstattung
Was Urlauber wollen, um sich wohlzufühlen

- „Röhrender Hirsch im Original-Schwarzwaldhaus"
- „Folklore und ein wenig Kitsch, muss aber originell sein"
- „Ein paar Fischer, die da herumstehen"
- „Andersartigkeit – aber ein Stück Vertrautheit in der Seitentasche"
- „Touristenangebote (Tänze) stören mich nicht, wenn sie authentisch sind"
- „Mit Nomaden auf dem Fußboden sitzen, mit Tunesiern Kaffee trinken"
- „Brauche beides: Zivilisation mit Supermarkt und Einsamkeit, z.B. abends an der Mole sitzen und den Sonnenuntergang gucken"
- „Armut am Straßenrand stört mein gutes Urlaubsgefühl nicht".

Der Requisitencharakter der Urlaubsumgebung wird erkennbar: „Echt" ist das, was der Urlauber dafür hält.

Urlaub hat viel mit *Inszenierung* zu tun. Und die Frage nach Wahrheit und Wirkung des „Stücks" hängt nicht allein von der Qualität „Requisite" oder

der Aufführung am „Originalschauplatz" ab. Das Wichtigste am Urlaub ist, für sich die richtige „Rolle" in einem (den eigenen Bedürfnissen entsprechenden) Stück zu finden. Genauso wichtig sind die „Mitspieler", die richtige Besetzung der „Nebenrollen" und die Art des „Zusammenspiels".

Die Brauchbarkeit eines Stücks erweist sich vor allem daran, wie viel Spielraum es den Akteuren lässt – räumlich und psychosozial. Für das *Theaterstück Urlaub* ist das Reisen unverzichtbar, um die notwendige Distanz zum Alltag zu schaffen. Zugleich muss das Stück der Phantasie und den Ausdrucksmöglichkeiten der Spieler freien Lauf lassen und auf das Repertoire der Spieler/Urlauber Rücksicht nehmen.

5.2 *Urlaubsrolle*

Urlaub animiert zum Rollenspiel und Rollenwechsel. Man macht Urlaub von der sonstigen Rolle. Urlauber sagen von sich selbst, dass sie „in eine Rolle schlüpfen", „nicht auf die Figur achten", „gewohnte Bahnen verlassen", „sich in neue Sphären begeben" und sich vorstellen, „dort zu leben" oder Lebensformen auszuprobieren, „die ich zu Hause nicht leben kann". Sie kleiden oder kostümieren sich anders als zu Hause – von „legeren Klamotten" bis zu „gestyltem Gehabe". Urlaub gleicht einem inszenierten Spiel, in dem jeder *„seine" Rolle spielen* darf. Individualistischen Ausprägungen sind kaum Grenzen gesetzt und doch bewegen sich die meisten Urlauber in gewohnten Bahnen bzw. typischen Rollen. Die folgende Beschreibung von Urlaubsrollen lässt vermuten, dass sich darin auch Persönlichkeitstypen widerspiegeln:

– „König Kunde"
Er will hofiert und bedient werden („was kostet die Welt?"). Faulenzen und Umsorgtwerden stehen ganz obenan. Alles muss gepflegt und von einer gewissen Güte und Qualität sein. Das Hotel darf ruhig „Excelsior" heißen.

– „Perfektionist"
Er verlangt im Urlaub (wie im Alltag auch) nach einem relativ starken Korsett. Alles muss sorgfältig geplant, vorbereitet, durchgecheckt und für gut befunden sein. Wer die Reise bis in die Einzelheiten „durchdenkt", kann nachher auch nichts vergessen.

– „Individualist"
Urlaub ist für ihn vor allem eine Frage der ganz persönlichen Einstellung. Es liegt nur an ihm selbst, was er aus seinem Urlaub macht und ob ein Erfolg daraus wird. Urlaubsgestaltung in Eigenregie begreift er als persönliche Herausforderung.

– „Minimalist"
Er muss auch im Urlaub rechnen und sparsam sein. Er achtet auf bezahlbare Preise und urlaubt rundum kostenbewusst. Eine knapp kalkulierte Unterkunft mit Frühstück genügt, um ein bescheidenes Urlaubsvergnügen zu finden.

– „Aktivist"
Seine Urlaubsszenerie ist geprägt von action und motion, Trubel und Rummel. Er will und muss etwas erleben, schlägt sich die Nacht um die Ohren und kommt auch am Tag nicht zur Ruhe. Er hat immer etwas zu tun und viele Menschen um sich.

– „Pionier"
Wo es etwas Neues gibt, da war er schon oder muss er schnellstens hin. Er sammelt neue Reiseziele wie andere Briefmarken. Im Trend sein reicht ihm nicht. Er will selbst touristische Wege eröffnen und ebnen und immer der Erste und der Zeit voraus sein.

– „Kosmopolit"
Für ihn liegt die Faszination in der Ferne und Fremde. Ferne Länder und fremde Menschen interessieren ihn. Ihn reizt die Andersartigkeit, vor allem andere Kulturen, die er kennen und verstehen lernen will. Er begreift sich als Weltbürger auf der Suche nach Horizonterweiterung.

– „Angeber"
Das Alltagsleben bietet nicht Anreize und Anerkennung genug. Auffallen kann man nur, wenn auch die Reiseziele „ausgefallen" sind. Und hat er „das Europäische abgegrast", wendet er sich exotischen Zielen zu. Inlandsreisen sind für ihn wahre „Prestigekiller". Er hingegen reist überall da hin, wo man gewesen sein muss, um mitreden und mithalten zu können.

– „Erzähler"
„Wenn jemand eine Reise tut, so kann er was erzählen". Nach diesem geflügelten Wort durchlebt der Urlauber seine Reise und erlebt sie erzählend mehrfach nach. Urlaub wird durch lebendiges Erzählen und anschauliches Demonstrieren (z.B. Fotos, Dias, Film) erst richtig schön. Denn viele Freunde und Bekannte orientieren sich an dem, was der Erzähler erzählt.

5.3 Urlaubskulisse

Die Frage, ob es wichtig bzw. unverzichtbar ist, „wirk"lich in die Karibik zu fahren, um sich wie in der Karibik fühlen zu können, entspricht nicht dem Denken des Urlaubers. Urlaub ist etwas ganz anderes. Urlaub „muss" nicht in jedem Fall den Anspruch von Wahrheit und Wirklichkeit entsprechen. Urlaub braucht nur das *Original-Gefühl*. Gerade dies macht das eigentliche Dilemma des Urlaubers aus:

- Einerseits verlangt der Urlauber Echtheit und Originalschauplätze, die ihm das Gefühl vermitteln, dass alles stimmig und gewachsen ist und daher seinen Erwartungen entspricht.
- Andererseits hat aber das Original-Gefühl dort seine Grenzen, wo es den Urlauber selbst tangiert, mit hineinzieht, ihn sozusagen vom Zuschauer

zum Mitspieler macht, ja ihn zwingt, sich auf eine andere Welt einzulassen, obwohl er doch nur aus seiner eigenen Welt entfliehen oder sich von ihr erholen will.

Dieses Urlaubsdilemma erweist sich als ein Problem von Nähe und Distanz: Wie viel wovon? Beide, Original und Kulisse, sind zugleich erwünscht. Die Urlauber lassen sich in aller Regel auf einen Kompromiss ein: „So viel *Ursprünglichkeit* wie möglich, so viel *Kulisse* wie nötig". Eine naturbelassene Karibikinsel ohne Cola und Bier erscheint den meisten Urlaubern ebenso wenig akzeptabel wie eine künstliche Dschungelkulisse vor der eigenen Haustür. Die Anforderung an Unverfälschtheit und die Akzeptanz von Künstlichkeit bestimmen sich letztlich an dem individuellen Bedürfnis, an dem ganz persönlichen Maß von Nähe bzw. Distanz, das jeder einzelne braucht, um sich wohl zu fühlen.

Die Urlaubskulisse
Eine Szenerie mit Widersprüchen – Freie Assoziationen

- *Einsame Insel* – aber Anreise mit dem Flugzeug
- *Fern vom Massentourismus* – aber keine Einsamkeit, dafür Cocktails + Strandparties
- *Hütte im Dschungel* – aber bitte mit Zimmerservice (keine Kakerlaken) + Swimming-Pool
- *Menschen* – nur nett + freundlich
- *Einheimische* – möglichst nur Maya und Indianer
- *Erotik* – mit Freund(in), auch „kleine" Flirts (mit anderen)
- *Tiere + Pflanzen* – „sehen" reicht schon
- *Meer* – türkisblau und keine Algen
- *Naturkulisse* – Berge, Palmen, viel Grün, Sand und Wasser
- *Lokaltypisches* – bunte Märkte, Musik und Tanz
- *Luxus* – Segelyacht, Jeep und Harley Davidson
- *Sonne* – angenehm warm, aber nicht schwül
- *Gutes Essen + Klamotten kaufen* – aber „billig"
- *Paradies* – nur schöne Menschen und keine Probleme
- *Traumurlaub in der Karibik* – solange man möchte, aber alle zwei bis drei Wochen ein neues Ziel.

6. Der folgenreiche Bedeutungswandel im Verhältnis von Alltag und Urlaub

Mit dem Struktur- und Wertewandel in der Arbeitswelt hat sich auch der Zusammenhang von Alltag und Urlaub grundlegend verändert:

- Urlaub hatte in den 50er und 60er Jahren eine begrenzte Bedeutung und im Lebenszusammenhang des Arbeitsalltags eine klare Funktion, Zielsetzung und Aufgabe. Urlaub war ein *Anhängsel des Arbeitslebens.*

Der ursprüngliche Sinn:
Alltag und Urlaub als Ausgleichssystem

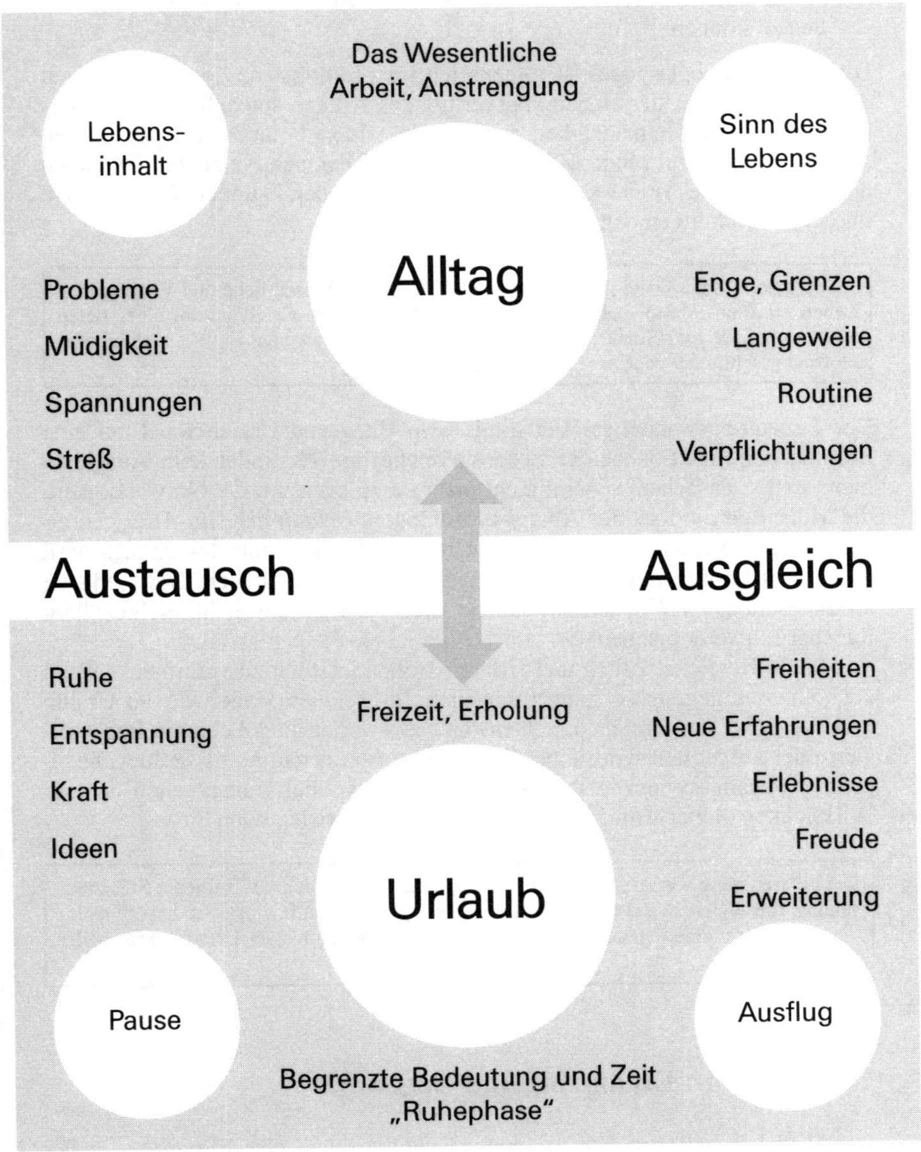

Quelle: B·A·T Freizeit-Forschungsinstitut 1991

- Seit den 70er Jahren erscheint Urlaub zunehmend als das Eigentliche, das Positive am und im Leben. Urlaub ist zum *Höhepunkt des Freizeitlebens* geworden („Darauf ist das ganze Jahr aufgebaut"). Die Neigung besteht, den Arbeitsalltag lediglich als Erwerbsquelle zu verstehen, um die Glückseligkeiten von Freizeit und Urlaub umso besser konsumieren und genießen zu können.

Dieser Bedeutungswandel ist folgenreich für die Substanz der Sonnenseiten des Lebens. Denn der Bedeutungsverlust des Alltags spiegelt sich gleichermaßen in der Substanzlosigkeit des Urlaubs wider. Urlaub kann dem Leben aus sich heraus kaum Sinn, Zusammenhang und Perspektive geben. Und auch über die „Brücke" (mehr Freizeit) lässt sich das Leben kaum als Urlaubsfolge mit Unterbrechungen begreifen.

> Je mehr der Urlaub heute den Menschen als das Wahre, Wesentliche und Wichtige am Leben erscheint, desto mehr ist dieser Wandel zuallererst als Symptom einer tiefen Verunsicherung und Sinnkrise zu begreifen und erst in zweiter Linie als möglicher Hoffnungsschimmer oder gar Glückserfüllung.

Der Bedeutungswandel im Verhältnis von Alltag und Urlaub weist auf eine Störung der Funktion beider Lebensbereiche hin. Es findet kein Ausgleich mehr statt. Der Urlaub scheint nicht mehr da zu sein, um die Notwendigkeit, die Mühe und die Last des Alltags aufzufangen. *Urlaub als Anti-Alltag* bereichert und erleichtert den Alltag nicht mehr. Und der Sinn des Alltags wird darauf beschränkt, in erster Linie den Urlaub zu ermöglichen. Der Gedanke an die „schönsten Wochen des Jahres" macht den Alltag nicht leichter, lässt ihn eher schwerer erscheinen.

Beide Bereiche, Alltag und Urlaub, drohen letztlich zu verarmen – wenn auch unter entgegengesetztem Vorzeichen. Im gleichen Maße, wie der Urlaub zum Inbegriff des Freien, Leichten, Unbeschwerten und Schönen hochstilisiert oder aufgebläht wird, muss der Alltag umso negativer als graues, beengendes Zwangssystem erscheinen. Selbstverständlich entsprechen in der Wirklichkeit weder Alltag noch Urlaub dieser polarisierenden Sicht.

> Die Polarisierung von Alltag und Urlaub entpuppt sich letztlich als Teil jener Selbsttäuschung, die auch dem Urlaub den Gütestempel „gelungen" aufzwingt. Zu dieser Ideologie und Philosophie gehört die Abwertung des Alltags, damit der Urlaub umso heller erstrahlen kann.

7. Zwischen Ergänzung und Gegenwelt

Der Urlauber befindet sich in einer *psychologischen Grenzsituation*, in der sich alle Elemente der klassischen Tragödie wiederfinden. Die Veränderung von Ort, Zeit und Handlung lässt eine Motivationskrise befürchten: Die Urlaubsrolle wird in einem nicht-alltäglichen Rahmen gespielt – an einem fernen Urlaubsort, auf einer Insel, am Strand oder in den Bergen. Von den Fesseln des Alltags befreit, sieht sich der Urlauber selbst als Akteur. Das alles spielt sich während eines Zeitraumes ab, der von vornherein begrenzt ist. Der Urlaub animiert zum kurzfristigen Rollenwechsel, zum Vergessen und Verdrängen von „Titel, Beruf und Steuerklasse" (Werbung), zum Bruch mit dem Wohnmilieu, zur Flucht aus dem Alltag. Doch die gewollte Flucht wird zur Selbstflucht, sie führt unweigerlich wieder in den Alltag zurück. Denn der Alltag reist mit und der Alltagsmensch schlüpft lediglich in die Rolle des Urlaubers. Der Ort wird gewechselt, nicht der „Sinn" (Seneca) – der Mensch bleibt der gleiche, es bleibt alles beim alten. Die „Ferien vom Ich" entpuppen sich im besten Fall als Reise zum Ich.

7.1 Die Oberfläche: Urlaub als Klischee

„Urlaub" ist ein dynamisierendes Reizwort, das spontan eine Fülle von Assoziationen und Bildern provoziert. Charakteristisch ist eine breite, aber flache Emotionalisierung (falsche Euphorie): Eine Fülle von Klischees und Stereotypen. Inhaltlich und bezüglich der Ich-Ferne erinnert der Urlaub deutlich an das Bedeutungsumfeld des Freizeitbegriffs. Was spontan assoziiert wird, ist ein „Urlaub" als glitzerndes, schönes Fertigprodukt.

Dieses Fertigpodukt wird realiter zumindest teilweise konsumiert, wobei das Wort Konsum den psychologischen Sachverhalt gut trifft. Man nimmt Angebote wahr, spielt seine Rolle in einem Szenarium, das innerlich fremd bleibt. Als Urlauber funktioniert man so, wie es die Modelle in den bunten Katalogen vormachen. Emotional aber ist man relativ unberührt, ja fast unbeteiligt, wenn auch nicht unzufrieden. Die Frage, warum man sich in dieser Klischee-Welt wohlfühlt, führt auf das Grundproblem Sicherheit zurück.

Dies verdeutlicht die innere und äußere Situation des Menschen vor und im Urlaub. Urlaub ist vorstellungsmäßig mit Ortswechsel verbunden. *Pointiert: Wer zu Hause Ferien macht, hat gar keinen Urlaub.* Reise aber bedeutet Freiheit und Abenteuer und Risiko und Unsicherheit zugleich; sie versetzt den Urlauber in eine ambivalente, instabile Stimmung.

Urlaub ist Freizeit im eigentlichen Sinne, weil sie vom Urlauber selbst gestaltet werden muss. Auf diese „kreative" Leistung und Selbstverantwortung ist er aber nicht selten unzureichend vorbereitet. Er hat zu wenig Erfahrung in Eigenregie. Der ungewohnte Freiraum verunsichert, macht Angst. Der Urlauber braucht Halt und Strukturhilfen. Ein Strohhalm bei der Gestaltungsaufgabe Urlaub ist das Angebots-Set der Freizeit- und Tourismusindustrie – ein Ersatz für echte Lebenshilfe.

Eine zweite wichtige Stabilisierungsfunktion kommt der Familie zu. Man rückt im Urlaub näher zusammen, gibt sich gegenseitig Schutz, das Gefühl von Vertrautheit in der Fremde. Familie wird (speziell in der ersten Urlaubsphase) zum „Hort" und zur positiven Qualität (im Gegensatz zur zwanghaften Familienidylle des Wochenendes). Der Wunsch nach Stabilität und Normalität (und damit wieder letztlich Sicherheit) steckt auch hinter der verbreiteten Tendenz, im Urlaub das gleiche oder ähnliches zu tun wie zu Hause, was besonders deutlich im Hang der Hausfrauen zu erkennen ist, im Urlaub einen möglichst kompletten Minihaushalt zu etablieren.

Das erklärt auch, warum man im Urlaub so *wenig experimentiert und wirklich Neues ausprobiert*: Das Fremde und Neuartige wird sehr gering dosiert („mal" Sangria statt Bier; „mal" exotisch essen gehen; „mal" eine Exkursion ins Landesinnere unternehmen usw.). Auch die Veränderung in den Quantitäten ist relativ gering: Man trinkt etwas mehr, schläft etwas länger, frühstückt ausgiebiger usw.

> Für das Über-die-Stränge-Schlagen, für Abenteuer und die Eroberung von Neuland ist die psychologische Basis zu schmal.

7.2 Die Außenseite: Urlaub als Leistung

Persönliche Urlaubserfahrungen können erst zum Bewusstsein bzw. zur Sprache kommen, wenn das Klischee-Paket abgeladen ist. Auffallend ist bei der offenen und freizügigen Schilderung des persönlichen Urlaubs die Vielzahl negativer Aspekte. In dieser Darstellung wird der Urlaub zu einer Reihe von Katastrophen: Von der Autoschlange über das miserable Essen, das schmuddelige Hotel, den Nepp bis zu Mutters Magenbeschwerden und Vaters Kopfschmerzen. Charakteristischerweise sind diese Urlaubsprobleme fast ausschließlich externer Art, sie ereilen den Urlauber wie „Naturkatastrophen". Dieser scheinbare Tiefpunkt des Urlaubs ist psychologisch gesehen einer seiner Höhepunkte. Man könnte von Trotzhaltung sprechen: Trotz aller Widerstände wird der Urlaub gemeistert.

Das Endergebnis ist der *„schöne Urlaub"*, d.h. äußere Probleme gehören zum gelungenen Urlaub, sie bieten wichtiges Beweismaterial für die persönliche Leistung des Urlaubers. Der stark demonstrative Charakter dieser Meisterschaft weist noch einmal auf die Problemhaftigkeit und Angstbesetztheit des Urlaubs hin.

7.3 Die Innenseite: Urlaub als Konflikt

Urlaubs-Klischees sind schwer aufzubrechen, weil die Abwehrmechanismen so stark sind. Man braucht den Güte-Stempel „Urlaub gelungen", die Illusion vom schönen Urlaub. Die Entlarvung ist ein sehr schmerzhafter Prozess. Hier zerplatzen nicht nur schillernde Seifenblasen, sondern auch Vorstellungen von eigener Stärke und Autarkie.

Unter der dünnen Glitzerschicht stellt der Urlaub einen psychologisch hochkonfliktären Bereich dar. Das Hauptproblem – der Freiheits-Sicherheits-

Konflikt – ist für das Individuum existentiell bedrohlich. Es flüchtet sich in Verdrängung und wahrt den Schein durch Teilnahme am Urlaubsmarkt. Das Angebot der Urlaubsindustrie ist – trotz oder gerade wegen seiner Klischeehaftigkeit – ein wichtiges Vehikel zur Problemlösung. Allerdings greift es nur an der Oberfläche: Der Konflikt wird überdeckt statt „therapiert". Das Feld für tiefergreifende echte Hilfsangebote ist noch weitgehend unbestellt.

Seine Brisanz bekommt der Urlaub durch die Beziehung zum übrigen Lebensbereich (Schule, Ausbildung, Beruf), zum Arbeits- und Berufsalltag, in dem Pflicht, Notwendigkeit und Zwang vorherrschen. In den unterschiedlichen Lebensbedingungen in der Arbeitswelt und im Freizeit- und Urlaubsbereich liegt ein immenses Konfliktpotential.

Die Arbeitswelt ist eine strukturierte, geordnete Sphäre; Ziele und Wege zu deren Realisierung sind definiert. Der einzelne hat in diesem System seinen festen Platz, seine vorgegebene Rolle. Er erkämpft sich diesen Platz durch einen Verlust an Freiheit, gewinnt aber Stabilität und Sicherheit. Diese Sicherheit ist von zentraler Bedeutung und drückt das Freiheitsbedürfnis in den Hintergrund – was verständlich ist, wenn man die konkreten, persönlichen Definitionsinhalte des Sicherheitsbegriffs mit den abstrakteren, diffuseren Vorstellungen von Freiheit vergleicht.

Das Individuum ist fest in das gesellschaftliche Sicherheitssystem integriert. Sein Rhythmus und Regelkreis ist dem Menschen in Fleisch und Blut gegangen; es wird quasi als Eigenwelt erlebt. Für die zweite zentrale Strebung des Menschen, das Freiheitsbedürfnis, ist in dieser (Arbeits- und Pflicht-) Welt wenig Platz und Zeit: Man hat wenig Gelegenheit, das Freisein zu üben.

Der Urlaub wirft das Individuum nun genau in das *Spannungsfeld von Freiheit und Sicherheit* – und für diese ungewohnte, plötzliche Freiheit ist es schlecht ausgerüstet. Die Folge sind massive Ängste vor dieser Freiheit:

- Angst, zu versagen und die „Herausforderung Urlaub" nicht zu bewältigen;
- Angst, den Kontakt zum „System" zu verlieren, aus dem Rhythmus zu kommen und nicht wieder in den Bereich der Sicherheit zurückzufinden;
- Angst, seine Identität zu verlieren und ein anderer zu werden.

Die glitzernden Klischees der Urlaubsindustrie vermögen das verbreitete Unbehagen und die tiefsitzenden Ängste nur zeitweise bzw. unzulänglich zu übertünchen: Der Urlauber bleibt in einem unlösbaren Konfliktkreis mit seinem Bedürfnis nach Freiheit und Sicherheit, nach Eigenständigkeit und sozialer Bindung allein. „Freizeit und Urlaub in Eigenregie" steht in keinem Lehrplan der Schule.

7.4 Die Wunschvorstellung: Ferien vom Ich

– *Urlaub wirkt wie eine Einladung ins Paradies*

In den Urlaubserwartungen und Urlaubssehnsüchten der Menschen lebt das Paradies – wie in jeder positiven Utopie auch – als Insel weiter. Der Urlaub hat Inselcharakter, wirkt wie eine vom Alltag entrückte Oase der Entspannung und des Glücks. Das macht die Attraktivität des Urlaubs aus, erklärt den wachsenden Wunsch nach einem „Mehr" an „Meer" im Urlaub.

Traumurlaub in der Phantasie
Inselsehnsucht und Momente paradiesischen Glücks

- „Das Paradies überhaupt"
- „Eine Insel sein"
- „Eine Insel für mich ganz allein"
- „Mit dem Traumpartner auf einer Insel in der Karibik"
- „Insel mit netten Leuten"
- „Das absolute Naturerlebnis mit Yoga, Sonnenuntergang, Wärme, Lagerfeuer und vielen Tieren"
- „Immer schönes Wetter"
- „Eine Yacht chartern"
- „Morgendlicher Ausritt am Strand entlang"
- „Mit dem Segelboot in der Südsee"
- „Gedankenlos in den Tag hineinleben"
- „Ein Schläfchen am Strand"
- „Das Abendessen verpennen"
- „Ein erfüllter Tag"

„Das Exotische ist die Formel, unter der der Mensch die Welt zu sehen wünscht" (Wilhelm Raabe). Jeder Mensch sucht „seine" Insel.

Traumurlaub in der Verwirklichung
Wie aus einer Idee ein Marketingkonzept wird

„Oft ist die Vorstellung der Menschen vom Glücklichsein eng mit dem Begriff Natur verbunden: von Allahs Garten bis zum Garten Eden, vom Land, wo Milch und Honig fließen, bis zu den ewigen Jagdgründen – die Natur bildet stets das natürliche Umfeld für unsere Wünsche und Hoffnungen nach Wohlbefinden, Freude und Frieden. Der Club fügt sich in dieses allgemeine Wunschbild. Er wählt für seine Dörfer traumhafte Landschaften aus. Er räumt der Natur den ersten Platz ein. Den ersten Platz in der breiten Palette von Ideen. Wenn auch die Vorstellung vom Paradies sich nicht ändert, so ändern sich doch im Laufe der Zeit die Bedürfnisse, die Freuden der Menschen. Und wenn der Traum das Gegenstück zur Realität ist, so ist der Urlaub das Gegenstück zum Alltag. Das Paradies zeigt immer das gleiche Gesicht, hinzu kommen Varianten für das Glück der Menschen.

Das Hauptanliegen des Club Méditerranée ist es, die Träume und Wünsche der Menschen unserer Epoche zu erlauschen und die Voraussetzungen dafür zu schaffen, dass diese sich in der Zeit der Ferien verwirklichen lassen können. Träume und Wünsche, die nie aufhören, uns zu überraschen..."

Gilbert Trigano, Generaldirektor des Club Mediterranée

– *Urlaub verspricht ein natürliches Leben*
Fernab des Normalen und Alltäglichen soll sich das Urlaubsleben abspielen. In den Wunschvorstellungen dominieren antizivilisatorische Tendenzen. Bewusst und unbewusst wird die Symbiose von Mensch, Natur und Umwelt gesucht. Dazu gehören Naturelemente wie Wasser, Licht und Luft und Erde, Sonne, Sommer, Sand und Strand sowie narzisstische Urlaubsbilder von Körperlichkeit, Nacktheit und natürlicher Sexualität.

– *Der Alltag reist immer mit*
Der Alltag holt jeden wieder ein. Im Urlaubsgepäck befinden sich Quarzuhr und deutscher Kaffee („Auch im Urlaub Kaffee wie zu Hause"). Nach genauem Zeitplan findet man sich am Strand oder zum Mittagessen ein. Urlaubsstimmung entkrampft, aber befreit nicht wirklich: Neuartiges wird kaum ausprobiert. Man fühlt sich freier, ohne davon wirklich Gebrauch zu machen. Niemand kann aus seiner Haut heraus. Auch der Urlaub hat seinen Alltag.

– *Im Urlaub kommt man dem Lebensideal ein Stück näher*
Der Urlauber reist um die ganze Welt und findet immer nur sich selber wieder – seine Schwächen, seine Stärken und seine Idealvorstellungen vom eigenen Leben. Das eigene Ich unter idealen Bedingungen entdecken, dem eigenen Ideal ein Stück näherkommen, macht den Reiz des Reisens in fremde Umgebungen aus. Die Urlaubsreise wird zum „Schlüssel": Sie öffnet die Tür zum eigenen Lebensideal einen Spaltbreit – weit genug, um wieder Hoffnungen zu schöpfen, schmal genug, um sich nicht zu verlieren.

– *Auf den schönen Schein von der Prospektwelt möchte niemand verzichten*
Gäbe es die Urlaubswerbung nicht, müsste sie erfunden werden. Sie zaubert den schönen Schein einer glitzernden Prospektwelt, die als persönlich angenehm empfunden wird. Sie entlastet von Alltagsbelastungen, verbreitet Vorfreude, weckt Hoffnungen, aber keine Illusionen. Eine Identifizierung mit der Prospektwelt findet nicht statt. Zum Ausgleich und zur eigenen Entspannung und Zerstreuung braucht man wohl auch die Vorstellung von einer glücklichen Welt, um elf Monate Arbeitsalltag wieder zu überstehen.

– *Die Kluft zwischen Klischee und Wirklichkeit wird durchschaut*
Niemand lässt sich für dumm verkaufen. Man weiß, was einen erwartet. Und das Klischee ist nicht die Wirklichkeit. Die Prospektwelt ist die eine Sache, das eigene Urlaubserleben die andere. Illusionäre Glücksversprechen werden der Werbesprache nicht verübelt. Nur wenn es ans Eingemachte geht, reagiert der Urlauber rational und kritisch: Wenn also die Facts nicht stimmen! Der schöne Schein aber muss bleiben für die eigene Einstimmung und Motivation – wohlwissend, dass zur Kulisse auch der Zauber gehört.

– *Als Brücke zur Urlaubsreise erscheint das Geld*
Nach dem Geld drängt, am Geld hängt doch alles. Am Urlaub wird zu allerletzt gespart. Die letzten Ersparnisse müssen dafür herhalten, denn Urlaub kostet Geld. Die „kostbarsten Wochen des Jahres" haben ihren Preis – materiell

und immateriell. Urlaubserlebnisse zahlen sich aus; sie wirken nach, manchmal ein ganzes Jahr. Deshalb lässt man sich den Spaß etwas kosten, und wenn es sein muss – auf Pump: „Travel now – pay later". Ein entgangener Urlaub wirkt auf viele wie eine verpasste Lebenschance. Und wer kann sich dies schon leisten – vor sich und den anderen. Also heißt es frühzeitig „Spare und buche!" Das Sparbuch wird zum Urlaubsscheck.

– *Die Urlaubswelt soll dem Gast zu Füßen liegen*
Wer möchte schon auf das Geld schauen – und das im Urlaub? Urlaub ist eine Art zweites Leben. Hier will man auch mal über seine Verhältnisse leben und sich rund um die Uhr verwöhnen lassen. Der Service muss stimmen, die Leistung natürlich auch. Erwartet werden Perfektion und Professionalität. Der Kunde soll König sein – zumindest in den Wunschvorstellungen. Die Erwartungen sind hoch, die Enttäuschungen ebenfalls.

– *Im Urlaub mit Sicherheit mehr Freiheit*
Im Arbeitsalltag sind die Menschen fest in ein Sicherheitssystem eingebunden. Freiheit wird auf Distanz gehalten. Der Urlaub gewährt nun plötzlich beides: Freiheit und Sicherheit. Zwischen beiden Polen besteht eine Spannung, die belebend und stimulierend wirkt. Doch die Spannung wird erträglich gehalten, wohldosiert und zeitlich begrenzt. „Rundum-Sorglos-Pakete" der Urlaubsorganisatoren lassen noch hinreichend Freiraum für kalkuliertes Risiko. Freiheit und Abenteuer ja, aber keine Experimente. Nichts geht über Sicherheit; der Urlaub darf hier keine Ausnahme machen.

– *Urlaubserleben zwischen Kontaktflut und Beziehungsarmut*
Die Kontaktflut inmitten glänzender Menschenleiber tut gut. Überall die gleichen Ansammlungen von Menschen. Sie geben Geborgenheit und Nähe, Fremdartiges bleibt außen vor. Zwanglose Kontakte sind möglich. Man kann sie aufnehmen und jederzeit wieder abbrechen. Händchenhalten, Körperberührung und Zärtlichkeit bleiben rar. Beziehungen werden auf Abstand gehalten. Wer im Alltag einsam ist, bleibt es auch im Urlaub.

– *Der Urlaub muss schön sein, der Alltag ist hart genug*
Das Wort „Urlaub" assoziiert Leben in vollen Zügen, den Auszug aus den Versagungen des Alltags. Das Vergnügen im Urlaub erscheint so nötig wie die Leistung in der Arbeit. Vergnügt und gut gelaunt sein wird zur ersten Urlaubspflicht. Spaß gehört dazu, Unterhaltung und Geselligkeit auch. Im Urlaub passiert etwas, muss etwas passieren. Am schönsten ist die Überraschung, das Ereignis und das Genießen des Zufallserlebnisses. Niemand darf einem den Urlaub vermiesen, auch das Wetter nicht.

– *Jeder Urlaub hat sein Tief*
Nichts ist schwerer zu ertragen als eine Reihe von schönen Tagen. Action den ganzen Tag strengt an, bereitet Kopfschmerzen. Intensives Sonnenbaden und reichlicher Alkoholgenuss sind folgenreich. Irgendwann steckt auch die Fröhlichkeit der anderen nicht mehr an. Leere Gläser und innere Leere öden

an. Urlaub rund um die Uhr will ertragen und vertragen sein. Die subtilen Zwänge von Familie und Urlaubsclique auf engstem Raum und in gedrängter Zeit fordern ihren Tribut. Urlaubsstimmung und Urlaubsseligkeit werden merklich getrübt durch Urlaubsverstimmung und Urlaubsstress.

Checkliste für einen gelungenen Urlaub
Was Urlauber empfehlen

- Ausreichende Vorbereitungszeit
- Preisvergleich der Angebote
- Einreisebestimmungen
- Zollbestimmungen
- Hotelreservierung
- Reisepass, Visum
- Geldumtausch, Schecks, Kreditkarten
- Sonnenschutz
- Schutzimpfung
- Reiseapotheke
- Krankenschein, Auslandskrankenversicherung
- Gepäckversicherung
- Reiserücktrittsversicherung
- Benzingutscheine
- Wohnung und Haustiere versorgen
- Richtige Kleidung
- Vorsicht mit kalten Getränken
- Auf Hygiene achten
- Konsulat bei Schwierigkeiten anrufen
- Mückenstift
- Verhütungsmittel
- Gute Laune nicht vergessen!

Die Checkliste aus der subjektiven Sicht von Urlaubern erinnert mehr an die systematische Vorbereitung einer schwierigen Expedition als an den Beginn der schönsten Wochen des Jahres.

– *Urlaubsmüll machen sie alle*

Wo Menschen massenhaft konsumieren, lassen Abfälle nicht lange auf sich warten. Was andere tun, darf man sich auch erlauben, solange es noch ein Fortkommen zwischen Coladosen und Zigarettenkippen gibt. „Ökologie des Urlaubs" bleibt noch immer für viele ein Fremdwort. Dafür sorgen schon Kurtaxe und bezahlte Strandreinigung. Inklusivpreis, Verschmutzung inbegriffen.

– *Urlaub ist Reisen ohne anzukommen*

Man möchte schon Land und Leute kennen lernen, falls es sich von selbst ergibt. Auch Alternativ-Urlauber sind nicht anders. Ob unter der Sonne Spaniens oder mit dem Hundeschlitten dem Nordlicht entgegen, ob Hotelbett oder Hängematte, das Urlaubsterrain ist fest in deutscher Hand. „Starten Sie durch" – Sie kommen doch nie an. Denn auch am Ende der Welt ist die Welt noch nicht zu Ende: Der Urlauber ist überall und nirgends zu Hause. Jede Reise ist für ihn eine Hoffnung, im Unterwegs dem Alltag zu entfliehen. Eine Hoffnung, die mit jeder Reise noch verstärkt wird. Was bleibt, ist die nachhaltige Erinnerung, die Vorfreude auf das nächste Mal.

Unsere Leistungs- und Erfolgsgesellschaft treibt die individuellen Wünsche und Erwartungen in bezug auf Freizeit und Urlaub in illusionäre Höhen. Insbesondere an den Urlaub werden so hohe Wunschvorstellungen von Glück und Entspannung gestellt, dass die Realität notwendig dahinter zurückbleiben muss. Damit sind Verstimmungen fast vorprogrammiert. Nach Meinung des österreichischen Soziologen Leopold Rosenmayr schüchtern Freunde und Arbeitskollegen den Zeitgenossen mit ihren Wünschen und neidvollen *Gratulationen vor dem Urlaub* und mit ihrer *Inquisition danach* derart ein, dass dieser gar nicht anders kann, als zur Selbstverteidigung die Rolle des glücklichen Urlaubers anzunehmen.

Viele Urlauber wollen sich von den Alltagspflichten befreien und glauben nur dann wirklich loszukommen, wenn sie sich auch räumlich möglichst weit entfernen. Indem sie eine möglichst große Strecke zwischen sich und der gewohnten Umwelt zurücklegen, hoffen sie, aus den sozialen Alltagsordnungen ausbrechen zu können. Dass sie in Freizeit und Urlaub einem neuen System von Normen und Regelungen und sozialen Erwartungen gegenüberstehen, wird meist durch das subjektive Gefühl der „Befreiung" überdeckt. Tatsächlich aber kann von einer totalen Aufhebung sozialer Normen und Pflichten keine Rede sein. Es finden lediglich kurzfristige Rollenwechsel statt: Der *homo faber* schlüpft in die Rolle des *homo ludens*, der Alltagsmensch spielt die Rolle des Urlaubers.

Das vielzitierte Schlagwort „Ferien vom Ich" bedeutet nach Untersuchungen des Psychologen Klaus D. Hartmann gerade nicht, dass Menschen ihre persönliche Eigenart in den Ferien ablegen oder vertauschen. Es bedeutet nur, dass sie zeitweilig aus ihrer Alltagsrolle heraustreten und gleichsam ihr „*zweites Ich*" erleben können. Sie verhalten sich also keineswegs nach Belieben: Sie können nicht tun, was sie wollen, sondern nur das tun, was im Urlaub üblich ist. Nur vorübergehend entfliehen sie den „entfremdeten" Anforderungen des Berufs- und Alltagslebens und genießen die Illusion der Freiheit; aber diese Illusion bietet nicht wirklich Freiheit und Glück, sondern nur den Anschein, dass es sie gibt.

Die Urlaubsmotivation lässt sich idealtypisch in zwei Kategorien beschreiben, die durch ein unterschiedliches Verhältnis zum Alltagsleben charakterisiert sind. Diese vorherrschenden Verhaltensformen sind: die *Konträr-Haltung* (Hauptkennzeichen: Realitätsflucht) und die *Komplementär-Haltung* (Hauptkennzeichen: Persönlichkeitsbereicherung).

Die Konträr-Haltung

Hier dominiert das Entfliehen vor den auferlegten Ordnungen und Regeln, den häuslichen Sorgen und dem beruflichen Alltag. Dabei wird der Gegensatz zum Alltagsleben nur subjektiv empfunden, objektiv tun die Konträr-Urlauber (Prototyp: Camping-Urlauber) dasselbe, was sie auch zu Hause in ihrer Freizeit tun: Zum Beispiel Kreuzworträtsel lösen, Fernsehen oder in die Kneipe gehen.

> Die Freizeit wird im Urlaub zum Dauerzustand, zu einer Art „extremer Freizeit“. Eine Befreiung aus den alltäglichen Verhaltensschemata gelingt jedoch selten.

Manchmal werden zwar „andere“ Verhaltensweisen entwickelt, die aber alltagsanalogen Verhaltensnormen entsprechen und ebenso eintönig und stereotyp ablaufen: Zum Beispiel „zu bestimmten Zeiten“ an den Strand gehen, das Mittagessen einnehmen, die Strandpromenade bevölkern oder die Lokale aufsuchen. Die *Anpassung an Urlaubsnormen* wird zum automatischen Zeremoniell.

Ein eindrucksvolles Beispiel hierfür liefert die Ferien-Philosophie, die vom blauen Himmel, glasklaren Meer und schattigen Pinienhainen lebt: „Sorglosigkeit muss keine Ideologie sein, fehlen ihr doch Aggressionen und Statussymbole völlig“ (Club-Prospekt). In sorglosen Club-Dörfern lebt der Urlauber in einer „Atmosphäre von Sympathie und Ungezwungenheit“. Die reiche Programm-Palette der Zerstreuungen und des Müßiggangs lädt den Urlauber zum Träumen ein und verhilft ihm, in „heiterer Gelöstheit“ vom Alltag das süße Nichtstun zu kultivieren und gekonntes Faulenzen zur Maxime zu erheben. In diesem künstlich geschaffenen Ferienidyll gibt es meist auch keine Zeitung, kein Fernsehen, kein Radio. Abgeschlossen und unzugänglich für die einheimische Bevölkerung wird dem Urlauber hier für zwei, drei Wochen das *Scheinglück einer befreiten Gesellschaft* vermittelt.

Durch die Arbeitswelt wird das Bild einer Gegenwelt produziert, die sich als Anti-Arbeitshaltung – „Nicht-Arbeit“, „Frei-Zeit“, „Nichts-Tun“ – beschreiben lässt. Damit verbunden sind Vorstellungen von größerer Freiheit und Freizügigkeit und geringerer Zwanghaftigkeit und Fremdbestimmung. Urlaub gewinnt so für viele Berufstätige die Bedeutung des „eigentlichen“ Lebens, auf das es sich ein Jahr lang hinzuarbeiten lohnt.

Die Reise- und Urlaubswerbung hat sich auf die Majorität der Konträr-Urlauber eingestellt, indem sie mit entsprechenden Symbolen und Stimuli wirbt. Dazu zählen zum Beispiel:

- *Antizivilisatorische Tendenzen*: „Entfliehen Sie dem grauen Alltag“;
- *Illusionäre Glücksversprechen*: „Abenteuer in exotischer Landschaft“;
- *Narzisstische Urlaubsbilder*: „Bräune, Schönheit und Gesundheit“;
- *Individualistische Ansprüche*: „Urlaubs-Individualisten, die ihre Art zu leben richtig finden“.

Die Komplementär-Haltung

Die zweite Form der Erwartungen an den Urlaub, die Komplementär-Haltung, ist nicht durch den Wunsch nach alltagskonträrem Verhalten und grundsätzlich anderem Lebensstil bestimmt. Einbezogen in den sozialen und kulturellen Normenkontext des Alltags suchen solche Urlauber vielmehr *ergänzende* Beschäftigungen. Sie versuchen, die im (Berufs-)Alltag ungenutzten oder unterentwickelten Aktivitätsbereiche im Urlaub zu komplettieren. Der Urlaub wird hier als zeitliche Chance erfahren, zu sich selbst zu kommen, sich selbst zu erleben und zu verändern. Über das Alltägliche hinaus Neues und Anderes kennen zu lernen, bewusst und gezielt sozial-kommunikative Aktivitäten auszuüben, die nicht nur Defizite ausgleichen, sondern kompetenzerweiternd und alltagsverändernd wirken, das ist hier das Ziel.

> Durch die Komplementär-Haltung bleibt der Lebenszusammenhang von Alltag und Urlaub erhalten und damit auch die Möglichkeit einer Persönlichkeitsbereicherung im Urlaub.

Urlauber mit Komplementär-Erwartungen suchen im Urlaub ein Höchstmaß an individuellen Entfaltungsmöglichkeiten. Über die im Alltag ohnehin vorhandenen und genutzten Möglichkeiten hinaus versuchen sie, ihre Aktivitäten gemäß ihren Neigungen und Interessen zu disponieren. Sie finden hier neue Erfolgserlebnisse durch Selbstbestimmung und freie Sozialkontakte in selbstgewählten Bezugsgruppen. Der Urlaub wird zum komplementären Lebensraum und zusätzlichen Identifikationsbereich – auch und gerade in der aktiven Auseinandersetzung mit einer neuen und fremden Umwelt. Die Komplementär-Haltung als Bereitschaft und Fähigkeit, neue Anregungen und Eindrücke zu sammeln, versteht sich allerdings nicht von selbst. Sie setzt eine positive und aktive Zuwendung zu sich und zum eigenen Leben voraus.

> Urlaub kann doch nur dann eine willkommene Ergänzung sein, wenn auch die Einstellung zum Berufsalltag und die Erfahrungen am Arbeitsplatz positiv sind.

Wenn jedoch befriedigende Erlebnisse im Arbeitsleben ausbleiben, bekommt der Urlaub zwangsläufig den Charakter des Inselhaften, wird er zum Ausnahmezustand und „einzigen Lichtblick des Jahres“. Eine konträre Urlaubshaltung zum Arbeitsalltag ist die Folge.

Wohl kann sich die Konträr-Haltung als Durchgangsstadium erweisen. Umgekehrt kommen auch Komplementär-Urlauber nicht ganz ohne die Komponente des Abschaltens und Abschlaffens aus, weil

- der Nachholbedarf an Erholung und Entspannung, Abwechslung und Ausgleich auch für sie so groß ist, dass er zunächst befriedigt werden muss;

- es offenbar unerträglich ist, ständig unter Spannung zu leben sowie das eigene Anspruchsniveau und die selbstgewählten Lern- und Leistungsanforderungen immer zu erreichen.

Die beiden angesprochenen Haltungstypen können nur als grobe, mehr idealtypische Urlaubstypologie gelten. In Wirklichkeit kommt es zu einer Überschneidung ganz unterschiedlicher Bedürfnisse mit individuell unterschiedlichen Gewichtungen. Zwar dominiert beim Konträr-Urlauber das Bedürfnis nach Ablenkung (Verhaltensmuster „*weg von...*") und beim Komplementär-Urlauber das Bedürfnis nach Entfaltung (Verhaltensmuster „*hin zu...*"). Dennoch kommt es gleichzeitig zur Überlagerung und Befriedigung dieser und anderer Bedürfnisse.

8. Typologie der Urlaubsmotive

Nach dem Urlaubsrecht gilt Urlaub traditionell als eine dem Arbeitnehmer zum Zweck der Erholung gewährte Freizeit. Auch heute findet Erholung noch im Urlaub statt, aber der heutige Urlaub ist keine ausschließliche Erholungsreise mehr. Im Zuge des Wertewandels hat sich der Urlaub immer mehr vom Arbeitsleben abgekoppelt. Aus dem Haupturlaubsmotiv Erholung ist ein mehrdimensionales Motivbündel geworden – in einer Mischung aus

- Sonne, Ruhe und Natur,
- Kontrast, Kultur, Kontakt und Komfort,
- Spaß, Freiheit und Aktivität.

8.1 Urlaubsmotiv Ruhe

Der Wunsch: Die Urlauber wollen zur Ruhe kommen. Kein Stress, keine Hektik mehr. Urlaub hat Pausencharakter, soll die Seele und die Nerven beruhigen. Ausschlafen und erholen, alles in Ruhe angehen lassen und an die eigene Gesundheit denken. Ruhe ist nicht nur eine Frage äußerer Stille, sondern innerer Muße und Beschaulichkeit. Man möchte im Urlaub seinen inneren Frieden wiederfinden.

Die Wirklichkeit: Fast jeder zweite Bundesbürger will im Urlaub abschalten und entspannen. Am stärksten ist das Relaxbedürfnis bei den Paaren ausgeprägt. Paare wollen im Urlaub in Ruhe gelassen werden; sie wollen viel Zeit für sich selbst haben. Dazu gehört auch der Wunsch, im Urlaub richtig auszuschlafen. Jedes zweite Paar und auch die Hälfte der jungen Erwachsenen im Alter von 18 bis 24 Jahren legen im Urlaub besonderen Wert auf das Ausschlafen. Zum Ruhebedürfnis gehören Nichtstun und demonstratives Faulsein, was insbesondere von Singles gepflegt wird.

Die Konsequenz: Das Urlaubsbedürfnis Ruhe wird zur großen Herausforderung für die Urlaubsplaner von morgen. Mehr Ruhe bedeutet: Nicht von anderen gestört werden, auch nicht von der Reisegruppe, den Freunden oder der eigenen Familie. Wer „Ferien zum Ich" will, muss auch mal an sich denken können: Gemeinsam urlauben, aber auch mal allein sein und eigenen Interessen und Aktivitäten nachgehen können.

8.2 Urlaubsmotiv Sonne

Der Wunsch: Mit der Sehnsucht nach Sonne sind Vorstellungen von Süden und Sommer, Wärme und Wasser, Strand und Sonnenbad verbunden. Immer von einem angenehmen Klima umgeben möchte der Urlauber wetterunabhängig im warmen Wasser baden, die Sommersonne und das Sonnenlicht genießen. Und während Palmen oder Sonnenschirme Schatten spenden, will er im Liegestuhl verweilen und sich einfach wohlfühlen.

Die Wirklichkeit: Millionen Bundesbürger wünschen sich für ihren nächsten Urlaub in erster Linie gutes Wetter. Die Sehnsucht nach Sonne überstrahlt fast alle anderen Urlaubswünsche. Allerdings lässt die Sehnsucht mit zunehmendem Alter nach. Jeder dritte Jugendliche fordert zusätzlich „Sonnengarantie zu jeder Jahreszeit", hingegen nur jeder elfte Ruheständler. In einem sind sich alle einig: „Gutes Wetter haben" ist die wichtigste Voraussetzung für einen gelungenen Urlaub.

Die Konsequenz: Im Urlaubsmarkt der Zukunft haben nur Ferienorte mit Angeboten für Allwetter-Urlaub eine Wachstumschance.

8.3 Urlaubsmotiv Kontrast

Der Wunsch: Der Wunsch nach Tapetenwechsel ist eine der geheimen Antriebskräfte des Urlaubsreisens. Die Urlauber wollen in erster Linie „aus dem Alltagstrott kommen" und die eigenen vier Wände hinter sich lassen. Urlaub ist immer auch Kontrast, Gegenwelt zum Alltag. Der Urlaub gewährt Gelegenheit zum Anders-Leben, zum Ausstieg auf Zeit oder zur Probefahrt ins Alternative. Das ganz Andere, das Neue und das Fremde, das Nichtalltägliche, das Außergewöhnliche und der Ereignischarakter werden gesucht – allerdings gering dosiert als kalkuliertes Abenteuer.

Die Wirklichkeit: Für jeden dritten Bundesbürger stellt das Kontrast-Erleben die 4wichtigste Voraussetzung für einen gelungenen Urlaub dar. Die größte Bedeutung hat der „Tapetenwechsel" für die Familien mit Kindern. Sie freuen sich darauf, aus dem Alltagstrott zu kommen und die Alltagspflichten hinter sich zu lassen. Wichtiger als das Fluchtmotiv „weg von" ist hingegen für Jugendliche das „hin zu"-Motiv. Zwei Drittel der Jugendlichen wollen im Urlaub viel erleben: Ihre Erlebnisorientierung ist fast dreimal höher als bei den

Familien mit Kindern, was die Konflikte erklärt, die entstehen können, wenn Eltern mit Jugendlichen verreisen wollen.

Die Konsequenz: Das Kontrast-Motiv zwingt die Urlaubsanbieter zum Umdenken. Auch wenn sie im Urlaub oft das Gleiche wie zu Hause tun, wollen Urlauber anders als im Alltag leben: Andere Menschen und andere Landschaften kennen lernen, sich an ein anderes Klima gewöhnen und Erfahrungen mit einer anderen Architektur machen.

8.4 Urlaubsmotiv Natur

Der Wunsch: Urlauber können auf Natur nicht verzichten. Außerhalb der eigenen vier Wände und fern vom Alltag wird das Grüne gesucht, die idyllische Landschaft und die freie unberührte Natur. Viele wollen „schöne Natur“ um sich haben und Ursprüngliches, Unverfälschtes und Naturbelassenes erleben.

Die Wirklichkeit: Am meisten träumen die 50- bis 64-jährigen Jungsenioren von der Natur, die einer Idylle gleicht. Fast jeder zweite Jungsenior sucht im Urlaub die „idyllische Landschaft“, die freie „unberührte Natur“ – ganz im Gegensatz zu den Jugendlichen. Jugendliche reden im Alltag viel von Natur und Umwelt, im Urlaub wollen sie kaum etwas davon wissen. Erst als Paar wird die Romantik der Natur wiederentdeckt. Für Paare und für Jungsenioren hat Natur die größte Urlaubsbedeutung.

Die Konsequenz: Die meisten Urlauber sind offenbar mit der Natur-“Kulisse“ zufrieden. Die Unterhaltung in der Natur ist für viele wichtiger als die Begegnung mit der Natur. Dieser Wunsch bürdet den Urlaubsanbietern eine große Verantwortung auf. Es müssten in Zukunft vermehrt Naturgebiete vorhanden sein, die nicht mehr nur zum Begehen, sondern auch zum Anschauen da sind.

8.5 Urlaubsmotiv Freiheit

Der Wunsch: Der Urlaub ist eine Zeit gesteigerter Spontaneität. Man möchte nur das tun, was einem gefällt, will kein Programm und keine Planung haben und legt Wert auf Frei-Sein. Lediglich auf den ersten Blick scheint der Wunsch nach Freiheit ein Schlüsselmotiv des Urlaubserlebens zu sein. In Wirklichkeit geht es mehr um das Freisein „für etwas“. Man möchte ungezwungen und unabhängig sein, sich geben und kleiden, wie man will und essen, was und soviel man will.

Die Wirklichkeit: Im Urlaub will man gern tun, was gefällt. Es kann nicht überraschen, dass Jugendliche und junge Erwachsene auf die Verwirklichung dieses Freiheitsbedürfnisses im Urlaub besonders großen Wert legen. Freiheit im Urlaub bedeutet nicht nur Beliebigkeit des Tuns. Viele (vor allem Familien) genießen es, einmal ohne Programm und ohne Planung zu leben. Singles hingegen betonen mehr das Frei-und-unabhängig-Sein.

Die Konsequenz: Das Urlaubsmotiv Freiheit verpflichtet die Urlaubsanbieter zur Flexibilität rund um die Uhr. Die Urlauber wollen in ihrer Urlaubsgestaltung frei und unabhängig sein – von der jederzeit möglichen Anreise über einen großzügigen Frühstücksservice bis hin zu spontanen Schlecht-Wetter-Angeboten. Der Urlauber will in einer Welt der freien Wahl leben – ohne Programm-, Termin- und Kleidungszwänge.

8.6 Urlaubsmotiv Kontakt

Der Wunsch: Im Urlaub sucht man Kontakte nach innen und nach außen. Man möchte einerseits mit der Familie zusammensein und gleichzeitig mit anderen Menschen zusammenkommen. Aber beide Kontaktwünsche halten sich in engen Grenzen. Insofern ist die Urlaubszeit immer auch selektive Kontaktzeit und das heißt in erster Linie Zeit für informelle, zwanglose und unverbindliche Kontakte. Gemeinsame Unternehmungen mit Familie und Freunden sind gefragt, lockere Gespräche gern gesehen. Unberührt davon bleibt die Sehnsucht nach echten zwischenmenschlichen Beziehungen, die meist unerfüllt bleibt. Denn wer zu Hause keine Kontakte findet, schafft es auch im Urlaub nicht.

Die Wirklichkeit: Nur Familien mit Kindern legen im Urlaub einen außerordentlich hohen Wert auf das Zusammensein mit der Familie. Für alle übrigen Urlauber – und das sind über drei Viertel der Bevölkerung – ist das Zusammensein mit anderen Menschen wichtiger. Dies gilt insbesondere für Jugendliche und junge Leute. Kontaktwünsche besonderer Art melden die 25- bis 49-jährigen Singles an: Jeder zweite Single erhofft sich vom Urlaub Flirts und neue Bekanntschaften.

Die Konsequenz: Die hohe Erwartungshaltung von Singles, die mit einer hohen Reiseintensität einhergeht, kann zu Unzufriedenheit und Enttäuschung führen, wenn die Urlaubsanbieter keine ausreichenden Kontakt-Anlässe schaffen. Singles wollen individuell agieren, halten aber zugleich nach Kontaktmöglichkeiten Ausschau.

8.7 Urlaubsmotiv Spaß

Der Wunsch: Die schönsten Wochen des Jahres müssen ganz einfach Spaß und Freude machen. Der Alltag ist hart und ernst genug. Man sucht Ablenkung, Zerstreuung und Vergnügen. Spaß muss aber nicht nur Action und Spannung, kann auch inneres Vergnügen und Entspannung sein.

Die Wirklichkeit: Für Jugendliche ist Spaß fast ein Synonym für gelungenes Urlaubserleben. Keine andere Bevölkerungsgruppe betont den Spaß- und Unterhaltungscharakter des Urlaubs mehr. Jeder zweite Jugendliche will zudem auch „fröhliche Feste feiern“. Fröhliche Feste sprechen fast nur Jugendliche und Singles an, die keine Scheu vor Kurzweil haben.

Die Konsequenz: Jeder will Freude am und im Urlaub haben, stellt sich aber ganz Unterschiedliches darunter vor. Das Urlaubsmotiv Spaß fordert den Einfallsreichtum der Urlaubsanbieter heraus. Wirkliche Freude haben die Urlauber nur an echten Erlebnissen und nachhaltigen Impressionen. Sie zeigen sich sensibel und sind nicht bereit, jeden Kitsch und Klamauk kritiklos zu übernehmen.

8.8 Urlaubsmotiv Komfort

Der Wunsch: Natürlich möchte man bequem und komfortabel verreisen. Andererseits gehört Komfort heute für viele schon zur Grundausstattung. Komfort wird einfach vorausgesetzt.

Die Wirklichkeit: Singles und Paare wollen sich im Urlaub am meisten verwöhnen lassen. Für Singles ist zudem wichtig, dass sie sich im Urlaub etwas leisten können. Singles und Paare stellen zugleich die höchsten Ansprüche im Hinblick auf Wohnkomfort und Wohnatmosphäre der Urlaubsunterkunft.

Die Konsequenz: Gäste wollen und sollen sich wohlfühlen. Auch Urlaubsarchitektur muss Wohnkultur ausstrahlen. Die Zimmer müssen geräumig und komfortabel sein. Komfort ist auch eine Sache des Gefühls. Der Gast erwartet einen Rundum-Service für's Wohlgefühl, d.h. der Gast will sich rundum geborgen fühlen.

8.9 Urlaubsmotiv Kultur

Der Wunsch: Das wachsende Interesse an der Kultur ist auch eine Folge der Bildungsexplosion der letzten Jahre. Kulturelle Ereignisse werden zum touristischen „Muss" für viele.

Die Wirklichkeit: Kulturgenuss – und nicht nur Erholung und Erlebnis – lockt viele Urlauber in touristische Zentren. Dem massentouristischen Ansturm auf die Kulturszene sind viele Feriengebiete nicht gewachsen (z.B. zu wenig Personal in Museen und Sehenswürdigkeiten; zu wenig ferienfreundliche Öffnungszeiten).

Die Konsequenz: Ausstellungen und Open-Air-Konzerte, Festivals und lokale Feste werden zu Erlebnishöhepunkten des Urlaubslebens. Die Inszenierung von Kultur gehört zur Pflichtaufgabe jeder Fremdenverkehrsplanung.

8.10 Urlaubsmotiv Aktivität

Der Wunsch: Urlaub ist Aktivzeit. Im Urlaub will man die Trägheit und Bequemlichkeit des Alltags überwinden. Und man will intensiv leben und erleben: Viel Sport treiben und gut essen, viel unternehmen und für die Bildung etwas tun. Die Aktivität im Urlaub soll der Ausgleich zur Passivität am Feierabend sein.

Die Wirklichkeit: Der Urlaubsmensch kann den Alltagsmenschen nicht vergessen machen. Aktivität findet statt – aber auf unterem Level. Der sportliche Aktivurlaub gilt nur für eine Minderheit: Nur für jeden siebten Bundesbürger gilt das aktive Sporttreiben als Merkmal eines gelungenen Urlaubs. Doppelt so hoch ist der Anteil der Bundesbürger, die im Urlaub intensiv schwimmen, wandern und Rad fahren wollen. Gering ist hingegen die Neigung, im Urlaub etwas für die Bildung zu tun.

Die Konsequenz: Alle reden vom Aktivurlaub, nur wenige praktizieren ihn. Für Urlaubsanbieter stellt sich die Schwierigkeit dar, Aktivitätsangebote bereitzustellen, die nur von wenigen wahrgenommen werden. Die meisten Urlauber finden es gut, dass es Angebote gibt – nach dem Grundsatz „Man könnte ja..." Solange Aktivität als gesellschaftlich anerkanntes Leitbild gilt, solange müssen mehr Aktivitätsprogramme angeboten werden als eigentlich gebraucht werden.

Die Hierarchie der Urlaubsmotive verändert sich im Laufe des Lebens. Die Urlaubswünsche zwischen den einzelnen Altersgruppen gehen teilweise weit auseinander, weshalb auch mancher Familienurlaub, der die Gemeinsamkeit von Kindern, Jugendlichen und Eltern zu sehr betont, konfliktreich verlaufen kann. Bei den *Jugendlichen* dominiert die Spaßorientierung, der Kontrast- und Freiheitscharakter des Urlaubs. Die Jugendlichen wollen viel Spaß und Unterhaltung haben, im Urlaub spontan tun, was ihnen gefällt. Urlaub bedeutet für sie Tapetenwechsel, Herauskommen aus dem Alltagstrott, zeitbegrenzter Auszug aus dem Alltag. Bei der *Elterngeneration* hingegen herrschen Motive des Abschaltens, Entspannens und Erholens vor. Und sie wollen Natur um sich haben. Die Sehnsucht nach Sonne, Ruhe und Natur bleibt auch bei den *Rentnern und Pensionären* erhalten, ist nur weniger stark ausgeprägt. Mit zunehmendem Alter entfallen die Urlaubswünsche zwar nicht, aber es verringert sich das Gewünschte. Die Wunschbilder bleiben, aber die Wünsche treten zurück.

9. Urlaub und Glück

9.1 Urlaub wichtiger als Wohnen?

„Ein gutes Buch, ein paar Freunde, eine Schlafstelle und keine Zahnschmerzen" – das war die Antwort von Theodor Fontane auf die Frage: „Was braucht der Mensch zum Glücklichsein?" Zum Glücklichsein auf Erden, so haben die Vereinten Nationen ermittelt, benötige der Mensch neben dem Notwendigsten wie Nahrung, Kleidung und Unterkunft ein Radio, ein Fahrrad und eine Kücheneinrichtung. Und die Deutschen nennen mehrheitlich auf die Frage, *was für das eigene Wohlfühlen am wichtigsten* ist, vier Dinge: Das gute Essen und Trinken (61%), die netten Nachbarn (56%), den Fernseher (57%) und die Urlaubsreise (53%). Für die meisten Deutschen ist die Urlaubsreise derzeit wichtiger als die eigene „schöne Wohnungseinrichtung" (vgl. B·A·T 1993) – eine Prioritätensetzung, die insbesondere für die Bewohner in Großstädten und Ballungszentren charakteristisch ist.

Offensichtlich hat das in Hans Christian Andersens Märchen „Die Galoschen des Glücks" beschriebene Lebensgefühl „Oh Reisen! Reisen! Das ist doch das größte Glück in der Welt" bis heute nichts von seiner Kraft und Faszination verloren. Und die vor über einem halben Jahrhundert von dem deutschen Schriftsteller Sigismund von Radecki gemachte Aussage „Reisen ist heute die populärste Form von Glück" ist aktueller denn je. „Glück durch Reisen". „Glück auf Reisen". „Urlaubsglück": Was heißt das eigentlich? *Urlaubsglück ist oft erkauftes Glück.* TUI verheißt „Glück ist käuflich" und EURO DISNEY verspricht: „Wir schaffen Glückseligkeit!" Urlaubsglück zwischen Religionsersatz und käuflicher Ware?

9.2 Glücksmomente im Urlaub

Die Tourismusforschung gab sich bisher mit der doppeldeutigen Erkenntnis zufrieden: „Zum Glück gibt's keine Forschung" (Lohmann 1990, S. 14). Motivpsychologische Ansätze lassen allenfalls darauf schließen, dass Glücksvorstellungen nur *wenig Aktives und Dynamisches* beinhalten, sich also mehr auf einen Zustand der Ruhe, der Harmonie und der Ausgeglichenheit beziehen (vgl. Hartmann 1990, S. 44) wie z.B. in der Sonne liegen, die Muße genießen und den Alltag vergessen. Glücksgefühle gleichen eher Glücksmomenten, die sich auf Reisen „wie Perlen einer Kette" (Orlovius 1990, S. 34) aneinander reihen und das in einer relativ *störungsfreien und spannungsarmen Atmosphäre*. Das ganz große, das vollkommene Glück gibt es eigentlich nur in der Phantasie.

> „Das Verlangen, aus dem sich der Tourismus speist, ist das nach dem Glück der Freiheit. Noch im Rummel von Capri und Ibiza bezeugt es seine ungebrochene Kraft".
> (*Hans Magnus Enzensberger* 1958)

GLÜCK AUF REISEN: „AUSSERGEWÖHNLICH SCHÖN“

Frage: „Haben Sie schon einmal einen Urlaub erlebt, in dem Sie sich rundum wohlgefühlt haben und besonders glücklich waren? Was empfanden Sie da? Versuchen Sie einmal mit den folgenden Antwortmöglichkeiten Ihr persönliches Glücksgefühl zu beschreiben.“

(Mehrfachnennungen möglich)

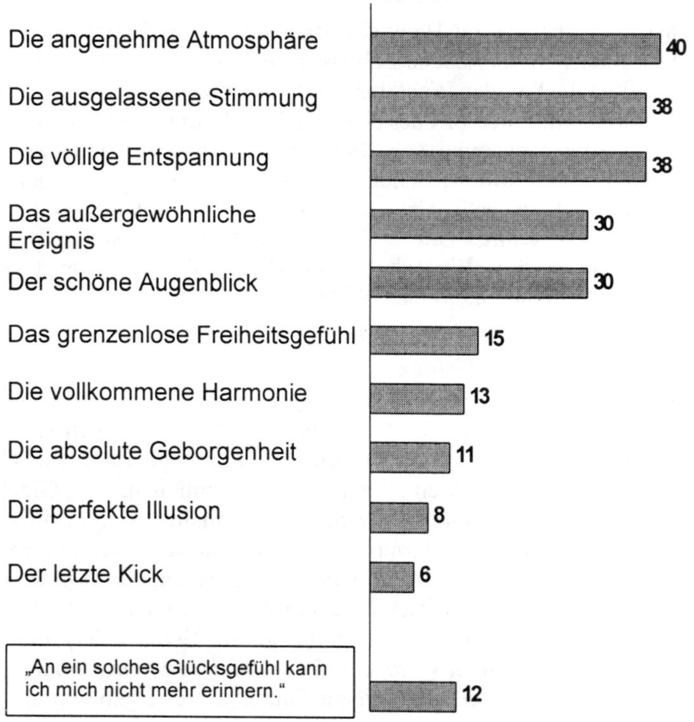

Repräsentativbefragung von 2.600 Personen ab 14 Jahren im Oktober 1993 in Deutschland

B.A.T. Freizeit-Forschungsinstitut

Dies war die Ausgangsbasis für eine Repräsentativerhebung, in der 2.600 Personen ab 14 Jahren in Deutschland danach gefragt wurden: „Haben Sie schon einmal einen Urlaub erlebt, in dem Sie sich *rundum wohlgefühlt* haben und *besonders glücklich* waren? Was empfanden Sie da?“ Die Befragten hatten zehn Antwortmöglichkeiten zur Verfügung. Daraus konnten sie die

Aussagen auswählen, die ihrem persönlichen Glücksgefühl am nächsten kamen.

Was braucht der Urlaubsmensch eigentlich zum Glücklichsein? Es sind gerade nicht die ganz großen Ereignisse, die Menschen im Urlaub glücklich machen. Was hier wirklich zählt und nachwirkt, sind eher *Atmosphäre, Stimmung, Harmonie, Geborgenheit*:

- Urlauber suchen in erster Linie „die angenehme Atmosphäre", in der sie sich rundum wohlfühlen können und in der alles stimmig ist.
- Besonders glücklich fühlen sich Urlauber, wenn sie „in ausgelassener Stimmung" unbeschwert lachen und sich freuen können.
- Urlauber erwarten auch nicht das ganz große Glück auf Reisen, sie sehnen sich eher nach den kleinen Freuden des Lebens, nach Situationen „völliger Entspannung", in denen alle Sorgen ganz weit weg sind. Vor allem die Berufstätigen (45%) wollen im Urlaub die Alltagssorgen hinter sich lassen (Nichtberufstätige: 31%).

„Urlaub mit Kick", eine Mischung aus Abenteuerlust und Grenzerlebnis zwischen Fallschirmspringen und Tiefseetauchen, findet für die meisten Bundesbürger fast nur in der Phantasie statt. 94 Prozent der deutschen Urlauber können sich an ein solches Kick-Erlebnis nicht erinnern. Urlaub mit Kick, also Reisen als „letztes Abenteuer" findet in nennenswertem Umfang eigentlich nur in der Jugend statt: Jeder siebte Jugendliche spürt dann ein „Kribbeln am ganzen Körper" und fühlt sich besonders glücklich. Bemerkenswert ist auch, dass der Anteil der Männer, die im Urlaub das Glück im Kick finden, doppelt so hoch ist (8%) wie bei den Frauen (4%). Auch das grenzenlose Freiheitsgefühl ist bei den männlichen Urlaubern deutlich stärker ausgeprägt (18%), während Frauen weniger Wert auf solche persönlichen Erfolgserlebnisse (12%) legen.

Der Eindruck entsteht: Urlaub vermittelt nur das *Gefühl von mehr Freiheit*. Jeder kann hier in seiner Phantasie ein wenig vom Wege abkommen, einen Hauch von Abenteuer spüren, manche Schein-Abenteuer bestehen oder sich von der perfekten Illusion verzaubern lassen. Nur erlebnispsychologisch gesehen ist der Urlauber den Wolken ein Stück näher – in Wirklichkeit aber ist er schon glücklich, wenn er wenigstens vorübergehend ein Stück Alltag hinter sich lassen, unbeschwert lachen und manche schönen Augenblicke einfach genießen kann.

10. Allein im Urlaub: Zur Psychologie des Alleinreisenden

Vergleicht man die Urlaubserwartungen der Alleinreisenden mit allen übrigen Reisenden, so fallen die überdurchschnittlichen Bedürfnisse nach Urlaubskontakten, Urlaubsspaß und Urlaubserleben auf. Auf der Basis von 6 000 Interviews mit Bundesbürgern über 14 Jahren ermittelte der Studienkreis für Tourismus schon in den siebziger Jahren (vgl. Hahn 1977, S. 4):

- 49 Prozent der Alleinreisenden wollen nette Leute kennen lernen.
- 38 Prozent wollen viel Spaß haben.
- 31 Prozent wollen viel erleben.

Diesem Wunschbild entspricht auch, dass *mehr Alleinreisende eine Pauschalreise buchen* als alle anderen Reisenden. Die Getas-Studie ermittelte zudem, dass etwa die Hälfte der Alleinstehenden den Urlaub „immer mit jemand anders zusammen verbringt" (Getas 1978, S. 305), während nur etwa jeder neunte Alleinstehende grundsätzlich und immer allein verreist. Im Urlaub als einer Zeit intensiver Freizeit wird die Nähe zu einem Partner, zu dem eine enge Beziehung besteht, besonders gern gesucht.

Im Urlaub hat man Zeit und Gelegenheit, das enge Zusammenleben mit dem Partner zu proben. Auseinandersetzungen mit dem Partner geht man dabei nicht aus dem Wege, Probleme und Reibungen gehören dazu. Die *Urlaubsehe auf Zeit* wird zur Bewährungsprobe. Vom Gelingen und Misslingen dieses Versuchs hängt es wesentlich ab, ob sich eine Partnerschaftsbeziehung auf Abruf oder auf Dauer entwickelt. Steinecke und Klemm zeichneten ein soziodemographisches Profil der Alleinreisenden (Steinecke/Klemm 1985, S. 33):

Strukturanalyse	**Trendprognose**
– Hoher Anteil von Frauen	– Zunahme alleinreisender Männer
– Dominanz älterer Reisender	– Zunahme von jüngeren Alleinreisenden
– Hoher Anteil Alleinlebender	– Zunahme verheirateter Alleinreisender
– Durchschnittliche Schulbildung	– Zunahme gebildeter Alleinreisender

Etwa jede dritte Frau im Alter von 20 und mehr Jahren ist ledig, verwitwet oder geschieden. *Alleinstehende Frauen* reisen öfter, planen anders, informieren sich mehr und sind für angebotene Hilfen dankbarer. Sie verhalten sich nach der Devise: *Allein leben – gemeinsam verreisen!* Die verbleibenden wirklich Alleinreisenden bleiben meist auch allein: Auf zwei alleinreisende Frauen kommt ein alleinreisender Mann (Hachmann 1977). Aktiv sein, Neues sehen und kennen lernen stehen an der Spitze ihrer Urlaubswünsche. Dazu gehören Schwimmen, Besichtigungen sowie Wandern und spazieren gehen. Gezielte Partnersuche rangiert am unteren Ende der Lieblingsbeschäftigungen im Urlaub.

Alleinreisende haben das subjektive Gefühl: Das Paar ist die Norm, das Doppelzimmer auch. Alleinreisende fühlen sich diskriminiert – wie Outsider im Urlaubsgeschäft. Was bleibt – ist der „Katzentisch":

- „Die Einzelzimmer liegen am Fahrstuhl, an der Müllschütte, am Treppenaufgang oder bei der Besenkammer. Badezimmer und Toiletten sind besonders beliebte Nachbarn!"
- „Natürlich gehe ich in jeden Urlaub mit einer Sehnsucht nach neuen Kontakten und Freunden, aber als isolierte Persönlichkeit ist man außer-

ordentlich vorsichtig im Vertrauen-Geben und zudem völlig ungeübt, aus der mühsam anerzogenen Rolle als ‚glücklich-zufriedene Ledige' wirklich herauszutreten."

- „Was bleibt einem also anders, wenn man nicht zufällig ein gleichgesinntes weibliches Wesen trifft, als allein durch die Gegend zu wandern und abends mit den Hühnern ins Bett zu gehen."
- „Zur Zurückhaltung erzogen (von Emanzipation sprach man erst später), steht man im Beruf, das ‚Heiratsalter' liegt hinter einem, weil man sich nicht entschließen konnte und auch noch nicht reif genug dazu war. In der heimischen Gesellschaft findet man ohne Partner keinen Einlass, beziehungsweise man versucht es erst gar nicht. Der Urlaub bleibt somit für viele Alleinlebende die einzige Möglichkeit, neue Kontakte herzustellen."

Die persönlichen Äußerungen (Loccumer Protokolle 1977, S. 112f.) spiegeln Enttäuschungen und zerstörte Hoffnungen wider. Kontaktträume können zu Alpträumen werden.

Dies erklärt die *wachsende Beliebtheit von Gruppen-, insbesondere Busreisen* bei Alleinstehenden. Sicherheit und Geselligkeit werden hier gleich mitgeliefert, der Busfahrer wird zur Bezugsperson. Die Busunternehmen, meist im lokalen Bereich angesiedelt, werben im Nahbereich von Nachbarschaft, Wohnquartier und Stadtteil. Mundpropaganda, die Empfehlung von Freunden und Bekannten, baut Hemmnisse und Ängste ab. Dies gilt vor allem für ältere Menschen. Die Busunternehmer profitieren von der Angst der Rentner vor dem Alleinsein: „13 Stunden im Bus von Frankfurt nach Engelberg? Was macht das schon. Besser als immer nur vor der Glotze sitzen. Hier geschieht doch was. Hier ist es doch interessant. Man sieht was. Spricht mit dem Nachbarn. Und wenn der Bus hält, beim Rasten und Essen, geht es fröhlich zu" (Tubbesing 1980, S. 41).

Die Isolation des Einzelreisenden wird aufgehoben in der Reisegruppe, die zur verschworenen Gemeinschaft auf Zeit wird und sich nicht selten bei der Heimfahrt für die nächste Tour verabredet. Die offensichtliche *Bedürfnislücke im organisierten Massentourismus* findet hier ihr Entfaltungsfeld. Das Zusammensein in vertrauter, fast heimischer Atmosphäre lässt das Gefühl des Alleinseins vergessen – mit Nachkontakten und Nachwirkungen oft bis in das Alltagsleben hinein.

Alleinreisende haben intensivere Bedürfnisse nach Kontakten zu anderen Teilnehmern. Aus einer Befragung von 591 Teilnehmern von Rund- und Studienreisen (Datzer 1980, S. 5ff.) geht hervor, dass die Alleinreisenden eher als die übrigen Reisenden versuchen, neue Bekanntschaften zu schließen, mit denen sie über die Reise hinaus in Verbindung bleiben: 62,9 Prozent der Alleinreisenden geben an, noch Kontakt zu Mitreisenden früherer Fahrten zu haben. Alleinreisende sind daher *bei Rund- und Studienreisen überrepräsentiert.* Von den befragten Rund- und Studienreisenden sind 30,3 Prozent ledig und 15,6 Prozent verwitwet oder geschieden. Zu ihnen gehören überwiegend Frauen im Alter von über 50 Jahren, die sich von der Reise „Kontakt, Unterhaltung und Unabhängigkeit" (Datzer 1980, S. 7) versprechen. Bus-, Rund- und Studienreisen stopfen somit notdürftig eine Kontaktlücke, die für die Veranstalter zu einer einträglichen Marktlücke geworden ist.

Nur sechs Prozent der Urlauber sind allein unterwegs. Die noch vor Jahren propagierte Single-Welle im Urlaubsmarkt hat sich weitgehend überlebt. Selbst bei den 25- bis 49-jährigen Singles fahren zwei Drittel überhaupt erst los, nachdem sie bereits vor Antritt der Reise die geeigneten Urlaubspartner gefunden haben. Urlaub ohne Partner oder Bezugsgruppe ist bei Männern und Frauen in gleicher Weise nicht gefragt.

Die Alleinreisenden setzen sich zum überwiegenden Teil aus Verwitweten und Geschiedenen zusammen, für die der Verzicht auf einen Urlaubspartner offenbar mehr unfreiwillig als wirklich gewollt war. Denn für die meisten Bundesbürger gilt: Lieber gemeinsam als allein in den Urlaub. So bleibt auch der *Urlaub von der Ehe eine Legende*. Nur 3 Prozent der Verheirateten verreisen ohne Partner oder Familie. Gemeinsamkeit im Urlaub ist für Alleinstehende genauso wichtig wie für Verheiratete. Dies erklärt auch die Resonanz auf Kontaktbörsen und Angebote spezieller Reisedienste für Alleinreisende, die Kontaktwünsche im Urlaub erfüllen helfen.

11. Mehr Seelen- als Sonnenbaden: Zur Psychologie des Daheimurlaubers

Die heute vielfach vorgenommene Gleichsetzung von „Urlaub" und „Reise" täuscht darüber hinweg, dass fast die Hälfte der Bundesbürger über 14 Jahren im Urlaub nicht verreist – ein erstaunliches Phänomen, über das zu wenig nachgedacht wird. Tonangebend sind die Reisenden, während die Daheimgebliebenen in Öffentlichkeit und öffentlicher Meinung ein Schattendasein führen. Im Urlaub verreist man eben – oder man spricht nicht darüber. *Reisen ist die erste Urlaubspflicht* – zumindest auf den ersten Blick.

Bei psychologischer Betrachtung des Urlaubsverhaltens wird deutlich, dass zum Urlaubmachen zweierlei oder zumindest eins von beiden gehört: *Ortswechsel und/oder Rollenwechsel*. Ortswechsel macht Distanzierung vom Alltag möglich, lässt Urlaubsstimmung nahezu automatisch entstehen. Dies gilt auch für den Rollenwechsel, die zeitweilige Befreiung von Berufs- oder Haushaltspflichten. So gesehen wird der Erlebniswert eines Urlaubs subjektiv immer dann am höchsten bewertet, wenn Ortsveränderung und Rollenwechsel gleichzeitig möglich sind, also Alltagsmilieu und Alltagsrolle aufgegeben werden können.

Bis heute ist das „Urlaubmachen daheim" keine Entscheidung, hinter der die Betroffenen auch gefühlsmäßig stehen. Erlebnispsychologisch ist das Zu-Hause-Bleiben bloßer Urlaubsersatz. Hinzu kommt die finanzielle Seite des Problems, dass – wer zu Hause bleiben muss – sich auch zu Hause nicht viel leisten kann. Es ist unbestreitbar: Der Urlaub zu Hause kann erholsamer als die Reise in die Ferne sein. Dies gilt vor allem für den psychosozialen Gehalt der Erholung. Der amerikanische Motivforscher Ernest Dichter sagte einmal, Seelenbaden sei wichtiger als Sonnenbaden. Dieses Seelenbad kann man auch zu Hause nehmen, ohne sich sehr weit von der Wohnung entfernen zu müssen. An die Stelle der Abenteuerreise tritt das Zusammensein mit der Familie oder gemeinsame Unternehmungen mit Freunden.

– *Daheimurlauber sind eher vor Enttäuschungen geschützt*
Sie machen sich keine großartigen Illusionen, sie malen sich keine Prospektwelt und Ferienparadiese aus. Sie leben einfach pragmatischer in den Tag hinein. Scheint die Sonne, geht es nach draußen. Regnet es, richten sie sich häuslich in den eigenen vier Wänden ein, wo man ja nicht von Langeweile geplagt werden muss wie an Regentagen im engen Hotelzimmer.

– *Daheimurlauber können ihre Ferien risikoloser verbringen*
Sie stehen weniger unter Erfolgszwang. Sie haben keine Reise gebucht, ihr Urlaub muss sich nicht auszahlen. Sie müssen nicht dauernd etwas in Anspruch nehmen, weil sie ja dafür bezahlt haben. Sie brauchen keine Pflichtübungen zu machen und unterliegen weniger dem Geltungskonsum.

– *Daheimurlauber können sich freier fühlen*
Sie können ihre freien Stunden selbst planen, ohne von Reiseleitern oder den Erwartungen der Miturlauber verplant zu werden. Können ihren Tag flexibel gestalten, ohne an starre Programm-, Essens- oder Abfahrtszeiten gebunden zu sein. Sie sind freier in ihrer Urlaubsgestaltung. Sie können alles tun oder alles lassen.

– *Daheimurlauber gleiten langsamer in Ferienstimmung*
Sie werden nicht einfach per Jet oder Bahn schlagartig in den Urlaub geworfen. Stress bis zur letzten Startminute, Hektik unterwegs, Überanstrengung bei der Ankunft, das erste Ferientief am dritten Urlaubstag – für Daheimurlauber kein Problem, sie haben ganz einfach mehr Zeit, sich umzustellen. Sie können sich körperlich langsam konditionieren, seelisch auf veränderte Tagesrhythmen einstellen und sozial wählerisch sein – sich selbst genügen, die Familienbeziehungen intensivieren oder neue Kontakte aufnehmen. Kontaktstress kommt kaum auf.

– *Daheimurlauber müssen nicht immer alles gemeinsam tun*
Ihr Bewegungsspielraum ist größer. Sie sind nicht auf engstem Raum im Zelt, im Wohnanhänger oder Hotelzimmer zur Gemeinsamkeit vergattert. Jeder kann sich in seine Alltagsnische zurückziehen, wenn er das Bedürfnis hat. Familienquerelen brauchen nicht vor den unbarmherzigen Augen der Miturlauber verdrängt oder im Alkohol ertränkt zu werden. Die Daheimurlauber sind dem Alltag näher – räumlich, psychisch und sozial.

– *Für die Daheimurlauber fällt kein Urlaub ins Wasser*

Über Regen und schlechtes Wetter brauchen sie sich nicht zu ärgern. Vielleicht freut es manche sogar, weil ihre geplante Reise an die See oder in die Berge mangels Masse in der Haushaltskasse ausfallen musste.

– *Daheimurlauber haben mehr Rückzugsmöglichkeiten*

Nicht alle müssen zur gleichen Zeit auch das Gleiche tun. Die Kinder können ins Freibad, die Eltern in Ruhe bummeln gehen. Oder die Mutter zieht mit der Freundin alleine los, während der Vater derweil den Haushalt versorgt – und umgekehrt. Die Daheimurlauber schließen keinen Vertrag mit einem Reiseveranstalter, aber sie sollten untereinander ein Ferienarrangement treffen, bei dem jeder zu seinem Recht kommt. Urlaub zu Hause will und muss geplant werden, ist eine gemeinsame Planungsaufgabe für die Familie. Wo dies nicht geschieht, zerrinnt die Zeit zwischen den Fingern, schleichen Langeweile und Unzufriedenheit sich ein.

– *Über den Urlaubserfolg zu Hause entscheidet die gelungene Rollenverteilung und nicht das gute Wetter*

Ist das traditionelle Rollenverständnis zwischen den Familienmitgliedern festgefahren, kann von Urlaub keine Rede sein. In diesem Fall arbeiten Hausfrauen und Mütter mehr statt weniger; die Alltagsarbeit wächst sich zum Urlaubsstress aus. Männer müssen daher Haushaltsarbeit und Kindererziehung mit den Frauen teilen. Alle Familienmitglieder haben ein Recht auf Urlaub und freie Zeit. Urlaub ist die Unterbrechung der Alltagsarbeit für eine gewisse Zeit – für zwei oder drei Wochen.

Es ist nicht zu verkennen: Der Urlaub zu Hause hat eine *andere Erlebnisqualität* als die Urlaubsreise. Weil zum Urlaubsimage immer noch die Reise gehört, wird der „Urlaub zu Hause“ selbst von den Daheimgebliebenen geringer bewertet. Noch geringschätziger wird der Daheimurlaub von den Urlaubsreisenden beurteilt. Der Erlebniswert gilt als begrenzt, weil sich auch das Neue und Neuartige in Grenzen hält. Und auch der Rollenwechsel gelingt nicht immer, weil das häusliche Milieu unverändert bleibt. Die beruflichen Pflichten entfallen zwar, nicht aber die gewohnten Alltagsrollen. Kann man zu Hause überhaupt Urlaub machen, wenn die Alltagspflichten weiterlaufen? Hausfrauen, Freiberufler und Rentner tun sich hier besonders schwer.

Eins darf nicht verschwiegen werden: Freizeit und Urlaub als Planungs- und Gestaltungsaufgaben sind für viele Menschen relativ neu. Offenbar fehlt es an Orten und Gelegenheiten, das Freisein in Eigenregie zu üben. Einfacher ist es schon, bezahlte Organisationen und Animateure in Anspruch zu nehmen. Eigeninitiative ist für viele ungewohnt, das Nachdenken über die eigene Leere und Unzulänglichkeit auch. Das Leben in Arbeit und Beruf ist vielfach fremdorganisiert und fremdbestimmt. Für die Selbstorganisation und Selbstbestimmung in Freizeit und Urlaub sind die wenigsten gerüstet und vorbereitet.

Haben die Tourismuskritiker am Ende doch Recht, die als *Hauptmotiv zum Reisen die Langeweile zu Hause* ansehen? Agieren die Reiseveranstalter als erfolgreiche Fluchthelfer aus dem Alltag? Bewähren sich die Reiseleiter als wirksame Langeweileverhinderer? Die Daheimurlauber hätten es dann doppelt schwer: An Flucht könnten sie nicht denken und Langeweile dürften sie erst gar nicht aufkommen lassen.

> Die Daheimurlauber machen sich selbst zum Reiseveranstalter. Alles liegt in ihrer Hand, eine Chance sicherlich. Aber auch ein Risiko: Für entgangenes Urlaubsglück können sie nur sich selbst verantwortlich machen.

12. Statt Urlaub „Stadturlaub“: Eine wirkliche Alternative?

Unter welchen Voraussetzungen würde die Entscheidung leichter fallen, „Urlaub auf Balkonien“ zu verbringen? Unverzichtbar für den Urlaub zu Hause ist für knapp die Hälfte der Bevölkerung (47 %) ein bequem erreichbares Naherholungsgebiet. Und jedem dritten Bundesbürger würde das Daheimbleiben leichter fallen, wenn es ein Freizeitbad in der Nähe gäbe – ein „kombiniertes Frei- und Hallenbad mit Sauna und Solarium“. Ein attraktives Freizeitbad in der Nähe erleichtert den Verzicht auf eine Urlaubsreise und schafft eine neue Urlaubsqualität: den „Stadturlaub“.

Für den Fall, dass sie auf die Urlaubsreise verzichten müssen, erwarten die Bundesbürger auch in anderen Bereichen ein attraktiveres Freizeitangebot:

- 21 Prozent möchten „Sportangebote für jedermann“. Gemeint sind Sportanlagen, in denen sich jeder sportlich betätigen kann, ohne zur Mitgliedschaft in einem Verein gezwungen zu sein.
- 22 Prozent wünschen sich ein „wohnungsnahes Freizeitzentrum für die ganze Familie“. Im Freizeitzentrum sollte man jederzeit mit Freunden, allein oder gemeinsam mit der Familie Neigungen und Interessen nachgehen können. Weitere 10 Prozent sind zudem an „speziellen Ferienkursen“ interessiert, in denen sie sich kreativ betätigen oder fortbilden können.
- 19 Prozent der Befragten erwarten „kulturelle Angebote“ wie zum Beispiel Musikveranstaltungen oder Freilichttheater. Und 18 Prozent würden gerne an speziellen „Ferienveranstaltungen“ am Wohnort und in der näheren Umgebung teilnehmen.

Der Typus des Stadturlaubers wird zur *Herausforderung für die kommunale Freizeit- und Fremdenverkehrspolitik*. Hier kommt eine neue Aufgabe auf die Städte und Gemeinden zu. Denn der Kreis der Stadturlauber wird in Zukunft immer größer. Insbesondere Großstädte und Ballungszentren werden sich zukünftig mehr auf den Erlebniswert des Urlaubs zu Hause und auf den Typus des Stadturlaubers einstellen müssen. Eine Neukonzeption der Stadt als

Grünzone, Freizeitbereich und Erlebnisraum erfordert nicht nur die Schaffung zusammenhängender Wegenetze zum Radfahren und Spazieren gehen. Der öffentliche Nahverkehr – bisher zentral auf die Bedürfnisse der Berufstätigen ausgerichtet – muss freizeit- und urlaubsfreundlicher ausgebaut werden. Über einen „Service von der Haustür an" muss ernsthafter nachgedacht werden, sonst rückt der Nahverkehr in weite Ferne.

Der Stadturlauber will naturnah leben und „Natur um sich haben" – im Stadtpark genauso wie im Naherholungsgebiet. Gesucht werden Weitläufigkeit und Ursprünglichkeit, freie Sicht und natürlich gewachsenes Grün. Und das alles möglichst mitten in und am Rande der Stadt. Zum Leitbild einer grünen Landschaft der Zukunft gehört die Vorstellung: Ein großer Baum vor der Haustür, ein Stadtpark um die Ecke – mit direktem Zugang zum Wald oder zum bequem erreichbaren Naherholungsgebiet. So kann öffentliches Grün zum privaten Erlebnisraum werden.

13. Motivation von Nichtreisenden

Es ist schon bezeichnend: Die Tourismusforschung hat fast nur Daten über jene, die verreisen. Über die Nichtreisenden, die gar nicht erst losfahren, ist wenig bekannt – vor allem darüber, warum sie nicht verreisen.

Arme. Alte. Arbeitslose ...
Struktur der Nichtreisenden

Prozentanteil der Bevölkerungsgruppen, die im Jahr 2000 überhaupt keine Urlaubsreise unternahmen (auch keine Kurzreise von 2 bis 4 Tagen)
N = 5 000 Personen ab 14 Jahren in Deutschland

Bezieher von Haushalts-Nettoeinkommen unter 2 000 DM	70%
1-Personen-Haushalte	55%
Arbeitslose	52%
Rentner	50%
Haupt-, Volksschulabsolventen	50%

B·A·T Freizeit-Forschungsinstitut 2001

Ökonomische Gründe sind maßgeblich, wenn auch nicht allein für den hohen Anteil der Nichtreisenden verantwortlich. Eine neue Form ungleicher Verteilung von Urlaubschancen zeichnet sich ab. Wer viel verdient, kann auch viel und lange verreisen. Wer aber – wie die Arbeitslosen oder Rentner – knapper bei Kasse ist, muss sich in seinen Urlaubsausgaben einschränken oder ganz auf das Reisen verzichten.

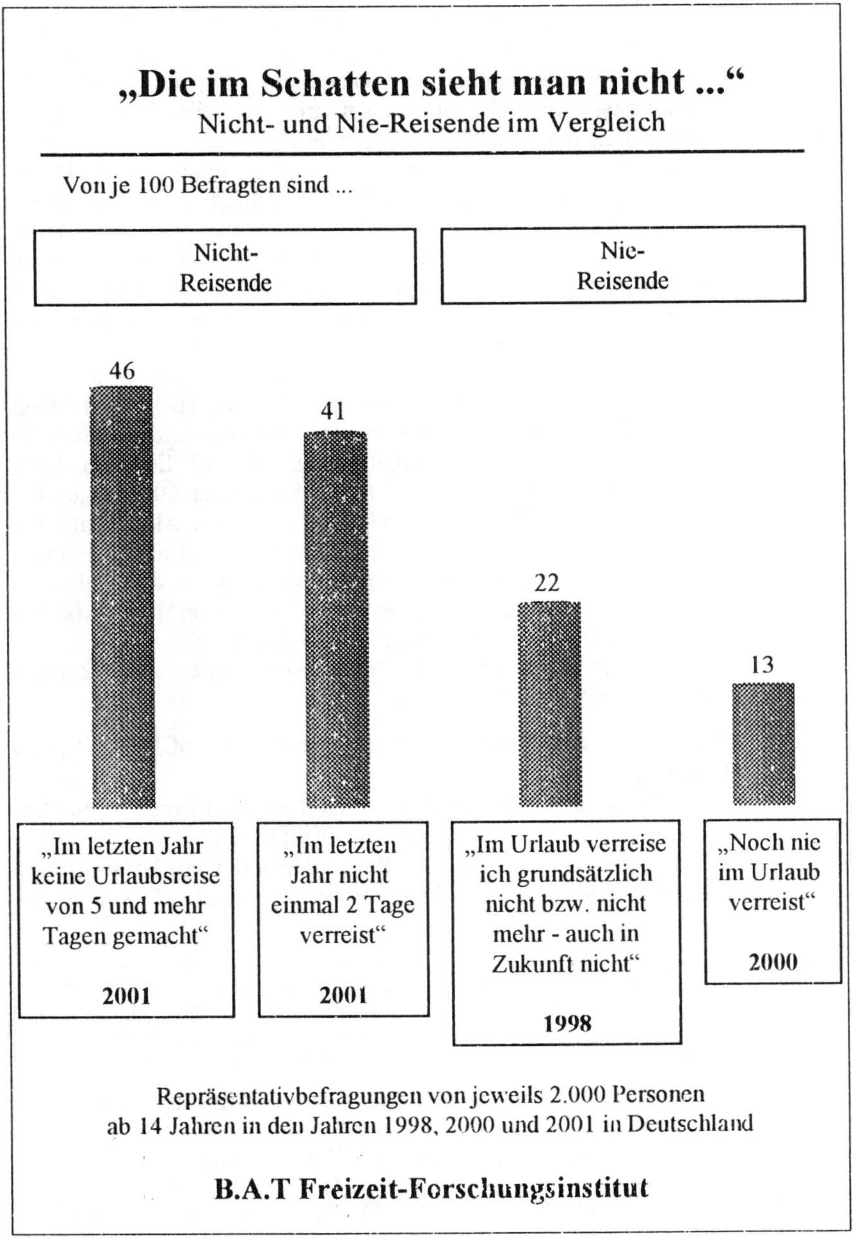
„Die im Schatten sieht man nicht ...“
Nicht- und Nie-Reisende im Vergleich
Von je 100 Befragten sind ...
Nicht-Reisende
Nie-Reisende
46
41
22
13
„Im letzten Jahr keine Urlaubsreise von 5 und mehr Tagen gemacht“ 2001
„Im letzten Jahr nicht einmal 2 Tage verreist“ 2001
„Im Urlaub verreise ich grundsätzlich nicht bzw. nicht mehr - auch in Zukunft nicht“ 1998
„Noch nie im Urlaub verreist“ 2000
Repräsentativbefragungen von jeweils 2.000 Personen ab 14 Jahren in den Jahren 1998, 2000 und 2001 in Deutschland
B.A.T Freizeit-Forschungsinstitut

Auf die Frage „Warum sind Sie nicht verreist?" führen 40 Prozent der Befragten, die auf jede Art von Reisen verzichten, finanzielle Gründe an. Am meisten klagen die Arbeitslosen über Geldmangel, am wenigsten die über 60-Jährigen, die eher gesundheitliche Gründe anführen. Auffallend hoch ist der Anteil der Großstädter, der neben finanziellen, auch gesundheitliche Gründe nennt. Die Wohn- und Lebenssituation spielt offenbar eine zentrale Rolle. Landbewohner klagen weniger über gesundheitlich bedingte Hinderungsgründe. Hier stoßen allerdings Repräsentativumfragen auf ihre erhebungstechnischen Grenzen. Wer in den persönlichen Interviews den eigenen Mangel an Geld nicht nennen mag, weicht vermutlich auf die Antwortmöglichkeit „Private familiäre Gründe" aus. Jeder vierte Nichtreisende sieht die Hauptursache für das Nichtverreisen im persönlichen und familiären Bereich.

Jeder achte Bundesbürger (2000: 13%) zählt mit dem Argument „Noch nie im Urlaub verreist" zur Gruppe der *Niereisenden*, die auch nur bedingt aktivierbar sein wird. Diese Gruppe hat grundsätzliche *motivationale Schwierigkeiten*, die in der Persönlichkeitsstruktur verankert sind. Es kann daher auch nicht überraschen, dass diese Einstellung bei den über 60-Jährigen besonders stark ausgeprägt ist. Hier würde jeder Versuch einer Aktivierung der Reisemobilität auf *psychische Grenzen* stoßen. Grundsätzlich nicht verreisen wollen, kann auch heißen, Angst vor Veränderungen haben, die Sicherheit und Geborgenheit des Alltags und der gewohnten Umgebung nicht aufgeben wollen. Äußere Immobilität kann *Ausdruck innerer Immobilität* sein.

Psychologische Ursachen für das Nichtverreisen können sein (Studienkreis für Tourismus 1979):

- „Urlaub zu Hause kann genau so gut sein wie Urlaub auf Reisen" (36,5 % Zustimmung).
- „Urlaub zu Hause ist das Schönste, weil ich dann bei meinem Freundeskreis (Hobbys etc.) bleiben kann" (18,7 % Zustimmung).
- „Urlaub zu Hause ist besser als eine Reise wegen der mit Urlaubsreisen verbundenen Probleme (Staus, Reisevorbereitungen etc.)" (8,8 % Zustimmung).

> In der großen Zahl der Nichtreisenden von heute ist nicht unbedingt ein Kundenpotenzial von morgen zu sehen. Psychosoziale Faktoren beeinflussen das Verhalten von Nicht-(und Nie-)reisenden offenbar genauso stark wie sozioökonomische Bedingungen.

Nicht jeder Nichtreisende, der auf eine Urlaubsreise verzichtet, macht auch „Urlaub auf Balkonien". Die Gruppe der Nichtreisenden setzt sich aus Daheimurlaubern, Durcharbeitern und Heimwerkern zusammen.

- Die *Daheimurlauber* leben in den Tag hinein. Sie tun das, wozu sie gerade Lust haben, widmen sich ihren Hobbies und tun viel für sich und ihre Gesundheit. Sie sind viel an der frischen Luft, gehen spazieren, fahren Rad oder treiben Sport.

- Nach eigenen Angaben gehört etwa jeder achte Urlaubsverzichter zu den *Durcharbeitern*. Sie arbeiten entweder aus beruflichen Gründen durch (insbesondere Selbstständige) oder sind – mit und ohne Bezahlung – „im Freundes- und Bekanntenkreis handwerklich tätig". Sie machen also aus der Not des Reiseverzichts eine ökonomische Tugend. Sie nutzen die Urlaubszeit für Neben- oder Schwarzarbeiten.
- Etwa 6 Prozent verzichten bewusst auf ihre Urlaubsreise, um als *Heimwerker* tätig zu sein. Sie betätigen sich im eigenen Haus, renovieren die Wohnung oder arbeiten im Garten.

14. Reiseenttäuschungen

Der Urlaub muss schön sein, der Alltag ist hart genug. Auf diesen einfachen Nenner lässt sich die heutige Urlaubsphilosophie bringen. Das Vergnügen im Urlaub erscheint so nötig wie die Leistung in der Arbeit. Man braucht heute den Güte-Stempel „Urlaub gelungen", die Vorstellung von „den schönsten Wochen des Jahres". Die Ergebnisse der bisherigen Urlaubsforschung nähren dieses Klischee und treiben die Erwartungen von Freiheit und Glück oft in illusionäre Höhen.

Urlaub: Das Paradies – auf Erden!

Das Paradies in der Werbung ...
„Die TUI fliegt selbst das Paradies direkt an. Sie haben Ihren Körper ein Jahr lang in Anzüge gezwängt und mit Krawatten gefoltert. Und jetzt wollen Sie nur noch weg. Möglichst ans andere Ende der Welt. Und das auf dem schnellsten Wege. Gut, wenn Sie in solchen Fällen bei der TUI gebucht haben. Denn bei uns sind selbst so exotische Urlaubsziele wie Nacatcha Fuski, Dighufinolhu oder Bolifuski ganz einfach per Direktflug zu erreichen. Sie haben es sich verdient. TUI. Schöne Ferien!"
TUI-Werbeanzeige

... und das Paradies in der Wirklichkeit
„Steigende Einstandspreise und nicht immer umweltfreundliche Infrastrukturen lassen manches Mal die gewohnten Gästeströme ausbleiben oder lenken sie an uns vorbei. ‚Schöne Ferien' degenerieren nicht selten zum preisanfälligen, konfektionierten Massenartikel."
TUI: „die reise" (Hauszeitschrift)

Urlaubsenttäuschungen, Probleme und Konflikte darf es eigentlich nicht geben. Sie werden daher auch in der öffentlichen Diskussion weitgehend verdrängt, ja tabuisiert. Darüber darf eigentlich nicht gesprochen oder geschrieben werden. Wer dennoch gegen das Tabu verstößt (z.B. durch das Eingeständnis eines misslungenen Urlaubs), geht das Risiko sozialer Geringschätzung ein. Niemand will sich freiwillig ein Armutszeugnis ausstellen. Also wird in aller Regel die *Rolle des glücklichen Urlaubers* – vor den unbarmherzigen Augen der Inquisiteure, der Nachbarn, der Freunde und der Berufskollegen – tapfer zu Ende gespielt.

Die folgende Darstellung verstößt gegen dieses Tabu. Zu den qualitativen Aspekten des Urlaubserlebens gehört schließlich nicht nur das Glücklichsein. Zeigen die Urlauber lediglich zufriedene Mienen oder sind sie auch zufrieden?

Urlaubsenttäuschung Nr. 1: Das Wetter
Das Ausbleiben von Sommer und Sonne kann die Reisezufriedenheit der deutschen Urlauber nachhaltig beeinflussen. Jeder dritte Urlauber kam beispielsweise 1987 „wettergeschädigt" von der Reise zurück. Das schlechte Wetter wurde zur größten Urlaubsenttäuschung. 34 Prozent der Urlaubsreisenden mussten sich eingestehen: „Ich hatte mir das Wetter besser vorgestellt". Im Jahr zuvor waren es nur 22 Prozent gewesen. Der ausgefallene Sommer hatte jedoch seine Sonnenseiten: Die Urlauber litten in dieser Urlaubssaison deutlich weniger unter Umstellungsschwierigkeiten (1987: 24% – 1986: 30%) und auch der Klimawechsel machte ihnen weniger zu schaffen. Wer vor dem Urlaub die größten Erwartungen an gutes Wetter hegte, ist nachher am meisten enttäuscht. Dies trifft vor allem für die Jugendlichen zu. Fast jeder zweite Jugendliche (47%) kam enttäuscht nach Hause zurück.

Anreise und erste Eindrücke
In den persönlichen Urlaubswünschen wollen viele dem Alltag „davonfahren". Sie brauchen Ortswechsel, Szenenwechsel, Klimawechsel. Tausende Kilometer Urlaubsstraßen warten auf sie, locken mit „freier Fahrt". Die Wirklichkeit sieht manchmal anders aus. Fast jeder dritte Urlauber (31%) arbeitet bis zur letzten Minute vor der Abreise und gönnt sich keine Gleit- oder Übergangszeit in die Urlaubszeit. Gewohnheit und Gedankenlosigkeit spielen sicher eine Rolle. Bei den meisten aber ist es ein Mangel an persönlicher Zeitökonomie, die Unfähigkeit, Prioritäten zu setzen und eine Urlaubsstimmung langsam wachsen zu lassen. Von der Arbeitsbank auf den Autositz, vom Bürosessel auf den Liegestuhl – so stellen sich viele den fast mechanischen Übergang vom Arbeitsstress in die Urlaubserholung vor. Am meisten muten sich in dieser Hinsicht die Singles (47%) zu.

Die Übergangsprobleme vom Alltag in den Urlaub finden ihre Fortsetzung in der als „*ziemlich strapaziös*" empfundenen Anreise. Am meisten haben darunter die Paare ohne Kinder (42%) zu leiden. Die Folge: Jedes siebte Paar (15%) kehrt vom Urlaub zurück mit der Erkenntnis: „Im Grunde genommen war die Urlaubsreise *mehr Stress als Erholung*".

Jeder sechste bis siebte Urlauber (16%) klagt über *Überfüllung* im Feriengebiet, insbesondere die Familien mit Kindern (23%). Äußerst gering ist hingegen der Anteil der Urlauber (6%), die über die *Kluft zwischen Prospekt und Wirklichkeit* enttäuscht sind. Fast alle Urlauber sind Realisten, was die Unterscheidung zwischen Ferienprospekt und Ferienwirklichkeit anbetrifft. Der schöne Schein der Prospektwirklichkeit wird durchschaut – wohlwissend, dass zur Kulisse auch der Zauber gehört. Dafür spricht auch der äußerst geringe Unzufriedenheitsgrad über die gelegentlich schlechte Organisation des *Reiseveranstalters*: Lediglich 6 Prozent der Urlaubsreisenden gibt der Reiseveranstalter „manchmal" Anlass zum Ärger.

Die Umweltdiskussion der letzten Jahre hat die Urlauber für *Umweltprobleme* am Urlaubsort sensibel gemacht. Jeder sechste Urlauber (16%) kehrt nach Hause zurück und klagt darüber, dass die Sauberkeit am Urlaubsort zu wünschen übrig lässt. Den größten Zufriedenheitsgrad zeigen die Ruheständler. 90 Prozent sind mit der *Sauberkeit am Urlaubsort* rundum zufrieden. Jeder siebte Urlauber (14%) kommt von der Reise zurück und gibt ehrlich zu: „Von Land und Leuten hab ich nicht viel mitbekommen". Jugendliche stellen zum Teil überhöhte Erwartungen an den Urlaub. Dies trifft vor allem für ihre Kontaktwünsche zu. Jeder elfte Jugendliche (9%) macht die Erfahrung: „Ich bin *mit den verkehrten Leuten* in Urlaub gefahren" – ein Problem, das Familien und Ruheständler kaum kennen.

Die persönliche Urlaubsbilanz

Viele Urlauber reisen um die ganze Welt und finden am Ende nur sich selber wieder – ihre eigenen Schwächen. Der Alltag holt jedoch jeden wieder ein. Jeder neunte Urlauber kommt enttäuscht nach Hause und gesteht sich ehrlich ein: „Ich habe mir meinen Urlaub *anders vorgestellt* als er wirklich war". Am meisten enttäuscht zeigen sich die Singles. Die Urlaubswirklichkeit hinkt ihren Erwartungen hinterher. Dies trifft in anderer Weise für die Jugendlichen zu: Jeder sechste Jugendliche hat sich im Urlaub *gelangweilt*, weil am Urlaubsort „nichts los" war.

In der ganz persönlichen Urlaubsbilanz kommen lediglich 4 Prozent der Urlaubsreisenden zu dem Ergebnis: „Die letzte Urlaubsreise war ihr *Geld nicht wert*" (Singles: 10%). Resümee: Die Urlaubserwartungen sind hoch, manchmal zu hoch – da können Enttäuschungen nicht ausbleiben. Nicht jeder Urlaub kann zur Traumreise werden.

Die persönlichen Kompetenzmängel können gravierender als organisatorische Servicemängel sein. Wie das EMNID-Institut in einer Repräsentativbefragung von 1.500 Personen im Juni 1994 nachwies, klagt jeder siebte Urlauber (14%) über „zu viel selbstauferlegtes Programm" und jeder achte (12%) über „Stress mit Partner und Kindern". Für einen misslungenen Urlaub sind daher persönliche Schwächen genauso verantwortlich zu machen wie Organisationsmängel durch „schlechten Service" (12%) oder mangelhafte Informationen durch das Reisebüro (11%). Der Frust *in der Ferne* hat viele Ursachen.

„Was ist noch schöner als der letzte Urlaub? Die Vorfreude auf den nächsten!"
(*Anzeigen-Werbung*)

15. Urlaubsberatung

15.1 Empfehlungen zur Urlaubsplanung

In den schönsten Wochen des Jahres kann nicht nur die Sonne scheinen. Reisen bedeutet auch Risiko. Viele kommen ohne Geld zurück, manche ohne Koffer und einige ohne Illusionen: Ein wenig enttäuscht und um eine persönliche Erfahrung reicher. Die Zahl der Urlauber, die ihre Ferienträume auf Reisen verlieren, ist größer als die jährlich wachsende Reisefreudigkeit der Bundesbürger vermuten lässt.

Und die meisten wissen auch, woran es in erster Linie liegt: An ihnen selbst – und nicht am Reisebüro oder Reiseveranstalter. Im Jet-Zeitalter ist die Urlauberseele nicht selten ein Fußgänger geblieben. Das eigene Verhalten hinkt den vielfältigen Urlaubsmöglichkeiten hinterher. Doch „richtig Urlaubmachen" kann gelernt werden. Die folgenden Ratschläge sollen zeigen, wie die „schönste Zeit des Jahres" erfolgreich geplant werden kann.

1. Den Urlaub schon im Alltag beginnen
Eine Urlaubsreise kann nicht elf Monate Alltag vergessen machen. Und wer im Alltag keine Eigeninitiative entfaltet, der wird auch im Urlaub keine Bäume ausreißen können. Im Urlaub kann man nicht plötzlich ein anderer Mensch sein. Man bleibt derselbe – nur in einer anderen Umgebung. Der Alltag holt jeden wieder ein. Längere Frei-Zeiten wollen gelernt und eingeübt sein – möglichst schon zu Hause, am langen Wochenende oder im Kurzurlaub. Den Urlaub schon im Alltag beginnen lassen, heißt, die Ferien schon zu Hause gemeinsam trainieren, den Sonntag zu einem Ferientag machen.

2. Nicht bis zur letzten Minute arbeiten
Wer bis zur letzten Minute durcharbeitet, hat die größten Umstellungsschwierigkeiten, leidet unter dem Klimawechsel und läuft Gefahr, im Urlaub krank zu werden. Ein Urlaub darf nicht schlagartig mit der Reise beginnen. Der Genuss ist immer dann am größten, wenn der Urlaub schon zwei, drei Tage vor Reisebeginn einsetzt: Langsam, aber stetig in Urlaubsstimmung kommen, die freien Stunden schon vorher genießen und sich auf den Tapetenwechsel freuen. Das setzt persönliche Zeitökonomie voraus, die Fähigkeit, in den letzten Tagen vor der Urlaubsreise Prioritäten zu setzen und sich nicht bis zur letzten Minute für unentbehrlich zu halten.

3. Die Anreise nicht zur Strapaze werden lassen
Viele muten sich einfach zuviel zu. Und manche glauben, in zwei oder drei Wochen das nachholen zu können, was sie elf Monate lang versäumt haben. In der Rolle des Ferien-Tarzans müssen sie einfach scheitern. Die Anreise darf nicht zur Stress-Rallye werden, zur Horrorvision von Autoschlangen und Wartereihen. Weniger kann manchmal mehr sein. Und wer sich mehr Zeit für die Hin- und Rückfahrt nimmt, hat am Ende Zeit gewonnen – schont Nerven, spart Ärger und kehrt erholter zurück.

4. Sich angenehm enttäuschen lassen
Auch der Urlaub hat sein Tief. Der Urlauber kann nicht rund um die Uhr glücklich sein. Wer sich vor übertriebenen Erwartungen schützt, kann sich nur angenehm enttäuschen lassen: Man weiß, was einen erwartet. Die Prospektwelt ist nicht die Wirklichkeit. Sie darf Hoffnungen, aber keine Illusionen wecken. Vor allem sollte man den Reiseprospekt nicht mit dem Reiseführer verwechseln. Auch im Süden gibt es nicht nur Sonnenschein. Und wer dort hinreist, wo es auch andere hinzieht, muss mit Überfüllung rechnen. Ruhe und Rummel sind nicht gleichzeitig zu haben.

5. Am dritten Tag kürzer treten
Die Krise droht am dritten Tage. Zwei Tage lang kann der Körper den Orts- und Klimawechsel verkraften. Am dritten Tage aber sind die natürlichen Aktiv- und Widerstandsreserven für Stresssituationen verbraucht. Größere Anstrengungen sind an diesem Tage zu vermeiden. Körper und Seele brauchen Ruhe und Muße. Wer am dritten Urlaubstag die Gipfelbesteigung wagt oder die große Segeltour unternimmt, riskiert Unfälle oder muss mit Herz- und Kreislauferkrankungen rechnen. Am dritten Tage sollte man alles ruhiger angehen lassen und auch das Frühstück mal verschlafen.

6. Erlebnis und Erholung im Gleichgewicht halten
Erlebnishunger und Erholungsbedürfnis sind gleich wichtig. Das eine darf nicht auf Kosten des anderen geopfert werden. Urlaub nach Maß bedeutet, dass beide im Gleichgewicht sind. Der Urlaub ist sicher nicht nur zur Erholung da. Aber Erlebnisstress ist genauso unverträglich. Letztlich muss jeder für sich selbst das richtige Augenmaß finden.

7. Zeit für sich und füreinander finden
„Wir machen alles gemeinsam". Diesen Anspruch kann der Urlaub nicht einlösen. Wenn die Mutter die liebe Familie wie eine Glucke um sich scharen und der Vater seine Schuldgefühle gegenüber der Familie im Urlaub systematisch aufarbeiten will, fangen für Kinder und Jugendliche nicht gerade die schönsten Wochen des Jahres an. Familienquerelen lassen sich vermeiden, wenn alle den Grundsatz beherzigen: Mit der Familie verreisen, aber sich nicht dauernd mit der Familie beschäftigen müssen. Kinder und Jugendliche sollten im Urlaub genügend Bewegungsfreiheit haben. Ihre Vorstellungen über einen „gelungenen Urlaub" weichen erheblich von den Elternwünschen ab. Grundsätzlich gilt: Gemeinsam das Reiseziel aussuchen und sich gegenseitig viel Freiraum in den Ferien lassen.

8. Wählerisch mit den Urlaubspartnern sein
Wer Angst vor dem Alleinreisen hat, sollte lieber mal auf eine Reise verzichten, statt überstürzt mit den verkehrten Leuten in Urlaub zu fahren. Urlaub ist sicher eine Chance für Partnerschaft und Zweisamkeit. Urlaub kann die Harmonie festigen, aber auch Krisen verschärfen. Und wer mit Freunden verreist, sollte bedenken, dass unterschiedliche Lebensgewohnheiten, Freizeitinteressen und Einkommensverhältnisse Auswirkungen auf den Urlaubsstil

haben. Und wenn man sich den ganzen Tag sieht, kann man sich auch schnell auf die Nerven gehen. Bei der Wahl seiner Urlaubspartner kann man nicht wählerisch genug sein.

9. Seelenbaden wichtiger als Sonnenbaden nehmen
Ein gelungener Urlaub lässt sich nicht an der Zahl der Autokilometer und Sonnenstunden ablesen. Statt Urlaub vom Alltag sollte man lieber Ferien zum Ich machen, um sich selbst zu finden und nicht davonzulaufen. Im Urlaub kann man es sich leisten, das zu tun und zu lassen, wozu man Lust hat. Vor allem faulenzen, die Seele baumeln lassen und im „Zeitloch Urlaub" genüsslich versacken. Eine Herausforderung auch für untrainierte Müßiggänger, mal die Uhr zu Hause lassen und wieder lernen, nach der eigenen inneren Uhr zu leben.

10. Nachurlaub zur Wiedereingewöhnung einplanen
Auch der Urlaub will verkraftet sein. Nach der Rückkehr aus dem Urlaub fällt die Eingewöhnung schwer. Ein dreitägiger Nachurlaub ist nötig, um sich mit dem Alltag wieder anzufreunden und Erholung, Erlebnisse und Erinnerungen nachhaltig in ein neues Arbeitsjahr hinüberzuretten. Die Arbeit soll wieder Spaß machen, ohne dass die Vorfreude auf den nächsten Urlaub dabei verloren geht.

15.2 Empfehlungen zur Urlaubsgestaltung

Unruhe am 1. Tag
Stress beim Anreisen kann schlimmer als acht harte Arbeitsstunden sein. Die Nerven sind angespannt. Das Beste daraus machen.

Erkundung am 2. Tag
Der Körper ist an Energie der Seele voraus, die gedanklich noch am Arbeitsplatz weilt. Nichts übereilen. Den Tatendrang in die Erkundung der neuen Urlaubsumgebung investieren.

Plänemachen am 3. Tag
Der dritte Tag ist der kritischste Tag. Größere Anstrengungen vermeiden. Unfallgefahr. Plänemachen ist erlaubt, faulenzen und sonnen erholsam.

Unternehmung am 4. Tag
Erlebnispsychologisch gesehen ein erster Stimmungshöhepunkt. Große Unternehmungslust. Ideal für Wandern, Sport und Halbtagsausflug.

Vorbereitung am 5. Tag
Entspannung ist angesagt. Die Urlaubsfreude wächst, das Informations- und Erlebnisbedürfnis auch. Die große Ganztagsunternehmung kann vorbereitet werden.

Erlebnisse am 6. Tag
Körper und Seele sind im Gleichgewicht. Kraftreserven für einen anstrengenden Tag. Tagesausflug, von dem man noch lange zehren kann. Mit Familie, mit Freunden oder Urlaubsbekanntschaften unterwegs.

Ferien am 7. Tag
Ausschlafen. Faulenzen. Erholen. Und Grund zum Feiern der ersten Urlaubshälfte: Bergfest. Noch einmal soviel Urlaub steht bevor.

Shopping am 8. Tag
Höhepunkt persönlichen Wohlbefindens. Aufgeschlossen. Ausgeglichen. Man gönnt sich etwas Gutes. Leistet sich etwas Besonderes beim Bummeln und Einkaufen.

Romantik am 9. Tag
Der Urlaubsrhythmus ist gefunden: Gleichklang im Empfinden, Erleben und gemeinsamen Tun. Hoch-Zeit für Partnerschaft und romantisches Gefühl.

Individualisierung am 10. Tag
Ständige Nähe zum Partner oder zur Familie kann erdrücken. Zeit für einen Ich-Tag. Jeder kann tun und lassen, was er will.

Kultur am 11. Tag
Stimmungsschwankungen. Ein Urlaubstief kann aufkommen. Man spürt, dass die schönste Zeit des Jahres bald zu Ende geht. Bedürfnis nach Ablenkung: Kirchen-, Klöster- und Museumsbesuche gefragt.

Verwöhnung am 12. Tag
Immer noch die Gedanken ans Urlaubsende. Ablenkung gelingt durch Verwöhnung, vor allem kulinarische Verwöhnung. Essen und Trinken nach Herzenslust, Schlemmen und Genießen.

Außergewöhnliches am 13. Tag
Abseits der üblichen Touristenpfade. Eine Unternehmung auf eigene Faust. Natur pur tanken. Einsame Schluchten willkommen. Für Überraschungen offen. „Der" Erlebnistag des Urlaubs.

Hochstimmung am 14. Tag
Faulenzen den ganzen Tag. Sonnentanken bis zur letzten Minute. Tun, was Spaß macht. Ein Abschiedsfest feiern.

Abschiednehmen am 15. Tag
Jetzt heißt es Abschied nehmen. In den Rückreisestress mischt sich die Vorfreude auf zu Hause, auf die eigenen vier Wände, auf Nachbarn und Freunde. Drei Tage Nach-Urlaub erleichtern den Übergang vom Urlaubs- in den Arbeitsrhythmus.

IV. Touristen sind immer die anderen. Tourismustheorie und Tourismuskritik

„Der typische Mensch des 21. Jahrhunderts entpuppt sich als verhasster Tourist, der Kultur und Umgebung gering schätzt, der Lebensstile wie Hüte ausprobiert und in seiner Konturlosigkeit und Oberflächlichkeit die Kreditkarte dem Parteibuch vorzieht."
Nigel Barley, britischer Ethnologe/
Kustos am British Museum in London (2000)

1. Vom Sinn des Reisens: Zwischen Aufbruch und Veränderung

1.1 Wunsch nach Wechsel und Bewegung

Innere Unruhe und Bewegungsdrang, die Flucht vor dem Alltag und Gewohnten sowie der Wunsch nach Fremde und Ferne, nach Unbekanntem und Neuem sind elementare Grundzüge des menschlichen Wesens überhaupt. Der Wunsch nach Wechsel und Bewegung, Unrast und Abenteuerlust treibt den Menschen in unbestimmte Fernen. Es gehört, wie Plinus sagt, zum Wesen der menschlichen Natur, „reiselustig und nach Neuem begierig" zu sein.

Das Reisen ist dem Menschen eigen. Nur er allein vermag die selbstgewählte Freiheit, den Reiz und das Glück zwangloser Reisen zu erleben, im Gegensatz zum Tier, das zu triebhaften Ortsveränderungen gezwungen wird. Reisen und Fahrten symbolisieren geradezu die Menschheitsgeschichte. Der dem Menschen innewohnende motorische Impuls hat das Schicksal ganzer Stämme und Völker beeinflusst und verändert. Blaise Pascal glaubt sogar, die alleinige Ursache allen menschlichen Unglücks darin zu sehen, dass der Mensch *nicht ruhig in seinem Zimmer verweilen kann*: „Tout le malheur des hommes leur vient d'une seule chose qui est de ne pas demeurer en repos dans la chambre."

Viele dieser Merkmale finden sich wieder in der bildhaften Sprache des Mythos, der Religion und der Kunst, wo das *Leben als eine Reise* angesehen wird (vgl. die Gestalt des „Wanderers" in den Volksmythen, das mittelalterliche Leitbild des Mönchslebens, den „status viatoris", die Sagenfigur christlich-mittelalterlichen Ursprungs vom ewig wandernden Juden (Ahasver), das Sagenmotiv des Fliegenden Holländers u.a.).

> Das menschliche Verlangen nach Veränderung und Aufbruch scheint so alt wie die Menschheit selbst zu sein. In fast allen Menschheitsmythen der Vorzeit wird davon berichtet.

Das älteste uns bekannte im 3. Jahrhundert v.Chr. entstandene Epos der Menschheit, die Sage von Gilgamesch, erzählt bereits von einer Reise des Königs von Uruk zu dem alten jenseits der Gewässer des Todes wohnenden Utnapistim (d.h. „das Leben gefunden"). Alexanders Welteroberungen, die Wanderbewegung der Nibelungen, Don Quijotes Irrfahrten, die Wanderschaft durch Hölle, Fegefeuer und Himmel bei Dante und Fausts Lebensreise durch die Welt sind beredte Zeugen. Ob Gilgamesch oder Parzival, Herodot oder Pausanias, Marco Polo oder Kolumbus – so verschieden sie auch sein mögen – sie alle sind fragende, zweifelnde und ewig suchende Menschen, getrieben von einer unbestimmten Sehnsucht ins Grenzenlose, Ferne, Unbekannte. Sie sind die Vorgänger aller späteren Reisenden.

> In dem Verlangen, der eigenen Zeit und Umwelt zu entfliehen, in der Abwendung vom Alltag und der Sehnsucht nach Neuem liegt die Faszination der Ferne.

Es ist ein geradezu kindliches Vergnügen, so äußerte sich Ortega y Gasset in seinem „Aufstand der Maßen", die „leere Geschwindigkeit spielen zu lassen, die den Raum verschlingt und die Zeit tötet. Indem wir Raum und Zeit aufheben, verlebendigen wir sie, nutzen wir sie vital aus. Wir können an mehr Orten sein als früher, Ankunft und Abfahrt öfter genießen und in kürzere kosmische Zeit mehr gelebte Zeit zusammendrängen."

1.2 Märchen zwischen Traum und Realität

Zeit und Raum werden scheinbar aufgehoben – durch Mobilität und Reisen. Beide sind zur Chiffre für die menschlichen Träume und Wunschbilder vom besseren Leben geworden. Von Geburt an wünscht der Mensch und ist ruhelos neugierig. Das Kind lebt täglich ins Blaue hinein. Und im Jugendalter verstärkt sich der Wunsch, daheim schon unterwegs zu sein – auszubrechen oder das Weite zu suchen. Um alle Jugendwünsche wallt der „silberne Reiseschleier" (Ernst Bloch). Mit zunehmendem Alter verringert sich das Gewünschte. Die Wünsche treten zurück, aber die Wunschbilder bleiben. Dies erklärt auch, warum 80 Prozent der Berufstätigen später im Ruhestand auf die „Große Reise" gehen wollen, und wenn es dann so weit ist, 70 Prozent zu Hause bleiben (Opaschowski 1984). Und dennoch: Die Traumreise bleibt psychologische Realität – als Idee und Symbolträger für alles, was das Leben lebenswert macht. Sie bereichert das Seelenleben, steigert die Freude am Leben und hält innerlich mobil.

Darin liegt auch der Reiz begründet, den das Märchen zu allen Zeiten auf Kinder ausübt, weil hier alles so fremdartig und ganz anders dargestellt wird, als die Kinder es in ihrer eigenen Wirklichkeit erleben können. Die Fremdheit der im Märchen geschilderten Menschen und Landschaften lebt in und aus der kindlichen Phantasie. Märchenhelden ziehen aus, „ihr Glück zu suchen" (Hauff: Der kleine Muck) oder gar „das Fürchten zu lernen" (Grimm). „Sechse kommen durch die ganze Welt“ (Grimm), und eine „wunderbare Märchenwelt“ (Tieck) vermag den Kindern eine hoffnungsvolle Ferne nahe zubringen, die die eigene Welt in ein fabelhaftes Ausland verwandelt, in eine verzauberte Welt, und die Fremde zu einer lebensnahen und gegenwärtigen Wunschwelt des Kindes macht. Das Wunderbare des Märchens besteht darin, dass Unmögliches als möglich dargestellt wird.

Die Verzauberung, die einer Verfremdung gleichkommt, weil sie heimatliche Märchenwälder mit geheimnisvoll-märchenhaftem und exotisch-orientalischem Glanz umgibt, verheißt den Kindern das zukünftige Glück einer guten Welt und lässt sie sehnsüchtig wünschen, sich also aufzutun und daraufhin „eine Reise zu machen“ (Bechstein: Märchen vom Schlaraffenland). So gibt es Reisen zum Schicksal, zu Sonne, Mond und Sternen, ja selbst zur Hölle.

„Up Reisen gohn“ (Grimm) im Märchen bedeutet, das Paradox der zeitlichen und räumlichen Ferne zu erleben. Denn in der Märchenwelt kann es ganz im Sinne des „Es war einmal“ keine rechnerische Festlegung der Zeit geben. Schöne Prinzessinnen bleiben zeitlos jung! Ebenso wird die Macht des Raumes im Märchen negiert. Märchenhelden durchwandern unergründliche und nicht enden wollende Wälder von gewaltigen Ausmaßen, und sechs Mann und ein Gefreiter finden sogar in einem einzigen Ranzen Platz (Grimm: Der Ranzen, das Hütlein und das Hörnlein). Die *poetische Scheinwelt* wird als *mögliche Wirklichkeit* dargestellt.

Diese Synthese aus Wunder und Wirklichkeit, dem Spiel des Kindes sehr verwandt, verstärkt die vage Sehnsucht des Kindes, das Fernweh, den Hang zum Unerwarteten, Überraschenden und Abenteuerlichen.

> Das Märchen kommt dem Reiseverlangen kindlicher Phantasievorstellung weitgehend entgegen. Kinder reisen durch Märchen.

Hans Christian Andersen lässt den jungen Studenten in seinem Märchen „Die Galoschen des Glücks“ dieses Lebensgefühl auch deutlich aussprechen: „Oh, reisen! Das ist doch das größte Glück der Welt!“

1.3 Vom Drang nach Draußen: Zwischen Luftschöpfen und Luftablassen

Nach acht Stunden Arbeit und Alltagsallerlei fällt vielen Menschen „die Dekke auf den Kopf“. Sie können nicht mehr ruhig in ihrem Zimmer verweilen. Sie müssen „raus“, brauchen Abwechslung und Tapetenwechsel. Die Strassen locken mit freier Fahrt, die Parks und Grünanlagen mit Natur und frischer Luft. Orts- und Szenenwechsel sind die Folge. Von der Arbeitsbank auf den Autositz, vom Bürosessel auf die Liegematte, von der Enge der vier Wände zum Auslauf ins Freie und Weite. Der Drang nach Draußen ist wie ein Ventil, das Luftschöpfen ebenso ermöglicht wie Luftablassen.

Motive für Freizeitaktivitäten außer Haus

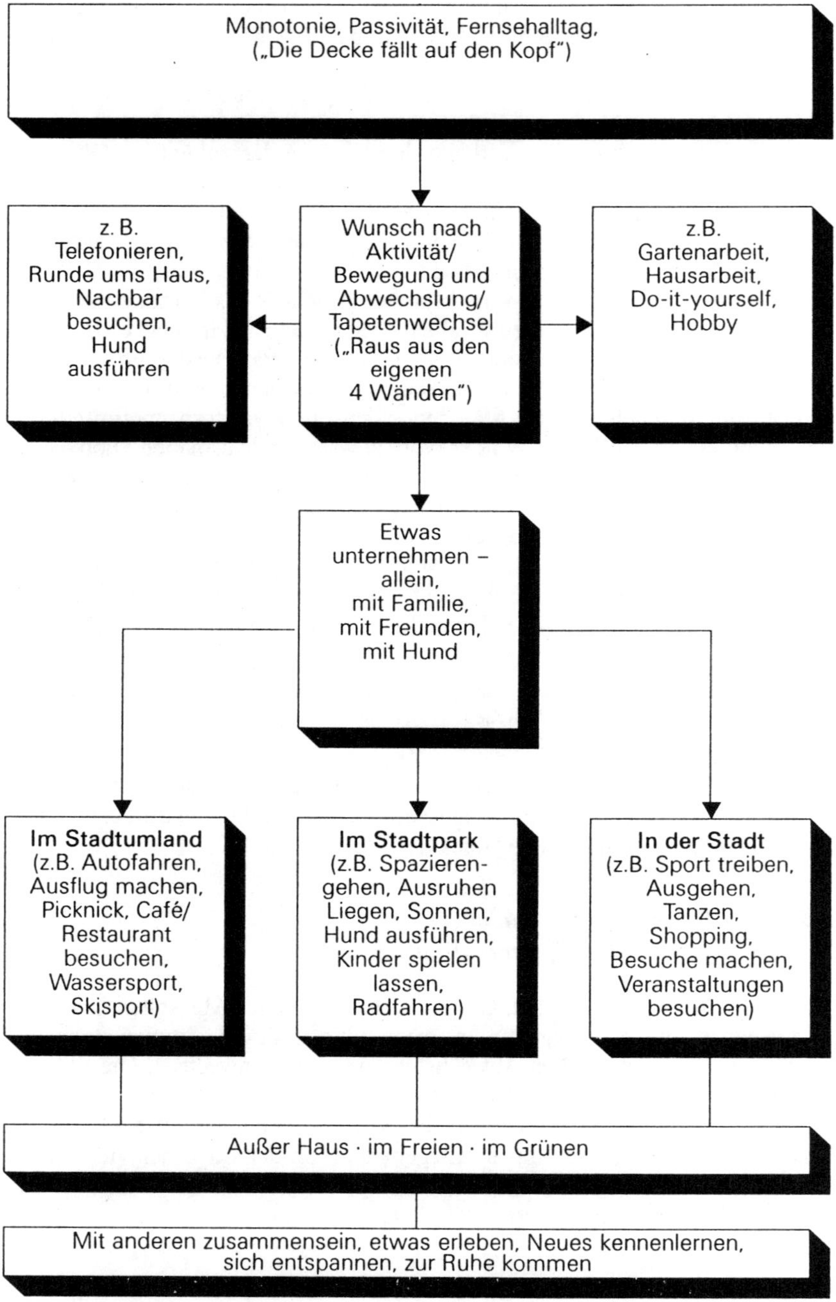

Das Verlassen der eigenen vier Wände ist stark psychologisch geprägt. Viele außerhäusliche Unternehmungen sollen Mängelerlebnisse im häuslichen Bereich ausgleichen helfen, z.B. durch

- das Verlangen nach frischer Luft und Naturerleben,
- das Freiheitsbedürfnis und den Erlebnisdrang,
- die Bewegungslust und das Ausgleichsbedürfnis,
- die Kontaktsuche und das Anerkennungsstreben.

Erlebnispsychologisch gesehen stellen vor allem *Bewegungs- und Sportaktivitäten im Freien* ein Vehikel für eine Vielzahl anderer subjektiv bedeutsamer Bedürfnisse dar, d.h. der objektive Primärnutzen (z.B. Gesundheit, Fitness, Kondition) spielt häufig subjektiv eine Nebenrolle. In der individuellen Bedürfnishierarchie treten eher Wünsche nach Sozialprestige, Zugehörigkeit und nachhaltigem Erleben in den Vordergrund. Der Bewegungsausgleich zum Alltag wird zumeist lustvoll als Kontrastprogramm und schöne Alternative erlebt. Er stellt keine besonderen Anforderungen, keiner fühlt sich überfordert, niemand kann sich blamieren. Es ist eine leichte und problemlose sportliche Aktivität.

Familienausflüge haben in Deutschland eine lange Tradition. Sie zählen auch heute noch – neben dem gemeinsamen Fernsehen – zu den am meisten praktizierten Familienaktivitäten in der Freizeit. Der Ausflug ins Grüne, das gemeinsame Wandern und Spazieren gehen haben starke Integrationsfunktionen: Sie versammeln und halten die einzelnen Familienmitglieder zusammen und gewähren zugleich hinreichend Frei- und Spielräume für jeden einzelnen:

- Freizeitunternehmungen im Freien und Grünen bieten die Chance zum *Orts-, Klima- und Rollenwechsel.* Eingefahrene Verhaltensmuster im gewohnten häuslichen Szenarium werden durch das Umfeld draußen modifiziert, verändert. Das kann eine bessere Stimmung oder eine neue Rollenverteilung sein.
- Die außerhäuslichen Unternehmungen ermöglichen, den „Zwangsverband Familie“ etwas zu lockern. Charakteristisch ist das *Gefühl von mehr Freiheit* durch räumliche Weite („Natur“). Schon das Verlassen der eigenen vier Wände vermittelt einen Hauch von Freiheit: Man atmet merklich auf und „geht aus sich heraus“. Aber wirkliches Alleinsein wird selten angestrebt. Man geht seinen eigenen Gedanken nach, aber bleibt letztlich in der Gruppe, in der Familie oder im Freundeskreis. Dennoch: Beim Ausflug ins Grüne ist die Familie beisammen ohne die häufig bedrängende Dichte des häuslichen Beieinanders: „Man hat die Kinder im Blick, aber nicht dauernd auf der Pelle“. Das Zusammengehörigkeitsgefühl ist da; die Kinder beschäftigen sich selbst und „kommen nicht ewig angelaufen“.
- Beim Gehen in der Natur lassen sich Probleme leichter und lockerer behandeln als zu Hause. Gespräche bekommen eine eher spielerische Note: „Also beim Spazieren gehen kann ich eigentlich mit meinem Mann am

besten reden. Es klappt einfach besser als im Hause. Man ist wahrscheinlich *draußen ungezwungener*".

- Beim Wandern und Spazieren gehen kann „jeder *ein bisschen vom Wege abkommen*". Dem einzelnen bleiben genügend Freiräume für eigene Gedanken: Man kann mit sich alleine sein, ohne sich zu isolieren.

2. Von der Reiselust der Deutschen

Urlaub ist die Entdeckung des 20. Jahrhunderts: Im Jahre 1900 gab es noch keinen Urlaub für Arbeitnehmer. Im Jahre 1910 standen ihnen erstmals durchschnittlich 5 Tage zur Verfügung, im Jahre 1940 waren es 10 und im Jahre 1970 21 Tage. Und 2001 beanspruchten die Arbeitnehmer für die schönste Zeit des Jahres rund 30 Tage.

Mit der Verlängerung der Urlaubsdauer unmittelbar verbunden ist eine *Vervielfachung der Zahl der Urlaubsreisenden* in den letzten fünfzig Jahren. Die „Urlaubsreise für alle" ist allerdings auch heute noch eine konkrete Vision. Dennoch hat sich mit der Quantität auch die Qualität des Urlaubserlebens verändert. Feststellbar ist ein Wandel in der Einstellung zu Urlaub und Reisen. Reisen sind alltäglicher und Reisende anspruchsvoller geworden.

Die Deutschen schätzen sich selbst gern als „Weltmeister des Reisens" ein. Auf eine Reise im Urlaub zu verzichten, heißt für viele: Am Leben vorbeileben. Urlaub ist ein Stück Lebensqualität. Und die deutschen Urlaubsreisenden werden immer anspruchsvoller: Sie wollen öfter rund ums Jahr verreisen. Für die Zukunft ist absehbar: *Aus dem Reisetraum wird ein Lebensstil.*

Vielleicht ist es kein Zufall, dass man schon in früheren Jahrhunderten an einen Reise- und Wandertrieb der Deutschen glauben wollte. 1662 rief Georg F. Löhneiss alle Deutschen zu Auslandsreisen auf – mit Ausnahme des „Weibsvolkes" natürlich, das zu Hause bleiben und sich der „Haushaltung" und dem „Spinnrad" widmen sollte. Die Reiselust der Deutschen nahm schließlich ein solches Ausmaß an, dass Markgraf Friedrich von Brandenburg *im Jahre 1700 ein Reiseverbot erlassen* musste. Die zahlreichen Reisen der Deutschen in fremde Länder waren zu einem „Großen Missbrauch" ausgeschlagen, „indem nicht allein das bare Geld ausser Landes geführet, sondern auch Missbräuche und Untugenden" eingeführt wurden. Zum „Ruhm Teutscher Nation und Sprache" wurde es daher untersagt, ohne „erhaltene Permission und Erlaubnis ausserhalb Teutschland und dem Römischen Reich" zu reisen.

Die Deutschen haben sich nicht an das Reiseverbot gehalten. Bereits vierzig Jahre später kam J.P. Marperger nach eigenen Beobachtungen und Erfahrungen bei Reisen in verschiedene Länder zu der Erkenntnis: Die Reiselust der Deutschen übertrifft „alle Nationen des Erd-Kreises". Und 1762 verglich J.P. Koehler die Reiseintensität der Deutschen gar mit einer „epidemischen Seuche". Gustav Peyer erfand im 19. Jahrhundert schließlich den Begriff des „deutschen Touristenheeres", aus dem später die „*Touristica Teutonica*" geboren wurde.

1950 zählte der deutsche Reiseschriftsteller Gerhard Nebel die Reiseepidemie der Deutschen zu den „Großen westlichen Seuchen..."

Die boshaften Kritiken haben der Reiselust der Deutschen bis heute wenig anhaben können. Reisen ist der Traum Nr. 1 der Deutschen geblieben.

In den meisten westlichen Industrieländern wurde der Tourismus in den letzten drei Jahrzehnten wesentlich erleichtert durch hohe Einkommenszuwächse und wachsenden Wohlstand, zunehmende Pkw-Motorisierung und fortschreitenden Abbau von Hindernissen im grenzüberschreitenden Verkehr. Daneben aber gibt es eine Reihe spezifisch deutscher Besonderheiten, die die Verdoppelung der Reiseintensität seit Anfang der sechziger Jahre verständlich machen:

- *Bevölkerungsdichte*
  Arbeiten und Wohnen in Ballungszentren
  (Stadtflucht und Wunsch nach „freier" Natur insbesondere bei den Großstädtern).
- *Geographische Lage*
  Umgeben von Nachbarländern
  (Bedürfnis nach „grenzenlosen" Auslandsreisen).
- *Wetterlage*
  Leben in einer gemäßigten Klimazone mit wechselhaftem Wetter
  (Sehnsucht nach „beständiger" Sonne und Wärme).
- *Urlaubsdauer*
  Verdreifachung der Zahl der Urlaubstage von 9 im Jahre 1951 auf rund 30 Tage im Jahre 2001.
  (Wachsende Lebensbedeutung und hoher Prestigewert der Urlaubsreise).
- *Tourismusindustrie*
  Die größten Wachstumsindustrien europaweit haben sich in Deutschland entwickelt (Preussag/TUI u.a.).
  (Vom Wettbewerb einer hoch entwickelten Reiseindustrie mit preisgünstigen Angeboten profitieren die Urlauber).

Über deutsche Besonderheiten hinaus treffen im übrigen für uns die gleichen Hauptfaktoren zu, die auch in den anderen westlichen Industrieländern die boomartige Tourismusentwicklung ausgelöst haben: 1. Wachsender Wohlstand, 2. Zunehmende Verstädterung, 3. Explosionsartige Motorisierung.

Urlaubsreisen zählen für breite Bevölkerungskreise zu den elementaren Lebensbedürfnissen. Die industrialisierte, verstädterte und hochspezialisierte Arbeitswelt stellt hohe Anforderungen an den einzelnen Menschen, die er – so eine Expertenkommission aus Wissenschaft, Wirtschaft und Politik schon in den siebziger Jahren – „ohne Erholung in der Ferienwelt auf die Dauer nicht ertragen kann. Die Flucht aus dem Alltag ist zudem ein notwendiges Ventil gegen kollektive Zwänge" (BKF 1979, S. 8). *Touristische Bedürfnisse sind vom Alltag her geprägt.* Großstädter, die in großer Dichte zusammenleben, haben im Urlaub das Bedürfnis nach Weite (und Entfernung). Personen, die eine vorwiegend sitzende Berufstätigkeit ausüben, haben ein starkes Bedürfnis nach Bewegung, nach Wandern, Spazieren gehen oder Sport. Touristische Anbieter müssen die unterschiedlichen Bedürfnisse kennen und adäquat darauf reagieren.

Andererseits ist auch eine Große Kluft zwischen artikuliertem Bedürfnis und tatsächlichem Verhalten feststellbar: Überfüllte Ferienorte mit den größten Umweltschäden finden bei den Urlaubern bis heute die größte Resonanz. Attraktivität und Vielfalt der Angebote in den Touristenzentren üben offenbar auf Urlauber eine größere Anziehungskraft aus als intakte Landschaften. Das provoziert geradezu Kritik.

3. Tourismuskritik

3.1. Das Elend der Tourismuskritik

Die Tourismuskritik ist so alt wie das Reisen selbst. Von Senecas Empfehlung „Den Sinn muss du wechseln, nicht den Himmelsstrich" in der Antike über Heinrich Wenzels Vergleich des Massentourismus mit einem *Heuschreckenschwarm* (Wenzel 1837) und Gerhard Nebels Bild vom modernen Tourismus als *großer westlicher Seuche* (Nebel 1950) bis zu André Hellers Provokation von 1990, Kontinente und Meere seien als „*Bedürfnisanstalt* für die grölende Ausflugsnotdurft" der Touristen geschaffen (Heller 1990, S. 97), spannt sich der Bogen der Kritik.

Seit es Reisen für viele (und nicht mehr nur Reisen für Privilegierte) gibt, ist der Massentourismus zu einem beliebten Thema gesellschaftskritischer und kulturpessimistischer Publikationen geworden. Die Entwicklung vom Privileg zu Massenware, Serienfertigung und industrialisierter Urlaubsreise wird als neue Form des *Kolonialismus* (Bugnicourt 1977, Mäder 1987) gebrandmarkt. Den meisten Tourismuskritikern bereitet es einen geradezu „intellektuellen Genuss, sich über Touristen lustig zu machen" (Armanski 1978, S. 90). Sie kritisieren, analysieren und reflektieren auf hohem Niveau – aber immer auf einer rational-intellektuellen Ebene.

> Der emotionale Erlebnisaspekt der Sehnsüchte und Träume, Erwartungen und Enttäuschungen wird in der Tourismuskritik weitgehend ausgeblendet, weshalb sie auch wie eine Fensterrede über die Köpfe der Touristen hinwegrauscht.

Viele kritische Analysen sind zudem in ihren Ergebnissen ebenso ernüchternd wie entlarvend: Selbst aufgeklärte Globetrotter mit dem „richtigen Bewusstsein" verhalten sich in der Ferne nicht wesentlich anders als Pauschaltouristen in den schönsten Wochen des Jahres in Kuba oder Sri Lanka: Die politische und soziale Wirklichkeit des Gastlandes wird verdrängt und Land und Leute werden als Material und Kulisse für ganz persönliche Urlaubsträume genutzt.

> Individualurlauber richten genauso viel Schaden wie Massentouristen an.

Was Tourismuskritiker wie z.B. Gerhard Armanski nach umfangreichen gesamtgesellschaftlichen Deutungsversuchen schließlich an Problemlösungen zutage fördern, entpuppt sich als „muttihaftes Lernhilfeprogramm" (Zehle 1978): Die Gewerkschaften seien gefordert, die Schule solle im Reisen üben und der Urlauber vor Ort verbraucherbewusste Kleingruppen bilden. Ueli Mäder ruft gar zum Kampf auf. Schlusspassage: „Zur Kultur der Muße gehört eine Kultur des Widerstandes" (Mäder 1987, S. 187). Tourismuskritik spielt sich bisher fast nur im Kopf ab, plädiert vehement für ein anderes Bewusstsein und sagt nicht konkret, wie Reiseverhalten massenhaft verändert werden kann. Der kritische Reisende wird gesucht und am Ende der aufgeklärte Tourist gefunden, der das Gleiche nur mit einem anderen Bewusstsein macht.

> Tourismus ist ein Spiegelbild unserer Gesellschaft. Wer den Tourismus verändern will, muss auch die Gesellschaft verändern, d.h. Einfluss auf die Strukturen des Alltags und die Freizeitwünsche und Feriensehnsüchte der Menschen nehmen.

Doch Tourismuskritik verstand sich bisher fast ausschließlich als negative Kulturkritik, die sich gegen die Urlauber und ihr Recht auf Reisen („Reisefreiheit") richtete. Man sprach von der *Einzementierung* der Küsten von Benidorm bis Sierksdorf, von der *Verhäuselung* und dem *Flächenfraß* der Erholungslandschaften, von der *Zersesselliftung* der Alpen und der Vernichtung der Landschaft durch den industriellen *Tourismusterror*, verglich die Tourismusbranche mit einer Infantilgesellschaft, die eine pauschaltouristisch weitgehend inkompatible Landschaft durch einen *Plastik-Urlaub unter der Glasglocke* ersetzte – einer Art wetterfesten *Ferienvibrator* am *Silikonbusen der Natur*. Fröhliche Buskarawanen machten Halt vor dem *Super-Turbo-Tropen-Spaß* und hinterließen nach ihrer Abreise eine *riesige Urlaubskippe* (vgl. Erenz 1994, S. 47). Was ist davon Wirklichkeit? Wo hören Hohn, Spott und Ironie auf und wo setzt die berechtigte Kritik ein?

3.2 „I'm not a tourist": Touristen sind wir alle

Die Verachtung der Touristen und die Kritik am Tourismus sind zum Gemeinplatz in vielen historischen und literarischen Zeugnissen geworden. Seit 1811 gibt es in England das Wort „tourism". Schon fünf Jahre später mokierte sich Lord Byron, der Dichter der „Childe Harold", über seine Landsleute in Rom: Die Stadt sei geradezu „von Engländern verseucht" und die Touristen glichen einer „Menge glotzender Tölpel". Mit dem Aufkommen des modernen Massentourismus hat der klassische Bildungspreisende seine Daseinsberechtigung verloren. Aus Verärgerung darüber wurde der Tourist zum Dummkopf in geblümten Bermudashorts erklärt, mit Beleidigungen überhäuft und mit Verachtung bestraft.

„Die Pauschaltouristen"

So sehen sie die Studenten an der Universität Hamburg:

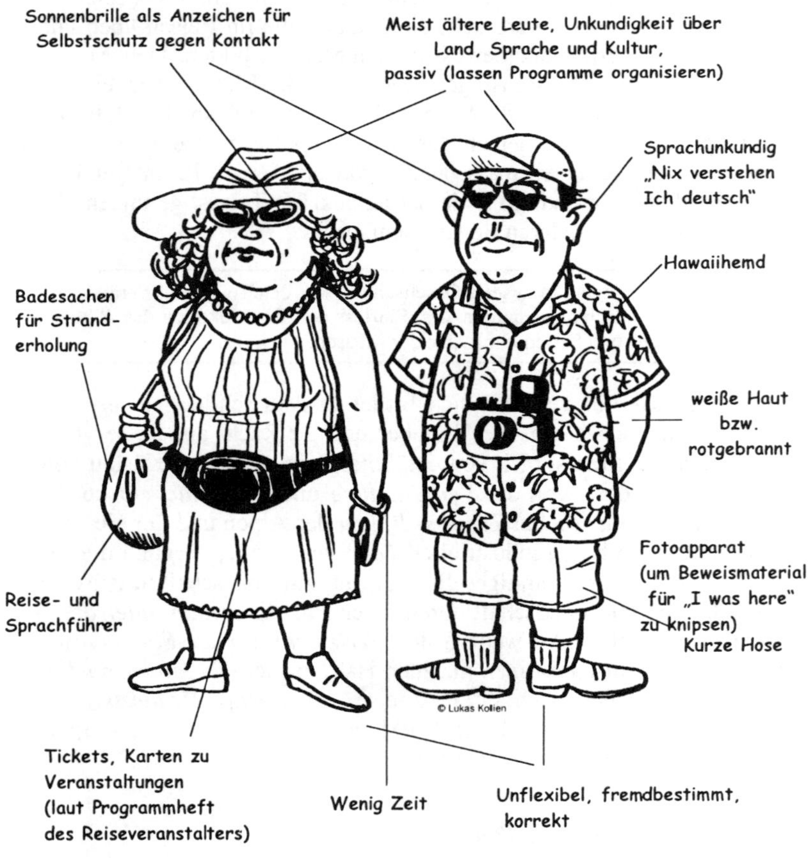

Arbeitsgruppen-Präsentation
im Sommer-Semester 2001

> Der schwachsinnige Tourist ist in Wirklichkeit nur ein elitärer Mythos, den sich Bildungsbürger – um ihres Privilegs beraubt – zur Strafe haben einfallen lassen: Damit war der Antitourismus geboren und mit ihm die moderne Tourismuskritik.

Und mag sich mancher Tourismuskritiker im Urlaub noch so einheimisch geben – *für die Einheimischen sind wir alle Touristen*, die heute hier und morgen wieder fort sind. Die Unterscheidung zwischen Individualreisenden und Massentouristen nach dem Motto „Wer ist am einheimischsten?" hat manchmal mehr mit Einbildung als mit Bildung zu tun. Wer sich auf Reisen als Individualist dem Massenbetrieb entzieht, erweitert in Wirklichkeit nur das Spektrum des Massentourismus – wird zur Vorhut der touristischen Heerscharen, die dann zwangsläufig massenhaft nachfolgen. Die französischen Schriftsteller Pascal Bruckner und Alain Finkielkraut sind diesem Phänomen in subtil-poetischer Weise auf den Grund gegangen.

„Ich bin Reisender –
der Tourist ist immer der andere"

„*Er heißt Tourist*, ist der Kleinbürger in Slip und Unterhemd, ist die schweigende Mehrheit, die in die Sommerunterkünfte einfällt, er ist Herr Stereotyp auf Urlaub, der Herdenmensch, der den Alltagstrott gegen eine azurne Banalität eintauscht, und der – welch ein Gipfel der Entfremdung – damit so zufrieden zu sein scheint, dass er jedes Jahr aufs Neue danach verlangt.

Ich dagegen suche unbekannte Pfade. Ich habe den touristischen Heerstraßen den Krieg erklärt, ich bin der Konsumasket. Ich hasse die klimatisierten Busse, die ihre stumpfsinnigen Ladungen vor den Sehenswürdigkeiten mit vier Sternen ausspeien. Ich verabscheue die protokollarische Bewunderung – katalogisierter Pracht kann ich nichts abgewinnen. Ich bin Freischärler, Pionier, Drauf- und Einzelgänger, Abweichler. Ich versage mir die leichten Vergnügungen und bequemen Abenteuer, ich bin Indianer bei den Cheyenne und Dogon in Mali. Wenn ihr Katmandu noch für einen tropischen Baum oder eine Sonnencreme haltet, komme ich bereits hingerissen und erschöpft von dort zurück. Ich habe Benares und Goa kennen gelernt, bevor sich dort noch die anonyme Menge der Sommerfrischler breit machte. Ich fahre dorthin, wo ihr nie gewesen seid, ob nach Island, dem Matto Grosso oder den Wasserfällen der Ardèche. Euer Impfpass ist in Ordnung, ihr seid nach allen Regeln der Hygiene geschützt – ich kann von der Ruhr über das Sumpffieber, die goldenen Staphylokokken, die Malaria bis hin zur Virushepatitis alle exotischen Krankheiten für mich verbuchen.

Ihr seid Beförderungsgut, ich bin Reisender".

Quelle: Bruckner/Finkielkraut: Das Abenteuer gleich um die Ecke (1981), S. 37f.

Treffender kann man das Klischee vom schwach- und stumpfsinnigen Touristen und dem sich von der Masse abgrenzenden Individualreisenden kaum beschreiben. Der sich souverän gebende Reisende zieht aus dem Widerwillen gegen alles, was die schweigende Mehrheit tut, seine selbstgefällige Lust. Für den eigenen Prestigegewinn braucht er das Herdentier Tourist. Im Grunde genommen besitzt der intelligente Reisende nur eine einzige Besonderheit, die ihn von anderen unterscheidet – „sich nicht wie ein Idiot zu bräunen" (Bruckner/Finkielkraut 1981, S. 45).

Den Touristen zu ironisieren ist heute keine Kunst mehr. Vielleicht müssen wir uns einfach damit abfinden, dass ehemalige Privilegien und ihre Demokratisierung (z.B. Urlaub für alle, Reisen für alle) zwangsläufig Massencharakter zur Folge haben. „Masse" muss dann allerdings neu bewertet werden.

Die Le Bon'sche „Psychologie der Massen" von 1895 muss heute wie eine maßlose Übertreibung erscheinen: „Der Einzelne ist nicht mehr er selbst, er ist ein Automat geworden, dessen Betrieb sein Wille nicht mehr in der Gewalt hat" (Le Bon 1895/1973, S. 17). Massentourismus gleicht eher einem *Chamäleon* (Orlovius-Wessely 1994, S. 86): Zum Wesen des Massentourismus gehört die ständige Veränderung zwischen Individualisierung, Gruppierung und Massierung. Im Massentourismus ist für alle alles möglich.

3.3 Tourismuskritik als Gesellschaftskritik

Als Pionier der modernen Tourismuskritik gilt unbestritten der Schriftsteller Hans Magnus Enzensberger, der sich schon Ende der fünfziger Jahre systematisch Gedanken über eine Theorie des Tourismus machte. Enzensberger kritisierte die moderne Tourismusentwicklung als einen *Pyrrhussieg*: Die vermeintliche Befreiung von der industriellen Welt etabliert sich selber als Industrie und die Flucht aus der Warenwelt wird ihrerseits zur Ware. Sightseeing entwickelt sich zur Urlaubspflicht. Sehenswürdig ist das, was man gesehen haben muss: „Auf der Photo-Safari zur Etoschapfanne erläutert der Zoologieprofessor die *sights der Natur*, vor den Teilnehmern eines 24-tägigen Afrikafluges tanzen Watussis und Lippenpflockneger, kommentiert von führenden Ethnologen" (Enzensberger 1958/1962, S. 162). Vom Festival bis zum imitierten Lappenzelt wird für den Touristen alles bereitgestellt. Das Unberührte wird erschlossen. *Sightseeing steigert sich zum Lifeseeing*: Wie die Leute, die man besucht, in Wirklichkeit leben, das wird als neuer Gegenstand touristischen Interesses entdeckt und systematisch eingesetzt. Die Hotels werden zu Kathedralen des Tourismus.

Enzensberger gesteht selbstkritisch ein, dass es in der Tat sehr leicht ist, sich über den Massentourismus lustig zu machen. In Wirklichkeit verbirgt sich dahinter eine einzige Fluchtbewegung aus der Wirklichkeit – eine Flucht (wie ohnmächtig sie auch sein mag), die das kritisiert, wovon sie sich abwendet. Hinter dem „kleinen Urlaubsglück", das gesucht und zeitweilig auch gefunden wird, verbirgt sich eine gewaltige Kraft. Je massenhafter sich die Reiselust ausbreitet, umso vernichtender fällt die Kritik an der Gesellschaft und politischen Verfassung aus. Dadurch, dass man den Massentourismus verhöhnt, kann man ihn weder erklären, noch lähmen oder verhindern: „Das Verlangen, aus dem sich der Tourismus speist, ist das nach dem Glück der Freiheit" (S. 168).

Der Tourist weiß um die Vergeblichkeit seines Fluchtversuchs. Aber seine Enttäuschung lässt er nicht laut werden. Denn die Kritik daran fiele nicht auf die Tourismusindustrie zurück, sondern auf ihn selbst. Die öffentlich eingestandene Enttäuschung käme einem persönlichen Versagen gleich. Der Spott würde nicht lange auf sich warten lassen. Lieber erträgt der Tourist die Kulturkritik. Insgeheim aber durchschaut er, dass er im Urlaub und auf Reisen die ganz große Freiheit nicht erfährt. Und so gibt er sich – die Rückfahrkarte in der Tasche – mit dem kleinen Glück zufrieden.

> Enzensberger denunziert den Tourismus nicht. Er kritisiert die Gesellschaft, die Freiheit als Massenbetrug verkauft. Und der Tourismus spiegelt nur die Defizite der Gesellschaft wider.

Zwei Jahre Später entwickelte der Soziologe Hans-Joachim Knebel eine soziologische Theorie des Tourismus. Nach Knebel gilt die Rolle des Touristen als „eine der totalsten aller dem sozial, psychisch und physisch Gesunden offenstehenden Rollen“, d.h. für den Urlauber gibt es während der Urlaubszeit *kein Entrinnen aus der Rolle des Touristen*: „Der Tourist wird von den anderen, wo immer er auftaucht, schon von weitem als solcher erkannt“ (Knebel 1960, S. 100). Gegenüber den Einheimischen kann er sich nicht verleugnen und von den anderen Touristen wird er als ihresgleichen angesehen. Der Gegenstand seiner Kontaktsuche im Urlaub sind meist die immer Gleichen – die *Mittouristen*.

Von dieser Sichtweise her entwickelte Knebel 1960 seine soziologische Tourismuskritik: Der Tourismus bricht *wie eine Wanderdüne* aus der Großstadt über die Einheimischen herein. Dabei tritt der Tourist oft als *Eroberer* oder *Besetzer* auf, übernimmt die Herrschaft über das Dorf und „zersetzt“ die Dorfgemeinschaft. Die Einheimischen werden fast in den „Untergrund“ gedrängt und durch die *Herren einer Saison* sich selbst entfremdet. Und der Tourist gefällt sich in seiner *Besatzungsrolle* bzw. Rolle des „siegreichen Eroberers“ in einem fremden Land.

In Wirklichkeit findet die Einbindung des Urlaubsreisenden in die totale Rolle des Touristen so nicht statt. Eine solche Rolle würde ja nur noch vom Krankenhauspatienten oder Strafgefangenen übertroffen. Im Gegensatz dazu hat der Urlaubsreisende einen ungleich größeren Spielraum des Verhaltens: Die Verhaltensfreiheit im Urlaub lässt viele Rollen und vielfältige Urlaubsstile zu.

3.4 Die vier Phasen der Tourismuskritik

Der Theologe Roman Bleistein fasste in den achtziger Jahren die vorhandenen tourismuskritischen Ansätze in einer *Vier-Phasen-Lehre der Tourismuskritik* zusammen. Bei den kritischen Analysen zum Phänomen Tourismus fiel ihm auf, dass selbst in den neuen Kritiken sozusagen antike Argumentationen wiederauflebten.

1. Phase: Die Kritik der Privilegierten

Wer früher reiste, musste Zeit und Geld haben. Mit großem Entsetzen bemerkten Begüterte und Gebildete in der Vor-Zeit des Massentourismus, wie sich allmählich auch andere Leute „auf ihre Spur" machten und in Orte vordrangen, die sie bislang für sich und ihresgleichen reserviert hatten. So entstanden die ersten Zeugnisse einer aristokratischen Tourismuskritik auf der Basis eines arroganten Selbstbewusstseins. Die Privilegierten sahen sich um ihre Vorrechte gebracht. Theodor Fontane (1819-1898) brachte die Kritik auf den Punkt: „Sonst reisten bevorzugte Individuen, jetzt reist jeder und jede." Fontane lieferte auch gleich die kompensatorische Erklärung: „Elf Monate muss man leben, den zwölften will man leben. Jede Prosaexistenz sehnt sich danach, alljährlich einmal in poetischer Blüte zu stehen." Die Sommerreisenden wurden zur Zielscheibe seines Spotts.

Sechzig Jahre später verglich der Reiseschriftsteller Gerhard Nebel den abendländischen Tourismus mit einer „der großen nihilistischen Bewegungen, eine der großen westlichen Seuchen, die an bösartiger Wirksamkeit kaum hinter den Epidemien der Mitte und des Ostens zurückbleiben, sie aber an lautloser Heimtücke übertreffen" (Nebel 1950). Es ist einsichtig: Die erste Phase der Tourismuskritik glich einer eher *pessimistischen Kulturkritik*, die sich mit dem Massenphänomen Tourismus nicht anfreunden wollte.

2. Phase: Die Kritik der Ideologen

In die zweite Phase der Tourismuskritik ist nach Bleistein die Tourismusanalyse Enzensbergers einzuordnen. Enzensberger entdeckte in dem Massenphänomen Tourismus alle Merkmale wieder, die für die Entwicklung einer Industrie großen Stils unentbehrlich sind: Normierung, Montage, Serienfertigung. Diese Grundstrukturen nahm er zum Anlass für gesellschaftskritische und aus Bleisteins Sicht „ideologische" Interpretationen: Der Tourismus sei eine einzige Fluchtbewegung aus der Wirklichkeit, die Glück suggeriere und Unfreiheit produziere. Den Spuren von Enzensberger folgten Jürgen Habermas in seinen „Soziologischen Notizen von Arbeit und Freizeit" (1958) und Theodor W. Adorno in seinem Essay „Freizeit" (1969), die den Tourismus lediglich als Kompensation der Fremdbestimmung des Alltags verstanden wissen wollten.

3. Phase: Die Kritik der Dritten Welt

Auf einer Gegenveranstaltung zum 3. Weltkongress der Welttourismusorganisation im Herbst 1980 in Manila formulierte die Dritte Welt massive Kritik am Ferntourismus: „Der Tourismus verursacht mehr Schaden, als er den aufnehmenden Ländern in der Dritten Welt Nutzen bringt". Einheimische würden aufgrund touristischer Projekte aus ihrer angestammten Heimat vertrieben, Prostitution stehe im Mittelpunkt eines Männertourismus und lokale – im Jahreslauf fixierte Feste – würden willkürlich dem touristischen Kalender angepasst. Kurz: Waren rangierten vor Werten.

„Die Individualaltouristen"

So sehen sie die Studenten an der Universität Hamburg:

Arbeitsgruppen-Präsentation
im Sommer-Semester 2001

4. Phase: Die Kritik der Bereisten
Seit 1982 spricht man in der Tourismusbranche von den Bereisten oder gar dem Aufstand der Bereisten. Die Einheimischen seien nicht mehr bereit, um jeden Preis im Tourismus mitzuspielen. Schon 1975 hatte der Schweizer Jost Krippendorf die Kommerzialisierung der Gastfreundschaft kritisiert und den Tourismus als „Landschaftsfresser" bezeichnet. Mit der neu aufbrechenden Kritik der Bereisten wird auch eine neue Kalkulation von Gewinn und Verlust erstellt. Nicht mehr alle Räume sollen den Touristen geöffnet werden. Einheimische haben ein Recht auf Privatisierung und Verteidigung personaler Räume.

Bleisteins Tourismuskritik-Analyse schließt mit den Worten: „Für eine Lebenszeit, die so mit Emotionen, d.h. mit Glückserwartungen und Sehnsüchten besetzt ist, wie Ferien und Urlaub, wird es immer zur Kritik kommen. Denn wo auch immer die Paradiese liegen, sie bleiben unerreichbar. Und was sich – gewiss teilweise in der Form oder im Maß ungerecht – in Kritik umsetzt, ist nichts anderes als Trauer" (Bleistein 1987, S. 9). Ist es die Trauer um den endgültigen Verlust des Paradieses?

Die Glückserwartungen an Urlaub und Reisen sind hoch, nicht selten zu hoch. Da bleiben Enttäuschungen nicht aus, Urlaubsträume unerfüllt und paradiesische Ziele unerreichbar. Und was sich dann – öffentlich oder ganz privat – in Kritik umsetzt, ist eben, wie Bleistein schon andeutete, nichts anderes als Trauer: *Man bleibt am Ende allein mit seinen Wunschbildern vom besseren, vom schöneren Leben.* Die Tourismus-Wirklichkeit hinkt den Reise-Sehnsüchten hinterher.

Ähnliche Positionen wie Bleistein vertreten die Schweizer Tourismusforscher Krippendorf, Kramer und Müller. Die Kritik der Privilegierten ordnen sie als *elitäre Tourismuskritik* ein – als *schwarze oder traditionelle Kulturkritik am Tourismus*. Auch sie berufen sich auf Gerhard Nebel, der die Reisenden mit Schwärmen von Riesenbakterien verglich, die die verschiedenen Substanzen mit dem gleichförmig schillernden Thomas-Cook-Schleim überzogen, so dass man schließlich zwischen Kairo und Colombo nicht mehr recht unterscheiden konnte.

> Der touristischen Kulturkritik liegt ein Inselmythos zugrunde – die Vorstellung von einer abgeschirmten heilen Urlaubswelt in Verbindung mit dem Mythos vom menschenverbindenden Gast-Gastgeber-Verhältnis.

Eine in der Tat elitäre Sichtweise, bei dem das Phänomen Massentourismus aus dem Blick gerät.

3.5 Folgewirkungen des Tourismus: Im Streit der Meinungen und Expertisen

Es ist sicher kein Zufall, dass die Arbeitsgemeinschaft „Tourismus mit Einsicht" in den neunziger Jahren zum Scheitern verurteilt war, weil sie das *Etikett Masse* den anderen anheftete und sich selbst der sanften Elite verschrieb. Sie appellierte fast ausschließlich an die Vernunft und die Verantwortung der Reisenden und mogelte sich an der Masse der Urlauber und somit am Phänomen Massentourismus vorbei. Die Tourismuskritik stieß ins Leere, denn „die sanften Umsetzungsversuche blieben elitär" (Gruppe Neues Reisen 1994, S. 1). Die Zeit war reif für eine neue Tourismuskritik, in der konkret und praktisch „mit harten Bandagen um sanfte Inhalte gerungen" (Müller 1994, S. 39) wurde.

Berechtigt bleibt weiterhin die ökologische Tourismuskritik bzw. die *„grüne Kritik am Tourismus"* (Krippendorf u.a. 1986, S. 145). Denn mit der Zerstörung von Natur und Landschaft droht der Tourismus seine eigene Existenzgrundlage anzugreifen. Die negativen Folgen des boomartigen Tourismuswachstums im ökologischen und sozialen Bereich zwingen geradezu zu einem differenzierteren Tourismusverständnis im Sinne einer *Tourismusethik* bzw. neuen touristischen Geisteshaltung. Diese Ethik zielt auf die Entwicklung eines neuen Touristen, der sich durch besondere Eigenschaften (Krippendorf u.a. 1986, S. 153ff.) auszeichnet. Der *neue Tourist* soll

- ein einsichtiger Tourist
- ein konsumkritischer Tourist
- ein genügsamer und anpassungswilliger Tourist
- ein rücksichtsvoller Tourist
- ein innengeleiteter Tourist
- ein selbstbeschränkt reisender Tourist
- ein experimentierfreudiger, kreativer Tourist
- ein lernbereiter Tourist

sein.

> Die Tourismuskritik vollzieht eine qualitative Wende. Aus der Kritik der Privilegierten wird eine Kritik der Bereisten: Die Umwelt- und Sozialverträglichkeit des Massentourismus wird infragegestellt. Und die Frage nach dem Verhältnis von Tourismus und Lebensqualität wird immer dringlicher.

Aus der Sicht der traditionellen Tourismuskritik war bisher unbestritten:

1. Der Tourismus beutet die Reiseländer (insbesondere die Entwicklungsländer) aus (= *ökonomische Folgewirkung*).
2. Der Tourismus beeinträchtigt die sozialen und kulturellen Traditionen der Reiseländer nachhaltig (= *soziokulturelle Folgewirkung*).

3. Der Tourismus zerstört die natürlichen Lebensgrundlagen der Reiseländer (= *ökologische Folgewirkung*).

Die traditionelle Tourismuskritik beruhte auf einer Vielzahl von Annahmen, Vermutungen und mangelhaftem Grundlagenwissen. Wenn nicht einmal in der Schweiz, dem Geburtsland des modernen Tourismus, klar ist, „welche Bedeutung dem Tourismus tatsächlich innerhalb der Schweizer Wirtschaft zukommt" (Rütter 1990, S. 15), wie soll dann erst die ökonomische, ökologische und soziokulturelle Bilanz in Dritte-Welt-Ländern aussehen?

Bisher wurde in der Tourismuskritik eine reine Minimierungsstrategie verfolgt, d.h. es wurden fast ausschließlich Gefahren angesprochen, die es zu vermeiden bzw. zu minimieren galt. Mögliche Chancen im immateriellen Bereich waren nicht vorgesehen.

Dies führte zu einer Reihe von Fehlannahmen. Marion Thiem hat am Beispiel der schweizerischen Tourismusentwicklung überzeugend nachgewiesen, dass Tourismus und kulturelle Identität kein Widerspruch sein müssen. Um zu dieser Erkenntnis zu gelangen, muss man allerdings eine Reihe falscher Prämissen und Behauptungen aufgeben:

- Die *kulturpessimistische Position* ist nicht länger haltbar, die von dem „Idealbild einer Kultur ausgeht und jede Abweichung davon, jeden Wandel somit als Zerstörung oder Zerfall auffasst" (Thiem 1994, S. 71). Nicht jeder Kulturwandel muss ein Kulturverlust sein.
- Falsch ist auch die generelle Aussage, der Tourismus breche zwangsläufig in *unberührte Regionen* und *intakte Gemeinschaften* ein. Tatsächlich lösten beispielsweise die modernen Medien, die Verkehrserschließung oder die Agrarpolitik einen Kulturwandel aus, *bevor* sich der Tourismus ausbreitete. Den Tourismus als Hauptverursacher für die Zerstörung traditioneller Gemeinschaften oder den Verlust kultureller Identität anzusehen, wird der Realität nicht gerecht.
- Vielfach wird ein *Primat der Menschlichkeit* unterstellt, das dem *Klischee der heilen Welt* des Dorfes entspringt und in ländlichen Regionen heute so nicht mehr existiert. Auch das mit dem Tourismus verbundene Kommerzdenken entspringt in erster Linie dem Streben nach materieller Sicherheit. Die professionelle Gastfreundschaft gilt schließlich seit altersher als eine sichere Einnahmequelle.
- Ein weiteres Vorurteil lautet: Der Tourismus soll alte Traditionen aushöhlen und zur Show umfunktionieren oder gar degradieren (z.B. durch Umwandlung von Folklore in Folklorismus). Die *Folklorismus-Diskussion* gibt es in der Volkskunde seit über einem Vierteljahrhundert und hat mehr mit der fortschreitenden Zerstörung vertrauter Stadt-, Dorf- und Landschaftsbilder als mit der Tourismusentwicklung zu tun (vgl. Assion 1986).

Insbesondere der *Import von Lebensstilen durch das Fernsehen* ist in der öffentlichen Diskussion weitgehend unterschätzt bzw. dem Tourismus einseitig angelastet worden (vgl. Lieberherr-Gardiol 1984, Bd. 1, S. 12f.).

> Der Verdacht drängt sich auf, dass „pauschale" Tourismuskritik immer dann ein Mittel zum Zweck ist, wenn eigentlich Gesellschafts- und Wohlstandskritik gemeint sind. Erscheinungen des Massentourismus sollen allgemeine gesellschaftliche Probleme anschaulich belegen. So wird der Tourismus instrumentalisiert bzw. für andere Zwecke benutzt.

In der traditionellen Tourismuskritik herrschte weitgehend die Meinung vor: „Der Tourismus ist für Entwicklungsländer ein Defizit" (Mäder 1987, S. 72) und nutzt vorwiegend einer einheimischen Oberschicht und den ausländischen Veranstaltern. Ist diese generelle These überhaupt noch haltbar? Denn zunehmend breitet sich in der Tourismusforschung zu Recht ein *Unbehagen über vorhandene Wissenslücken* aus. Hinkt die wissenschaftliche Reflexion der räumlichen Mobilität hinterher?

Die Deutsche Investitions- und Entwicklungsgesellschaft (DEG) weist nach der Analyse und Auswertung von 17 Tourismusprojekten nach: Anders als in den Anfangszeiten des Ferntourismus fließen heute die Deviseneinnahmen nur mehr zu einem geringen Teil wieder ins Ausland zurück.

> Etwa zwei Drittel der Netto-Wertschöpfung bleiben im Land und je Hotelbett werden zwischen drei und fünf Arbeitsplätze geschaffen.

Auch die Besitzstrukturen haben sich gewandelt: In Kenia sind inzwischen *75 Prozent der großen Hotels und Lodges in lokalem Kapitalbesitz.* Darüber hinaus ergeben sich für alle im Tourismus Beschäftigten nachhaltige Ausbildungseffekte. Und das Deutsche Institut für Entwicklungspolitik (DIE) versuchte unlängst eine pragmatische Bewertung der Auswirkungen des Tourismus – mit dem Ergebnis: *Der Tourismus ist weder ein Heilsbringer noch ein Verelendungsfaktor.*

> **Tourismus als Motor für mehr Lebensqualität**
> **Thesen auf der Basis neuerer Analysen des Ferntourismus**
>
> 1. Tourismus ist eine bedeutende Wachstumsbranche.
> 2. Tourismus ist ein dynamischer Sektor in Entwicklungsländern.
> 3. Tourismus hat in vielen Ländern zu einer entscheidenden Erleichterung der Zahlungsbilanzsituation beigetragen.
> 4. Tourismus leistet einen substantiellen Beitrag zum staatlichen Steueraufkommen.
> 5. Tourismus leistet einen signifikanten Beitrag zum Bruttoinlandsprodukt (BIP).
> 6. Tourismus fördert binnenwirtschaftliche Vernetzungseffekte.
> 7. Tourismus führt zu nachhaltigen direkten und indirekten Beschäftigungseffekten.
> 8. Neue Spezialisierungsprofile eröffnen Perspektiven nachhaltiger wirtschaftlicher Entwicklung.
>
> *Quelle: Gutachten des Deutschen Instituts für Entwicklungspolitik/DIE i.A. des BMZ, Berlin 1992*

Die soziokulturellen Auswirkungen des Tourismus gehören bis heute noch zu den weitgehend weißen Flecken in der Forschungslandschaft. Offen bleibt auch die Frage: Können im Zuge der weltweiten Kommunikationsvernetzung die Wirkungen von Fernsehen und Internet für die Konfrontation unterschiedlicher Sozial- und Kultursysteme nicht genauso verantwortlich gemacht werden wie die negativen soziokulturellen Auswirkungen des Tourismus?

Negativwirkungen des Tourismus sind vor allem dann zu befürchten, wenn es an umsichtigen planerischen Bemühungen der staatlichen Tourismusbehörden mangelt (z.B. beim Sextourismus und Kinderprostitutionstourismus in Entwicklungsländern). Erste Initiativen sind in dieser Richtung vom Deutschen Bundestag unternommen worden.

3.6 Tourismus zwischen Segen und Fluch: Die Bevölkerung zieht Bilanz

Auf repräsentativer Basis sollten sich 2.600 Personen ab 14 Jahren zum Thema „Ist der Tourismus ein Segen oder ein Fluch?" Gedanken machen und Stellung beziehen. Ansichten, Meinungen und Stellungnahmen über Nutzen und Schaden, Vor- und Nachteile wurden den Befragten in Form von ausformulierten Statements zur Entscheidung vorgelegt. Die Statements setzten sich je zur Hälfte aus möglichen *Chancen* und aus möglichen *Risiken* zusammen. Bei der Chancen-Risiken-Abwägung der Bevölkerung dominierten zwei Sichtweisen, für die es gleichermaßen und gleichgewichtig Argumente und Anhänger gibt:

> Die individualpsychologische Sichtweise: „Die ‚schönsten Wochen des Jahres' machen den Arbeitsalltag leichter" (67%).

Gäbe es den Tourismus nicht, müsste er vor allem für die berufstätige Bevölkerung erfunden werden. 70 Prozent der Berufstätigen sind von der Philosophie der schönsten Wochen des Jahres überzeugt.

> Die sozialkritische Sichtweise: „Der Tourismus verkauft eine ‚heile Welt', die es schon lange nicht mehr gibt" (53%).

Mit zunehmender Lebens- und Reiseerfahrung geht der Glaube an die 'heile' Urlaubswelt langsam verloren. Für jeden zweiten Jugendlichen ist die Welt auf Reisen noch in Ordnung. Hingegen melden Befragte in höherem Lebensalter deutliche Zweifel an. Desillusioniert durchschauen sie die Kluft zwischen Urlaubsträumen und Urlaubswirklichkeit. Vor allem die ältere Generation glaubt an die heile Welt nicht mehr und bleibt im Urlaub öfter zu Hause.

In der ganz subjektiven Bilanz der Bevölkerung geht die Tourismusentwicklung heute mit einem

- Gewinn an materiellem Wohlstand und einem
- Verlust an kultureller Identität

einher. Die Kosten-Nutzen-Analyse gleicht auf den ersten Blick einem *Null-Summen-Spiel*: Was auf der einen Seite gewonnen wird, wird auf der anderen Seite wieder verloren. Zudem lassen sich materielle Gewinne und immaterielle Verluste kaum angemessen miteinander vergleichen, geschweige denn gegeneinander aufrechnen. Wie in der übrigen Wirtschafts- und Arbeitswelt auch, ist z.B. die Schaffung neuer Arbeitsplätze fast immer und geradezu zwangsläufig mit Landschaftsverbrauch und Umweltbeeinträchtigung verbunden.

Auf der Chancen-Seite ist es unbestritten, dass der Tourismus in den bereisten Ländern *viele Arbeitsplätze* schafft (z.B. in Gastronomie und Hotellerie, in Handwerk und Bauwesen). 92 Prozent der Deutschen halten die Schaffung von Arbeitsplätzen für die wichtigste Errungenschaft der Dienstleistungsindustrie Tourismus. Damit verbunden ist der Tourismus in vielen Ländern zu einer *wichtigen Einkommensquelle* für die Bewohner geworden und hat nach Meinung der überwiegenden Mehrheit der Bevölkerung den Bewohnern *soziale Sicherheit* gebracht. In dieser Hinsicht äußern sich Höhergebildete mit Universitätsabschluss etwas zurückhaltender als etwa Absolventen der Hauptschule.

81 Prozent der Bevölkerung sind davon überzeugt, dass der Tourismus in vielen Feriengebieten zur wichtigsten Lebensgrundlage geworden ist, ja *die Lebensqualität der Bewohner entscheidend verbessert* hat. Auch hier neigen die Höhergebildeten zu einer etwas moderateren Beurteilung. Eine knappe Mehrheit der Bevölkerung verbindet mit der weltweiten Expansion des Tourismus auch die Hoffnung, dass Urlaubsreisen ein Weg zu mehr Verständnis sind und *die Menschen in den Industrie- und Entwicklungsländern näher bringt*. Von der Wirksamkeit des Tourismus als Brücke der Verständigung zwischen Industrie- und Entwicklungsländern sind die Jugendlichen am meisten überzeugt.

„Touristen“: Aus der Sicht von „Bereisten“
Ein Beispiel für die Schattenseiten des Massentourismus

Flugblatt der Organisation JGF/Jagrut Goenkaranthi Fauz (= „Wachsame Goaner“) in der Wintersaison 1987/88 in deutscher Sprache:

Touristen.

- Wir möchten Sie wissen lassen, dass Sie in Goa NICHT WILLKOMMEN sind. Wir haben unsere Gründe dafür. Diese Gründe müssen wir Ihnen mitteilen:
- Goa und Goanesen profitieren wirtschaftlich nicht von Chartered Tours. Die Gesellschaft, die diese Touren organisiert, hat die volle wirtschaftliche Kontrolle über die Buchung von Flugkarten, Hotelbuchungen und Rückflugbuchungen.
- Selbst wenn wir einen guten Anteil am Profit hätten – Sie wären immer noch nicht willkommen in Goa. Warum? Die Luxus-Hotels (es sollen immer mehr werden) nehmen unseren Leuten das Land weg, die Küste und ihre traditionellen Beschäftigungen.

- Diese Hotels machen die Leute ärmer und drücken sie an den Rand. Das geschieht in Ihrem Namen, d.h. im Namen der Touristen. Der große Tourismus hat in der ganzen Dritten Welt die Bevölkerung am Ort arm gemacht.
- Um der Nachfrage nach Freizeitangeboten, Vergnügen und Luxus nachzukommen, entziehen die Hotels mit Regierungsunterstützung dem Volk das Lebensnotwendige, z.B. Wasser für alle ihre Bedürfnisse. Bedenken Sie die Wassermenge, die Ihre Hotels für Schwimmbecken und Rasen verbrauchen.
- Indien hat Millionen von sehr armen Leuten. Euer superreicher Lebensstil in diesen Luxushotels wird zu einer Insel der Vulgarität und der Verhöhnung der Armen.
- Wir schätzen Euren Lebensstil nicht. Er hat die Tendenz, unsere Jugend nachteilig zu beeinflussen.
- Zuletzt: Bitte kommen Sie nicht als Tourist nach Goa zurück. Bitte lassen Sie das Ihre Landsleute wissen, dass sie in Goa nicht willkommen sind. Geben Sie ihnen unsere Gründe.

Danke!"

3.7 Tourismus mit Zukunft: Zwischen Landschaftserhaltung und Kulturförderung

Die millionenfache Mobilität von Touristen und Verkehrsmitteln hat auch ihre Schattenseiten. Natur und Umwelt haben unter den Auswirkungen des Tourismus besonders zu leiden. 85 Prozent der Bevölkerung nennen als größte negative Folgewirkung des Tourismus die Natur- und Umweltzerstörung durch Hotelbauten, Gewässerverschmutzung, Zerstörung der Küsten- und Bergregionen sowie Mängel in der Abfallbeseitigung.

Licht- und Schattenseiten des Tourismus

Bilanz der Bundesbürger, Angaben in %

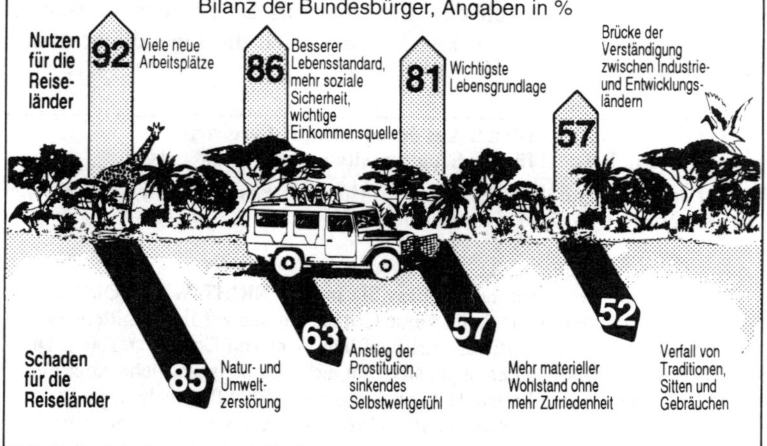

Repräsentativbefragung von 2.600 Personen ab 14 Jahren in Deutschland
Quelle: B.A.T Freizeit-Forschungsinstitut 1994

Zu den ökologischen Problemen kommen soziokulturelle Folgewirkungen:

- Fast zwei Drittel der Bevölkerung (63%) sind der Ansicht, dass der Tourismus Einstellungen und Verhaltensweisen der Einheimischen negativ beeinflusst – vom *Anstieg der Prostitution* bis zum *sinkenden Selbstwertgefühl* der Menschen. Zugleich wächst das Problembewusstsein mit dem Bildungsgrad. In der Beurteilung dieser Problemfrage sind zwischen Frauen und Männern keine Unterschiede feststellbar.
- Und jeder zweite Bundesbürger lastet zudem die Schuld am *Verfall von Traditionen, Sitten und Gebräuchen in den bereisten Ländern* dem Tourismus an. In der Beurteilung dieser Frage gehen die Meinungen in Ost- und Westdeutschland weit auseinander. Die Ostdeutschen, über vierzig Jahre von der Möglichkeit, 'in die ganze Welt reisen' zu können, weitgehend ausgeschlossen, wollen sich ihre Träume von den Urlaubsparadiesen so schnell nicht nehmen lassen.

1994 ging das Forschungsinstitut für Freizeit und Tourismus (FIF) der Universität Bern erstmals systematisch der Frage nach, wie eigentlich die Einheimischen die Chancen und Gefahren der touristischen Entwicklung und ihre Einflüsse auf die Lebensqualität der Gastgeber selbst beurteilen. Dabei wurden zwei touristische Ziele – Engelberg in der Zentralschweiz und Kappadokien in der Zentraltürkei – miteinander verglichen.

Das überraschende Ergebnis: 51 Prozent der Einheimischen von Kappadokien möchten *gerne im Tourismus arbeiten* – vor allem in der Reiseleitung und in der Hotellerie. Für die Mehrheit der befragten Einwohner stellt der Tourismus bezüglich der Aufstiegschancen, aber auch *finanziell und prestigemäßig eine Attraktion* dar. Und die Frage nach den Infrastrukturverbesserungen wie Straßenbau, Stromversorgung, Telefon- und Busverbindungen wird ebenfalls mehrheitlich positiv bewertet. Noch deutlicher fällt das Befragungsergebnis in der Schweiz aus. 89 Prozent der Engelberger sehen in der touristischen Infrastruktur eine Verbesserung ihrer Lebensqualität.

Auch die Sozialverträglichkeit des Tourismus wird mehrheitlich positiv eingeschätzt. 60 Prozent der Einheimischen in Engelberg und 53 Prozent der Kappadokier charakterisieren die Touristen als *freundlich und offen*. Nur knapp 10 Prozent der Einheimischen in beiden Gebieten haben andere persönliche Erfahrungen gemacht und beschreiben die Urlaubsgäste als reserviert und kühl.

Kritisch werden eigentlich nur die durch den Tourismus entstehenden Umweltprobleme beurteilt – vom erhöhten Verkehrsaufkommen über die Luftverschmutzung bis zur Müllbeseitigung. Es bleibt festzuhalten: Die positiven Errungenschaften der touristischen Entwicklung überwiegen in der Sicht der Bereisten (vgl. FIF-Akzente 13/1994, S. 1f.). Die ökologischen Beeinträchtigungen werden keineswegs geleugnet, aber billigend in Kauf genommen, weil der Tourismus nachweislich den Wohlstand und die Lebensqualität der Bevölkerung entscheidend verbessert. Es bestätigt sich eine Erfahrung, die auch von vehementen Kritikern des Massentourismus akzeptiert wird:

Ohne den Tourismus wäre die Alpenregion das Armenhaus Europas geworden – und die Bewohner wären massenhaft in die angrenzenden Industriezentren gezogen (W. Fink/Kleinwalsertal. In: Süddeutsche Zeitung vom 13. Juli 1993).

Alpengemeinden, die vom Tourismus leben, haben immer mehr Einwohner. Anderen, die nicht auf das Geschäft mit den Urlaubern setzen, droht die Entvölkerung.

Dies belegen geographische Studien aus der Schweiz, in denen die Bevölkerungsdaten aller 5.835 Alpengemeinden in ihrer Entwicklung von 1870 bis 1990 zusammengetragen wurden. Dabei ist in den Alpengebieten südlich der Linie Annecy-Aosta-Lago Maggiore eine wahre Entvölkerung feststellbar: Mehr als 600 Gemeinden haben dort seit 1870 *mehr als zwei Drittel ihrer Bevölkerung verloren*. Der Hauptgrund ist in dem Niedergang der Bergbauernwirtschaft, dem in den Hochlagen seit Jahrhunderten dominierenden Erwerbszweig, zu sehen. Die Bewohner wandern immer mehr in die Industrieorte der Talendlagen ab, wo sie neben einem Arbeitsplatz auch Freizeitangebote finden. In allen anderen Orten hat der Tourismus den Arbeitsplatzverlust weitgehend kompensiert (Bätzing 1994).

Ähnliche Beobachtungen lassen sich in Zentren des Massentourismus machen – wie z.B. in Venedig. Die Rettung Venedigs ist in den letzten Jahrzehnten nicht vom Tourismus verhindert, sondern – vor allem ökonomisch – erst ermöglicht worden. *Ohne die massentouristischen Einnahmen wäre der Verfall Venedigs unaufhaltsam gewesen.* Noch in den fünfziger Jahren lauerte unter den 30.000 Häusern, den herrlichen Palästen und kostbaren Kirchen fast überall der Tod. Venedig war „von einer Art Schwindsucht befallen und dem Untergang geweiht. Die Tage von Venedig scheinen gezählt ..." (Reisemagazin MERIAN, Heft 10/1955, S. 81).

Massentourismus muss nicht zwangsläufig selbstzerstörerische Tendenzen in sich tragen. Dem harten Tourismus als Landschaftsfresser steht eine andere Seite des Tourismus gegenüber, die zu einer ökologischen und ästhetischen Aufwertung von Natur und Landschaft führen kann.

Damit sind nicht konfliktmindernde Maßnahmen wie z.B. Besucherlenkung, Trennung von Freizeit- und Schutzfunktionen oder Regelung und Kanalisierung der Reiseströme gemeint, sondern erfolgreiche Ansätze zur *Landschaftserhaltung durch Tourismus*. Mit diesem positiven Beitrag wird die Chance genutzt, touristische Interessen *mit* Zielen der Kultur- und Landschaftspflege zu verbinden.

Aus monokulturellen Ackerlandschaften mit massivem Einsatz von Düngern und Pestiziden sind inzwischen mit Hilfe touristischer Fördermittel viele attraktive Erholungslandschaften entstanden. Nachweislich geht die touristische Entwicklung nicht nur mit der Förderung von Landschaftserhaltung und Ortsgestaltung einher, sondern auch mit einer *Rückbesinnung auf die eigene kulturelle Herkunft*. Das Brauchtum lebt wieder auf und der innere Zusammenhalt der einheimischen Bevölkerung wird gefestigt – durch die Betonung des „Wir" (Einheimische) gegenüber dem „Sie" (Gäste, Besucher, Touristen).

Natürlich bieten mehr materieller Wohlstand und mehr soziale Sicherheit noch *keine Gewähr für mehr persönliches Glück und soziales Wohlbefinden*. Ganz im Gegenteil: Materieller Wohlstand fördert eher den Rückzug ins Private, lässt die Solidarität in der dörflichen Gemeinschaft sinken und trägt auch zur kulturellen Verarmung (z.B. Heimatgefühl, Sitte, Brauchtum, Feste) bei. Andererseits ist ebenso feststellbar:

> Wenn es gelingt, die ökonomischen, ökologischen und sozialen Möglichkeiten des Tourismus als Chance für Natur und Kultur besser zu nutzen, dann hat der Tourismus eine dauerhafte Zukunft, d.h. Tourismus mit Zukunft ist keine Illusion.

Es müssen vor allem mehr Verständigungsbrücken zwischen den Entwicklungsländern und den reichen Industrienationen gebaut werden. Während die Industrieländer selbstkritisch die negativen Einflüsse des Tourismus wie Kommerzialisierung, Kulturschock und Identitätsstörung hervorheben, betonen die Entwicklungsländer stärker die positiven Wirkungen:

- Nach Karna Sakya, dem Präsidenten der Nepal Heritage Society, hat der Tourismus in seinem Land zu einer *Aufwertung des nationalen Kulturerbes* geführt und den Abriss baufälliger Denkmäler verhindert.
- Und auch Ida Bagus Oka, der Gouverneur der indonesischen Tropeninsel Bali, stellt eine *Neubelebung alter Traditionen* fest. Durch den Tourismus steigt die Nachfrage für Kunstgewerbe. Und die Abwanderung der Balinesen vom Land in die Städte verlangsamt sich, weil in vielen Dörfern neue Arbeitsplätze entstehen.
- Im Vergleich zu den *Wirkungen der Massenmedien auf die Kultur der Reiseländer* erscheinen die Einflüsse des Tourismus fast zweitrangig. Nach Auffassung von Lawrence Laurent, dem Generalsekretär der nationalen UNESCO-Kommission auf der Karibikinsel St. Lucia, prägt das amerikanische Fernsehen mit seinen Game-Shows und Soap-Operas den Lebensstil der Einwohner mehr als die 200.000 Touristen pro Jahr. Die Touristen verlassen nach der Saison die Insel wieder, die TV-Anstalten aber berieseln die Einheimischen täglich weiter – und das rund um die Uhr.

Es ist zu vermuten: Weil Entwicklungsländer aus wirtschaftlichen Gründen auf den Tourismus angewiesen sind, sind sie wohl auch eher bereit, ökologische und soziale Fehlentwicklungen herunterzuspielen. Auch fühlen sie sich durch kostspielige Umweltschutz-Auflagen finanziell überfordert und werfen den Touristen aus dem Westen zunehmend *Öko-Kolonialismus* vor.

Im Übrigen muss man nicht nur nach den Entwicklungsländern schielen. Wie kein anderes Bundesland in Deutschland setzt sich z.B. Mecklenburg-Vorpommern für den Erhalt der Natur ein und stellt jeden siebten Quadratmeter seiner Fläche unter Naturschutz (14%). Die einzigartige Natur gilt als der größte Reichtum des Landes; hier kann der Mensch noch „Natur pur" genießen: *„Doch die Natur allein macht nicht satt"* (Ministerpräsident Bernd Seite am 29. Oktober 1994) – so muss die Natur Touristen in das Land lokken, um Arbeit für die Menschen zu schaffen. Reich an Natur, aber arm an Arbeit – der Tourismus kann hier eine Brücke schlagen, die allerdings einer schwierigen Gratwanderung gleicht.

So ergibt sich folgende kritische Gesamtbilanz im Hinblick auf die Wirkungen des Tourismus:

- Tourismus macht die Reisenden, nicht unbedingt die Bereisten glücklicher.
- Tourismus ist ein Garant für mehr materiellen Wohlstand des Landes, aber keine Garantie für mehr Wohlbefinden der Bewohner.
- Tourismus schafft Arbeit, aber zerstört auch die Natur. Tourismus bringt den Bewohnern Einkommensgewinne und soziale Sicherheit, kostet sie aber auch Selbstwertgefühl und kulturelle Identität.

3.8 *Der Tourist ist besser als sein Ruf:* Die Welt wäre ohne Tourismus ärmer

Das Bemühen um eine mehr objektivierende Tourismustheorie und -kritik darf allerdings nicht in eine Tourismuseuphorie umgelenkt werden. So werden z.B. Publikationen des französischen Soziologen Jean-Didier Urbain schnell als „Lob des Massentourismus" (DER SPIEGEL Nr. 21/1995) vereinnahmt. Es ist sicher richtig: *„Der Tourist" ist besser als sein Ruf.* Und die neuere Tourismusforschung trägt wesentlich dazu bei, den allseits verachteten Touristen zu rehabilitieren.

- In seinem Werk „Der Idiot des Reisens" („L'Idiot du voyage", 1991) kritisiert Urbain zu Recht das kulturelle Stereotyp, das Touristen seit dem frühen 19. Jahrhundert als „Trottel", also als blind, dumm und seelenlos zeichnet. Seit rund hundertfünfzig Jahren beschreiben literarische Reiseberichte und wissenschaftliche Analysen das Bild eines dummen Touristen, der nur stupide seinem Baedeker folgt, sich auf Land und Leute nicht einlässt und die Echtheit der besuchten Orte zerstört. Doch dieses Bild des Touristen, „der angeblich nur Klischees wahrnimmt, ist selbst ein tief verwurzeltes Klischee" (Hennig 1995). Urbain stellt diesem dummen Touristen das *Bild des intelligenten Reisenden* gegenüber, der die Kunst des aufmerksamen Unterwegsseins beherrscht.
- Und in seinem Buch „Sur la plage" (1994) führt Urbain weiter aus, dass sich gerade im „Strandleben" (der beliebtesten Zielscheibe anti-touristischer Verachtung) eine neue, von alltäglichen Zwängen freiere soziale Welt entwickelt, sozusagen eine *Welt vereinfachter Sozialität* zwischen Spiel, Unterhaltung und Körperlichkeit. Der Körper ist dabei das strahlende Zentrum, um das sich die *Leichtigkeit der Kontakte* gruppiert. Der

Strand wird zur Bühne des Urlaubslebens. Heimische Gewohnheiten bekommen in veränderter Umgebung eine neue Sinnbedeutung. Der Strand erlaubt einen Abstecher ins Paradies: Keine beruflichen Verpflichtungen, keine Zeitzwänge und keine Alltagssorgen mehr.

Dem Touristen ist es zu verdanken, dass beispielsweise Wohnwagen, Dampfloks oder Kanus wiederentdeckt und wiederbelebt wurden oder Einheimische zu ihrer kulturellen Identität zurückfanden. Auf Bali, so weist Urbain nach, haben die Menschen ihre vom Verfall bedrohten Tempel und alten Städte neu entdeckt. Ähnliche Beobachtungen sind bei nordamerikanischen Indianerstämmen wie bei den Hopis und Navajos feststellbar. Eine Welt ohne Tourismus wäre „wie ein Archipel mit verschiedenen Volksgruppen, die nichts voneinander wüssten. Die Welt wäre ohne den Tourismus ärmer" (Urbain 1995, S. 121).

Und gegen die gesellschaftskritische These, der Tourismus sei doch nur eine neue Form des Imperialismus, wendet Urbain ein, dass der Tourismus weniger gefährlich sei als die Expansion von Industrieunternehmen: „Wenn ein Reifenhersteller oder eine Druckerei sich in Schwarzafrika niederlässt, zerstören sie durch die Besiedelung die Region, durch die industrielle Arbeit die alten Traditionen" (Urbain 1995, S. 121).

Code of Ethics
Verhaltenscodex für Touristen und Reiseunternehmen

Für Touristen:

- Ich weiß: Wenn ich reise, bin auch ich Tourist wie jede/r andere, nur eine/r von Tausenden. Ich akzeptiere diese Rolle und versuche nicht, mich ständig von den anderen Touristen abzusetzen. Ich suche den Kontakt zu den Mitreisenden.
- Was für uns Touristen Freizeit und Vergnügen ist, bedeutet für die gastgebenden Menschen Belastung und Arbeit. Unser Geld ist deren Brot. Ich will mich davor hüten, diese ungleiche Situation auszunützen.

Für Reiseunternehmen:

- Wir übertragen unseren Reiseleitern und Animateuren besondere Verantwortung bei der Propagierung des Tourismus mit Einsicht. Wir knüpfen an diese Berufe höchste Anforderungen und unternehmen besondere Anstrengungen zugunsten einer umfassenden Aus- und Fortbildung.
- Wir verzichten auf Reisen, Ausflüge und Expeditionen zu abgeschlossenen, von unserer westlichen Zivilisation kaum berührten ethnischen Gruppen. Wir versprechen unseren Kunden keine „Kontakte zu unberührten Völkern", weil wir um deren Schutzbedürftigkeit wissen.

Quelle: Arbeitsgemeinschaft „Tourismus mit Einsicht"

In Zukunft ist ein *Neues Denken* gefordert, das den Tourismus nicht mehr nur als Natur- und Umweltkatastrophe begreift oder als „Gottesrache für den Frevel", den er an der Schöpfung begangen hat, schildert. Dies bedeutet: Der fremde Tourist ist nicht mehr nur Gegner, Feind, Rivale oder „wilder" Urlauber, der identitätszerstörend wirkt. Der Tourismus als Wirtschaftszweig mit den weltweit größten Zuwachsraten kann genauso gut ein ökologischer und „humaner Hoffnungsträger" (Wöhler 1994) sein, der einen *Paradigmenwechsel* einleitet: Der Tourist, der die Fremde mit den „Augen des Gastgebers" sieht, lernt sein eigenes Zuhause besser verstehen. Zugleich hilft er auch dem Einheimischen/Bereisten, den Tourismus nicht länger als Bedrohung, sondern als Bestätigung aufzufassen: Die Identifikation mit der eigenen Kultur und Lebensweise nimmt im gleichen Maße zu, wie die Distanzierung zum Urlaubsgast zurückgeht. Die Lebens- und Alltagswelt der Bereisten muss nicht mehr als touristische Kunstwelt kaschiert werden. Wenn sich die Tourismusorte *ein Stück Identität bewahren* (oder wieder darauf besinnen), werden sie unverwechselbar und hören auf, „wie ein Ei dem anderen zu gleichen" (Wöhler 1994, S. 270).

Vielleicht muss in Zukunft auch mehr zwischen „Touristen" und „Gästen" unterschieden werden. *Touristen* haben nur eine wirtschaftliche Bedeutung (Einheimischer: „Die Touristen sind Material"), zu den *Gästen* aber hat man ein persönliches Verhältnis (vgl. Thiem 1994 S. 130). Vor allem die Ethnologie wird sich in Zukunft stärker zu Wort melden müssen. Wer als Ethnologe nicht gereist ist, gilt noch heute als „Nobody". Umgekehrt gilt aber auch: Touristen dringen bis in die abgelegensten Dörfer vor. Ob Asien, Afrika, Pazifik oder Südamerika – die Ethnologie muss sich mit der weltweiten Ausbreitung des Tourismus immer mehr „zuständig" fühlen.

Tourismus ist als Sozial- und Kulturfaktor genauso wichtig wie als Wirtschaftsfaktor.

Nach dem Ethnologen Hans Fischer sind sozial- und kulturwissenschaftliche Tourismusuntersuchungen sogar „von größerer Bedeutung als Forschungen von wirtschaftswissenschaftlicher oder geographischer Seite" (Fischer 1984, S. 23). Schließlich kann Tourismus auch eine wirkungsvolle Form des Kontaktes zwischen Menschen verschiedener Kulturen und Sprachen sein.

Die Tourismusforschung hat sich bisher – aus naheliegenden ökonomischen Gründen – viel zu sehr um die *Urlaubsgewohnheiten der Reisenden* und viel zu wenig um die sozialen, kulturellen und ökologischen Folgen für die *Lebensgewohnheiten der Einheimischen* (Bereisten) gekümmert. Die systematische Erforschung der Frage, was die Wachstumsbranche Tourismus heute und in Zukunft wirklich zur Steigerung des Brutto„sozial"produkts beiträgt, steht noch aus. Die auf einer touristischen Fachtagung von Experten gestellte Frage „Ist die Tourismuskritik am Ende?" (11. Lernbörse Reisen 1994 der Thomas-Morus-Akademie) muss eigentlich so beantwortet werden: Die ideologische Tourismuskritik ist am Ende, die kulturwissenschaftliche Reflexion fängt erst an.

Unübertroffen zeitgemäß ist nach wie vor Robert Jungks Plädoyer für „Sanftes Reisen" aus dem Jahre 1980 (GEO 1980), wenn auch aus heutiger Sicht manche Attribute sanften Reisens (z.B. „spontan", „aktiv", „Erlebnisse") ebenfalls fragwürdig zu werden drohen:

Hartes Reisen	**Sanftes Reisen**
Massentourismus	Einzel-, Familien- und Freundesreisen
Wenig Zeit	Viel Zeit
Schnelle Verkehrsmittel	Angemessene Verkehrsmittel
Festes Programm	Spontane Entscheidungen
Außengelenkt	Innengelenkt
Importierter Lebensstil	Landesüblicher Lebensstil
„Sehenswürdigkeiten“	Erlebnisse
Bequem und passiv	Anstrengend und aktiv
Wenig oder keine geistige Vorbereitung	Beschäftigung mit Besuchsland
Keine Fremdsprache	Sprachenlernen
Überlegenheitsgefühl	Lernfreude
Einkaufen („Shopping“)	Geschenke bringen
Souvenirs	Erinnerungen, Aufzeichnungen, Erkenntnisse
Knipsen und Ansichtskarten	Fotografieren, Zeichnen, Malen
Neugier	Takt
Laut	Leise

Kritisches Nachdenken und konzeptionelles Neudenken sind zwingend erforderlich, damit sich bei der einheimischen Bevölkerung in Fremdenverkehrsorten keine Tourismusverdrossenheit ausbreitet. Denn noch mangelt es an einem Tourismusbewusstsein, das über die wirtschaftliche Betrachtungsweise hinaus auch kulturelle, soziale und ethische Aspekte im Blick hat. Das *subjektive Wohlbefinden der Einheimischen* wurde bisher weitgehend außer acht gelassen. Der schon vor einem Vierteljahrhundert prognostizierte „Aufstand der Bereisten“ gegen das „touristische Wettrüsten“ (vgl. Krippendorf 1975) kann Wirklichkeit werden, wenn die einheimische Bevölkerung weiterhin alles widerspruchslos hinnehmen soll.

Die Bereisten wissen sehr wohl, dass der Tourismus für sie die wichtigste Lebensgrundlage geworden ist. Aber: *Vielen geht die touristische Entwicklung zu schnell* – „für über 60 Prozent hat die persönliche Freiheit abgenommen“ (Ferrante 1994, S. 8). Bei den wirklich wichtigen Entscheidungen in der Tourismusentwicklung bleibt die einheimische Bevölkerung weitgehend ausgeschlossen. Das Sagen haben die Macher – die Reiseveranstalter, die großen Hotels, die Bergbahnen, die Entscheidungsträger in der Fremdenverkehrspolitik. Ortsansässige werden zu spät oder gar nicht in die Planung und Gestaltung ihres eigenen Lebensraumes einbezogen.

In Zukunft müssen also die Ortsansässigen am Meinungs- und Entscheidungsprozess der Tourismusentwicklung stärker beteiligt werden, wenn der Tourismus des 21. Jahrhunderts eine Zukunft haben soll. Die Schlüsselfragen hierfür lauten dann (vgl. Ferrante 1994, S. 270):

- Welchen Tourismus wollen wir?
- Wie gestalten wir die weitere touristische Entwicklung?
- Und wie hoch soll das Entwicklungstempo sein?

Ein positives Tourismusbewusstsein der einheimischen Bevölkerung setzt eine breite Leitbild-Diskussion voraus, die nur ein Ziel hat: *Mehr Lebensqualität im Ferienort* – für die Ortsansässigen genauso wie für die Urlaubsgäste.

4. Der pauschale Tourist zwischen Klischee und Wirklichkeit

4.1 Pauschal – und doch ganz individuell

1954 wurde die erste repräsentative Befragung von sogenannten „Gesellschaftsreisenden in Turnussonderzügen" durchgeführt. Das Ergebnis: Bei diesen Gesellschaftsreisenden handelte es sich in erster Linie um *reiseunerfahrene und reiseunsichere* soziale Schichten, die gegen Zahlung einer Pauschalsumme *von der eigenen Initiative entlastet* werden sollten. Die Teilnehmer an organisierten Reisen empfanden es als besonderen Vorteil, *„in den Ferien ‚nicht denken' zu müssen"*. Und ohne das „bequeme" Angebot wären sie wohl kaum verreist. Hinzu kam aber auch eine ökonomische Überlegung: Bei der organisierten Gesellschaftsreise wusste man „genau, was die Reise kostet" (Fachzeitschrift „Der Fremdenverkehr Nr. 19/20 <*1954*>, S. 14f.).

Dies spiegelt sich auch in der Entwicklung des modernen Tourismus wider – mit einem wesentlichen Unterschied: Die Pauschalreise ist inzwischen auch und gerade für Reiseerfahrene und höhere soziale Schichten gesellschaftsfähig geworden. Die Pauschalreise gilt heute fast als *Synonym für eine Flug-, Fern- oder Auslandsreise.* Individualreisende fahren mehrheitlich mit dem Auto oder der Bahn in den Urlaub, Pauschalreisende aber sind zunehmend auf das Verkehrsmittel Flugzeug und auf organisatorische Hilfen durch Reisebüros und Reiseveranstalter angewiesen. Der typische Pauschalreisende macht seltener in Deutschland Urlaub und hält sich mehr im Ausland auf.

Pauschal oder individuell – das ist keine Frage der Kompetenz oder Urlaubsphilosophie mehr, eher eine Frage des Reiseziels: Australien und Neuseeland, Florida und Dominikanische Republik, Malta und Mallorca – diese Reiseziele werden fast ausschließlich von Pauschalreisenden aufgesucht: Weniger aus persönlicher Überzeugung als vielmehr aus ganz praktischen, reiseorganisatorischen Gründen.

Jenseits der Trampelpfade – wer bislang im Urlaub solche Wege beschritt, musste einfach ein Individualreisender sein. Im 21. Jahrhundert hat der Pauschaltourismus auch für individuelle Nischen hinreichend Platz. Die Götter-Terrassen auf dem ostanatolischen Berg Nemrod besuchen, allein mit einer Harley-Davidson auf dem Highway N°. 1 durch Kalifornien „cruisen" oder „organisierte" Einsamkeit oder Freiheit buchen und kaufen – fast jedes „Paradies auf Erden" steuert der Pauschaltourismus inzwischen an (Werbeanzeige: *„Die TUI fliegt selbst das Paradies direkt an"*). Das gekaufte Paradies gibt es wirklich.

4.2 Organisierte Reisen liegen im Trend

Pauschalreisen gelten als billig und bequem – ganz im Gegensatz zu sogenannten „Individualreisen", die auf eigene Faust zusammengestellt werden müssen. In der Touristikbranche gilt der Satz: Jeder zweite Urlauber reist pauschal. Die Repräsentativumfrage des B·A·T Freizeit-Forschungsinstituts bestätigt diesen Erfahrungswert auf den Prozentpunkt genau:

- 39 Prozent der Deutschen verreisen pauschal,
- 39 Prozent entscheiden sich für eine selbst organisierte Reise.

Die übrigen 22 Prozent der Bundesbürger haben noch nie eine Urlaubsreise von mindestens 5 Tagen Dauer gemacht.

78 Prozent der Bevölkerung in Deutschland machen gelegentlich oder regelmäßig eine Urlaubsreise. Davon ist *jede zweite Urlaubsreise heute eine Pauschalreise*. Noch 1970 war es nur jede sechste (17%) gewesen. In der Reisesaison 2000 hielten sich Pauschal- und Individualreisen mit jeweils 39 Prozent erstmals die Waage. Die Qualitätsoffensive der Touristikbranche zahlt sich offensichtlich aus. Das Massenprodukt Reise wurde inzwischen so individualisiert, dass jeder Reisende seine ganz persönlichen Bedürfnisse nach Erholung und Erlebnissen, Bequemlichkeit und Komfort befriedigen, aber auch Reisewünsche im Hinblick auf Zeit und Geld verwirklichen kann.

Der Reisemarkt ist ein *Erlebnismarkt der 1000 Möglichkeiten* geworden, dem die Quadratur des Kreises gelingt: Er verkauft „Freiheit von der Stange", ohne dass der Urlauber dies spürt, obwohl er um den Kommerzcharakter des Urlaubs weiß, ja ihn geradezu aggressiv herausfordert: „Ich will. Ich will ihn haben. Und ich habe ihn mir verdient!" Die entscheidende Motivation des modernen Reisenden ist nicht mehr der Bedarf, sondern der Wunsch nach Erleben- oder Sich-verwöhnen-Wollen. Der Tourismus ist zum *Motor des neuen Erlebniszeitalters* geworden.

In der Deutschen Tourismusanalyse wird der gesamte Urlaubsreisemarkt in Deutschland untersucht. Die Untersuchungsergebnisse schließen also nicht nur die offiziellen Buchungszahlen im Reisebüro und bei den Reiseveranstaltern ein, sondern *auch den gesamten Individualreisemarkt der Do-it-yourselfer*, die ihre Urlaubsreise von Anfang bis Ende selbst organisieren. So kann es durchaus zu unterschiedlichen Ergebnissen und Bewertungen der Touristikbranche und der Tourismusforschung kommen.

Wenn also einzelne Veranstalter Zuwächse im Spanientourismus melden, kann die Deutsche Tourismusanalyse genauso gut Stagnation oder Rückgang verzeichnen. Schließlich sind bisher im Veranstalter- und Reisebüromarkt die Besserverdienenden, die sich Zweit- oder gar Drittreisen leisten können, überrepräsentiert. Die Deutsche Tourismusanalyse hingegen hat den

- *Pauschalreisemarkt*, also den Veranstalter- und Reisebüromarkt und den
- *Individualreisemarkt*

im Blick. Beide sprechen ganz unterschiedliche Zielgruppen an.

Jeder sein eigener Reiseunternehmer?

Die Grenzen zwischen Pauschaltourismus und Individualtourismus werden immer fließender

Von je 100 Befragten waren bei ihrer „letzten Urlaubsreise“:

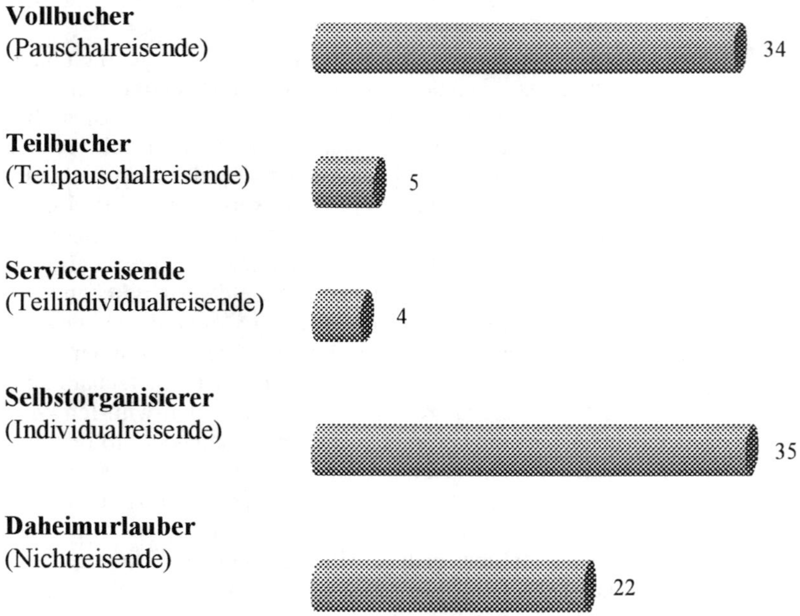

Repräsentativbefragung von 5.000 Personen ab 14 Jahren im Jahre 2000 in Deutschland

B.A.T Freizeit-Forschungsinstitut

Das Deutsche Seminar für Fremdenverkehr (DSF) in Berlin, dem alle zentralen Tourismusverbände (DZT, DRV, DEHOGA u.a.) als Gründer und Träger angehören, stellt in seinem neuen Jahresprogramm 2001 fest: „Die Nachfrage nach Pauschalangeboten steigt. Aber der Begriff der ‚Pauschalreise' macht keinen Urlauber glücklich. Unsere Gäste sind Individualisten und wollen auch so behandelt werden" (DSF 2001, S. 9). Angebots- und Kundenstruktur haben sich in den letzten Jahren so verändert, dass sie mit den beiden Begriffen Pauschalreise/Individualreise nicht mehr zutreffend beschrieben werden können.

4.3 Jeder sein eigener Reiseunternehmer?

Was unterscheidet überhaupt noch eine Pauschalreise von einer Individualreise? Der Reisemarkt teilt sich heute in vier Gruppierungen auf, zwischen denen die Grenzen immer fließender und die Unterscheidungen „pauschal" oder „individuell" immer fragwürdiger werden. Dazu gehören:

1. *Vollbucher (34%)*
   Die Vollbucher buchen eine komplett organisierte Reise mit Transport und Unterkunft bei einem Reiseveranstalter bzw. Reisebüro und zahlen vor Antritt der Reise. Zu diesem Reisetypus zählen insbesondere Singles (40%) und kinderlose Paare (44%) sowie die Höherverdienenden (40%) mit einem Haushaltsnettoeinkommen von über 2.500 Euro.
2. *Teilbucher (5%)*
   Die Teilbucher buchen lediglich eine teilweise organisierte Reise bei einem Reiseveranstalter bzw. Reisebüro; den anderen Teil organisieren sie selbst. In dieser Gruppe sind Selbstständige (10%) und Leitende Angestellte (10%) überrepräsentiert.
3. *Servicereisende (4%)*
   Die Servicereisenden stellen sich Route, Ziel, Unterkunft und/oder Transport selber zusammen und nehmen bei der Vorbereitung die Hilfe eines Reisebüros in Anspruch. Von diesen Serviceleistungen machen die jungen Leute im Alter von 18 bis 24 Jahren (8%) sowie Universitätsabsolventen (9%) noch am ehesten Gebrauch.
4. *Selbstorganisierer (35%)*
   Die Selbstorganisierer sind die wahren Do-it-yourselfer, die ihre ganze Reise von Anfang bis Ende selbst planen und organisieren und sie auch völlig ohne jede Hilfe eines Reisebüros durchführen. Familien mit Kindern (40%) bevorzugen diese Reiseform, weil sie viel Freiheiten lässt und überwiegend mit dem eigenen Pkw unternommen werden kann.

Der Gegensatz von Pauschaltourismus und Individualtourismus ist überholt, ebenso die Sprachakrobatik von Reiseveranstaltern, die mittlerweile von „individualistischer Pauschalreise" sprechen. Wie im Arbeitsleben, wo aus abhängig Beschäftigten zunehmend „Neue Selbständige" werden, gibt es auch im Urlaub die Tendenz: *Jeder sein eigener Reiseunternehmer!* Und je nach zeitlichen oder finanziellen, familiären oder ganz persönlichen Möglichkeiten entscheiden sich die Urlauber mal für mehr Fremd- und mal für mehr Selbstorganisation. Und die Branche reagiert entsprechend flexibel und individuell: „Es gibt Baukasten-Reisen, Jet & Bett oder Selfmade-Tours. Aber die Masse des Angebots ist nach wie vor ‚von der Stange' ..." (Romeiß-Stracke 1998, S. 55) – und zwar so, dass sich die Reisenden wie Individualisten fühlen können.

Im Zeitalter des Massentourismus in dem jeder jederzeit an jeden Ort reisen kann, lösen sich die vermeintlichen Widersprüche auf. Pauschal – und doch ganz individuell: Das ist die *neue Symbiose* im Tourismus des 21. Jahrhunderts. Fast jeder zweite Vollbucher, der sich seine Reise komplett organisieren lässt, sieht sich dabei in keiner Weise in seinem Handlungsspielraum eingeschränkt. Selbstbewusst vertritt fast jeder zweite Vollbucher (46%) die Auffassung: „Auch bei einer Pauschalreise kann man den Urlaub ganz individuell gestalten." Die Vollbucher reisen gemeinsam an und gestalten dennoch ihren Urlaub individuell.

Andererseits sind Vollbucher auch Realisten: Nur etwa jeder fünfte (19%) kann von sich sagen: „Ich fühle mich nicht als Massentourist. Auf Reisen bin ich Individualist." Und auch die Selbstorganisierer bzw. Do-it-yourselfer sehen sich selbstkritisch als Teil eines Tourismussystems: Selbst wenn Millionen von Individualisten verreisen – am Ende kommt doch immer Massentourismus dabei heraus. Die Urlaubsreise ist und bleibt ein *Massenartikel wie Auto, Hobby, Sport und Fernsehen* auch. Und der sich als Einzelgänger empfindende Rucksacktourist ebnet im besten Falle nur die Trampelpfade, auf denen dann im Stop & Go-Tempo die Massen folgen. Ganz im Sinne der kulturkritischen Anmerkung von Oliver Sacks über den letzten Hippie auf der Urlaubsinsel: „Er schlang seine Umgebung in sich hinein und wurde von ihr verschlungen – er konnte sich selbst nicht mehr von ihr unterscheiden" (Sacks 1996).

So zeigt der Tourismus zwei Gesichter: Vollbucher können sich im Urlaub wie Individualisten fühlen. Und Do-it-yourselfer, die massenhaft zur gleichen Zeit an den gleichen Ort reisen, bleiben im System des Massentourismus gefangen. Weil das Reisen kein Privileg mehr für wenige ist, wird es zwangsläufig zur Massenware. Bewahrheitet sich im 21. Jahrhundert die Diagnose des amerikanischen Sozialkritikers Jeremy Rifkin, wonach das ganze Leben zum bezahlten Erlebnis, die Lebenszeit zur bloßen Ware und die soziale Beziehung zur Geschäftsverbindung werden könne (Rifkin 2000)? Nicht nur der Urlaub, das ganze Leben gliche dann einer langen kommerziellen Reise, die von Reiseleitern und -agenten geplant und bedient würde.

Und wo bliebe dann der Mensch? Haben nicht viele Erlebnismacher die Rechnung ohne die Mitmacher gemacht? Auch im 21. Jahrhundert werden die Menschen erkennen, dass bezahlte Beziehungstechniken natürliche und gewachsene soziale Beziehungen nicht ersetzen können. Kommerzielle Dienste und Verträge sind immer nur Angebote auf Zeit oder Vereinbarungen auf

Pauschal - und doch ganz individuell

Vermeintliche Widersprüche lösen sich auf

Von je 100 befragten *Vollbuchern (Pauschalreisenden)* stimmen persönlich zu:

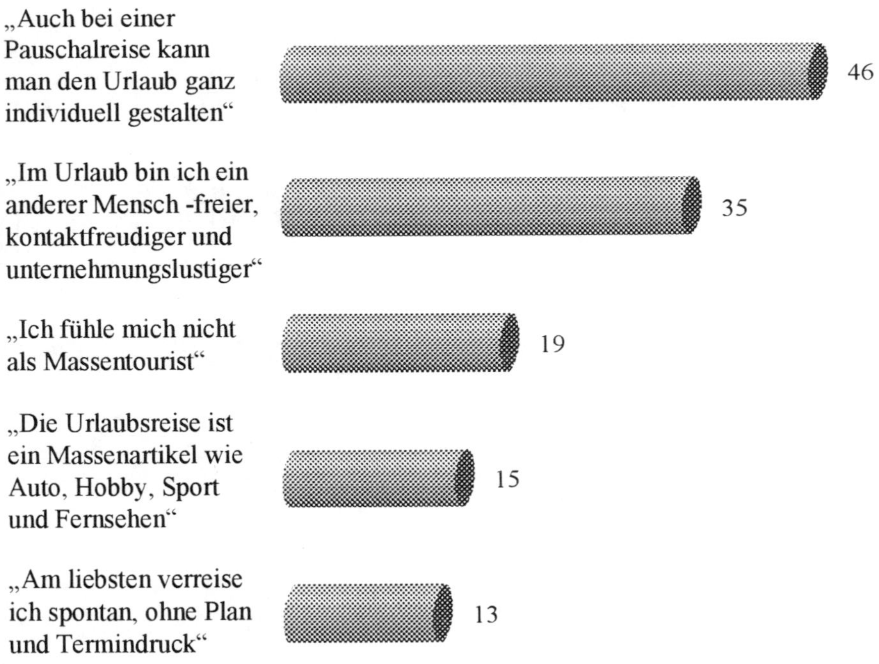

Mehrfachnennungen möglich

Repräsentativbefragung von 2.000 Personen ab 14 Jahren im Jahre 2000 in Deutschland

B.A.T Freizeit-Forschungsinstitut

Abruf. Lebensqualität und stabile Lebenswerte kann man schließlich nicht kaufen. Dennoch bietet die Touristikbranche einen fast grenzenlosen Erlebnismarkt käuflich an mit der Aufforderung: „Rent a Paradise!“ Wohlwissend, dass Urlaub vielleicht der letzte Traum vom Paradies ist, der uns heute noch geblieben ist. Der Dichter Heinrich von Kleist (1777-1811) hat dies vor zweihundert Jahren so auf den Punkt gebracht: „Das Paradies ist verriegelt. Wir müssen die Reise um die Welt machen und sehen, ob es vielleicht von hinten irgendwo wieder offen ist..“

V. Wer wann wie wohin reist. Tourismusanalysen

1. Reiseintensität

Nie war die Reiselust so groß wie heute. Und ein Ende des Reisebooms ist nicht absehbar. Was auf den ersten Blick wie eine soziale Errungenschaft für alle Bevölkerungsgruppen erscheint, ist in Wirklichkeit ungleich verteilt. Zu den besonders Reiselustigen gehören die Bevölkerungsgruppen, die

- jung und unabhängig sind,
- höhere Bildung haben und
- gut verdienen.

Jugendlichkeit, Bildungsgrad und Einkommenshöhe beeinflussen in hohem Maße das Reiseverhalten der Bundesbürger. Reisen ist nicht nur eine Frage des Geldes, sondern auch und gerade des Lebensalters. Mit zunehmendem Alter lässt die Reiseintensität deutlich nach oder anders interpretiert: Die Reiseintensität von Jugendlichen ist besonders hoch.

Struktur der Reisenden
Bevölkerungsgruppen mit hoher Reiseintensität

Von je 100 Befragten haben im Jahr 2000 eine Urlaubsreise von mindestens 5 Tagen Dauer unternommen:

Hochschulabsolventen	73
Leitende Angestellte	68
Bezieher von Haushaltsnettoeinkommen über 2.500 Euro*	67
Paare	60
Erwerbstätige	57
Jugendliche von 14-29 Jahren	54

* Umrechnung: Befragung 2000 in DM

B·A·T Freizeit-Forschungsinstitut 2001

Der Urlaubsmarkt entwickelt sich immer mehr zum Spiegelbild des Arbeitsmarkts. Eine *Zwei-Klassen-Gesellschaft von Mobilen und Immobilen* zeichnet sich ab. Die meisten Nichterwerbstätigen müssen im Urlaub zu Hause bleiben. Unter den Nichtreisenden sind Hausfrauen, Rentner und Arbeitslose am stärksten vertreten. Job, Einkommen und Bildung haben wesentlichen Einfluss darauf, wer im Urlaub auf eine Reise verzichten muss. Jeder zweite Absolvent einer Haupt- oder Volksschule und mehr als zwei Drittel aller Bezieher von Haushaltsnettoeinkommen unter 1000 Euro können sich keine Urlaubsreise leisten (nicht einmal eine zweitägige Kurzreise). Die Erwerbstätigen und Höherverdienenden aber können sich reiselustig geben. Zwei von fünf Arbeitern bleiben im Urlaub zu Hause.

> Eine ungleiche Verteilung von Urlaubschancen ist feststellbar. Die Polarisierung zwischen mobilen und immobilen Bevölkerungsgruppen verstärkt sich. Wer keine Arbeit hat, wird eher immobil.

2. Inlandsreiseziele

Weil die inländischen Ferienregionen immer mehr Marktanteile im Tourismus verlieren, nimmt auch der interne Verdrängungswettbewerb in Deutschland zu. Seit Jahren zeichnet sich als stabiler Trend ab: Küste verdrängt Berge. Wellen, Wind, Sand und Strandkorb liegen in der Gunst der Inlandsurlauber vorn. Die Ferienregionen an der Nordseeküste haben trotz der starken in- und ausländischen Konkurrenz ihre Position behaupten können (1991: 6% – 2000: 6%). Hingegen mussten die Ostsee-Feriengebiete in Schleswig-Holstein und Mecklenburg-Vorpommern einen leicht rückläufigen Marktanteil (1999: 8% – 2000: 6%) hinnehmen.

Unter größeren Verlusten haben seit Anfang der neunziger Jahre fast alle Alpenländer zu leiden, die bayerischen Ferienregionen genauso wie Österreich und die Schweiz. Von allgemeiner „Alpenmüdigkeit“ war die Rede. So sank der Anteil der deutschen Urlauber in Bayern von 12 Prozent (1991) fast erdrutschartig auf 8 Prozent (1999). Und ein Ende der Talfahrt ist noch immer nicht erkennbar. In der Reisesaison 2000 hatten Ostbayern, Oberbayern und Allgäu einen weiteren Rückgang des Marktanteils auf nunmehr 5 Prozent zu beklagen. Trotzdem gehören die bayerischen Feriengebiete neben der Nordsee- und Ostseeküste nach wie vor zu den beliebtesten Inlandsreisezielen.

Urlaub in Deutschland liegt offensichtlich immer weniger im Trend. Eine Trendwende beim deutschen Urlauber ist nicht abzusehen. Hoffnungsträger für die Zukunft können fast nur noch ausländische Gäste sein, die dann als Kulturtouristen nach Sanssouci oder Neuschwanstein gelockt werden. Für die meisten Bundesbürger ist *Inland wie Alltag* und fängt der Reiz der Ferne erst mit der Auslandsreise an. Unbeständiges Wetter und wohl auch hohe Preise sowie mangelnde Flexibilität der Anbieter halten immer mehr Bundesbürger von Inlandsreisen fern.

Im Laufe der letzten vierzig Jahre wurden die Reiseströme der Deutschen geradezu auf den Kopf gestellt. Noch 1960 hielten sich 69 Prozent der deutschen Urlauber im Inland, 31 Prozent im Ausland auf. Zur Jahrtausendwende war es genau umgekehrt: 69 Prozent Auslandsreisenden standen nur mehr 31 Prozent Inlandsreisende gegenüber – so wenig wie nie zuvor. Und die Tendenz der letzten Jahre ist weiter fallend (1998: 38% – 1999: 35% – 2000: 31%). Für die Zukunft zeichnet sich ab: *Deutschland wird zum Kurzurlaubsland* – für die Bundesbürger genauso wie für die ausländischen Städte- und Kulturtouristen.

Die Reisefreiheit und ihre Folgen

Ostdeutsche Reiseströme im Zehn-Jahres-Vergleich
(1990 / 2000)

Von je 100 ostdeutschen Urlaubsreisenden nannten als Reiseziele im Reisejahr:

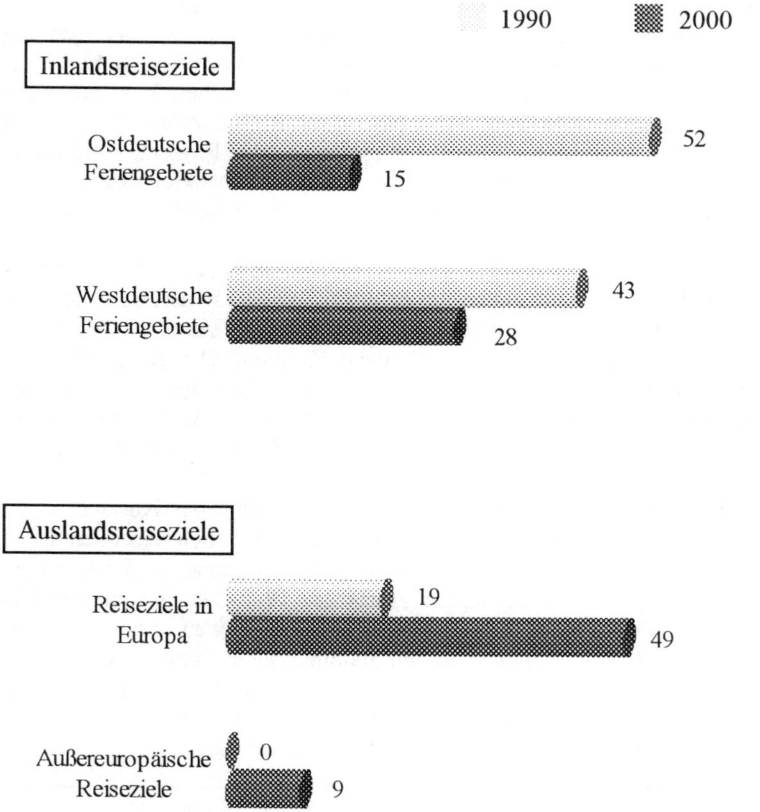

Repräsentativbefragungen von jeweils 5.000 Personen
ab 14 Jahren in den Jahren 1991 und 2001 in Deutschland

B.A.T Freizeit-Forschungsinstitut

Die Bilanz von zehn Jahren Reisefreiheit in Ostdeutschland trägt fast märchenhafte Züge. Sie erinnert an die Faszination, die Märchen zu allen Zeiten auf Kinder ausüben: Kinder reisen durch Märchen. Genauso haben es die Bürger in den neuen Bundesländern unmittelbar nach der Wende empfunden. Die Reisefreiheit kam einem neuen Lebensgefühl gleich. Ferne, Fremde und Grenzenlosigkeit bekamen plötzlich eine andere Bedeutung im Leben. Mediterranes, Tropisches und Karibisches gab es nicht mehr nur im Märchen oder in der Phantasie. Und statt lediglich davon zu träumen, konnten sie jetzt ihre Träume auch verwirklichen. Selbst ferntouristische Ziele rückten in greif- und finanzierbare Nähe. Der ostdeutsche *Neugiertourismus* war geboren.

Seither hat es eine fast *revolutionäre Richtungsänderung* der ostdeutschen Reiseströme gegeben: Von der Ostsee zum Mittelmeer, lieber Auslands- als Inlandsreise. Noch 1990 – im Jahr der deutschen Vereinigung – hielten sich rund achtzig Prozent der ostdeutschen Reisenden in inländischen Feriengebieten auf; zehn Jahre später sind es nur noch 43 Prozent. 1990 wählte fast jeder vierte ostdeutsche Urlauber (24%) die mecklenburgisch-vorpommersche Ostseeküste als Reiseziel, zur Jahrtausendwende waren es gerade einmal 9 Prozent.

Westdeutsche und ostdeutsche Reisegewohnheiten haben sich in den vergangenen zehn Jahren weitgehend angeglichen. Beide favorisieren die gleichen Reiseziele und setzen nur gelegentlich etwas andere Akzente. Westdeutsche wählen mehr Badeziele (Ostsee, Nordsee, Spanien), Ostdeutsche können sich mehr für Berge und Seen begeistern (Schwarzwald, Bayern, Österreich). Ansonsten müssen beide damit rechnen, überall in der Welt den eigenen „Landsleuten" aus Düsseldorf oder Dresden, Magdeburg oder München zu begegnen.

Der Inlandsreisemarkt stagniert, weil die Attraktivität der Auslandsreisen ungebrochen und der Anteil der Reiseverweigerer bzw. Nichtreisenden stabil bleibt. In diesem Konkurrenzfeld wird es für Urlaubsregionen in Deutschland immer schwieriger, sich zu behaupten. Ansonsten versuchen die meisten Urlaubsregionen in Deutschland ihre Stammurlauber-Anteile wenigstens zu halten. An Wachstum ist kaum zu denken, da die Stammurlauber immer älter werden. Dies gilt für den gesamten Inlandsreisemarkt, der sich zu einer *Domäne der älteren Generation* entwickelt hat. Mehr als doppelt so viele Rentner wie Jüngere im Alter von 14 bis 29 Jahren machen Urlaub im eigenen Land.

Deutschland verliert als Reiseziel für die jüngere Generation, aber auch für die Bezieher höherer Einkommen immer mehr an Attraktivität. Wer es sich leisten kann, sucht das Weite und die Ferne.

„AB IN DEN SÜDEN!“
Wohin die Deutschen reisen

Von je 100 Befragten, die im Jahr 2000 im Urlaub verreisten, nannten als Reiseziel:

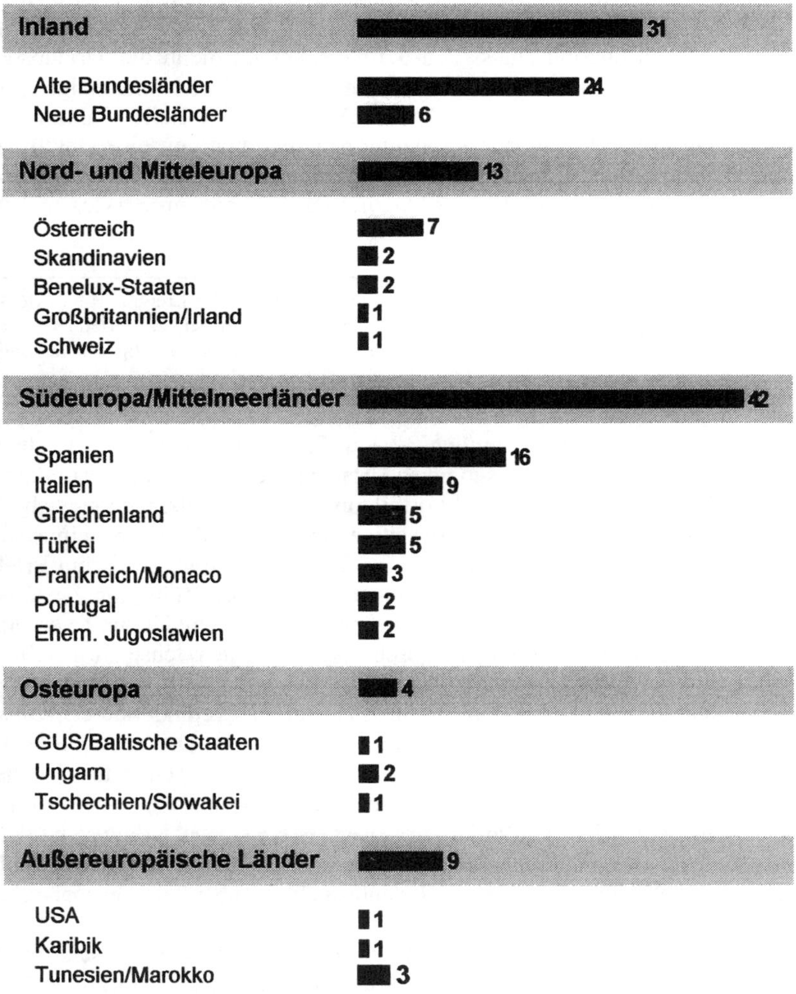

Repräsentativbefragung von 2.878 Personen ab 14 Jahren im Januar 2001 in Deutschland

B.A.T. Freizeit-Forschungsinstitut

Entwickelt sich der *Tourismusstandort Deutschland* zu einem *Reiseziel für Arme, Alte und Arbeitslose*? Haben Politik und Wirtschaft es versäumt, den Tourismus im Land rechtzeitig so zu fördern, dass er im internationalen Wettbewerb bestehen kann und auch eine gesicherte Zukunft vor sich hat? Oder trifft zu, was der Deutsche Tourismusbericht resignierend feststellt, dass deutsche Touristen im Inland hauptsächlich Kurzreisende sind? Ziehen die Urlauberströme in Zukunft an den deutschen Feriengebieten vorbei?

Deutschland muss als Reiseland attraktiver werden. Es fehlt ein *zukunftsorientiertes Tourismuskonzept*, das in Marketing und Werbung neue Wege geht. „Tourismusqualität" muss neu definiert werden, denn der Urlaubsreisende sucht ja nicht mehr nur – wie etwa in den sechziger bis neunziger Jahren – die bloße Erholung von der Arbeit. Die wachsende Reiseerfahrung hat die Qualitätsansprüche verändert. Qualität ist dabei nicht nur eine Geldfrage. Gemeint ist vielmehr *Qualitätssteigerung*: Höchste Qualität für jede Kasse, also für jeden Geldbeutel. Höchste Qualität im Angebot, im Service und im Atmosphärischen.

> Erst jenseits des Erholens beginnt für den Urlauber von heute der Ereignis- und Erlebnischarakter. Mehr mit Erlebnishunger als mit Reisefieber suchen die Urlauber neue Reiseziele auf. Und das Baden in Urlaubserlebnissen wird genauso wichtig wie das Bad im Meer.

Dabei erweist sich die *Freundlichkeit des Personals* (auch und gerade in Konkurrenz zur Mentalität in südlichen Urlaubsländern) als größte Attraktion. Und Qualifikation, also Aus- und Fortbildung des Personals, rechnet sich auf Dauer mehr als manche kostenaufwendige Investition. Auch im heimischen Milieu erwarten die Urlauber eine internationale Atmosphäre und ein Erlebnisangebot, das von schnell wechselnden Moden und Zeitströmungen beeinflusst ist. Der deutsche Fremdenverkehr hat eine sichere Zukunft vor sich, wenn er für *Erlebnismarketing* aufgeschlossen ist. Die wachsende Erlebnisorientierung der Urlaubsreisenden zwingt zu neuen Marketingkonzepten, zu einer neuen Tourismusphilosophie, die sich auf die veränderten *Erlebnis-, Unterhaltungs- und Konsumbedürfnisse* einstellen muss. Der deutsche Fremdenverkehr braucht eine *neue Erlebnisphilsophie* für die „schönsten Wochen des Jahres". Es reicht in Zukunft nicht mehr aus, auf landschaftliche Vielfalt oder komfortable Unterkünfte zu verweisen, wenn solche Urlaubsqualitäten entweder selbstverständlich oder für viele unbezahlbar sind. Der deutsche Fremdenverkehr muss in Zukunft Urlaubsqualität „über" der europäischen Norm bieten.

Nicht atmosphärisch, auch infrastrukturell muss sich der deutsche Fremdenverkehr dem europäischen Wettbewerb stellen. Im 21. Jahrhundert bewahrheitet sich eine Prognose Mitte der achtziger Jahre. Der Urlauber der Zukunft wünscht sich „*klimatisierte Urlaubslandschaften*, Thermalhallen und Freizeitbäder, Solarienwiesen unter getöntem Glas, Shopping-Malls und Einkaufspassagen, Straßencafes und Wochenmärkte unter Glaskuppeln oder Zeltdach-Konstruktionen. Das neue Urlaubsgefühl entwickelt sich wettergeschützt in behaglicher Umgebung. Für die *Erlebnisinfrastruktur* der neunziger Jahre brauchen keine neuen Ferienzentren geschaffen zu werden. Vielmehr sind die alten Urlaubsorte mit *Wetterschutz* und neuem Ambiente so auszustatten, dass man drinnen unbeschwertes Urlaubsleben entfalten kann, während draußen ein dreiwöchiges Dauertief vorbeizieht. Auf ein *wenig südliche Urlaubsillusionierung* kann die künftige Urlaubswirklichkeit in Deutschland nicht mehr verzichten (Opaschowski 1986, S. 20).

Jetzt ist es offensichtlich so weit. Weil die angemahnte Erlebnisinfrastruktur nicht geschaffen sowie Wetterschutz und Klimatisierung, neues Ambiente und südliche Illusionierung nicht garantiert werden, fliegen immer mehr Bundesbürger gleich den südlichen und exotischen Erlebnissen entgegen. Wenn der Urlaub im subjektiven Empfinden zunehmend seinen Ereignischarakter verliert und sich auch Glückserleben immer weniger von selbst einstellt, dann muss die Urlaubszeit als „schönste" Jahreszeit neu inszeniert werden.

Dies trifft im übrigen auch für das Reiseland Österreich zu. Die Gäste aus Deutschland bleiben aus, von „Katastrophenstimmung im heimischen Fremdenverkehr" ist die Rede. In der Not soll gar „Skifahren zum Nulltarif" angeboten werden. Auch in Österreich mangelt es weitgehend an neuen Erlebnisstrategien, die einen Österreich-Urlaub zum High Light für verwöhnte Erlebniskonsumenten macht – vom Pauschalangebot für Jugendliche (inklusive Skiausrüstung und Skipass) über attraktive Flugreiseziele für anspruchsvolle Erlebnisurlauber bis zu Völlig-Sorglos-Paketen für Senioren (mit Haus-zu-Haus-Service und Kulturangeboten, Wellness und Thermalbad inbegriffen). Und das Ganze muss auch noch bezahlbar, ideenreich und gut arrangiert sein. Nur mit *neuen Erlebnisstrategien* erreicht man neue Urlauberschichten.

3. Auslandsreiseziele

Immer mehr deutsche Urlauber fühlten sich in den vergangenen Jahren reif für die Inseln im Mittelmeer. Die Balearen und Kanaren waren einsame Spitzenreiter. Spanien schien auf zweistellige Zuwachsraten programmiert zu sein. Das Ferienland wies eine unvergleichliche Erfolgsbilanz auf (1993: 10% – 1995: 11% – 1997: 15% – 1999: 17%). Zum ersten Mal seit einem Jahrzehnt hat Spanien zur Jahrtausendwende leichte Einbußen hinnehmen müssen (2000: 16%).

Der Wachstumsmarkt Spanien kann seine Schattenseiten nicht mehr verleugnen. In vielen Zentren des spanischen Massentourismus stimmt das Preis-Leistungsverhältnis nicht mehr. Die Reise wird teurer, aber die Leistung nicht besser. Die Unzufriedenheit über das Preis-Leistungsverhältnis nimmt zu. Das hohe Niveau der Vorjahre kann vielfach nicht aufrechterhalten oder weiter gesteigert werden. Wenn Spanien, das wichtigste Auslandsreiseziel der Deutschen, schwächer nachgefragt ist, kann es schnell zu Buchungsrückgängen bei Charterflugreisen kommen. Psychologische Sättigungsgrenzen stellen sich ein, wenn die Lebensqualität und der Erlebniswert der Reise durch Überfüllung vor Ort beeinträchtigt werden.

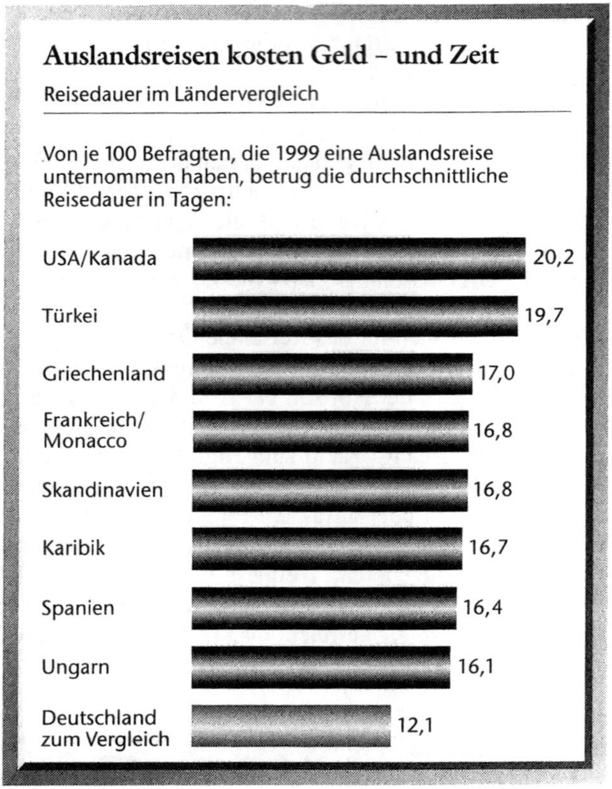

Die wachsende Attraktivität italienischer, griechischer und türkischer Badeziele wird Spanien in Zukunft noch mehr zu spüren bekommen. Vor allem *Italien* befindet sich im Aufwind (1999: 7% – 2000: 9%). Die Bilanz kann sich sehen lassen. Und auch *Österreich* ist wieder im Kommen (1999: 5% – 2000: 7%). Eine Renaissance des traditionell beliebten Ferienlandes der Deutschen kündigt sich an, weil es schöne Landschaft, freundliches Personal und gemütliche Atmosphäre gleichermaßen bietet. Auch die *Türkei* gehört zu den Gewinnern (1999: 3% – 2000: 5%), ebenso *Griechenland* (1999: 4% – 2000: 5%).

Der Fernreisemarkt bleibt – schon aus finanziellen Gründen – nur eine attraktive Ergänzung (und nicht etwa eine Alternative) zu mediterranen Ferienzielen. Der große Durchbruch lässt weiter auf sich warten. Die *Karibik*, insbesondere Kuba und die Dominikanische Republik stagnieren seit Jahren (1990: 1% – 1995: 1% – 2000: 1%). Auch *USA-Reisen* bleiben ein Nischenmarkt (2000: 1%). Fernreiseziele werden im nächsten Jahrzehnt keine Konkurrenz zu den klassischen Reisezielen der Deutschen sein oder werden können.

> Die Touristikbranche profitiert zunehmend von der Veränderung der Familienstrukturen in Deutschland. Der wachsende Anteil von 1-Personen-Haushalten und kinderlosen Paaren trägt wesentlich zur Erhöhung des Reisebudgets bei. Das Geld, das sonst Kinder kosten, wird zunehmend für Urlaubsreisen ausgegeben.

Zu den Urlaubern, die sich eine Auslandsreise leisten, gehören zwei Drittel der Familien (67%), dagegen 78 Prozent der Singles und 80 Prozent der Paare ohne Kinder. Einmal im Leben eine Familie gründen oder öfter in die Ferne reisen: Eine realistische Alternative für die Zukunft?

4. Reiseverkehrsmittel

Vor über hundert Jahren haben die eigenen vier Wände Räder bekommen: Das Auto als individuelles Verkehrsmittel wurde 1886 geboren. Das Lebensgefühl des modernen Menschen veränderte sich. Das Bedürfnis nach Mobilität hatte Massenmotorisierung und Massentourismus zur Folge. *Jeder zehnte Autokilometer* wird heute nach Ermittlungen des Bundesministers für Verkehr nur *für Urlaubszwecke* zurückgelegt. Urlaubsmobilität bedeutet auch Automobilität. 1954 verreiste nur knapp jeder fünfte deutsche Urlauber (19%) mit dem eigenen Pkw; vier Jahrzehnte später hatte fast jeder zweite deutsche Urlauber (46%) das Auto als Verkehrsmittel bei der letzten Urlaubsreise benutzt.

Die *Automobilität* wandelt sich zugleich: Neben den Pkw-Urlaubsreisenden

- finden 2 Prozent der Deutschen am *Urlaub im rollenden Heim* Gefallen. Sie verreisen mit Wohnwagen.
- Weitere 2 Prozent der deutschen Urlauber entdecken – gekauft oder gemietet – das *Reisemobil als Urlaubsmobil.*
- Und 1 Prozent vorwiegend junge Urlauber sind als Tramper mit Pkw oder Lkw unterwegs.

Auch das Trampen mit Pkw/Lkw ist ein Ausdruck von Spontaneität im Reiseverhalten. Für 3 Prozent der Jugendlichen bis 24 Jahre ist das Trampen mit Pkw/Lkw das Verkehrsmittel, mit dem sie im Urlaub verreisen.

Zugleich wird das *Flugzeug* als Reiseverkehrsmittel im Urlaub immer wichtiger. Gut ein Viertel aller Urlauber (26%) hat auf seiner letzten Urlaubsreise einen Charterflug oder einen Linienflug unternommen. Unter den Flugreisenden sind vor allem Großstädter und Höhergebildete mit Abitur und Hochschulabschluss überrepräsentiert.

Mit der wachsenden Bedeutung der Flugreise droht die *Bahnreise* fast auf das Abstellgleis zu geraten. Nur mehr ein Zehntel der Urlauber nennt die Bahn als Reiseverkehrsmittel. Hingegen hält fast jeder fünfte Rentner an der Bahn als Hauptverkehrsmittel fest. Wenn die Bahnreisenden immer älter werden, hat die Bahn, das „Unternehmen Zukunft", als Urlaubscarrier vielleicht wieder eine touristische Zukunft...

Dies trifft auch für den *Bustourismus* zu. Jeder neunte Bundesbürger (11%) ist im letzten Urlaub mit dem Bus verreist. Mit dem zunehmenden Trend zur Single-Gesellschaft wird auch der Bustourismus weiter an Attraktivität gewinnen. 1-Personen-Haushalte machen vom Bus als Reiseverkehrsmittel am meisten Gebrauch. Alleinreisende setzen sich zum überwiegenden Teil aus Älteren, insbesondere Verwitweten und Geschiedenen zusammen. Die Busreise gewährt ihnen Sicherheit und Geselligkeit zugleich. Die Busunternehmen, zudem meist im lokalen Bereich angesiedelt, werben im Nahbereich, so dass manche Hemmnisse und Reiseängste entfallen.

Das Auto galt in den vergangenen Jahrzehnten als „das" Vehikel für den Urlaub. Das Auto ist in den letzten Jahren aber auch in den Mittelpunkt öffentlicher Tourismuskritik geraten: Massentourismus und Massenmobilität haben Massenverkehr zur Folge. Und wenn immer mehr Menschen zur gleichen Zeit mit dem Auto aufbrechen, sind die Straßen schlagartig überlastet, werden die Kapazitätsgrenzen wegen Überfüllung überschritten und ist das Pkw-Privileg der schnellen und bequemen Erreichbarkeit von Urlaubszielen infragegestellt. Auf längere Sicht ist auch die Attraktivität von Reisezielen im Inland und in nahen Ferienländern (insbesondere Österreich, Italien, Spanien, Frankreich) bedroht, wenn die Autofahrten immer länger dauern und immer unbequemer und beschwerlicher werden. Mit der Zunahme von verstopften Zufahrtsstraßen und der drangvollen Enge in den Feriengebieten wird die *Frage nach der Qualität des Pkw-Reisens* immer dringlicher.

Schnell, bequem und preiswert, sicher, komfortabel und gemütlich: Was Autofahrer als besondere Qualität der Pkw-Reise preisen, erweist sich vielfach als Legende. Bereits 1992 ließen erste Umfrageergebnisse des B·A·T Instituts den *Mythos Auto* in einem anderen Licht erscheinen. Denn:

- Bequemer sind Flugzeug, Bahn, Schiff und selbst der Reisebus.
- Schneller sind Flugzeug und mittlerweile die Bahn.
- Nur jeder fünfte Urlauber hält das Auto für sicher, jeder zweite hingegen Flugzeug und Bahn.
- Bei den Kriterien stressfrei, pünktlich und erholsam steht das Auto mittlerweile an letzter Steller aller direkt konkurrierenden Verkehrsmittel.
- Und eine Urlaubsreise mit dem Auto wird heute nur noch von den wenigsten als komfortabel, gesellig und umweltfreundlich empfunden.

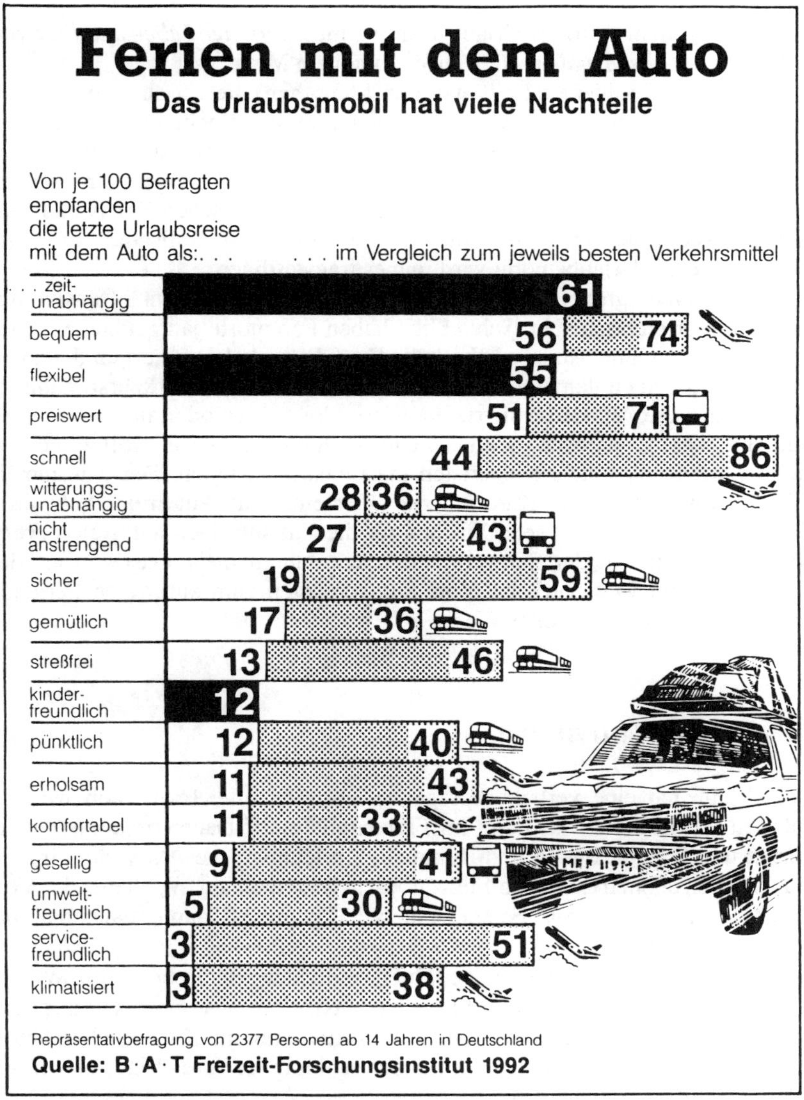

In diesen repräsentativ ermittelten Ergebnissen spiegeln sich keine Meinungen, sondern Reiseerfahrungen wider. Für die Benutzung des Autos als Reiseverkehrsmittel im Urlaub spricht eigentlich nur der hohe Freiheits-, Spontaneitäts- und Flexibilitätsgrad. Ansonsten würden Autofahrer vermutlich lieber heute als morgen auf andere Verkehrsmittel „umsteigen“, wenn sie es sich geldlich und zeitlich leisten könnten. Die hohen Einbußen an Komfort und Geräumigkeit, an Sicherheit und Pünktlichkeit in Verbindung mit dem großen Verlust an Erholung, Entspannung und Stressfreiheit zwingen zu der Erkenntnis: Wer mit dem Auto im Urlaub verreist, muss *auf viel Lebensqualität verzichten und belastet zudem die Umwelt* in hohem Maße.

Es ist die Spontaneität des mobilen Menschen, die „noch" am Auto als Urlaubsmobil festhält. Eine rationale Gewinn-Verlust-Rechnung der materiellen und immateriellen Urlaubsqualitäten wird von vielen Autofahrern noch nicht vorgenommen. Doch ein Umdenken und auch Umsteigen kann schnell in Gang kommen, wenn die Autoreise zum Urlaub zwischen Stress und Stau und das Recht auf freie Fahrt zum Massenverkehr im Stillstand wird. Das Auto als ideales Urlaubsmobil wird immer fragwürdiger.

Die Schmerzgrenze der Automobilität im Urlaub scheint offensichtlich noch nicht erreicht zu sein. Schließlich haben Ferienorte jahrzehntelang nach dem Prinzip „Ohne Autoverkehr kein Fremdenverkehr" agiert und danach über Blechlawinen lamentiert. Viele wollen heute mit verkehrsberuhigten Maßnahmen die Autos, die sie riefen, wieder loswerden oder aussperren (z.B. Bad Hofgastein, Saalbach, Seefeld). Und auch die Schweizer wollen nicht so lange warten, bis sich die Touristen massenhaft umstellen. Der Zusammenschluss von Ferien- und Kurorten zur „Gemeinschaft Autofreier Schweizer Tourismusorte" (GAST) setzt Zeichen für die Zukunft. Den autofreien Fremdenverkehrsorten in der Schweiz laufen seit Jahren mehr Gäste zu als den Gemeinden mit Pkw-Verkehr. Vom autogerechten zum autofreien Ferienort ist allerdings noch ein weiter Weg.

5. Urlaubsaktivitäten

Der Urlaub hat eine verhaltensprägende Vorreiterrolle. Im Urlaub wird oft auf Zeit ausprobiert, was dann im Freizeitalltag auf Dauer praktiziert wird. Surfen und Segeln, Baden und Bummeln – erlebnisreiche Aktivitäten im Urlaub werden schnell zu neuen Freizeitbeschäftigungen am Wochenende. Vom Wochenendverhalten zur Feierabendbeschäftigung ist dann manchmal nur noch ein Schritt.

Urlaub gilt als extreme Freizeit, hier verdichten sich Lebensstile. Was im Alltag zu kurz kommt, wird hier intensiv (aus)gelebt. Die motivationale Aufgeschlossenheit für Neues ist groß. Viele Aktivitäten im Urlaub haben betont alltagskonträren Charakter. Der Urlauber schlüpft erfolgreich aus seiner Arbeitshaut. Er sucht dabei das Gleichgewicht von Aktivität und Passivität:

- An der Spitze der *Urlaubsaktivitäten* der Deutschen stehen Ausflüge, Baden und Schwimmen, Wandern und Einkaufsbummel. Aktivurlaub im Sinne von Sporturlaub bleibt attraktiv – allerdings nur für eine Minderheit: Nur jeweils etwa ein Fünftel der Bevölkerung konnten sich im letzten Urlaub für Sporttreiben oder Fahrradfahren begeistern.
- An der Spitze der Urlaubspassivitäten stehen Ausschlafen und In der Sonne liegen.

So befinden sich die Urlauber in einer ständigen *Pendelbewegung* zwischen Unternehmung und Entspannung, Erlebnis und Erholung, Anspannung und Ruhe. West- und Ostdeutsche sowie unterschiedliche Berufs- und Altersgruppen setzen dabei ganz spezifische Akzente und Prioritäten:

- Während Westdeutsche im Urlaub bevorzugt auf der faulen Haut liegen, gern lange schlafen und lieber in der Sonne liegen, baden und ein Buch lesen, ist den ostdeutschen Bundesbürgern offensichtlich der Urlaub zum Faulenzen viel zu schade: Sie wollen einfach nichts verpassen. Im Vergleich zu den Westdeutschen favorisieren sie mehr das Wandern im Urlaub, den Einkaufsbummel und die Besichtigung kunsthistorischer Bauwerke. Der Nachholbedarf ist noch immer groß.
- Unterschiede im Urlaubsverhalten sind vor allem zwischen Frauen und Männern feststellbar. Frauen machen gerne Einkaufsbummel (+14 Prozentpunkte), freuen sich auf das entspannende Bücherlesen (+10) und haben Freude an anregenden Museumsbesuchen (+5). Männer hingegen sind morgens nicht aus dem Bett zu bekommen: Erst schlafen sie lange (+9) und dann treiben sie viel Sport (+10). Im übrigen ist für sie Fahrradfahren (+5) interessanter als Wandern (-4). Manche Konflikte in der Urlaubspartnerschaft sind hier vorprogrammiert für den Fall, dass sich beide nicht genügend Freiräume zugestehen.
- Wenn Jugendliche mit ihren Eltern verreisen, treffen zwei Urlaubswelten aufeinander. Bei den Jugendlichen dominiert die Spaßorientierung, die Zerstreuung, das Vergnügen. Im Vergleich zur Elterngeneration der 30- bis 49-Jährigen suchen sie lieber eine Disco auf (+20 Prozentpunkte), gehen gerne ins Kino (+16) und wollen vor allem Einheimische kennen lernen (+11) – im direkten Kontakt und nicht etwa durch Teilnahme an Folkloreveranstaltungen (-6). Die Begegnung mit einheimischen Jugendlichen macht ihnen Spaß, weil sie dabei auch ihre Fremdsprachenkenntnisse unter Beweis stellen bzw. neue Fremdsprachen lernen können (+7).

> Unterschiedliche Urlaubsgewohnheiten zwischen Jugendlichen und ihren Eltern müssen nicht zu Spannungen oder Urlaubsärger führen, wenn beide den Grundsatz ernst nehmen: Gemeinsam verreisen, aber individuell urlauben, also im Urlaub nicht immer alles gemeinsam tun.

- Ansonsten ist auffällig: Ruheständler sind die aktivsten Wanderer, Singles die größten Langschläfer und Sonnenanbeter, Leitende Angestellte die eifrigsten Buchleser und Ausflügler, Großstädter die häufigsten Besucher von Spezialitätenrestaurants und Landbewohner auch im Urlaub die interessiertesten TV-Konsumenten. Urlaub, die populärste Form von Glück, muss allen vieles bieten – und wenn es nur die Fortsetzung liebgewordener Alltagsgewohnheiten an einem anderen Ort ist.

6. Reiseentbehrungen

Urlaub ist vorstellungsmäßig mit Ortswechsel und Reisen verbunden. Wer zu Hause Ferien macht, „hat" eigentlich keinen Urlaub. Auf den ersten Blick bedeutet Urlaub Freiheit, Risiko, Abenteuer. Doch der ungewohnte Freiraum verunsichert auch. *Man vermisst das Gefühl von Vertrautheit.* Der Wunsch nach der Normalität des Alltags reist immer mit. Denn er bedeutet Stabilität und Sicherheit. Dies erklärt auch das beobachtbare Phänomen, im Urlaub das Gleiche oder Ähnliches wie zu Hause zu tun. Regelmäßigkeit gibt dem Urlauber Struktur und Halt: In Ruhe frühstücken, Strand- und Umziehrituale, Bummeln und Essengehen.

Und es erklärt, warum man im Urlaub so wenig experimentiert und wirklich Neues ausprobiert. Das Neuartige wird sehr gering dosiert („mal" Sangria statt Bier; „mal" exotisch essen gehen; „mal" einen Ausflug ins Landesinnere usw.). Und auch die Veränderung in den Quantitäten ist relativ gering: Man trinkt etwas mehr, schläft etwas länger, frühstückt ausgiebiger ... Für das Über-die-Stränge-Schlagen, für Abenteuer und die Eroberung von wirklichem Neuland ist die psychologische Basis viel zu schmal. Das Urlaubsleben wird nicht so sehr von großen Unternehmungen als vielmehr von kleinen Alltagsgewohnheiten bestimmt.

Was Bundesbürger im Urlaub vor allem vermissen, sind das eigene Bett, die Zeitung aus der Heimat und das gemütliche Zuhause. Gewohnter Rhythmus und alltäglicher Regelkreis sind den Menschen „in Fleisch und Blut" gegangen. Viele können einfach nicht „aus ihrer Haut heraus", auch wenn sie in der Fremde oder Ferne sind. Urlauber spielen eine andere Rolle, der Alltagsmensch aber bleibt der gleiche.

Besonders trauern die Deutschen ihrem eigenen Bett nach (Ost: 25% – West: 18%). Und auch die fehlende Gemütlichkeit des eigenen Zuhauses gibt Anlass zum Heim-Weh (Ost: 14% – West: 9%). Die Freiheit und Andersartigkeit des Urlaubs ist für viele ungewohnt; sie haben fast Angst vor der eigenen Courage – vor dem Risiko, aus dem Rhythmus zu kommen, wenn sie auf ihre lieben Gewohnheiten verzichten müssen. So holt der Alltag jeden Urlauber wieder ein. Der Urlaub bietet nicht rundherum Glück und Sorglosigkeit, sondern nur den Anschein, dass es sie gibt. Und das Schönste am letzten Urlaub ist immer die Vorfreude auf den nächsten.

7. Hinderungsgründe für eine längere Urlaubsreise

Kurzurlaubern wurde die Frage vorgelegt: „Warum haben Sie keine längere Urlaubsreise unternommen?" Die Antworten fielen klar und eindeutig aus:

- Eine Reise, die mindestens zwei Wochen dauert, ist vielen Urlaubern zu teuer. Vor allem junge Leute im Alter von 18 bis 29 Jahren führen *finan-*

zielle Gründe an. Sie verreisen nach dem Grundsatz: Kürzer verreisen, aber nicht weniger Genuss. Lieber eine Woche Mallorca intensiv und rund um die Uhr statt zwei Wochen Mallorca mit Sparprogramm.

- Als weitere Reisebarriere werden *berufliche Gründe* genannt. Vor allem Selbstständige und Freiberufler müssen ihren beruflichen Ambitionen Tribut zollen. Sie können sich nur zeitweilig von ihrer Arbeitstätigkeit lösen oder glauben zumindest, persönlich unentbehrlich zu sein. Ein Opfer ihrer ehrgeizigen beruflichen Pläne sind auch die Doppelverdiener, vor allem Paare ohne Kinder. Die zeitliche Koordination ihrer Urlaubspläne macht Schwierigkeiten. Etwa jedes zweite Paar muss auf eine längere gemeinsame Urlaubsreise verzichten oder allein – jede(r) für sich – auf Reisen gehen.
- Auch *familiäre Gründe* zwingen vielfach zu kürzeren Reisen. Wo die Zeitpläne mehrerer Familienmitglieder aufeinander abzustimmen sind, muss die Verkürzung der Urlaubsreise als pragmatischer Kompromiss erscheinen. Infolgedessen führen Familien mit Kindern sowie auch Jugendliche familiäre Gründe häufig als Hindernis an.
- Schließlich werden *zeitliche Gründe* dafür ins Feld geführt, warum man nicht länger verreisen kann. Es fällt auf, dass deutlich mehr Männer als Frauen auf das Argument „keine Zeit“ verweisen.

> Geld und Zeit, Familie und Beruf stellen die Haupthindernisse für längere Urlaubsreisen dar.

Doch je nach Lebenssituation spielen auch psychosoziale Faktoren eine Rolle:

- 1-Personen-Haushalte, die die Last der Reisevorbereitung allein tragen müssen, klagen am meisten über *Stress und Hektik* längerer Urlaubsreisen.
- Familien mit Kindern sowie Rentner weisen insbesondere auf *Strapaze und Beschwerlichkeit* längerer Reisen hin.
- Jeder siebte Geschiedene – in den alten Bundesländern genauso wie in den neuen Bundesländern – gibt unumwunden zu: „Ich hatte dieses Jahr *keine Lust* auf eine längere Reise“.
- Und mehr als alle anderen verweisen Verwitwete darauf, dass sie *„grundsätzlich keine längeren Reisen“* mehr unternehmen. Auch Rentner und Pensionäre zählen sich besonders gerne zu den „Kurzreisenden aus Prinzip“.

8. Reisen im neuen Europa der Regionen

Europa verdankt seinen Namen einer Göttin, der Tochter des Königs von Phönizien. Sie wurde von Zeus in der Gestalt eines Stieres geraubt und nach

Kreta entführt. Bekannt ist auch: Europa hat heute mehr Einwohner als Japan oder die USA. In der Bevölkerungsdichte liegt die EU noch vor China. Allein in Deutschland, England und Frankreich leben 56 Prozent der EU-Bewohner. Das Durchschnittsalter des EU-Europäers liegt mit 34,4 Jahren über dem Weltdurchschnitt von 24 und schwankt zwischen 27,3 Jahren in Irland und 37,2 Jahren in Deutschland. In ein statistisches Durchschnittsbild (vgl. Mermet 1993) gebracht:

> Der EU-Bürger arbeitet mit Maximalgehalt in Luxemburg, zahlt in Spanien die wenigsten Steuern, wohnt wegen des Klimas in einem englisch eingerichteten Haus in Portugal und wählt in Erwartung der höchsten Lebensdauer seinen Alterssitz in Frankreich ...

1. Januar 1993: Ein historisches Datum für das neue Europa der Regionen. Deutsch-niederländische Zollbeamte sägen bei Venlo den Schlagbaum durch. Die Aktion am Neujahrstag symbolisiert den Wandel. Der Schlagbaum, ein Relikt aus vergangenen Zeiten, verliert im neuen Europa ohne Grenzen seine Bedeutung. Für Euphorie besteht dennoch kein Anlass. Denn: *Die Grenzen in Europa ändern sich oft schneller als die Gewohnheiten der Europäer.* Im gleichen Maße, wie die Politiker die Überwindung alter Grenzen forcieren, werden die Bürger neue Grenzen aufbauen – zur Bewahrung ihrer eigenen Identität, ihrer nationalen Kultur und Geschichte. Und je mehr sich die Europapolitik in einzelnen Ländern angleicht und zunehmend austauschbarer erscheint, desto mehr werden die Bürger nach innerer Abgrenzung Ausschau halten, um ihre Eigenart und Eigenständigkeit zu behalten.

> Der Alte Kontinent und das Neue Europa haben eines gemeinsam: Sie waren und sind das bedeutendste Reiseziel der Welt.

In den letzten Jahrzehnten hat sich der Tourismus in Europa zu einem Bereich von ständig wachsender gesellschaftlicher und wirtschaftlicher Bedeutung entwickelt.

Deutschland stellt traditionell das wichtigste Herkunftsland der Urlauber für die EU-Länder dar. Die meisten Urlauber in Dänemark, Griechenland, Italien und den Niederlanden reisen aus Deutschland an. Umgekehrt kam bisher fast jeder zweite ausländische Urlaubsgast in Deutschland aus den Niederlanden, den USA, Großbritannien und Frankreich. Mit der Öffnung des EU-Binnenmarktes erscheint „vieles machbar, was vorher nicht denkbar war" (Lufthansa-Slogan). Über 40.000 Reisebüros und -veranstalter machen von der neuen Niederlassungs- und Dienstleistungsfreiheit in der EU Gebrauch. Die zwangsläufige Folge: *Mehr Wettbewerb, mehr Angebote und günstigere Preise.* Nimmt auch die Reiselust der Europäer zu? Die Reisefreudigkeit ist in den einzelnen europäischen Ländern unterschiedlich ausgeprägt. So ist beispielsweise die Reiselust der Dänen fast doppelt so hoch wie die der Deutschen.

Wo die Europäer Urlaub machen

Von je 100 Befragten planen als Reiseziel

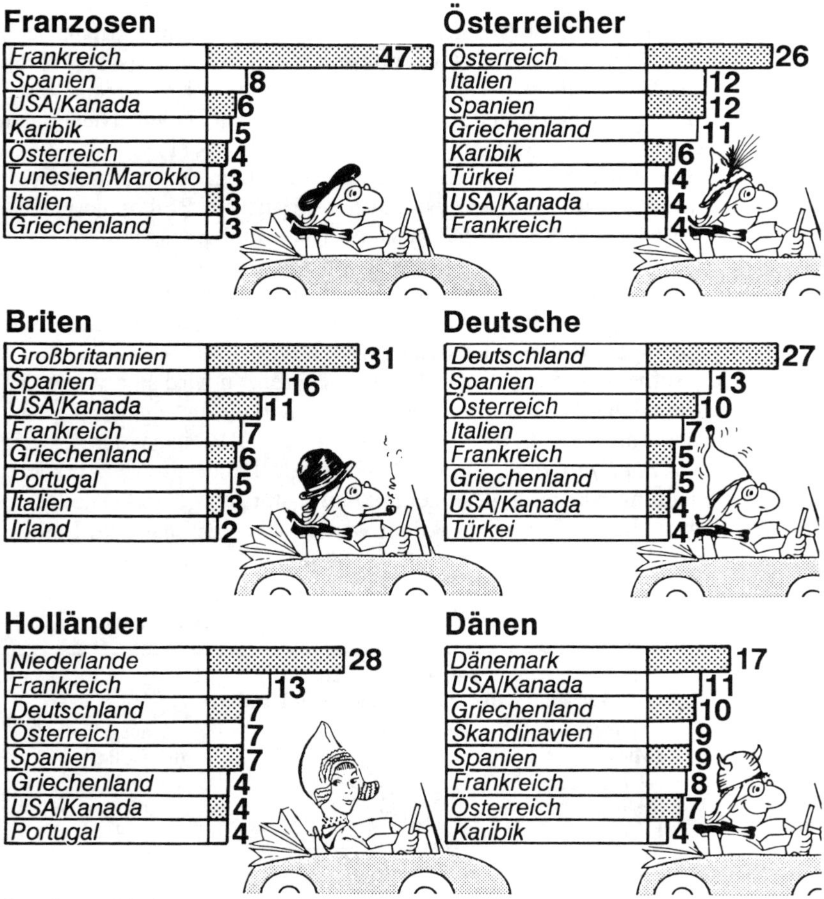

Repräsentativbefragung von 10 000 Europäern ab 15 Jahren (Deutschland ab 14 Jahren)
Quelle: B.A.T Freizeit-Forschungsinstitut 1993

Ein Phänomen beschäftigt derzeit die Ornithologie: *Zugvögel zieht es immer weniger in den Süden.* Viele Vögel verlassen ihr Sommerquartier nicht mehr. Sie bleiben im Winter nahe ihren Brutplätzen und sind gegenüber ihren weitgereisten Verwandten sogar im Vorteil: Sie ersparen sich den kräftezehrenden Flug und besetzen im Frühjahr als erste die besten Brutplätze. Dieses veränderte Zugvogel-Verhalten weist Ähnlichkeiten mit dem Urlaubsverhalten der Europäer auf:

Etwa 40 Prozent der befragten Europäer bleiben im Urlaub zu Hause, wollen also entweder überhaupt nicht verreisen oder Urlaub im eigenen Land machen.

Vom *Urlaub im eigenen Land* sind die Franzosen am meisten angetan. Für fast jeden zweiten Franzosen (47%), heißt das Reiseziel Frankreich. Knapp jeder dritte englische Urlaubsreisende (31%) entscheidet sich für das Reiseland Großbritannien. Deutlich geringer liegt der Anteil der übrigen europäischen Reisenden, die an ihrem eigenen Land als Urlaubsziel Gefallen finden: Niederlande (28%), Deutschland (27%), Österreich (26%) und Dänemark (17%).

Unter Berücksichtigung des Anteils der Bevölkerung, der überhaupt nicht (auch nicht im eigenen Land) verreist und nur Urlaub auf Balkonien machen will, bleibt also festzuhalten: Mindestens zwei von fünf Europäern verlassen im Urlaub das eigene Land nicht. Dies trifft am meisten für die Franzosen, am wenigsten für die Dänen zu. Klima, Landschaft und geographische Lage entscheiden in Verbindung mit unterschiedlichen kulturellen Normen wesentlich über bodenständiges oder mobiles Urlaubsverhalten.

Mit der Aufhebung der europäischen Binnengrenzen wird sich vermutlich in den nächsten Jahren auch das Verhalten der „Urlaub-im-eigenen-Lande"-Gruppe verändern. *Neue Euro-Regionen entstehen*, z.B. nach dem Prinzip *„Drei Länder, aber nur eine Region..."* Nationale Landesgrenzen verlieren dann an Bedeutung, während gleichzeitig kulturhistorisch gewachsene Regionen im näheren Umfeld immer attraktiver werden wie z.B. Saarland, Lothringen und Luxemburg oder Rheinland-Pfalz, Südbelgien und Luxemburg oder Bayern, Böhmen und Österreich. Wer nicht oder nicht mehr in die Ferne schweifen will, findet im *Europa der Regionen* sein zweites Zuhause.

Europa auf Reisen
Basisdaten in sechs europäischen Ländern

	Einwohner (Mio)	Urlaubsdauer (Tage)	Urlaubsausgaben (Mrd. Dollar)
A	7,7	26,5	6,3
D	79,9	30,0	30,1
DK	5,1	25,0	3,8
F	56,4	25,0	13,5
GB	57,4	25,0	19,8
NL	14,9	32,0	7,4

Quellen: EU-Kommission; Österreichisches Statistisches Zentralamt; Bundesvereinigung der Deutschen Arbeitgeberverbände

Die Deutschen titulieren sich oft selbst als „Weltmeister des Reisens", obwohl sie eigentlich – neben den Amerikanern – nur führend im Geldausgeben auf Reisen sind. Sie geben auf Auslandsreisen europaweit am meisten aus. Hingegen liegt die Reisefreudigkeit der Skandinavier seit Jahren deutlich höher und auch hinsichtlich der Urlaubsdauer werden sie von den Niederländern übertroffen.

In der Beliebtheitsskala der befragten Europäer rangiert Deutschland als Reiseland an nachgeordneter Stelle – nach Frankreich, Spanien, Österreich,

Griechenland, Italien, Portugal und Skandinavien. Aus dem Reiseland Deutschland wird eher ein Transitland für Europäer, das vor allem die Dänen und Holländer auf der Pkw-Durchreise nach Österreich und Italien nutzen. Hinzu kommt: In wirtschaftlich schwierigen Zeiten haben *Billiganbieter Hochkonjunktur*. Die Urlaubsreisenden entwickeln ein sehr feines Gespür für ein gutes Preis-Leistungs-Verhältnis. Die eigenen wirtschaftlichen Probleme in den einzelnen europäischen Ländern und die „starke Mark" halten ausländische Gäste zunehmend von einem längeren Besuch in Deutschland ab.

> Die Ursachen für die geringe Attraktivität Deutschlands als Reiseland sind vielfältig: Die Dänen vermissen in Deutschland das gesunde Klima, die Franzosen klagen über zu viel Verkehr, die Niederländer hätten gern besser ausgestattete Campingplätze, die Österreicher trauern ihrer guten Küche nach und den Engländern sind die Urlaubsunterkünfte in Deutschland einfach zu teuer.

Nach den Ergebnissen einer Repräsentativumfrage in der EU durch das französische Institut SOFRES (1993) bescheinigen die EU-Bürger Deutschland zwar den höchsten Lebensstandard Europas – doch das angenehmste Klima biete Spanien, die meisten Kunstschätze Italien und das beste Essen Frankreich. *Klima, Kultur und Kulinarik*: In diesen Bereichen kann das Reiseland Deutschland die europäische Norm kaum übertreffen. Im Wettbewerb um die Gunst der europäischen Touristen empfiehlt sich eher eine andere, eine eigene Werbestrategie: Wer einmal auf einer Wohlstandsinsel Urlaub machen und unbeschwert Sauberkeit und Sicherheit, Komfort und hohe Umweltqualität genießen will, sollte eine Deutschlandreise buchen.

9. Reiseverkehrsmittel der Europäer

Rund 346 Millionen Europäer können sich im weltweit größten Binnenmarkt freier bewegen als je zuvor. Die Folgen des freien Verkehrs von Personen und Dienstleistungen sind derzeit kaum absehbar. Immerhin hat sich der Straßenverkehr in der EU in den letzten zwanzig Jahren mehr als verdoppelt. Da auch der Urlaubsreiseverkehr auf den Straßen in unvermindertem Tempo weiter wächst, wird seit der Öffnung der Grenzen ein europaweites Verkehrskonzept für die Entwicklung komplementärer Bus-, Flug- und Schienenverkehrssysteme immer dringender. Das Straßenverkehrssystem in Deutschland gehört zu den besten der Welt. Und weil es für Autofahrer so attraktiv ist, sind Überfüllungen und Überlastungen im Neuen Europa vorprogrammiert. *Wird Deutschland zum Transitland für Europäer*?

Europa auf Reisen
Überfüllung auf der Straße – und in der Luft

Von je 100 Befragten nennen als Verkehrsmittel für die Urlaubsreise:

	A	D	DK	F	GB	NL
Auto	41	48	36	58	32	61
Flugzeug	45	31	49	30	57	23
Bahn	9	8	5	8	4	6
Bus	4	9	7	2	4	7
Schiff	1	1	3	2	2	2
Motorrad, Fahrrad	2	1	4	1	0	1

B·A·T Freizeit-Forschungsinstitut 1993

Die Ergebnisse der Umfragen nach den Reiseverkehrsmitteln der Europäer stellt die Frage nach dem befürchteten Verkehrsinfarkt in einem anderen Lichte dar: Offensichtlich findet nicht nur die Überfüllung der Straßen, sondern auch die Überlastung der Lufträume statt. In Österreich, Dänemark und Großbritannien kann es bald mehr Flugreisende als Pkw-Reisende geben. Eine *Verkehrsverlagerung von der Straße in die Luft* (und nicht auf die Schiene) deutet sich an. Werden die europäischen Urlauber in Zukunft mehr Zeit beim Ein- und Aus-Checken verlieren als beim eigentlichen Flug in den Urlaub gewinnen?

Der Verdrängungswettbewerb der Verkehrssysteme findet in Zukunft mehr zwischen Straße und Luft als zwischen Straße und Schiene statt. Die Bahn wird ihren Anteil behaupten, aber nicht wesentlich steigern können.

Und die europäischen Urlaubsreisenden profitieren vor allem vom Preiskampf der Charter- und Liniengesellschaften. Die Internationalisierung und Europäisierung des Flugverkehrs (Lufthansa: „Welcome Europe“) in den nächsten Jahren wird auch den deutschen Reisemarkt verändern. Die deutschen Anbieter werden verstärkt auf ausländische Flughäfen in Kopenhagen, Amsterdam oder Luxemburg ausweichen, um die steigende Nachfrage bewältigen zu können. Während die EU noch über Verkehrslenkungen auf der Straße nachdenkt und europaweite Verkehrskonzepte für und gegen das Auto entwickeln will, lösen die Europäer das Problem auf ihre Weise: *Sie steigen einfach vom Auto auf das Flugzeug um...*

10. Qualitätstourismus im neuen Europa

Aus der Konsumforschung ist bekannt: Joghurt bleibt Joghurt – nur die Deutschen mögen das Milchprodukt gerne mit Erdbeergeschmack, die Italiener favorisieren den Orangengeschmack und die Franzosen sind vom Apfelgeschmack angetan. Unterschiedliche historische, soziale, kulturelle, geographische und klimatische Rahmenbedingungen sorgen auch im Urlaub für unterschiedliches Qualitätserleben und lassen den Euro-Tourismus trügerisch erscheinen. Andererseits setzt sich europaweit der Begriff „Qualitätstourismus" – in deutlicher Distanz zum Massentourismus – also „Klasse statt Masse" bzw. „Qualität vor Quantität" durch.

Zehntausend Europäern aus sechs Ländern wurden unterschiedliche *Merkmale für Qualitätsurlaub* zur Auswahl und Entscheidung vorgelegt. Was z.B. für jeden achten deutschen Urlauber am wichtigsten ist (Fahrradwege am Urlaubsort, 12%), hat für die übrigen Europäer die geringste Bedeutung (6%) (vgl. Kapitel 7).

Auch der Urlaubstag hat seinen Feierabend: Doch mehr als im Alltag zu Hause sind im Urlaub Restaurant-, Cafe- und Kneipenbesuche gefragt. Es gibt kaum einen Bereich, der im europäischen Verhalten so große Unterschiede zeigt wie das Ausgehverhalten im Urlaub. Während sich Franzosen und Niederländer in dieser Beziehung äußerst zurückhalten, wollen die Dänen von Kneipenbesuchen einen fast exzessiven Gebrauch machen. Wenn die Europäer auch nur annähernd das verwirklichen, was sie als Erwartung an den Urlaub formulieren, dann böte sich ins Bild gesetzt folgende Urlaubsszenerie: Einem Franzosen und einem Holländer, zwei Engländern, zwei Deutschen und zwei Österreichern würden in einer Kneipe sechs Dänen gegenüberstehen...

> Diese Hauptmerkmale kennzeichnen den Qualitätstourismus im neuen Europa: Eine Mischung von Atmosphärischem und Ästhetischem, Wärme und Weite, Attraktivem und Kulinarischem.

Dabei weisen erwartungsgemäß Deutsche und Österreicher große Übereinstimmungen in ihren Anschauungen auf. Die Holländer geben sich in ihren Ansprüchen an den Urlaub relativ bescheiden, während die Dänen im europäischen Vergleich eine fast exponierte Stellung einnehmen: In ihrer Einstellung entsprechen sie am wenigsten dem „statistischen Durchschnitts-Europäer".

Die Befragung von zehntausend Europäern in sechs Ländern fördert drei überraschende Ergebnisse zutage:

1. *Europäer im Urlaub kennen kaum Sprachprobleme.* Für 83 Prozent der befragten Europäer ist es nicht wichtig, ob auch die eigene Sprache im Urlaubsland verstanden wird.
2. *Europäer im Urlaub kennen kaum Umweltprobleme.* Rund 80 Prozent aller befragten Europäer halten die Umweltfreundlichkeit eines Ferienortes nicht gerade für wichtig. Lediglich für jeden dritten Deutschen sind umweltfreundliche Bedingungen „persönlich entscheidend" bei der Auswahl des Urlaubszieles; die umweltbewusste Anhängerschar bei den Holländern (14%) oder Dänen (4%) ist deutlich geringer.

> Die Tourismusentwicklung im Neuen Europa kann als politischer Fortschritt gefeiert werden, im Hinblick auf die Umweltdiskussion könnte sie aber auch Rückschritt bedeuten: Die deutschen Urlaubsanbieter müssten sich dann dem europäischen Mittelmaß anpassen.

Droht die ökologische Vorreiterschaft der Deutschen auf der gemeinsamen europäischen Reise verloren zu gehen? Die wirtschaftliche Wettbewerbssituation könnte die Umweltproblematik in den Hintergrund drängen. Und die im europäischen Vergleich hohe deutsche Umweltmoral würde dann in der touristischen Entwicklung der nächsten Jahre eher dem alten biblischen Spruch gleichen: „Wasser predigen – und Wein trinken".

3. Europäer im Urlaub kennen kaum Geldprobleme. Über drei Viertel der befragten Europäer legen auf eine preiswerte Unterkunft keinen besonderen Wert. Auch in Rezessionszeiten gilt offenbar: Am Urlaub wird zuallerletzt gespart; lieber auf eine Reise verzichten, als sich im Urlaub spürbar einschränken müssen.

11. Typologie des Eurotouristen

Natürlich gibt es den „typischen Deutschen" oder „typischen Engländer" nicht. Andererseits zeigen die Ergebnisse der europäischen Tourismusanalyse, in der die Europäer selbst ihr eigenes Urlaubsverhalten beschreiben (und nicht als Klischee, Vorurteil oder Vorstellungsbild von anderen zugeschrieben bekommen), dass es durchaus *länderspezifische Einstellungen und Verhaltensweisen im Urlaub und auf Reisen* gibt. Diese Unterschiede sind empirisch nachweisbar. Mit der Entwicklung zum „Euro-Tourismus" mögen sie in Zukunft an Bedeutung und Prägnanz verlieren – noch aber sind die nationalen Eigenarten vorhanden und als Besonderheiten bzw. typische Merkmale beschreibbar.

– *Der Österreicher: Essen und Baden in schöner Landschaft*

Der Österreicher kann auch im Urlaub nicht aus seiner Haut heraus. Alles muss so schön wie zu Hause sein: Die schöne Landschaft, das Baden im See oder Meer und das gute Essen. Da kommen fast nur Frankreich und Italien infrage: Sie bieten landschaftliche und kulinarische Reize zugleich. Und auch in den Details muss das Angebot stimmen – sonst ist „Schmäh" angesagt. Das Klima muss gesund, die Einkaufsmöglichkeit gut und die Atmosphäre gemütlich sein. Und das Ganze soll auch noch preiswert sein.

– *Der Deutsche: Schön, gemütlich und sauber muss es sein*

Für den Deutschen muss ein Urlaubsziel fast „alles" bieten: Es soll so sauber und gemütlich wie zu Hause sein, Sonne und Umweltqualität garantieren und die eigene Sprache sollte auch verstanden werden. Der Deutsche ist reiseerfahren und ausgabefreudig, anspruchsvoll und kritisch. „Qualität hat seinen

Preis" – und so hält er sich am meisten im deutschsprachigen Raum auf: Die Reiseziele in Deutschland, Österreich und der Schweiz werden zum „zweiten Zuhause" und die Reiseziele im Süden zu austauschbaren Sonneninseln.

– *Der Däne: Grenzenlos reiselustig*
Der Däne könnte Europameister in Sachen Reisen sein. Urlaubszeit ist für ihn Reisezeit. Fluchtartig verlässt er die eigenen vier Wände und – das eigene Land. Der Däne ist Europolit in Sachen Reisen: Sprachbarrieren gibt es für ihn nicht; er fühlt sich überall zu Hause. In seinen Ansprüchen gibt er sich bescheiden: Ein Swimmingpool, eine Kneipe und ein gemütliches Dach über dem Kopf genügen ihm. Im Urlaub ist er viel auf Trab und hält sich sportlich in Bewegung.

– *Der Franzose: Am liebsten im eigenen Land*
Frankreich ist des Franzosen liebstes Urlaubsland. Wie kaum ein anderer Europäer fühlt er sich im Urlaub im eigenen Land am wohlsten. Der Franzose ist ein bodenständiger Genießer, hält viel von landestypischer Umgebung und lässt sich gern im Urlaub unterhalten. Gäbe es den Club Méditerranée nicht, müsste er für den Franzosen fast erfunden werden: „La mer", „le soleil" und abwechslungsreiche „animation" gehören für ihn zu einem gelungenen Urlaub.

– *Der Engländer: Immer der Sonne nach*
Seine gute Stimmung fängt im Urlaub mit dem guten Wetter an. Der Engländer ist sonnenhungrig. Sein liebstes Urlaubsland heißt Spanien, ein Reiseziel mit Sonnengarantie. „My home is my castle" gilt auch für den Urlaub. Die Ferienunterkunft muss „comfortable" und mit dem Flugzeug schnell erreichbar sein. Ansonsten will er seine Ruhe haben und zwischen „sunshine" und „sightseeing" den Urlaub genießen.

– *Der Holländer: Alles muss bequem erreichbar sein*
Am liebsten ist er mit Auto, Wohnwagen und Wohnmobil unterwegs. Wie kein anderer Europäer legt er auf die bequeme Erreichbarkeit seines Reiseziels großen Wert. Für Zwischenstops und Aufenthalte beansprucht er gut ausgestattete Campingplätze und macht von Fahrradvermietung und Fahrradwegen regen Gebrauch. Er bevorzugt Reiseländer, die vor der Haustür liegen und schnell und bequem zu erreichen sind: Frankreich, Deutschland und Österreich: Ob französisch oder deutsch – Sprachprobleme kennt er kaum.

> Nach den Ergebnissen der Befragung von 10.000 Personen aus sechs europäischen Ländern reist der „typische Europäer" am liebsten nach Frankreich, benutzt das Auto oder Flugzeug für die Urlaubsreise, legt großen Wert auf Sonne und Sauberkeit, viel Atmosphäre und schöne Landschaft und findet es auch ganz normal, wenn seine eigene Sprache im Urlaubsland nicht verstanden wird.

Die Charakterisierung der Reisenden nach nationalen Eigenarten macht deutlich: *„Den" Europäer gibt es noch lange nicht.* Zu unterschiedlich sind die länderspezifischen Ausprägungen, auch wenn sie aus kulturkritischer Sicht fast klischeehaft erscheinen mögen. Doch Klischee und Wirklichkeit liegen oft nicht weit auseinander, stimmen teilweise sogar überein. Sie sind historisch gewachsen. So hat beispielsweise die internationale Wertewandel-Forschung unlängst nachgewiesen: Bei einem Dänen ist die statistische Wahrscheinlichkeit, dass er sich für „sehr zufrieden" hält, im Durchschnitt sechsmal höher als bei einem Italiener (Inglehart 1989, S. 40). Die Dänen – wie auch die Niederländer – zeigen traditionell die größte Lebenszufriedenheit.

Die Erklärung hierfür kann nicht im unterschiedlichen Sprachverständnis gesucht werden, denn sonst müssten beispielsweise deutschsprachige, französischsprachige und italienischsprachige Schweizer jeweils andere Zufriedenheitswerte aufweisen, was nicht der Fall ist. Nicht die Sprache, sondern *unterschiedliche kulturelle Normen, die von Generation zu Generation weitergegeben werden*, erklären die Einstellungs- und Verhaltensunterschiede auch im Urlaub.

Für viele europäische Reiseziele brechen in Zukunft schwere Zeiten an. Die Kategorie „Fest in deutscher Hand" wird es bald nicht mehr geben, weil die Europäisierung auf breiter Ebene zunimmt. Touristische Attraktionen werden sich in Zukunft mehrere Nationen teilen müssen. Kommt es zu nationalen Urlaubskämpfen? Die Deutschen gewinnen den Kampf um die Liegestühle, die Österreicher besetzen das Restaurant, die Skandinavier die Bar und die Franzosen lassen sich rund um die Uhr unterhalten – frei nach einem Reisebericht: „Die Drinks mixen die Spanier. Um drei Uhr werden die letzten Dänen ins Freie getragen ..." Der *Kampf um das eigene Klischee* wird „so" sicher nicht ausfallen, aber ganz konfliktfrei wird er auch nicht sein.

Wie kaum in einem anderen Lebensbereich kommt es im europäischen Tourismus zu einem Melting Pot unterschiedlicher Lebensweisen zwischen savoir vivre und dolce far niente, deutscher Gemütlichkeit und behagelig atmosfaere. Auch Sprachen-Mix ist angesagt: Mal ein spanischer Gruß oder ein griechisches Dankeschön, eine Frage in Deutsch und dazwischen englische Konversation. Birgt das größere Sprachverständnis der Eurotouristen auch größere Zukunftschancen für das wirkliche Verstehen?

Aus der Vorurteilsforschung ist bekannt: Touristische Unternehmungen führen nicht zwangsläufig zur Revision von Vorurteilen. Ganz im Gegenteil: 100 Millionen Begegnungen von Touristen können eher „100 Millionen Platzpatronen von Fehlurteilen, Vorurteilen und Missverständnissen" gleichen (von Stackelberg 1965, S. 12). Viele Urlauber reisen in ein anderes Land, um ihre Vor-Urteile erst einmal bestätigt zu sehen. Und am Reiseziel werden die Reisenden von „Bereisten" erwartet, die wiederum ihre Klischees bestätigt haben wollen. Da es zudem oft sprachliche Verständigungsprobleme gibt, führen insbesondere kürzere Urlaubsreisen („Stippvisiten") zunächst mehr zur Verfestigung von Stereotypen. Erst längere, wiederholte und mehrmalige Reisen in Verbindung mit eigenen positiven Reiseerlebnissen können Vorurteile abbauen helfen und wirkliches Verstehenlernen fördern.

> Die meisten Menschen urteilen danach, was sie im privaten Umfeld und in den Medien „gesehen", „gehört" und „gelesen" haben. Erst der unmittelbare persönliche Kontakt in Verbindung mit positiven Erlebnissen löst Einstellungsänderungen aus.

Erlebnisse auf längeren Urlaubsreisen berühren die Menschen, wecken Emotionen, machen sie betroffen und aktivieren sie (vgl. Lewin 1953, Treffer 1978). Was die Menschen auf Reisen erleben, hat Ereignischarakter, hinterlässt oft einen starken emotionalen Eindruck und bleibt nachhaltig in Erinnerung. Wenn der *Eurotourismus zum Erlebnistourismus* wird, entwickelt sich internationale Verständigung in Zukunft von selbst.

12. Marktsegmente im Eurotourismus

5.300 Europäer aus den fünf Ländern Deutschland, Niederlande, Belgien, Luxemburg und Frankreich wurden danach gefragt, welche Formen der Urlaubsgestaltung „am besten das eigene Urlaubsverhalten beschreiben". Dabei zeigte sich, dass wir Abschied nehmen müssen von der Vorstellung des „Einheitsprodukts Urlaub". Urlaub befriedigt die vielfältigsten Bedürfnisse. Zehn verschiedene Urlaubsformen und damit auch Marktsegmente zeichnen sich derzeit ab:

– *Marktsegment I: Relaxurlaub (57%)*

Das umfangreichste Marktsegment im europäischen Tourismus stellt der Relaxurlaub dar. *Abschalten, ausspannen und erholen* stehen im Mittelpunkt des Relaxurlaubers, der zur Ruhe kommen und in Ruhe gelassen werden will (mitunter auch von der eigenen Familie). Möglichst kein Stress und weniger Hektik. Einfach ausruhen und die Seele baumeln lassen. Ruhe will gepflegt, ja zelebriert sein. Ausschlafen, alles in Ruhe angehen lassen und an die eigene Gesundheit denken. Kaum ein Europäer beherrscht diese Kunst des savoir vivre im Urlaub so souverän wie die Franzosen, während die Deutschen im europäischen Vergleich am wenigsten die innere Ruhe und Ausgeglichenheit im Urlaub finden.

– *Marktsegment II: Natururlaub (46%)*

Der Natururlaub stellt das zweite Marktpotential im europäischen Tourismus dar. Natururlauber können und wollen auf „*schöne Natur*" nicht verzichten. Das Grüne wird gesucht, die idyllische Landschaft und das Naturbelassene. „Natur pur" mit allen Sinnen erleben – ein Bedürfnis, das bei den Niederländern am stärksten ausgeprägt ist. Im Freien und in frischer Luft, in Natur und Landschaft fühlen sie sich besonders wohl.

– *Marktsegment III: Sonnenurlaub (43%)*

Die Sehnsucht nach Sonne und Wärme überstrahlt viele anderen Urlaubswünsche. Aus der urmenschlichen Sehnsucht ist ein Anspruch auf „*Sonnenbaden im warmen Klima*" geworden. Kälte und schlechtes Wetter werden nicht mehr schicksalhaft hingenommen. Im europäischen Vergleich legen die Belgier auf Süden, Sommer, Strand und Sonnenbaden den größten Wert.

– *Marktsegment IV: Abenteuerurlaub (26%)*
Dem Abenteuerurlaub haftet etwas Ungewöhnliches, Außergewöhnliches, auf jeden Fall Nichtalltägliches an. Der Alltag wird abgeschüttelt und der Urlaub zum Abenteuer auf Zeit. Der Abenteuerurlauber will und „*muss etwas erleben*". Der Urlaub wird zum letzten Abenteuer und der Urlauber zum Kurz-Zeit-Helden. Die Franzosen scheinen die geborenen Abenteuerurlauber zu sein. Die Entdeckung des Abenteuerurlaubs in Deutschland steht dagegen noch aus. Zwischen Franzosen und Deutschen liegen Welten. Urlaub als angst- und lustvolles Abenteuer hat für Deutsche (noch) die geringste Bedeutung.

– *Marktsegment V: Spontanurlaub (26%)*
Jeder vierte Europäer ist vom *Reisen ohne Planung und Programm* fasziniert. Der Spontanurlauber will frei und unabhängig bleiben und im Urlaub seine Spontaneität ausleben – von der kurzfristigen Urlaubsentscheidung über den stand-by-Tourismus bis zum gelegentlichen Orts- und Kulissenwechsel während des Urlaubs. Meister in der Urlaubsimprovisation scheinen wiederum die Franzosen zu sein: Doppelt so viele Franzosen (38%) wie Deutsche (18%) können sich dafür begeistern. Für Deutsche muss offensichtlich auch der Urlaub ordentlich geplant werden und darf nicht einfach dem Zufall überlassen bleiben.

– *Marksegment VI: Kultururlaub (25%)*
Jeder vierte Europäer kann und will heute im Urlaub auf Kultur nicht mehr verzichten. *Kunst, Kultur und Sehenswürdigkeiten* machen im Urlaub einen wesentlichen Teil der Lebens- und Erlebnisqualität aus. Sonnenbräune vergeht, kulturelle Impressionen und Exkursionen wirken oft lange nach. Und sie sind frei von Alltagszwängen (z.B. Garderobenvorschriften) oder Bildungsängsten (z.B. Angst vor Überforderung). Der Urlauber erlebt Kultur viel näher und anfassbarer, leichter und unterhaltsamer. Als „Kultur pur" kann er sie hautnah begreifen. Ein Drittel aller Niederländer sucht im Urlaub die „Kultur zum Anfassen", während die deutschen Urlauber deutlich weniger Wert auf Kulturgenuss legen.

– *Marktsegment VII: Vergnügungsurlaub (24%)*
Die schönsten Wochen des Jahres müssen ganz einfach Freude machen. Der Alltag ist hart und ernst genug. Insbesondere bei Jugendlichen und jungen Leuten stehen *Amüsieren und viel Spaß* haben im Mittelpunkt des Urlaubserlebens. Spaß muss dabei nicht nur oberflächliche Unterhaltung und Zerstreuung sein. Was im Urlaub wirklich Spaß und Freude macht, ist mehr eine Empfindung der Freiheit von Alltagssorgen und vom Zeitdruck in der Arbeit. Und auch die Geldnot stellt in der Regel kein großes Problem dar, da sich die meisten Urlauber ihre Reise wochen- und monatelang verdient oder erspart haben. Urlaub muss Freude machen, sagt fast jeder dritte Franzose, aber nur jeder fünfte Deutsche.

– *Marktsegment VIII: Kontakturlaub (21%)*
Der Urlaub schafft zahlreiche Anlässe und Gelegenheiten für Kontakte. Kontakte, die im Vergleich zum Alltag weniger formell, gezwungen oder ver-

bindlich sind. Hier kann man jederzeit zwanglos mit anderen Menschen zusammenkommen und auch *neue Leute kennen lernen*. Die stärksten Kontaktwünsche im Urlaub melden die Luxemburger an, während sich die Belgier im Hinblick auf neue Urlaubsbekanntschaften deutlich zurückhaltender zeigen. Für die meisten Europäer aber gilt: Im Urlaub muss alles ganz anders als zu Hause sein – eine andere Umgebung und andere Gesichter. Damit ist mehr der Wechsel der Kulisse und weniger das Knüpfen neuer Kontakte gemeint.

– *Marktsegment IX: Aktivurlaub (19%)*

Urlaubszeit ist Aktivzeit. Im Urlaub will und „soll" man eigentlich die Trägheit, Bequemlichkeit und Bewegungsarmut des Alltags überwinden, also *sportlich und immer in Bewegung sein*. Doch die Wirklichkeit vermittelt ein anderes Bild. Der Urlaubsmensch kann den Alltagsmenschen nicht vergessen machen. Aktivurlaub findet schon statt – aber auf unterem Level. Aktivurlaub wird mehr demonstriert als realisiert. Für die Niederländer und Franzosen hat der Aktivurlaub im europäischen Vergleich noch die größte, für die Deutschen die geringste Bedeutung. Die meisten Deutschen leben im Urlaub eher nach dem Grundsatz „Man könnte ja ..." Sie finden es gut, dass im Urlaub sportliche Aktivitätsprogramme angeboten werden, ohne sie in Anspruch nehmen zu müssen.

– *Marktsegment X: Komforturlaub (15%)*

Ein gewisser Wohlstand gehört heute schon für viele Europäer zur Grundausstattung im Alltag. Also suchen sie im Urlaub den besonderen Komfort: Sie wollen *sich etwas leisten können und verwöhnen lassen*, wollen sich rundum wohl und geborgen fühlen. Die Urlaubsatmosphäre muss Behaglichkeit und Wohlgefühl ausstrahlen. Niederländer stellen in dieser Hinsicht die höchsten Ansprüche (27%), Belgier und Franzosen geben sich deutlich bescheidener (jeweils 12%).

Realistischerweise muss noch einmal darauf hingewiesen werden: Nicht alle Franzosen suchen im Urlaub nur das schnelle Abenteuer. Nicht alle Luxemburger wollen ständig neue Leute kennen lernen und auch die Deutschen denken im Urlaub nicht immer nur an die reine Erholung. Gerade am Beispiel der Deutschen lässt sich zeigen:

Als generelles Leitbild dominiert der sanfte Urlaub zwischen Sonne, Ruhe und Natur.

Doch zwischen den Generationen liegen Welten. Die junge Generation favorisiert den Sonnenurlaub, will faulenzen und viel Spaß haben. Die Elterngeneration der 35- bis 54-Jährigen hingegen will ihre Ruhe haben und Sonne und Natur genießen. Und für die ältere Generation der über 55-Jährigen zählt eigentlich nur noch eins: Natur. Mit zunehmendem Alter entfallen die anderen Urlaubswünsche nicht. Die Wunschbilder bleiben, aber die Wünsche werden bescheidener.

Trotz der Vielfalt möglicher Urlaubsformen werden *individuelle und nationale Eigenarten* auch in Zukunft erhalten bleiben. So vermissen beispielsweise die Deutschen im Urlaub nicht nur das eigene Bett, sondern auch die Zeitung aus der Heimat, das Schwarzbrot und das deutsche Bier. Und die Engländer geben auf die Frage der britischen Reisebürokette Thomas Cook, was ihnen auf Reisen besonders mitnehmenswert erscheint, die Antwort: Erstens Teebeutel und zweitens Reisebügeleisen (vgl. tdt vom 14. Sept. 1993). Beide rangieren als beliebteste Reisebegleiter noch vor dem Ehe- oder Lebenspartner. Die ‚lieben Gewohnheiten' sind wie eine ‚zweite Natur' und haben fast die Wirkung einer Kleidung aus Eisen, die auch im Urlaub nur schwer zu sprengen ist.

13. Touristische Qualitätsprofile im Ländervergleich

Dem Tourismus in Europa steht eine neue Diskussion bevor: „Urlaubsqualität" muss neu definiert werden. Die wachsende Reise"erfahrung" hat die Qualitätsansprüche der Urlauber verändert. Qualität ist dabei nicht nur eine Geldfrage. Gemeint ist vielmehr: *Qualitätssicherung, Qualitätskontrolle, Qualitätsverbesserung* – frei nach der Forderung des Tourismusministers der Balearen Jean Flaquer Riutort: „Höchste Qualität für jede Klasse, also für jeden Geldbeutel". Höchste Qualität im Service, in der Infrastruktur und im Atmosphärischen – von der schönen Landschaft über den sauberen Strand bis zur sicheren Straße.

Die Europäische Tourismusanalyse erlaubt eine differenzierte Bewertung der touristischen Stärken und Schwächen Deutschlands. Aus der jeweiligen Sicht der Europäer von fünf verschiedenen Ländern ergeben sich ganz spezifische Qualitätsprofile:

- Aus der Perspektive der *Belgier* ist die Reisewelt in Deutschland noch in Ordnung. Geradezu begeistert wird die gute Erreichbarkeit mit dem Auto eingeschätzt und die gute touristische Infrastruktur von den Einrichtungen bis zu den Dienstleistungen gelobt. Auch die kulturellen Sehenswürdigkeiten Deutschlands können sich im europäischen Vergleich sehen lassen. Lediglich bei der Beurteilung des Preis-Leistungs-Verhältnisses klafft eine Kluft zwischen Wunsch (65%) und Wirklichkeit (48%).
- Ähnlich positiv wird Deutschland von den *Niederländern* gesehen. Fast alles, was für die Niederländer im Urlaub wichtig ist, finden sie in Deutschland als Realität vor: Von der landschaftlichen Schönheit über den Schutz vor Diebstahl und Überfällen bis hin zur Garantie, von Bettlern und Drogenabhängigen nicht belästigt zu werden.
- Neben dem Sicherheitsgedanken heben die *Franzosen* vor allem den Aspekt der Sauberkeit im Reiseland Deutschland hervor. Deutschland ist den Franzosen als Reiseziel lieb – aber mitunter auch zu teuer. Aus französischer Sicht stimmt in Deutschland das Preis-Leistungs-Verhältnis

nicht mehr. Die angebotene Urlaubsqualität ist für viele unbezahlbar geworden.

- Die *Luxemburger* zeigen sich vom touristischen Qualitätsprofil Deutschlands relativ wenig beeindruckt: Die landschaftliche Schönheit kann ihren hohen Erwartungen nicht standhalten, an das gesunde Klima wollen sie nicht so recht glauben und viele touristische Leistungen in Deutschland werden ihrer Meinung nach überteuert angeboten.
- Auch die *Deutschen* räumen selbstkritisch ein, dass das Preis-Leistungs-Verhältnis im eigenen Land nicht immer ihren Erwartungen entspricht – ganz abgesehen davon, dass sie bei einem Inlandsurlaub nicht gerade von der Sonne verwöhnt werden.

Den unbestreitbaren Mängeln Deutschlands als Reise- und Urlaubsland für Europäer stehen jedoch touristische Stärken gegenüber, die für die Auslandswerbung außerordentlich bedeutsam sein können:

Das Qualitätsprofil des Reiselandes Deutschland

Dem Reiseland Deutschland wird im europäischen Vergleich die beste touristische Infrastruktur in bezug auf Einrichtungen und Dienstleistungen bescheinigt. Als herausragend gilt auch die gute Erreichbarkeit mit dem Auto bzw. die gute Erschließung mit öffentlichen Verkehrsverbindungen. Und im Hinblick auf Sauberkeit nimmt Deutschland aus der Sicht der befragten Europäer ebenfalls den Rang Nr. 1 ein.

Andere Länder haben andere Stärken. Dies gilt insbesondere für das Lieblingsreiseziel der Europäer: *Frankreich.*

Das Qualitätsprofil des Reiselandes Frankreich

Das Reiseland Frankreich stellt in den Augen der Europäer ein Symbol für die heitere und kultivierte Seite des Urlaubslebens dar: Wer hier Urlaub macht, kann Sonne tanken, sich in angenehmem gesundem Klima erholen, eine fast unvergleichlich schöne Landschaft genießen und sich an besonderen kulturellen Sehenswürdigkeiten erfreuen.

Wo viel Sonne ist, muss auch Schatten sein. Die Niederländer kritisieren vor allem die mangelnde Sicherheit und Sauberkeit in Frankreich. Die Luxemburger fühlen sich mehr von Bettlern belästigt. Und die Deutschen stöhnen, dass die Urlaubsqualität in Frankreich einen so hohen Preis hat.

Auch *Luxemburg* hat ein spezifisches touristisches Profil. Einerseits lässt die Erlebnisqualität in Luxemburg noch zu wünschen übrig: Europäische Urlauber vermissen hier vor allem die Vielfalt kultureller Sehenswürdigkeiten. Andererseits gehört zu den besonderen Stärken Luxemburgs die europäische Dimension.

> **Das Qualitätsprofil des Reiselandes Luxemburg**
>
> Das Reiseland Luxemburg kommt dem wachsenden Bedürfnis der heutigen Touristen nach mehr Ordnung, Sicherheit und Geborgenheit im Urlaub am meisten entgegen. In Luxemburg können sich die Urlauber sicher fühlen und brauchen keine Angst vor Überfällen oder Belästigungen zu haben. Luxemburg wirkt auf Urlauber wie ein zweites Zuhause, zumal es nach Ansicht der befragten Europäer hier kaum sprachliche Verständigungsprobleme gibt.

Hier zeigt sich echte luxemburgische Tradition, eine historisch gewachsene Weltoffenheit. Schon Johann Wolfgang von Goethe hob 1792 in seiner „Campagne in Frankreich" auf der Reise von Weimar nach Luxemburg die *Freundlichkeit der Luxemburger* hervor, die sich gern in der Sprache des Besuchers unterhielten. Luxemburg hat ja eine wechselvolle Geschichte hinter sich und wurde von Burgundern, Habsburgern, Spaniern, Franzosen und Preußen eingenommen. Geblieben ist bis heute die *Weltoffenheit*, die positive Einstellung zu Europa und zu Menschen aus anderen Ländern. Luxemburg galt lange Zeit als das „Gibraltar des Nordens": Uneinnehmbar wie eine Festung. Doch auch in dieser Beziehung machte Goethe vor über zweihundert Jahren eine ganz andere Reiseerfahrung: „Sehr angenehm überrascht fuhren wir von Arlon nach Luxemburg auf der besten Kunststraße und wurden in diese sonst so wichtige und wohlverwahrte Festung eingelassen wie in jedes Dorf, in jeden Flecken, ohne irgend angehalten oder befragt zu werden ..." Für die europäische Reiseseele hatte Luxemburg wohl schon immer ein offenes Herz.

Wer in *Belgien* Urlaub macht, wird nicht gerade von der Sonne verwöhnt. Die Europäer wissen das und stellen sich darauf ein. Belgien hat andere Stärken.

> **Das Qualitätsprofil des Reiselandes Belgien**
>
> Belgien gilt als „das" ausländerfreundliche Land. Keinem anderen Land bescheinigen die Europäer eine so große Ausländerfreundlichkeit. Zudem empfiehlt sich Belgien für Europäer wegen seiner herausragend guten Erreichbarkeit mit dem Auto, der besonderen politischen Stabilität sowie seiner kulturellen Sehenswürdigkeiten, die eine Reise wert sind.

Die Niederländer stellen hohe touristische Ansprüche an andere Länder und an ihr eigenes Land. Sie geben sich kritisch und selbstkritisch. Und wie werden die *Niederlande* von den Europäern bewertet? Insbesondere soziale Imagefaktoren werden als Manko des Reiselandes Niederlande hervorgehoben. Bemängelt wird vor allem die Belästigung durch Drogenabhängige und Bettler, aber auch der fehlende Schutz vor Überfällen und Diebstählen. Diesen Schwächen stehen materielle und infrastrukturelle Stärken gegenüber.

Das Qualitätsprofil des Reiselandes Niederlande

Wer kostenbewusst verreisen will, kommt in den Niederlanden auf seine Kosten. Nach Ansicht der befragten Europäer kann sich das gute Preis-Leistungs-Verhältnis in den Niederlanden sehen lassen. Hinzu kommt eine gute touristische Infrastruktur, wozu auch die gute Erreichbarkeit mit dem Auto gehört. Und auch kulturell haben die Niederlande viel zu bieten.

So hat jedes Land sein eigenes touristisches Qualitätsprofil. Das ideale Reiseziel wäre eigentlich ein *Euro-Mix*: Der Urlauber reist umweltfreundlich mit dem ICE in das saubere Deutschland, tankt Sonne in Frankreich und erfreut sich an provençalischer Landschaft, fühlt sich sicher und geborgen in Luxemburg, genießt die ausländerfreundliche Atmosphäre in Belgien und kommt zufrieden aus den Niederlanden wieder nach Hause zurück, weil die Reise ihr Geld wert war.

Es ist absehbar: Der Eurotourismus der Zukunft wird erst einmal ein grenzüberschreitender Tourismus in einem Europa der Regionen sein. Die Einstellung zum Urlaub im eigenen Land wird sich mit der Aufhebung der europäischen Binnengrenzen langfristig verändern. Nationale Grenzen verlieren an Bedeutung, während gleichzeitig kulturhistorisch gewachsene und landschaftlich miteinander verbundene Regionen immer attraktiver werden. Die nationale Grenzen überschreitenden Regionen bereiten den Boden für eine *neue europäische Reisekultur*: Die Europäer entdecken sich wieder selbst. Warum in die Ferne schweifen? Ein Tourismus der Nähe könnte zum größten Konkurrenten für ferntouristische Ziele werden und „Traumreisen" in die Dritte Welt etwas entbehrlicher machen.

14. Länder-Images im touristischen Wettbewerb

14.1 Ausländerfreundlichkeit: Das Reiseland Deutschland mit Problemen

Die EU stellte in repräsentativen Umfragen der Bevölkerung in zwölf EU-Ländern die Frage: „An wen denken Sie, wenn von Leuten einer anderen Nationalität die Rede ist?" (Eurobarometer Nr. 30/1988). Die Ergebnisse überraschen auf den ersten Blick: Bei dem *Gedanken an Ausländer* denken z.B. die Belgier und Franzosen zuerst an Araber, die Deutschen und Niederländer an Türken und die Luxemburger an Südeuropäer. Den Hauptgrund für das unterschiedliche Antwortverhalten liefert ein Vergleich mit den statistischen Daten: Am häufigsten wird jeweils die Nationalität genannt, die auch tatsächlich die größten Ausländeranteile in den einzelnen Ländern stellt. Die Anschauungen der Bevölkerung basieren im wesentlichen auf eigenen Beobachtungen und Erfahrungen.

Anders sieht es mit der *Bewertung der Ausländer* aus. Gehören die Ausländer einem nichteuropäischen Land bzw. einer anderen ethnischen Gemeinschaft an, neigen die Befragten eher zu der Auffassung, es gäbe „zu viele" Ausländer im Land. Dies mag auch erklären, warum Spanier (20%), Portugiesen (15%) und Irländer (8%) am wenigsten über zu viele Ausländer im eigenen Lande klagen. So gesehen scheint die Ausländerfrage für die europäische Einigung kein Problem oder Hindernis zu sein, solange „die Ausländer" bzw. „die anderen" (vgl. Fuchs u.a. 1993, S. 252) europäischer Herkunft sind. Gegen die Furcht vor dem Fremden setzt daher die EU bewusst die *Tourismusförderung als vertrauensbildende Maßnahme* ein: „Eigene Auslandserfahrungen sind und bleiben der beste Schutz gegen nationalistische und rassistische Parolen" (EG-Informationen Nr. 10/1992, S. 3).

Die Frage, was heute im europäischen Wettbewerb um den Feriengast für ein Reiseziel und Urlaubsland am wichtigsten ist, beantworten 45 Prozent der befragten Europäer mit dem Hinweis: „Das ausländerfreundliche Land".

Insbesondere die Franzosen heben die Bedeutung der Ausländerfreundlichkeit als Qualitätsmerkmal für den Tourismus hervor (58%). Ausländerfreundlichkeit hat für sie im Urlaub eine größere Bedeutung als etwa das gesunde Klima (41%), die kulturellen Sehenswürdigkeiten (44%) oder die Sauberkeit vor Ort (46%) – ganz im Gegensatz zu den Deutschen, die gesundes Klima und saubere Straßen, Plätze und Strände (50%) für wichtiger halten als eine ausländerfreundliche Atmosphäre im Urlaubsland (38%).

Eine besondere Brisanz bekommt diese Frage in dem Augenblick, in dem die Europäer selbst einschätzen sollen, inwieweit Ausländerfreundlichkeit auf das jeweilige Reiseland zutrifft: In den Augen der Europäer gelten Belgien und Luxemburg als „die" ausländerfreundlichen Reiseländer (jeweils 72 Prozent Zustimmung) – dicht gefolgt von den Niederlanden (70%) und Frankreich (66%). Im Vergleich der fünf europäischen Länder bekommt Deutschland die schlechteste Bewertung:

Nur etwa jeder zweite Europäer (53%) hält Deutschland für ein ausländerfreundliches Reiseland.

Die ausländerfeindlichen Vorkommnisse der vergangenen Jahre haben offensichtlich ihre Spuren hinterlassen. Nicht einmal die Deutschen selbst halten mehrheitlich ihr eigenes Land für ausländerfreundlich: Lediglich 46 Prozent der Deutschen wollen daran glauben. Ein deutlicher Imageverlust ist insbesondere bei den Niederländern zu beobachten. Nur knapp ein Drittel der befragten Niederländer (30%) bescheinigt Deutschland ein ausländerfreundliches Klima. Vielleicht ist es kein Zufall, dass seit etwa 1993 viele Niederländer auf einen Deutschlandurlaub verzichten. Hier hat es den größten Einbruch bei den Gästezahlen gegeben. Darüber hinaus macht seither generell das Wegbleiben ausländischer Touristen vielen deutschen Städten und Regionen zu schaffen. Nach Jahren steigender Gästezahlen registrieren Hotels, Restaurants und Fremdenverkehrsverbände vom Schwarzwald bis nach Schleswig-Holstein Stagnation und Rückgänge. Deutsche Urlaubsgebiete müssen Abschied vom Boom nehmen: Zu Arbeitslosigkeit und Rezession hat sich in Deutschland ein Klima ausgebreitet, das ausländischen Gästen den Eindruck vermittelt, sie seien nicht willkommen. Eine alarmierende Entwicklung, auf die die deutsche Tourismuswerbung im Ausland mit Positivkampagnen reagieren muss, damit aus einer Bremsspur kein Dauertrend wird.

14.2 Der neue Reiserealismus: Die heile Urlaubswelt gibt es nicht mehr

Das Atmosphärische wird immer wichtiger. Die Attraktivität einer Ferienregion hängt wesentlich davon ab, welche Atmosphäre sie den Gästen vermittelt. Marketingstrategien der Zukunft müssen stärker als bisher Erkenntnisse der angewandten Psychologie in ihre Überlegungen einbeziehen, weil sonst manche kostenaufwendige Investition als „Atmosphärekiller" (R. Schober) Gäste mehr abschreckt als anzieht. Wer die atmosphärische Wirkung vernachlässigt, muss mit *Standort-Nachteilen* rechnen.

Das äußere Erscheinungsbild touristischer Zentren hat in den letzten Jahren deutlich gelitten, so dass sich viele Gäste und ausländische Besucher nicht mehr wohlfühlen: Der Schmutz auf den Straßen und Plätzen, die Graffiti-Schmierereien auf Bahnen und Gebäuden sowie die Belästigungen durch Bettler, Drogenabhängige und aufdringliche Händler stellen die touristische Attraktivität insbesondere großstädtischer Kulturmetropolen immer mehr infrage. Wer erfolgreich Werbung betreiben und im Wettbewerb bei Großveranstaltungen, Kunstausstellungen oder internationalen Messen bestehen will, kann sich ein abstoßendes Stadt- und Erscheinungsbild nicht mehr leisten: Sonst bleiben die auswärtigen Besucher aus.

1990 wurde dem Tourismus eine realistische Wende vorausgesagt: „Die Urlauber nehmen immer mehr Abschied vom Paradies. *Die heile Urlaubswelt erweist sich als Mythos*. Den Traum von der schönsten Jahreszeit gibt es oft nur noch in der Wunschvorstellung" (B·A·T Institut 1990, S. 43). Morde in Miami, Schüsse in Kairo, Überfälle in Rio, Bombenanschläge in Antalya – weltweit werden Touristen Zielscheibe von Aggressionen und Opfer von Gewalt und Kriminalität. Für viele Urlauber nimmt der Traum vom Reisen zusehends Züge eines Alptraums von Krisen und Gefährdungen an. Florida, Ägypten, Türkei und Karibik: Gewalt und Krieg machen auch vor komfortablen Ferienanlagen nicht halt.

Bagatellisierungen reichen in Zukunft als Antwort auf die Ängste der Feriengäste nicht mehr aus (z.B. R. Corsten/TUI: „Sri Lanka oder Florida sind nicht gefährlicher als ... das Autofahren in Deutschland"). Florida ist nicht nur eine Mischung aus „Sun & Fun" und Sri Lanka keine risikofreie Insel voller Anmut und Schönheit. Der Tourismus hat immer zwei Gesichter – das zweite Gesicht wurde bisher weitgehend verschwiegen. Zur Sonnenseite des Urlaubslebens gesellen sich immer mehr die *Risiken des Reisens in bestimmten Krisengebieten.* „Wir haben früher den Fehler gemacht, nur heile Welt zu verkaufen" (TUI 1993). Die Reisemultis sind zum Umdenken gezwungen: Nicht abwiegeln, sondern sagen, „was Sache ist", heißt jetzt die Devise. Selbst Krisenstäbe werden bei Großveranstaltern eingerichtet.

Die Philosophie von den schönsten Wochen des Jahres steckt in einer tiefen Krise. Was vorher in Hochglanzbroschüren jahrelang vernebelt wurde, muss jetzt schonend nachgeholt werden: Selbst weiße Wolken werfen Schatten. Und auch der Urlaub hat seinen Alltag, seine Probleme und seine Krisen.

Die künftige Urlaubsphilosophie kann nicht länger den Stempel der heilen Nachkriegszeit tragen: Auf und davon – alles hinter sich lassen, keine Zeitung mehr lesen, kein Radio mehr hören, sich von lästigen Konventionen verabschieden, sich einfach gehen lassen und endlich so leben und aufleben, wie man eben Urlaub versteht: „Glücklich in der Sonne, am Meer und im Wind: Leben. Lachen. Singen. Tanzen. Rundum sorglos und glücklich sein" (Presse-Information des CLUB MED). Auf diesem Rundum-sorglos-Fundament haben die Großen der Reisebranche jahrzehntelang ihr Ferienimperium aufgebaut. Das Fundament ist mittlerweile brüchig geworden – also *muss die „Endstation Sehnsucht" neu definiert werden.* Sonst entwickelt sich die Insel der Glückseligen zu einem Meer der Ahnungslosen, die am Ende des Urlaubs desillusioniert zurückkommen und die Lust am Reisen verlieren.

Wo können sich Touristen noch sicher fühlen? Des einen Freud ist des anderen Leid. *Luxemburg gilt als das sicherste Reiseland*; fast zwei Drittel der Europäer (62%) fühlen sich hier geschützt vor Diebstahl und Überfällen. Ganz anders die Situation im Nachbarland Frankreich. Hier vertrauen nur noch die Franzosen selbst mehrheitlich (53%) der Sicherheit im eigenen Lande. Die übrigen Europäer aber haben kein allzu großes Zutrauen (42%). Am größten ist die Angst vor Diebstahl und Überfällen bei den Urlaubsgästen aus Luxemburg und den Niederlanden: Nur knapp ein Drittel der Niederländer und Luxemburger fühlen sich in Frankreich sicher.

Urlauber wollen nicht nur die berühmte Bräune, sondern auch die heile Haut mit nach Hause bringen. Im Zweifelsfall entscheiden sie sich mehr für Sicherheit (L: 38% – NL: 48%) als für Sonne (L: 27% – NL: 38%).

Keine europäische Ferienregion kann es sich leisten, auf Dauer ein Risikogebiet für Urlaubsgäste zu sein. Oder sollen die Urlauber in Zukunft in perfekt organisierte Ferienwelten fliehen, die zwar künstlich, eingezäunt und rund um die Uhr bewacht, dafür aber garantiert sicher vor Straßengangs und Überfällen sind? Die Kluft zwischen Prospekt und Wirklichkeit, zwischen dem Versprechen einer heilen Urlaubswelt und der Urlaubsrealität als einer riskanten Privatsache trägt wesentlich zur Verunsicherung der Touristen in Europa bei.

Fast jeder zweite Europäer (45%) vertritt mittlerweile die Auffassung: „Touristen sind immer weniger gern gesehene Gäste und immer öfter Opfer von Verbrechen“. In dieser Hinsicht äußern vor allem die jungen Deutschen im Alter bis zu 34 Jahren die meisten Befürchtungen (51%). Wenig beeindruckt zeigen sich hingegen die Luxemburger quer durch alle Altersgruppen (34%). Auch Luxemburger haben Angst vor Gewalt und Kriminalität, stehen aber wohl Tendenzaussagen im Stil des „Immer-öfter“ relativ kritisch gegenüber. Sie halten nicht viel von solchen Verallgemeinerungen, während sich deutlich mehr Deutsche (48%) als mögliche Opfer von Verbrechen im Urlaub sehen. Vielleicht stehen sie auch noch mehr unter dem Eindruck aktueller Medienberichte.

15. Tourismus zwischen Vorurteil und Völkerverständigung

15.1 Der Wunsch: Touristen als Botschafter

Seit jeher gibt es die Hoffnung, der Tourismus könnte eine echte integrierende Kraft sein, die das gegenseitige Verständnis zwischen den Menschen verschiedener Länder verbessert, also kulturelle Bindungen schafft und nicht auflöst. Der *sozio-kulturelle Multiplikator-Effekt des Tourismus* ist jedoch noch weitgehend unerforscht.

Sieben Jahre nach Kriegsende und fast ein Jahrzehnt vor der weltweiten Expansion des motorisierten Massentourismus wies Papst Pius XII. 1952 erstmals auf die mögliche völkerverständigende Bedeutung des Tourismus hin: „Beim Reisen und Beobachten lernt der Tourist diejenigen besser kennen, die er aus der Ferne nicht kannte oder verkannte, und bei seiner Heimkehr verbreitet er in seinem Umkreis eine gerechtere Meinung und eine günstigere Einschätzung von ihnen. Er ist *eine Art von Botschafter*“ (Pius XII., 1952, S. 3). Und fünfzehn Jahre später erklärten die Vereinten Nationen das Jahr 1967 zum „Jahr des Welttourismus“ mit der Begründung: „Der Tourismus ist ein *Weg zum Frieden*“ und kann den historischen Prozess beschleunigen, „der die Kluft zwischen Industrieländern und Entwicklungsländern zuschüttet. Eine neue Strategie verspricht er, durch die im letzten Drittel unseres Jahrhunderts der lange Weg zueinander radikal verkürzt wird“ (Chib 1966, S. 49f.). Tourismus zwischen Botschafter-Rolle und Friedens-Stifter: Was ist aus der Euphorie der fünfziger und sechziger Jahre geworden?

Gut zwei Drittel der Bundesbürger (67%) vertreten die Auffassung: „*Touristen sind die besten Botschafter für Ausländerfreundlichkeit*“. Davon ist insbesondere die ältere Generation im Alter von über 55 Jahren überzeugt. Auch andere Europäer glauben mehrheitlich an die Botschafter-Funktion von Touristen: Die Luxemburger (61%), die Franzosen (64%) und die Belgier (66%). Lediglich die Niederländer nehmen hier eine exponierte Stellung ein:

Nur eine Minderheit (36%) will von möglichen ausländerfreundlichen Wirkungen des Tourismus etwas wissen. Die überwiegende Mehrheit der niederländischen Bevölkerung meldet in dieser Frage erhebliche Zweifel an.

Hat der Tourismus wirklich eine völkerverbindende und vorurteilsabbauende Bedeutung? Vorurteile gelten in der Sozialforschung als stark vereinfachte, verallgemeinerte und klischeehafte Vorstellungen negativer oder ablehnender Art über Menschen und Menschengruppen. Und die moderne Sozialpsychologie hat in verschiedenen empirischen Untersuchungen den *Abbau von Vorurteilen durch Reisen* nachweisen können (Allport 1954; Amir 1976; Cook 1970; Gast-Gampe 1993) und zwar immer dann, wenn es sich um positive Erlebnisse und Erfahrungen handelte, die auf freiwilliger Basis und in entspannter Atmosphäre erfreulich verliefen. Die Urlaubssituation wäre also für den Abbau von Vorurteilen wie geschaffen.

15.2 Die Wirklichkeit: Einheimische als Statisten

Im Gegensatz zur öffentlichen Tourismuspolitik, die eher dazu neigt, den Verständigungseffekt von Urlaubsreisen zu überschätzen, weist die empirische Sozialforschung nach (vgl. Nettekoven 1979; Leffler 1992):

1. Touristen haben nur ein geringes Interesse an interkulturellen Kontakten.
2. Touristen haben wesentlich seltener als angenommen intensive Kontakte mit der lokalen Bevölkerung.

Die Niederländer schätzen den touristischen Verständigungseffekt relativ realistisch ein. Für mehr als drei Viertel der niederländischen Bevölkerung (78%) steht fest: „*Das Verständnis* zwischen den Reisenden und Ortsansässigen bleibt meist *auf einer oberflächlichen Ebene* stehen". Auch die Belgier (78%) und Deutschen (75%) gelangen zu einer ähnlich skeptischen Beurteilung, obwohl beide gleichzeitig an die Wirksamkeit ihrer eigenen Botschafter-Rolle glauben. Durchaus widersprüchliche Selbsteinschätzungen auf den ersten Blick. Es muss jedoch davon ausgegangen werden, dass sich viele Urlauber in der Rolle des Botschafters gefallen, was mehr ihrem Wunschdenken entspricht. Sie spielen diese Rolle und bleiben lediglich Beobachter und Betrachter, ohne sich wirklich auf fremde Lebensweisen einzulassen:

- „Einheimische stören mich nicht. Ich habe keine Vorurteile wie viele andere".
- „Auch Armut stört mein gutes Urlaubsgefühl nicht. Gehört zum Straßenbild z.B. in Mexiko".

So bleiben sich Touristen und Einheimische weitgehend fremd. Sie verstehen sich – wenn überhaupt – nur am Rande, ebenso flüchtig wie oberflächlich.

Die Verständigung kann auf diese Weise kaum tiefer gehen, weil insbesondere die Deutschen im Urlaub Wert auf Distanz legen. Zwei Drittel der Deutschen sind der Meinung: „*Einheimische* gehören zum Urlaubserleben irgendwie dazu und stören auch nicht – solange sie *nicht zu nahe kommen*". Die Einheimischen sollten schon echt sein, um richtiges Urlaubsgefühl aufkommen zu lassen, aber sie sollten möglichst keine Wünsche äußern oder gar Forderungen stellen. So kann die fremde Urlaubswelt zur Kulisse für die eigene Selbstdarstellung werden. Ein solches distanziertes Urlaubserleben ist bei den anderen Europäern deutlich geringer ausgeprägt (B: 45% – F: 45% – L: 42% – NL: 43%).

Und nicht selten demonstrieren Touristen eine Art *Besatzermentalität* und führen sich *wie Kolonisatoren* auf: „Wenn es die Touristen nicht gäbe, würden viele Einheimische noch heute auf ihren Dattelbäumen sitzen" sagt jeder zweite Franzose (52%) und Belgier (49%). Nur die Niederländer gehen hart mit diesem Klischee ins Gericht. Im Gegensatz zum Durchschnitt der befragten Europäer (45% Zustimmung) kann sich nur jeder fünfte Niederländer (19%) mit einer solchen Bewertung abfinden. Im übrigen zeigt der europäische Vergleich, dass die Neigung zu Vorurteilen deutlich vom jeweiligen Bildungsniveau abhängig ist. Die europäische Verständigung erweist sich damit auch und gerade als eine Bildungsfrage.

> Weil die Touristen nur selten Land und Leute wirklich ernsthaft kennen lernen wollen, dienen ihnen die Exkursionen ins Landesinnere mehr als Alibi für Exotik-Konsum: Die Kultur wird zur Requisite, die Einheimischen zur Folklore.

Sergio Carvalho, ein Mitglied der „Armee wacher Goaner", die sich gegen maßlosen Massentourismus in Goa wehren, fasste es in die Worte: „Früher gingen die Zirkusleute von Dorf zu Dorf und ließen ihre Affen tanzen. Jetzt sind wir die Affen der Touristen" (DER SPIEGEL Nr. 31/1988; S. 126). Andererseits besinnen sich viele Einheimische neu, wofür die kleine Karibikinsel Saba, die zu den Niederländischen Antillen gehört, ein Zeichen setzt: Die Insel bleibt in Zukunft für Kreuzfahrt-Touristen gesperrt, weil mit ihrem Ansturm nur Lärm, Abfall und Verkehrschaos auf die Insel hereinbrach. Die Bewohner verzichten auf manche Deviseneinnahmen, haben aber ihre Ruhe wieder.

16. Wirkungen des Tourismus

Seit dreißig Jahren heißen die drei beliebtesten Auslandsreiseziele der Deutschen: Österreich, Italien und Spanien. Millionen von Bundesbürgern haben in diesen drei Ländern ihre ersten Auslandserfahrungen gesammelt, aber auch ihre Spuren in den bereisten Ländern hinterlassen – ökonomisch, ökologisch und sozial.

Top-Reiseziele der Deutschen im Ausland
Im Zeitvergleich von dreißig Jahren

1970	1980	1990	2000
1. Österreich	1. Österreich	1. Spanien	1. Spanien
2. Italien	2. Italien	2. Italien	2. Italien
3. Spanien	3. Spanien	3. Österreich	3. Österreich
Studienkreis für Tourismus 1971	*Studienkreis für Tourismus 1981*	*B·A·T. Freizeit-Forschungsinstitut 1991*	*B·A·T Freizeit-Forschungsinstitut 2001*

Bei der Antwort auf die Frage nach den Wirkungen des Tourismus erscheint es nur konsequent, die Bevölkerung der drei wichtigsten Reiseziele der Deutschen zu befragen und mit den Einschätzungen der deutschen Reisenden zu vergleichen.

Jeweils 1.000 Personen ab 15 Jahren in Spanien, Italien und Österreich, den drei Hauptzielländern der Deutschen, wurden repräsentativ nach ihrer persönlichen Einschätzung zu den Einflüssen des Tourismus auf die bereisten Länder befragt. Wie beurteilen sie als unmittelbar „Bereiste" und „Betroffene" die sozialen, kulturellen und ökologischen Folgewirkungen des Massentourismus? Und wie weit weichen ihre Auffassungen von der Bewertung der Deutschen ab? Das Umfrage-Ergebnis überrascht: Die Deutschen, die sich selbst gern in der Rolle des Reiseweltmeisters sehen, demonstrieren die vergleichsweise kritischste Einstellung. *Sie sind Verursacher und Kritiker zugleich.*

Eine deutliche Mehrheit der deutschen Bevölkerung (60%) vertritt die Auffassung, dass der Tourismus Einstellungen und Verhaltensweisen der Einheimischen negativ beeinflusst – vom Anstieg der Prostitution bis zum sinkenden Selbstwertgefühl der Menschen. Die Österreicher beurteilen dies viel moderater und zurückhaltender. Nur 47 Prozent wollen an die negativen Einflüsse des Tourismus glauben. Und in Spanien und Italien will die überwiegende Mehrheit der Bevölkerung von einer solchen Negativbewertung des Tourismus überhaupt nichts wissen. Lediglich 37 Prozent der Spanier und 36 Prozent der Italiener sehen im Tourismus einen negativen Einflussfaktor. Für die meisten „Bereisten" ist unbestritten, dass der Tourismus in vielen Feriengebieten zur wichtigsten Lebensgrundlage geworden ist und die Lebensqualität der Bewohner entscheidend verbessert hat. *Tourismus schafft mehr Lebensqualität* – sagen 86 Prozent der Österreicher, 90 Prozent der Spanier und 91 Prozent der Italiener.

Die europäische Tourismusanalyse macht deutlich: Der Tourismus stiftet nach der Einschätzung der Reisenden und Bereisten *mehr Nutzen als Schaden.* Die Repräsentativbefragungen in vier europäischen Ländern weisen nach, dass der Tourismus eine Quelle für mehr Wohlstand und höheren Lebensstandard ist:

- 92 Prozent der befragten Europäer halten die Schaffung von Arbeitsplätzen für die wichtigste Errungenschaft der Dienstleistungsindustrie Tourismus. Der Tourismus schafft Arbeitsplätze in Gastronomie und Hotellerie, Handwerk und Bauwesen.
- Damit verbunden ist der Tourismus zu einer wichtigen Einkommensquelle geworden, die mehr soziale Sicherheit (90%) gebracht hat.
- 87 Prozent der befragten Europäer sind davon überzeugt, dass der Tourismus in vielen Regionen und Ländern zur wichtigsten Lebensgrundlage geworden ist.
- Und 82 Prozent der Befragten haben die Hoffnung, dass der weltweite Tourismus als Brücke der Verständigung zwischen Industrie- und Entwicklungsländern wirksam sein kann.

Natürlich haben Natur und Kultur darunter zu leiden – ganz abgesehen von der Frage, ob mehr materieller Wohlstand die einheimische Bevölkerung wirklich glücklicher und zufriedener macht.

17. Vom Eurotourismus zur internationalen Verständigung

Das neue Europa wird keinem Einheitsbrei gleichen, es wird eher ein *Europa der Vielfalt und der regionalen Unterschiede* sein. Infolgedessen kann auch die europäische Tourismusforschung nicht euphorisch die europäische Einheit beschwören, sondern muss Verständnis für ein Europa der Bürger entwickeln. Grenzenlose Verständigung fängt doch erst einmal bei der ganz persönlichen Offenheit für Anderes, Fremdes, auch Gegensätzliches an. Und Europäisierung lässt sich nicht einfach mit Nivellierung gleichsetzen.

Europäische Tourismusforschung soll in erster Linie mehr Wissen über unterschiedliche Reisegewohnheiten der Europäer vermitteln. Dies entspricht auch dem Anliegen der Europäischen Union, die erkannt hat, dass sich der grenzüberschreitende Tourismus in vielen Ländern Europas zu einer Haupteinnahmequelle entwickelt, während es an länderübergreifenden Untersuchungen und Statistiken noch weitgehend mangelt. Nur auf dem Wege über eine bessere Kenntnis der Lebensgewohnheiten, Traditionen und Kulturen lässt sich eine (massen-) touristische Nutzung des kulturellen Erbes Europas rechtfertigen und sozial und ökologisch verantworten.

> Der Tourismus wird auch in Zukunft für die meisten Europäer die einzige Gelegenheit bleiben, sich zu begegnen und näher zu kommen.

„Reisen räumt mit unseren Vorurteilen auf“ – noch ist Oscar Wilde’s Wort mehr Vermutung als Wirklichkeit. Ob und wie Engländer und Franzosen, Holländer und Dänen, Deutsche und Österreicher dabei etwas voneinander lernen und wirklich er-“fahren“, wird die europäische Tourismusforschung in den nächsten Jahren hinreichend beschäftigen. Zunächst einmal aber sind ganz einfach Basisdaten gefragt, die Antworten auf die Frage geben: Wer reist wie wohin? Das Wissen um nationale und regionale Besonderheiten ist vielleicht der erste Schritt, einander besser kennen zu lernen.

Während des letzten Krieges fingen die Engländer einen Funkspruch der Deutschen auf. Der Text lautete: „Kleines U-Boot mit Schnorchel soeben aufgetaucht". Die Engländer rätselten lange über den Sinn dieser Durchsage, bis einer lachend auf die Idee kam, dass dieser Funkspruch dem deutschen U-Boot-Kommandanten Prien die Geburt seines Sohnes anzeigen sollte. Doch diese Erklärung wollte niemand glauben, weil keiner den Deutschen Humor zutraute. Wenn die Deutschen wirklich „keinen Humor" hätten, dann würden die Engländer noch heute über den Sinn dieses Spruches rätseln ...

Die meisten Menschen glauben, dass Stiere durch rote Farben gereizt werden. In Wirklichkeit sind Stiere farbenblind. Wir leben ständig mit einer Fülle von Vorurteilen. Ein Vorurteil ist, wie Goethe in seinen Schriften zur Farbenlehre (Teil 1) schon 1810 definierte, ein „Urteil *vor* der Untersuchung". Und Apostel Paulus konnte Goethe noch nicht gekannt haben, als er an den Bischof Titus in Kreta schrieb: „Die Kreter sind immer Lügner" (Brief an Titus, 1. Kap., Vers 12). Lügen die Kreter wirklich?

Wir wissen: Kant hat Königsberg nie verlassen, Karl May war nie in den USA und Goethe nie in Griechenland. Und viele Europäer haben bisher das Land der Griechen nur mit der Seele gesucht, aber nicht selbst besucht. Den Europäern steht in Zukunft ein *Zeitalter grenzenlosen Reisens* bevor und wie noch nie in der europäischen Geschichte werden insbesondere die Osteuropäer von der neuen Reisefreiheit Gebrauch und „Erfahrungen" machen, solange sie finanzierbar sind. So besteht die Chance, dass die europäische Verständigung auch in den Herzen der Bürger „ankommt", wovon der englische Sozialkritiker und Erzähler Charles Dickens vor über hundert Jahren nicht einmal zu träumen wagte.

Charles Dickens (1812-1870) machte in der Mitte des 19. Jahrhunderts auf seiner ersten italienischen Reise eine heilsame Erfahrung. Vor Antritt der Reise hatte man ihn wiederholt davor gewarnt, dass es in Rom zahlreiche Diebe gäbe und er bei jedem Italiener die Taschen zuhalten müsse. Als nun Dickens abends bei Mondlicht das römische Colosseum durchwanderte und in Gedanken vertieft im Schatten einer Säule stand, wurde er plötzlich von einem Mann angestoßen, der – in einen schwarzen Mantel gehüllt – dicht an ihm vorbeiging. Blitzartig fielen Dickens die vielen Mahnungen ein. Und in der Tat: Als er in seine Westentasche griff, war seine Uhr weg ... Dickens reagierte schnell, lief dem schwarzen Mann nach, packte ihn und schrie ihn an: „Orlogio! Orlogio!", was für Nichtitaliener „Uhr" bedeutet. Der schwarze Mann war offensichtlich durch die Energie des Dichters beeindruckt, fühlte sich erkannt, gab ihm eilig die Uhr und lief davon.

Als Dickens hochzufrieden mit der Uhr in der Westentasche in sein Hotel zurückkam, fand er zu seinem größten Erschrecken seine eigene Uhr auf dem Nachttisch wieder. Er hatte also seine Uhr im Hotelzimmer vergessen, andererseits nun zusätzlich die Uhr des Fremden in der Tasche. Am nächsten Morgen ging er gleich zur Polizei. Dort traf er zu seiner Überraschung den Mann im schwarzen Mantel, den er nachts für einen Dieb gehalten hatte und der nun ebenfalls gekommen war, um den Diebstahl anzuzeigen. Der schwarze Mann war Engländer und hatte seinerseits Charles Dickens für einen italienischen Banditen gehalten. So sind beide Reisende ein *Opfer ihrer eigenen Vorurteile* geworden und auf das Vorurteil als ständigen „Wegbegleiter" (Stackelberg 1965, S. 158) konnten sie bei künftigen Reisen getrost verzichten.

VI. Zwischen Billigreise und Luxusurlaub. Tourismusökonomie

1. Zukunftsindustrie

Die Tourismusbranche gilt als „die" Zukunftsindustrie des 21. Jahrhunderts. Nach Ermittlungen der Welt-Tourismus-Organisation (WTO) zog es in den neunziger Jahren rund *530 Millionen Reisende* pro Jahr ins Ausland – fast doppelt so viele wie 1980 (288 Mio) und rund zwölf mal so viel wie 1950 (25 Mio). Die Zahl der Touristen wird weltweit bis zum Jahre 2010 auf über 900 Millionen anwachsen. Schon heute steuert der Tourismus zehn Prozent zum Bruttosozialprodukt der Weltwirtschaft bei. Die Reisebranche hat sich zum größten Wirtschaftszweig der Welt entwickelt. Dem weltweiten Tourismus wird ein jährliches Wachstum von 6,1 Prozent prognostiziert, d.h. der *Tourismus wächst schneller als die übrige Weltwirtschaft*. Wird der Tourismus die Lokomotive werden, die die Weltwirtschaft des 21. Jahrhunderts antreibt?

Was ist das „Geheimnis des ewigen Wachstums" in der Tourismusindustrie? Die Antwort der Branche ist klar: Die Nachfrage ist unendlich – denn erst wenn alle sechs Milliarden Menschen überall auf der Welt waren, ist das Potenzial ausgeschöpft. Bis dahin wächst die Touristikbranche unbeirrt weiter ... Der Tourismus bleibt also weltweit die Wachstumsbranche Nr. 1. Allein in Deutschland bietet der Tourismus 80.000 Ausbildungsplätze und das bei einem Umsatz von jährlich 100 Milliarden Euro. Die Welttourismusorganisation (WTO) rechnet für den Zeitraum bis zum Jahre 2010 mit einer

- Verdreifachung der Ankunftszahlen ausländischer Gäste *weltweit* auf 1,5 Milliarden Gäste und einer
- Verdoppelung innerhalb *Europas* auf über 700 Millionen Gäste (jeweils bezogen auf das Vergleichsjahr 1995).

Gelebte Globalisierung – das ist Tourismus im 21. Jahrhundert.

International entwickelt sich der Tourismus zu einem der führenden Wirtschaftsbereiche. Die Zahl der weltweit im Tourismus Beschäftigten wird auf derzeit rd. 127 Mio. geschätzt. Bis zum Jahre 2010 wird eine Steigerung auf *150 Mio. Beschäftigte* erwartet. Weltweit hängt heute jeder neunte Arbeitsplatz vom Tourismus ab, in zehn Jahren wird es jeder achte sein. Die globalen Daten (vgl. Naisbitt 1994, S. 138) sprechen für sich:

- Mit 655 Milliarden Dollar ist der Tourismus die bedeutendste *Steuereinnahmequelle.*

- 10,9 Prozent aller *Verbraucherausgaben*, 6,9 Prozent der öffentlichen Ausgaben und 10,7 Prozent aller *Kapitalinvestitionen* entfallen auf den Tourismus.

Der Tourismus ist heute als gesellschaftlicher und ökonomischer Faktor unbestritten. Seine stabilisierende Wirkung auf Wirtschaft und Gesellschaft ist allgemein anerkannt.

Von je 100 Arbeitnehmern in Deutschland haben derzeit einen tarifvertraglichen Jahresurlaub von

- 6 Wochen und mehr (West: 79% – Ost: 33%)
- 5 bis unter 6 Wochen (West: 19% – Ost: 65%)
- weniger als 5 Wochen (West: 2% – Ost: 2%).

Hinsichtlich des Urlaubsanspruchs sind noch deutliche Ungleichgewichte zwischen West- und Ostdeutschland feststellbar. Vom Tourismus sind in Deutschland direkt und indirekt *2 Millionen Arbeitsplätze* abhängig – mit steigender Tendenz. Die meisten Beschäftigten sind im Beherbungs- und Gastronomiebereich (653.000) tätig. Die Berufschancen in Reisebüros und bei Reiseveranstaltern werden meist überschätzt. Nur 46.000 Personen sind bei Reisemittlern und Reisestellen beschäftigt, bei Fremdenverkehrsämtern und Fremdenverkehrsverbänden gar nur 6.200.

2. Geldquelle

Für manches Land in der Dritten Welt ist die Geldquelle Tourismus *„die“ wirtschaftliche Lebensgrundlage.* Die Einwohner der Malediven beispielsweise bestreiten ihr Einkommen fast ausschließlich (95%) von dem Geld, das ausländische Touristen im Lande lassen. Die Ausgaben der Auslandsbesucher machen z.B. in

- Antigua und Barbuda 84 Prozent,
- St. Lucia 46 Prozent,
- Bahamas 38 Prozent,
- Malta 37 Prozent,
- Seychellen 31 Prozent,
- Zypern 21 Prozent und in
- Österreich 8,2 Prozent und in
- Deutschland 6 Prozent

der gesamten Wirtschaftsleistung des jeweiligen Landes aus. Der Tourismus ist der größte Wirtschaftszweig der Europäischen Union. Auf ihn entfallen

- 4,5 Prozent der gesamten Deviseneinnahmen,
- 5,5 Prozent des Bruttoinlandsprodukts,

- 6 Prozent der Gesamtbeschäftigung und
- 8 Prozent der privaten Verbraucherausgaben.

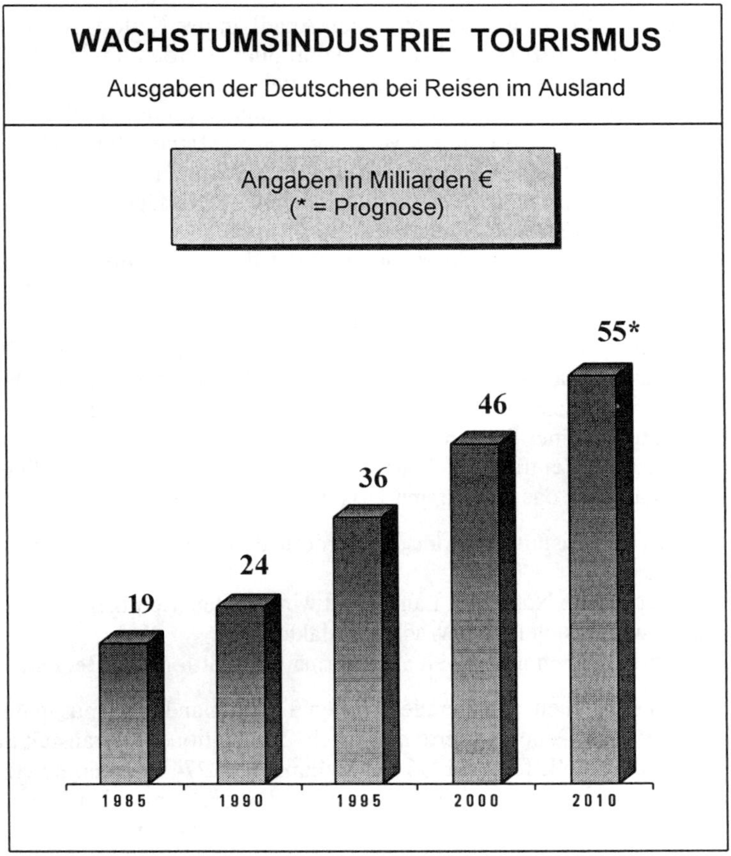

3. Wirtschaftsfaktor

Die Entdeckung des Tourismus als Impulsgeber für das gesamtwirtschaftliche Wachstum und als Multiplikator für Investition und Beschäftigung steht in Deutschland noch aus. Vor allem die indirekten Wirkungen der touristischen Nachfrage sind noch weitgehend unerforscht. Nicht nur das Hotel- und Gaststättengewerbe profitiert vom Tourismus. Ein Großteil der touristischen Gesamtumsätze entfällt auf nichttouristische Wirtschaftszweige – z.B. auf die Lieferanten der Tourismusbetriebe, auf den Handel, die Nahrungs- und Genussmittelerzeugung, die Textil-, Bekleidungs- und Sportartikelindustrie sowie auf die Verkehrs- und Nachrichtenunternehmen: Vom Straßenfahrzeugbau über die Kfz-Industrie, die Eisenbahn- und die Luftfahrt bis hin zur Post.

Der Tourismus ist zu einem wichtigen Anschubfaktor für andere Wirtschaftszweige geworden. Seine stabilisierende Wirkung auf Wirtschaft und Gesellschaft ist unbestritten. Die gesamtwirtschaftliche Bedeutung des Tourismus spiegelt sich in seinem wachsenden Anteil an der Nettowertschöpfung wider. Etwa sechs Prozent des Bruttosozialprodukts werden direkt oder indirekt durch touristische Nachfrage erwirtschaftet. Die daraus abgeleitete Beschäftigungswirkung ergibt 1,4 Mio. Vollarbeitsplätze im unmittelbaren Tourismusbereich und 0,6 Mio. in den vorgelagerten Bereichen. Im Hinblick auf den überdurchschnittlichen Anteil an Teilzeitbeschäftigten im Tourismusbereich dürfte die Zahl der vom Tourismus abhängigen tatsächlichen Beschäftigten bei *über zwei Millionen* liegen.

Der Wirtschaftsbereich Tourismus rangiert damit in seiner wirtschaftlichen Bedeutung vor der Land- und Forstwirtschaft und auch vor der Chemischen Industrie. Er ist in seiner Bedeutung gleichzusetzen mit wichtigen Wirtschaftszweigen wie dem Maschinenbau und der Automobilindustrie. Hinzu kommen „weiche Standortfaktoren" wie z.B. die Fachkräftebindung oder die Schaffung von Anreizen für Unternehmensgründungen als Folge der touristischen Attraktivität einer Region.

Die Deutsche Zentrale für Tourismus (DZT) geht von vier großen Zukunftstrends aus, die das Konsumgut Urlaub beleben werden:

- Veränderte Konsumentenwünsche fördern den Trend zu Erlebnis- und Eventreisen.
- Das Erleben von Natur und Landschaft wird immer wichtiger.
- Kulturtourismus bleibt ein Wachstumsfaktor.
- Das Internet gewinnt weltweit als Informationsplattform an Bedeutung.

So zeichnen sich auch und gerade für den Deutschlandtourismus gute Zukunftschancen ab. Geboten werden jährlich 2,5 Millionen Veranstaltungen, mehr als 10.000 Volksfeste, 8.766 Ausstellungen, 4.274 Museen sowie 220 Freizeit- und Erlebnisparks. Hinzu kommen 13 großräumige Nationalparks, 6.200 Naturschutzgebiete und 40.000 Kilometer Radfernwege.

Es bleibt festzuhalten: Der Tourismus ist einer der am stärksten wachsenden Wirtschaftszweige in Deutschland.

- Ob als Kellner oder Koch, Busfahrer, Animateur oder Fremdenführer – *etwa 6 Prozent aller Erwerbstätigen* in Deutschland leben vom Tourismus.
- Die Deutschen lassen sich ihren Urlaub etwas kosten. *Ein Viertel des gesamten Freizeitbudgets wird für die Urlaubsreise reserviert.*
- Unter Einbeziehung der Individualreisen geben die deutschen Urlauber etwa 35 Milliarden Euro *im Jahr* aus. Damit liegen sie international gesehen in der Spitzengruppe. Nur die Amerikaner leisten sich noch mehr.

Die ökonomische Bedeutung des Tourismus, sein direkter Beitrag zur Beschäftigung und zum Einkommen der Bevölkerung sowie seine indirekte Anschub- und Multiplikatorenfunktion für andere Wirtschaftszweige machen die

Analyse des Verhältnisses von Tourismus und Ökonomie zu einem zentralen Thema der Tourismusforschung.

4. Arbeits- und Veranstaltermarkt

Der Bundesverband der Deutschen Tourismuswirtschaft schätzt, dass die stetig wachsende Nachfrage nach touristischen Dienstleistungen in den nächsten zehn Jahren allein in Europa rund *drei Millionen Arbeitsplätze* schaffen wird. Wachstumspotenziale werden vor allem durch die zunehmende Globalisierung, die Einführung des Euro und die Erweiterung der Europäischen Union erwartet.

Die Tourismuswirtschaft stellt nicht nur einen bedeutenden Wirtschaftsfaktor dar. Sie gilt mittlerweile auch als tragende Säule für den Arbeitsmarkt. Mit dem Einsatz von virtuellen Tourismusplattformen wird die Branche zugleich zu einem *Vorreiter für neue IT-Lösungen/E-Commerce*, was sich auch auf die künftige Struktur der Beschäftigten sowie die Aus- und Weiterbildung der bereits jetzt in der Branche Tätigen auswirkt. Qualifizierungsoffensiven sind angesagt. Damit verbunden sind Weichenstellungen für neue *Dienstleistungsberufe im Tourismus*. So gibt es beispielsweise seit dem Jahr 2001 drei neue tourismusrelevante Berufe in Deutschland:

- Veranstaltungskaufmann/-frau
- Sport-/Fitnesskaufmann/-frau
- Kaufmann/Kauffrau im Gesundheitswesen.

Dem Deutschen Hotel- und Gaststättenverband (DEHOGA) gehören 217.000 Unternehmen mit 1,1 Millionen Beschäftigten an. Eine im Jahr 2000 durchgeführte Umfrage offenbarte einen dramatischen *Mangel an Fach- und Arbeitskräften*. Der DEHOGA schätzt den aktuellen Bedarf an Arbeitskräften auf 80.000.

Die über 50 Reiseveranstalter erreichen etwa 29 Millionen Teilnehmer. Der durchschnittliche Umsatz pro Teilnehmer liegt bei etwa 500 Euro.

- Als weltweit führender Touristik- und Dienstleistungskonzern erwirtschaftet Preussag rund 11 Milliarden Euro im Jahr. Der Konzern verfügt über 66 Veranstaltermarken (z.B. TUI, Hapag-Lloyd, Nouvelles Frontières) mit rund 18 Millionen Gästen, über 3.200 Reisebüros, 18 Zielgebietsagenturen, 75 Flugzeugen sowie 200 eigenen Hotels mit rund 100.000 Betten.
- Thomas Cook (NUR Touristik, Condor Flugdienst, Aldiana, Terramar, Kreutzer Touristik u.a.) beschäftigt im Konzern weltweit rund 11.000 Mitarbeiter. Der Konzern hat jährlich über 19 Millionen Gäste und erzielt einen Umsatz von rund 5 Milliarden Euro.

5. Sozioökonomisches System

Der Tourismus stellt ein sozioökonomisches System im Spannungsfeld von Arbeiten – Wohnen – Freizeit – Reisen dar. Auf der Basis des interdisziplinär erarbeiteten schweizerischen Tourismus-Konzepts hat der Tourismusforscher Jost Krippendorf den Tourismus als Teil eines industriegesellschaftlichen Lebensmodells beschrieben, in dem vier große Kraftfelder wirken, die durch ein vielfältiges Netz von Wechselwirkungen miteinander verknüpft sind (Krippendorf 1984, S. 29):

1. *Das sozio-kulturelle Subsystem*: Die Gesellschaft mit ihren Werthaltungen.
2. *Das ökonomische Subsystem*: Die Wirtschaft und ihre Struktur.
3. *Das ökologische Subsystem*: Die Umwelt und ihre Ressourcen.
4. *Das politische Subsystem*: Der Staat und seine Politik.

Nicht alle vier Kraftfelder haben das gleiche Gewicht. Die Ökonomisierung aller Lebensbereiche weist der Wirtschaft eine Schlüsselrolle zu. Infolgedessen gilt auch Tourismus als Wirtschaftsfaktor ersten Ranges.

Vom Tourismus gehen Impulse auf das gesamtwirtschaftliche Wachstum aus. Die Nachfrage nach touristischen Gütern und Dienstleistungen steigt ständig. Produktion und Beschäftigung werden durch den Tourismus beeinflusst. Dabei sind einzelne Wirtschaftsbereiche in unterschiedlichem Maße vom Tourismus abhängig. Während manche Branchen (z.B. Camping, Caravaning) sich überhaupt erst durch den Tourismus entwickelt haben, führt der Tourismus in anderen Branchen zu einer Stabilisierung und Steigerung der Umsätze und Beschäftigung wie z.B. im Baugewerbe, im Straßenfahrzeug- und Luftfahrzeugbau, in der Bekleidungs- und Sportartikelindustrie. Im Dienstleistungssektor profitieren vom Tourismus insbesondere die Kfz-Industrie, die Eisenbahn, die Post, die Luftfahrt und das Hotel- und Gaststättengewerbe.

In dem Wirtschaftssystem Tourismus spielen die Touristen die *Rolle von Nachfragern* und die Tourismusindustrie die *Rolle von Anbietern*. Tourismus ist Nachfrage- und Angebotsmarkt zugleich. Infolgedessen versuchen die Tourismus-Anbieter über eine Reihe von unternehmerischen Marketing-Instrumenten Einfluss auf die Nachfrage zu nehmen, also „Reiselust" zu wekken (vgl. Freyer 1997, S. 415):

- *Produktpolitik* versucht, möglichst attraktive Reiseformen und Reiseziele zu finden und zu gestalten.
- *Preispolitik* stellt für jeden Geldbeutel ein entsprechendes Reiseangebot zur Verfügung und motiviert den Reisenden auch außerhalb der Hochsaison zu Reisen.
- *Vertriebspolitik* versucht, über die verschiedenen Reisemittler (Reisebüros, Clubs, betriebliche Reisestellen, gemeinnützige Vereine usw.) Nachfrager zu Reisen zu veranlassen.

Industriegesellschaftliches Lebensmodell
Arbeit – Wohnen – Freizeit – Reisen

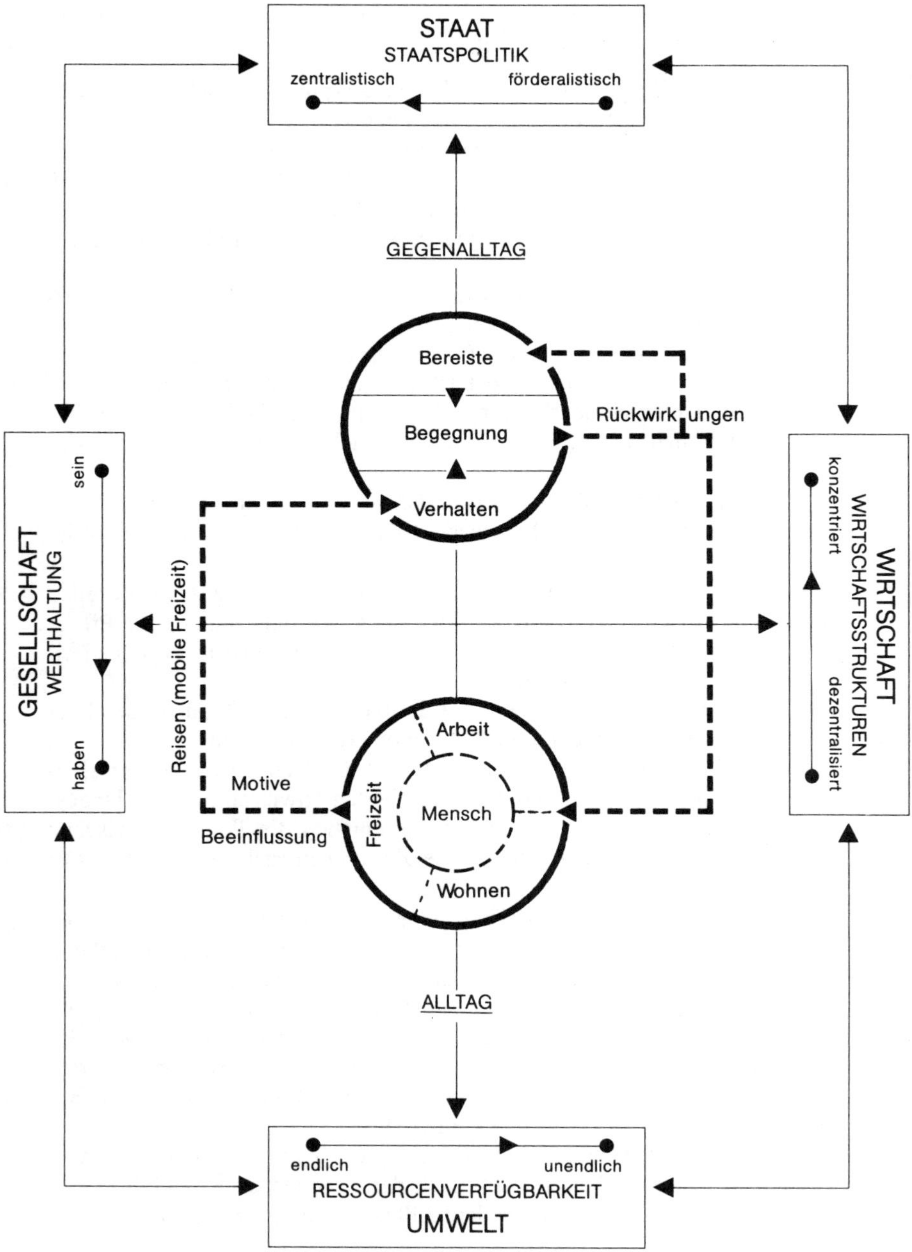

- *Kommunikationspolitik* (inklusive Werbung) informiert die Nachfrager über die verschiedenen Reisemöglichkeiten.

Die *sozio-ökonomische Bedeutung des Tourismus* lässt sich nach Erkenntnissen des Deutschen Fremdenverkehrspräsidiums (vgl. Deutscher Tourismusbericht 1994, S. 7) wie folgt zusammenfassen:

1. Der Tourismus leistet einen wesentlichen Beitrag zur Beschäftigung und zum Einkommen der Bevölkerung auch und gerade in strukturschwachen Räumen. Der Tourismus dient der wertvollen Existenzsicherung in weiten Teilen der Landwirtschaft und schafft dadurch einen Ausgleich im Einkommensgefälle zwischen hochindustrialisierten Verdichtungsräumen und ländlich strukturschwachen, jedoch landschaftlich reizvollen Gegenden.
2. Der Tourismus ist Anschubfaktor und Katalysator für andere Wirtschaftszweige.
3. Zu den Auswirkungen aktiver Tourismuspolitik gehört die Schaffung „weicher Standortfaktoren" wie Fachkräftebindung, Schaffung von Anreizen für Unternehmensbindung, Erhöhung des Freizeit- und Erholungswertes nicht nur für Gäste, sondern auch für die einheimische Bevölkerung.
4. Der Tourismus unterstützt die kulturellen Aktivitäten in Städten und Gemeinden. Er präsentiert und vermarktet das kulturelle Gesamtangebot im In- und Ausland.
5. Städtetourismus und Kulturtourismus sichern die Existenz des kulturellen Erbes und tragen gleichzeitig zur Belebung der Innenstädte, zur Pflege des Brauchtums wie auch zur Publizität der unterschiedlichen künstlerischen Darstellungsformen bei.
6. Der Tourismus bietet vielfältige, auf die individuellen Bedürfnisse abgestimmte Reisemöglichkeiten für alle Bevölkerungsgruppen.
7. Der Tourismus fördert den sozialen Aspekt des Kennenlernens verschiedener Lebensweisen und anderer Mentalitäten sowie allgemeine landeskundliche Kenntnisse. Er unterstützt vielschichtig die Toleranz zwischen Nord und Süd sowie das allmähliche Zusammenwachsen zwischen Ost und West.
8. Darüber hinaus kann der Tourismus einen positiven Beitrag zur besseren Völkerverständigung leisten. Fremdenverkehrsunternehmen, weitgehend mittelständisch organisiert, dienen dabei im besonderen als Kontaktstellen und Begegnungsstätten zwischen der einheimischen Bevölkerung und den in- und ausländischen Gästen. Gerade auch die Begegnung von Gästen unterschiedlicher Nationalitäten sowie der freiwillige, häufige Wechsel von Arbeitsplätzen der Arbeitnehmer gehören zur positiven Bereicherung aller am Tourismus Beteiligten.
9. In unserer heutigen hochspezialisierten, jedoch immer komplexer werdenden Industriegesellschaft stellt sich der Tourismus als wichtiges Gegengewicht dar. Die Flucht aus dem Alltag, der notwendige Milieuwech-

sel sowie der Mangel an Abwechslung in einer zunehmend überreizten Umgebung führen zur Kompensation durch immer extremer werdende Freizeitaktivitäten (z.B. Risiko-, Extremsport), um den Alltag zu bewältigen. Auf der anderen Seite entsteht konträr dazu das Bedürfnis nach Erholung und Entspannung sowie zur Flucht vor dem Stress.

6. Vom Versorgungs- zum Erlebniskonsum

Das Verbraucherverhalten hat sich in den letzten fünfzig Jahren grundlegend gewandelt. Zur Deckung des alltäglichen Grundbedarfs (z.B. für Lebensmittel) benötigt der Konsument heute weniger Zeit und weniger Geld. Zudem wird die Marktsättigung zur großen Herausforderung für das Marketing. Für Wirtschaft und Handel wird das *Wissen um die Konsumprioritäten* zu einer Frage von Wachstum, Leben oder Überleben. Für welche Produkte und Dienstleistungen will der Konsument in Zukunft bevorzugt sein frei verfügbares Einkommen ausgeben – für Verbrauchsgüter des gehobenen Bedarfs (z.B. Bücher), für Gebrauchsgüter (z.B. Autos) oder für Dienstleistungen (z.B. Urlaubsreisen)?

Ein Wandel vom Versorgungs- zum Erlebniskonsum kündigt sich schon seit langem an (vgl. Szallies 1990, S. 44ff.):

- Ende der *40er Jahre* hatten die Konsumenten nur eines im Sinn: Essen und Kleidung. Dafür gaben sie rund drei Viertel ihres Einkommens aus.
- In den *50er Jahren* begannen die Konsumenten nach einer Phase der materiellen Entbehrungen ihre Grundbedürfnisse zu befriedigen. Die sogenannte „Fresswelle“ setzte ein.
- Die *60er Jahre* erlebten eine erste Konsum- und Wohlstandswelle – vom Staubsauger über den Kühlschrank bis zum Fernseher und Auto.
- In den *70er Jahren* entwickelte sich eine neue Nachfrageautomatik: Wachsende Bevölkerung + wachsende Kaufkraft + wachsende Freizeit. Eine gewaltige Freizeit- und Erlebnisindustrie entstand.
- In den *80er Jahren* rückte der Wertewandel, genährt vom Zeitgeist des sogenannten Postmaterialismus, in den Mittelpunkt der Konsumszene. „No-name“-Produkte kamen auf den Markt.
- In *den 90er Jahren* wurden die Konsumgewohnheiten vom Schlagwort „Lifestyle“ beherrscht und die private Nachfrage von neuen Trendgruppen bestimmt: Junge Doppelverdiener, berufstätige Frauen mit qualifizierter Ausbildung, vermögende Etablierte im Alter zwischen 40 bis 55 Jahren ohne Kinder bzw. ohne Kinder im Haushalt sowie Senioren mit überdurchschnittlichem Einkommen gaben den Ton an.
- Für *das nächste Jahrzehnt* zeichnet sich eine weitere Änderung in der Bedürfnis- und Kaufstruktur der Konsumenten ab: Die Polarisierung von Versorgungskonsum und Erlebniskonsum verschärft sich. Gleichzeitig

> suchen die Konsumenten nach einer Balance, bei der kein Bereich einem anderen geopfert werden darf. Konsumentscheidungen fallen immer schwerer. Die *Erlebnisqualität entwickelt sich zum* wichtigsten Kaufkriterium und Produkte ohne Erlebniswert verlieren an Attraktivität. Aus dem Fachhandel wird der *Erlebnishandel* (vgl. Redwitz 1990, S. 277f.).

Immer mehr Bürger bevorzugen das schöne Leben, weil sie auch mehr Geld für ihre Freizeit- und Urlaubserlebnisse ausgeben wollen und können: Die monatlichen Freizeitaufwendungen eines 4-Personen-Arbeitnehmerhaushalts mit mittlerem Einkommen haben sich seit den sechziger Jahren mehr als verachtfacht. Ein Ende der *Expansion des Erlebniskonsums* ist kaum absehbar. Im Jahre 2010 werden die Bundesbürger im Durchschnitt mehr als 500 Euro im Monat für Freizeit und Reisen zur Verfügung haben. Dabei gleichen sich die Aufwendungen der West- und Ostdeutschen immer mehr an, wenn auch im Jahr 2010 die Gleichheit der Lebensverhältnisse in Ost und West weiter auf sich warten lässt.

Fast die Hälfte der Bevölkerung (1990: 43% – 2000: 49%) zählt sich zur *Gruppe der Erlebniskonsumenten*, die sich Außergewöhnliches leisten, auch wenn sie dafür gelegentlich zu viel Geld ausgeben oder gar über ihre Verhältnisse leben. Zugleich scheint „Otto-Normalverbraucher“ in die Jahre zu kommen: Während die Generation der über 55-Jährigen überwiegend am Prinzip des Versorgungskonsums festhält (76%), tendiert die jüngere Generation mehr zum Erlebniskonsum (68%). Für die meisten jungen Leute ist der Luxus von gestern – Auto, Sekt, Farbfernseher und Urlaubsreise – fast zum Normalverbrauch von heute geworden.

Der Erlebniskonsum stellt die attraktivste Konsumart dar. Während der lebensnotwendige Konsum zur Befriedigung von Grundbedürfnissen mehr als Muss und Pflicht empfunden wird, signalisiert der Erlebniskonsum das Schöne des Lebens. Im Jahr 2010 wird es mehr Erlebnis- als Versorgungskonsumenten geben. Geld verdienen und Geld ausgeben sind nur noch auf ein Ziel gerichtet: *Ein schönes Leben haben wollen.*

7. Auto contra Urlaubsreise? Wandel in den Konsumprioritäten

Im privaten Konsumverhalten der Bundesbürger galt bisher der Grundsatz: *Am Urlaub wird* zu aller letzt *gespart*. Die Urlaubsreise war den Deutschen immer lieb und teuer. Erstmals zeichnet sich jetzt ein Wandel in den Konsumprioritäten ab: Auto (52%) vor Urlaubsreise (46%). Noch in den neunziger Jahren dominierte die *Lebensqualität Urlaubsreise* (1991: 40% – 1995: 41%) vor dem *Statussymbol Auto* (1991: 34% – 1995: 37%). Kehrt sich das Verhältnis plötzlich um? Die Meldungen aus der Reisebranche bestätigen diese Anzeichen. Das hohe Niveau der Vorjahre lässt die aktuelle Reisebilanz in schlechterem Licht erscheinen:

Essen, Trinken und Verreisen

Wandel in den Konsumprioritäten der Deutschen

Repräsentativbefragungen von 2.600 Personen ab 14 Jahren 1991 und 1995 in Deutschland

Angaben in Prozent

In welchen Bereichen
»finanzielle Einsparungen am schwersten fallen«:

1991
1995

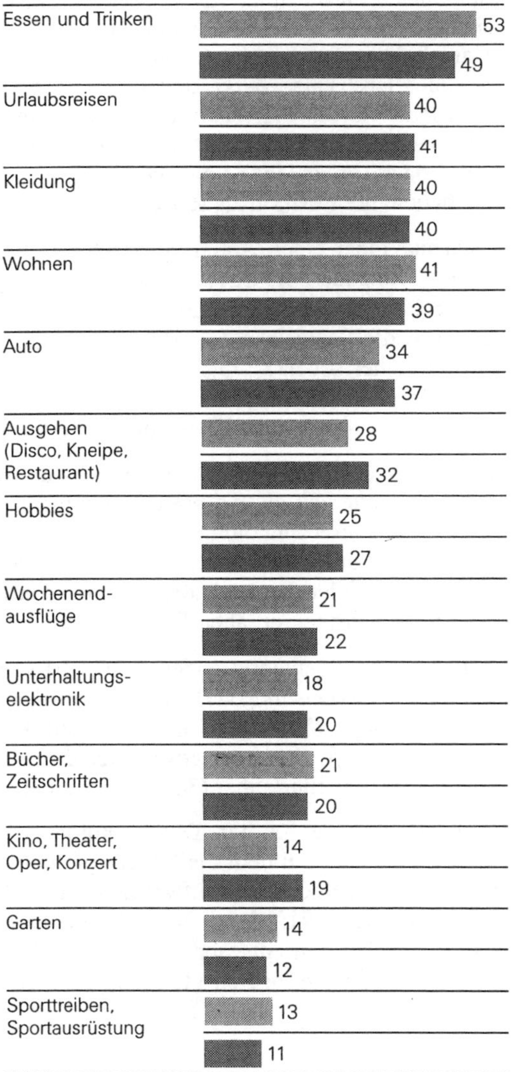

- Die Flughäfen verzeichnen bei Pauschalreisen deutliche Buchungsrückgänge.
- Spanien, das wichtigste Ferienziel der Deutschen, ist wesentlich schwächer nachgefragt.

Hat der seit einem Vierteljahrhundert vorherrschende Reiseboom seinen Zenit überschritten? Ist gar die psychologische Sättigungsgrenze der reiseerfahrenen Deutschen erreicht?

Vieles spricht dafür, dass eine erfolgsverwöhnte Branche in die *Phase der Normalisierung* eintritt. Denn: Der finanzielle Spielraum ist keineswegs kleiner geworden; die Einkommensentwicklung verläuft positiv mit leichten Zuwächsen. Die Sparneigung sinkt („Lieber einschränken": 1992: 26,1% – 2000: 21,6%); die Lust auf Lebensgenuss steigt („Lieber genießen": 1992: 38,7% – 2000: 40,1%), wie die Allensbacher Markt- und Werbeträgeranalyse nachweist (AWA 2000). Die *Lust auf Konsum* verschärft den Verdrängungswettbewerb im Freizeit- und Erlebnismarkt. Die Reiseindustrie bekommt diese Entwicklung – wieder einmal zeitverzögert (*„time lag"*) – erst jetzt zu spüren.

Die Deutschen haben ihre Position als Reiseweltmeister verloren:

- Deutschland hat nur mehr einen Anteil von 16,5 Prozent an den Reiseausgaben der Industrieländer, die USA dagegen 20 Prozent.
- Pro Kopf der Bevölkerung geben die Deutschen nur 600 Dollar im Jahr für ihre Reisen aus, die Schweizer dagegen 1000 Dollar, die Holländer, Belgier und Österreicher sogar 1.173 Dollar, wie die Deutsche Bank errechnete (Juli 2000).
- Und reisefreudiger sind ohnehin die Dänen und Schweden.

Der Touristikmarkt bleibt auch in Zukunft ein Wachstumsmarkt, aber das *Ausgabenwachstum schwächt sich ab* und bewegt sich mehr im Einklang mit der Entwicklung des verfügbaren Einkommens.

Der Wachstumsmarkt Tourismus kann zudem seine Schattenseiten nicht mehr verleugnen. Denn in vielen Ferienländern stimmt das Preis-Leistungsverhältnis nicht: Die Reise wird teurer, aber die Leistung nicht besser.

- Mehr als zwei von fünf Spanienreisenden (43%) bzw. Italienreisenden (45%) sind mit dem *Preis-Leistungsverhältnis* unzufrieden.
- Jeder zweite Bundesbürger (52%) geht im Urlaub auf die Suche nach einer *preiswerten Unterkunft*, doch nur etwa jeder dritte deutsche Spanienurlauber (35%) bzw. Italienurlauber (34%) wird dabei auch fündig.

Wird die *jährliche* Urlaubsreise für den Durchschnittsverdiener zu teuer? Oder findet ein Umdenken statt, bei dem die Lebensqualität zu Hause (Wohnung, Auto, Hobby u.a.) eine Bedeutungsaufwertung erfährt? Wird der *Wert des Wohnens* wiederentdeckt (1991: 41% – 2000: 54%)? Dafür sind die Verbraucher auch bereit, sich bei den Ausgaben für Sport (1991: 13% – 2000: 12%) sowie für Bücher und Zeitschriften (1991: 21% – 2000: 19%) etwas einzuschränken.

8. Garantierte Lebensqualität: Warum die Urlaubsreise einen so hohen Stellenwert hat

Der Wandel von der Industrie- zur Dienstleistungsgesellschaft ist in der Touristikbranche besonders weit fortgeschritten. Die Urlaubsreise gilt als ein Stück Lebensqualität. Wer also eine Urlaubsreise bucht, hat geradezu Anspruch auf Lebensqualität (insbesondere Servicequalität). *Der Traum vom Traumurlaub ist regelrecht einklagbar.* Fehlende oder verminderte Dienstleistungen am Urlaubsort stellen eine Beeinträchtigung des Urlaubsgenusses dar und gelten als Verlust von Lebensfreude. Dies hat konkrete Folgen: *Servicemängel führen zu Preisminderungsansprüchen.* So können Urlauber z.B. in der sogenannten „Frankfurter Tabelle" die Höhe ihrer Ansprüche ablesen, die deutsche Gerichte ihnen zusprechen. Als mangelhafte Reiseleistungen gelten etwa:

- Schlechte Zimmer-Reinigung (Minderungsanspruch ca. 10 bis 20 Prozent vom Reisepreis)
- Fehlende Unterhaltung an Bord, z.B. kein Film oder Radio (5%)
- Gerüche im Hotel (5 bis 15%)
- Lärm am Tage (5 bis 25%)
- Lärm in der Nacht (10 bis 40%).

Wenn es zu erheblichen Flugverspätungen kommt, statt des See-Blicks eine Hinterhof-Perspektive geboten wird oder das Hotelpersonal zeitweise streikt – der Urlaubsreisende kann sich seines Preisnachlasses sicher sein. *Urlaubsqualität ist kontrollierte und garantierte Lebensqualität.*

Es gibt kaum einen anderen Dienstleistungsbereich, bei dem der Kunde wirklich so König sein kann wie in der Touristikbranche. Daher sollten sich andere Branchen auch nicht wundern oder ärgern, dass die Urlaubsreise eine so hohe *Konsumpriorität* hat. Servicequalität im Urlaub gehört zur Inklusivleistung. Wer hingegen zu Hause im Kaufhaus schlecht beraten wird, kann allenfalls auf Kulanz hoffen. Man stelle sich einmal vor: Der Kunde könnte Preisabschläge verlangen, weil er beim Shopping unfreundlich bedient wurde. Ein Alptraum für Handel und Dienstleistung.

9. Das Urlaubsbudget: Was eine Urlaubsreise wirklich kostet

Westdeutsche Urlauber, die 1989 mindestens zwei Wochen verreist waren, wurden nach den Gesamtkosten (einschließlich Nebenausgaben) ihrer Urlaubsreise befragt. Das Ergebnis: *Die Westdeutschen hatten 1989 im Durchschnitt 1.267 Mark pro Person ausgegeben*, wobei je nach persönlicher Lebenssituation der Urlaub deutlich mehr oder weniger kostete:

- Spitzenreiter bei den Ausgaben waren seinerzeit die Singles. Ein Single-Urlaub kostete 2.123 Mark.
- Jugendliche hingegen verreisten am billigsten. Sie kamen auf einen Durchschnittsbetrag von 930 Mark pro Person.

Sechs Jahre später wurden erstmals *auf gesamtdeutscher Ebene* die Kosten einer Urlaubsreise ermittelt. Die Ergebnisse wiesen auf eine bemerkenswerte Konstanz im Ausgabeverhalten der Urlauber hin. Alle Befragten, die 1995 eine längere Urlaubsreise von mindestens zwei Wochen Dauer unternahmen, hatten im Durchschnitt *1.433 Mark pro Person* ausgegeben. Im West-Ost-Vergleich waren jedoch deutliche Unterschiede feststellbar:

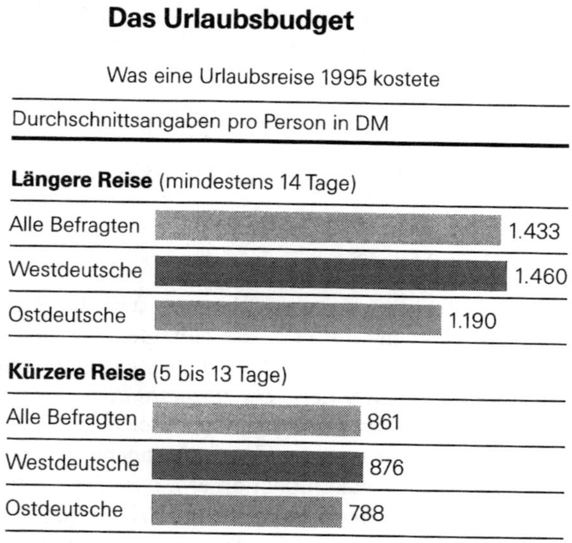

- Westdeutsche gaben 1995 durchschnittlich *1.460 Mark pro Person* aus, was im Vergleich zu 1989 lediglich einer Preissteigerung von 15 Prozent in sechs Jahren entspricht. Unter Berücksichtigung der Inflationsrate ist das Urlaubsbudget der Westdeutschen annähernd gleich geblieben. Ein Urlaubstag war den Westdeutschen etwa 100 Mark wert.
- Ostdeutsche mussten hingegen pro Urlaubstag mit etwa 85 Mark auskommen. Für eine längere Urlaubsreise standen den Ostdeutschen 1995 durchschnittlich *1.190 Mark pro Person* zur Verfügung.

In den Gesamtkosten der Urlaubsreise sind neben den Reise- und Unterkunftskosten alle Nebenausgaben wie Essengehen und Einkaufsbummel, Ausflüge, Souvenirs und Trinkgelder enthalten. Die größte Kluft im Ausgabeverhalten der Urlauber ist zwischen Singles und Familien feststellbar:

- *Familien mit Kindern* müssen mit ihrem Reisebudget haushalten. Nur 1.026 Mark pro Person hatten die Familien 1995 zur Verfügung (zum Vergleich 1989: 930 DM).
- Mehr als doppelt so viel (2.266 Mark) hatten hingegen die *Singles* pro Person ausgegeben (zum Vergleich 1989: 2.123 DM).

Familien müssen wohl deutliche Abstriche beim Urlaubskomfort machen und können die Reise in der Regel auch nicht aus dem laufenden Nettoeinkommen finanzieren.

Die Tourismusanalysen lassen auch Aussagen über die *Kosten kürzerer Urlaubsreisen* zu, deren Dauer zwischen fünf und 13 Tagen liegt. Wer sich keinen Zwei-Wochen-Urlaub leisten will oder kann, kommt mit einem bescheideneren Reisebudget aus. Eine kürzere Urlaubsreise von mindestens fünf Tagen und höchstens 13 Tagen Dauer kostete die Bundesbürger in der Reisesaison 1995 im Durchschnitt *861 Mark pro Person.* Die Verkürzung der Urlaubsdauer stellt eine praktikable Möglichkeit dar, trotz begrenzter Budgetmittel im Urlaub zu verreisen. Darüber hinaus geht das Deutsche Wirtschaftswissenschaftliche Institut für Fremdenverkehr in München (DWIF 1995) davon aus, dass ein Tagesausflügler im Durchschnitt 25 Euro pro Tag und Person und ein Städtetourist etwa 35 Euro ausgibt.

10. Die (un-)heimlichen Urlaubskosten vor Reisebeginn

Mental und finanziell fängt eine Urlaubsreise nicht erst mit dem Reisebeginn an. Die Urlaubsplanung setzt Tage, Wochen oder gar Monate vor der Reise ein. Und auch die Urlaubsfinanzierung erschöpft sich nicht mit der Anzahlung im Reisebüro. Millionen von Urlaubern geben bereits *vor* Antritt der Reise viel Geld für Urlaubsaccessoires und -dienstleistungen aus. Apotheken und Ärzte, Banken und Versicherungen, Kauf- und Warenhäuser sowie Optiker und Buchhandlungen profitieren von den (un-)heimlichen *Urlaubskosten am Wohnort.*

Fast jeder zweite Urlaubreisende (47%) deckt sich zu Hause mit neuer Urlaubskleidung oder Schuhen ein. Dies sind über 15 Millionen Bundesbürger, die für zusätzliche Umsätze in Schuhläden und Textilgeschäften sorgen. Zwei von fünf Urlaubern (39%) rüsten sich mit dem Kauf von Sonnenbrillen und Sonnenschutzmitteln für die Reise in den Süden. Etwa jeder vierte Urlauber legt sich zu Hause eine Reiseapotheke zu (27%) und schließt eine Reiseversicherung ab (23%). Und jeder zehnte Urlaub beginnt mit dem Arztbesuch am Wohnort (10%) – vom Gesundheits-Check-up über die Verschreibung von Medikamenten bis zur Schutzimpfung. Gut ein Fünftel der Urlauber versorgt sich mit Reiseführern (21%) oder Reiselektüre (19%). Und jeder siebte Urlauber (16%) schickt sein Auto vorher noch zur Urlaubsinspektion in die Werkstatt.

- Die meisten ostdeutschen Urlauber (56% – Westdeutsche: 44%) kleiden sich zu Hause vor der Reise neu ein. Westdeutsche legen mehr Wert auf

den Kauf von Sonnenbrillen und Sonnenschutzmitteln (40%) als Ostdeutsche (32%).
- Familien mit Kindern kaufen neues Spielzeug und suchen mehr als andere den nächsten Supermarkt auf, um Lebensmittel von der Cola bis zur Fertigsuppe zu erwerben.
- Und Singles legen sich im Vergleich zu anderen noch schnell eine Kreditkarte zu oder besorgen sich einen neuen Fotoapparat.
- Und während jeder fünfte Mann (20% – Frauen: 12%) das Auto zur Inspektion in die Werkstatt bringt, nutzt jede dritte Frau (32% – Männer: 26%) eher die Gelegenheit, sich Gedanken über neue Badekleidung zu machen.

Es ist ersichtlich: Urlauber gehen dem Einzelhandel zu Hause nicht verloren. Gäbe es den Urlaub nicht, müsste wohl der Sommer-Schluss-Verkauf mangels Nachfrage eingestellt werden. Millionen von Konsumenten betreiben zu Hause eine Art *materielle Urlaubs-Vorsorge*. Erst danach setzt an den Wohnorten das beklagte „Sommer-Loch" ein: Die Bundesbürger konsumieren weiter – aber nun am Ferienort.

11. Alles inklusive? Die Nebenkosten am Urlaubsort

„Alles inklusive" heißt das Zauberwort, mit dem immer mehr Reiseveranstalter Urlauber in die Ferne locken. Urlauber wollen ihre Reisekosten gerne verlässlich vorauskalkulieren und bei den Nebenkosten keine bösen Überraschungen erleben. Genau hierin liegt das Problem: Bei den Nebenkosten erleben viele Urlauber ihr blaues Wunder. Denn: *Bei „all-inclusive" ist selten alles inklusive*. Meist sind die Urlauber selbst die Verursacher, also ein Opfer ihrer eigenen Ansprüche, Gewohnheiten und Schwächen. Jeder dritte Urlauber muss – kaum angekommen – etwas kaufen (32%), „was man zu Hause vergessen hat": Von der Zahnbürste bis zum Sonnenöl. Zudem hat der hohe Erlebniswert des Urlaubs seinen Preis: Man will nicht nur Eindrücke, sondern auch *sichtbare Andenken mit nach Hause bringen*. Fast die Hälfte aller Urlauber (45%) hat auf der letzten Urlaubsreise Souvenirs gekauft. Urlauber praktizieren ganz unterschiedliche Kaufgewohnheiten. Frauen können sich z.B. mehr für Kosmetika (16% – Männer: 9%) sowie für Souvenirs (47% – Männer: 43%) begeistern, während sich Männer im Urlaub eher mit Spirituosen (24% – Frauen: 16%) und Tabakwaren (22% – Frauen: 16%) versorgen.

Nach vorliegenden Erfahrungswerten (z.B. der Tourismusbehörde auf den drei balearischen Inseln Mallorca, Menorca und Ibiza) entfallen etwa zwei Drittel der Urlaubsausgaben auf die Anreise (Flug) und die Unterkunft. *Ein Drittel der Urlaubsausgaben aber sind Nebenausgaben*, die in die Kassen der örtlichen Unternehmen fließen. Ein Gast gibt beispielsweise auf den Balearen im Durchschnitt 21 *Euro pro Tag* aus (vgl. FAZ vom 18. Januar 1996) – also u.a.

Aus dem Tagebuch eines preisbewussten „Kurlaubers"
Nebenkosten – selbst bei bescheidener Lebensführung

1. Tag:	Zahnbürste	0,99 DM
	Wasser	1,00 DM
2. Tag:	Bahnfahrt	3,00 DM
	Kaffee Weinhaus	5,00 DM
	Pralinen	17,90 DM
3. Tag:	Postkarte	0,50 DM
4. Tag:	Medikament Apotheke	5,00 DM
5. Tag:	Getränk	4,00 DM
	Eintritt VHS	4,50 DM
6. Tag:	Kaffee	2,60 DM
	Blumen	4,00 DM
7. Tag:	2 Filme, CT 100	15,90 DM
8. Tag:	Bahnfahrt	1,00 DM
	Kaffee	6,00 DM
9. Tag:	Musik-Cassette	12,00 DM
	Eis	3,50 DM
	Eintritt Kirche	1,00 DM
10. Tag:	Wasser	4,50 DM
	Kaffee	1,00 DM
11. Tag:	Kaffee	1,00 DM
12. Tag:	Kaffee	2,60 DM
	Karte	0,40 DM
13. Tag:	10 Bilder	7,90 DM
14. Tag:	Bowling	12,80 DM
15. Tag:	Essen mit H.	25,50 DM
16. Tag:	Capuccino	6,40 DM
	Essen mit A.	41,80 DM
	Einkauf	62,00 DM
	Benzingeld	50,00 DM
17. Tag:	Kurpark	4,00 DM
	Kaffee	1,00 DM
	Souvenir Glasbilder	146,00 DM
18. Tag:	Kaffee	2,00 DM
19. Tag	Telefon	0,90 DM
	Eintritt Kloster	5,00 DM
	Flasche Wein	10,00 DM
20. Tag:	Gymnastik	9,53 DM
	20 Bilder	15,80 DM
	Rad-Wanderkatalog	14,98 DM
	Eintritt Römervilla	5,00 DM
	Wasser	2,00 DM
21. Tag:	Bahnfahrt	4,00 DM
	Karte	0,50 DM
	Kaffee	2,60 DM
	Goldene Wandernadel	5,00 DM

Quelle: Persönliche Notizen des Herrn S. aus Karlsruhe, die er „unaufgefordert" dem Kur- und Verkehrsverein Bad Neuenahr-Ahrweiler 1995 zur Verfügung gestellt hat

- 6,5 Euro für Essen und Trinken,
- 3,5 Euro für Vergnügungen und
- 2 Euro für Ausflüge.

Die Repräsentativumfrage des Freizeit-Forschungsinstituts weist konkret nach, was den Deutschen im Urlaub lieb und teuer ist. Für zwei Drittel der Deutschen gehört das Essengehen zum Urlaub einfach dazu (62%). Ein Drittel der Urlauber sucht regelmäßig Kneipen, Bistros und Tavernen auf (33%). Jeder vierte Urlauber kann auf Besichtigungen (25%) und organisierte Ausflüge (28%) nicht verzichten. Und jeder fünfte Urlauber (21%) deckt sich mit zusätzlichen Lebensmitteln ein (und füllt die Minibar im Hotelzimmer mit Supermarkt-Getränken).

Im Urlaubsverhalten und in den Urlaubsausgaben der Deutschen sind *große regionalspezifische Unterschiede* feststellbar.

- Die Urlauber aus Nordrhein-Westfalen geben das meiste Geld für das Essengehen aus.
- Die Bayern mieten sich gern ein Auto, die Norddeutschen eher ein Fahrrad.
- Die Berliner gehen gern ins Museum und die Urlauber aus Mecklenburg-Vorpommern gern ins Kino oder in den Freizeitpark.
- Wer aus Baden-Württemberg anreist, kauft im Vergleich zu allen anderen Bundesbürgern am meisten zusätzliche Lebensmittel am Urlaubsort ein.
- Und die Sachsen und Thüringer nehmen am liebsten an organisierten Ausflügen teil.

So kann niemand ‚aus seiner Haut heraus', auch wenn man den Urlaubseuro zweimal umdrehen muss. *Ferien ohne Nebenkosten gibt es nicht*: Selbst wenn das Essen und die Tischgetränke „eingeschlossen" sind, bleiben noch genügend Wünsche offen – vom Zwischendurch-Snack über den happy-hour-Cocktail bis zum Schlummertrunk. Jede Urlaubsreise ist ein kleines finanzielles Abenteuer.

12. Der neue Spartrend: Kürzer. Seltener. Billiger

Die Touristikbranche kann mit einem lachenden und einem weinenden Auge der Zukunft entgegensehen. Die Urlauberströme reißen nicht ab, aber immer mehr Touristen achten offenbar mehr als früher darauf, wofür sie ihr Geld ausgeben und in welchen Bereichen sie Einsparungen vornehmen können. Stagnierende Realeinkommen halten das Bewusstsein wach: *Das Urlaubsgeld wird knapp.* Die Urlauber müssen sparsamer werden. Reiselust und Sparzwang gehen zwangsläufig eine Vernunftehe ein.

Sparen am und im Urlaub

Weniger Shopping und Ausflüge - mehr preiswertere Reisen

Wenn das *Urlaubsgeld knapp* wird, entscheiden sich von je 100 Befragten für:

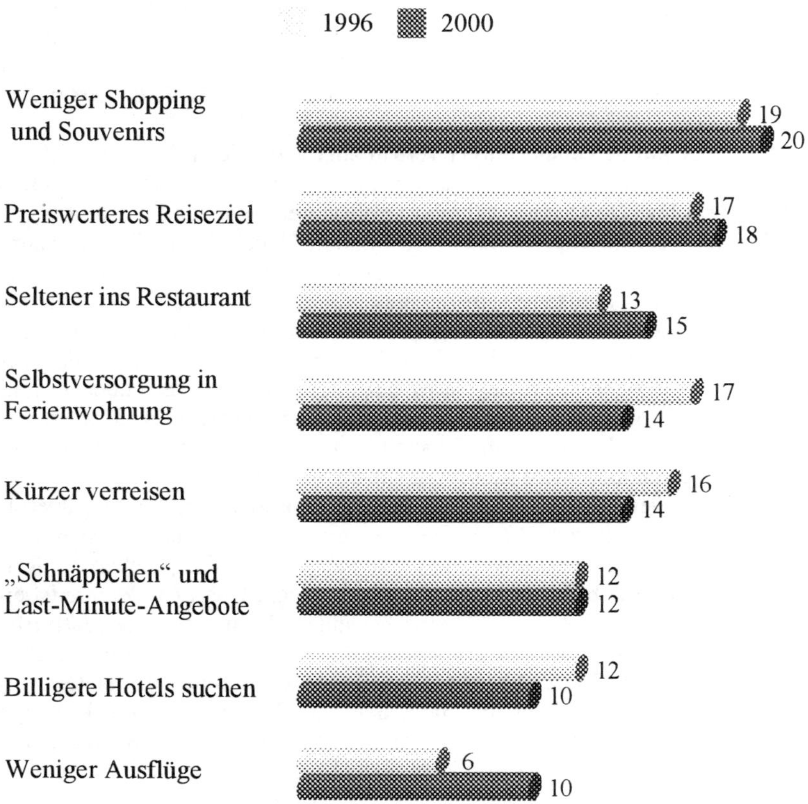

Repräsentativbefragungen von jeweils 2.000 Personen ab 14 Jahren in den Jahren 1996 und 2000 in Deutschland

B.A.T Freizeit-Forschungsinstitut

Die Touristikbranche bekommt es zu spüren: Mehr Preisbewusstsein und mehr Sparsamkeit, mehr Spontanbucher und mehr Last-Minute-Interessenten. Repräsentativ wurden 2.600 Personen ab 14 Jahren in Deutschland danach gefragt, welchen Einsparungen sie am Urlaub oder im Urlaub am ehesten zustimmen können. Eine knappe Mehrheit der Bundesbürger (54%) ist bereit, sich im Urlaub mit einer „Neuen Bescheidenheit" zu arrangieren. Zwischen Spar-Zwang und Schnäppchen-Jagd hin- und hergerissen entscheiden sich die Urlauber für die Devise: *Kürzer, weniger, billiger.* Statt auf die Urlaubsreise zu verzichten, will etwa jeder sechste Bundesbürger lieber kürzer verreisen (16%), ein preiswerteres Reiseziel wählen (17%), sich bei Shopping und Souvenirkauf einschränken (19%) oder sich sogar in der Ferienwohnung selbst versorgen (17%). Zwölf Prozent der Befragten wollen sich auch mit billigeren Hotels zufrieden geben. Und jeder achte (13%) will seltener in Restaurants essen gehen.

Fast jeder zweite Bundesbürger vertritt aber auch die Auffassung: *„Wenn das Geld knapp ist, verreise ich erst gar nicht"* (46%). Dies trifft vor allem für Landbewohner zu (51%), während Großstädter mehr für Sparsamkeit im Urlaub (60%) als für Reiseverzicht (40%) sind. Generell gilt: Die Konsumpioniere des Alltags geben auch im Urlaub den Ton und Trend an: Die Urlaubsreise ist für Trendsetter ein unverzichtbarer Bestandteil ihrer Lebensqualität geworden. Wer zu den Jüngeren und Urbanen, Höhergebildeten und Besserverdienenden gehört, will sich im Urlaub lieber einschränken als ganz auf die Reise verzichten. Im Gegensatz dazu können sich Ältere über 65 Jahren (63%), Befragte mit Volksschul- oder Hauptschulabschluss (55%) sowie geringer Verdienende mit einem Haushaltsnettoeinkommen unter 1.500 Mark (65%) am ehesten mit einem Reiseverzicht anfreunden.

Das Vertrauen auf Last-Minute-Angebote ist in der Bevölkerung überraschend gering ausgeprägt (12%). Die meisten Bundesbürger verlassen sich lieber auf ihre eigene Sparsamkeit im Urlaub als auf das Versprechen der Reisebranche, viel Urlaub für wenig Geld zu bekommen. Und *Last-Minute* ist eigentlich nur ein anderes Wort für eine besondere Form des *Jugend-Tourismus.* Jeder fünfte Schüler oder Student (22%) und fast jeder vierte Reisende im Alter von 18 bis 24 (23%) warten auf Sonderkonditionen im letzten Moment. „Spontan reisen" liegt im Trend der Zeit. Für junge Leute kann die kurzfristige Offerte mitunter aufregender als das tatsächliche Billigangebot sein.

„Die Spontis kommen ..."
Eine Prognose aus dem Jahr 1986

Trend zu spontaneren Reiseentscheidungen.
Von der Langzeitplanung zum kurzfristigen Entschluss: Stand-by-Tourismus

Die Reisegewohnheiten ändern sich, ein neuer Urlaubertypus entsteht. Er hat ein Gespür für Qualität und Preis, achtet auf Sonderangebote und weiß mit dem Geld besser hauszuhalten, also ökonomischer umzugehen. Zugleich macht er sich unabhängiger von den subjektiv als zu eng empfundenen Vorschriften des Pauschaltourismus. Er will sich nicht mehr generell auf den Wochenrhythmus und auch nicht mehr wochenlang vorher auf Preis, Zeit und Reiseziel festlegen lassen, sondern kann es sich leisten, flexibel und kurzfristig zu reagieren. Was nach außen als Zögern erscheint, ist in Wirklichkeit eine Haltung innerer Gelassenheit. Die hohe Zahl von Spontanreisenden und Spätbuchern signalisiert einen grundsätzlichen Wandel in der Einstellung zur Urlaubsreise: Weg von zeitlicher Verpflichtung und Reisedauer – durch die Wiedergewinnung der zeitlichen Souveränität über die Urlaubsreise. Öfter, kürzer, erlebnisintensiver – so lässt sich die neue Einstellung zum Reisen umschreiben, die Ferienformel für ein neues Selbstbewusstsein. Reisen ist kein lange geplantes Unternehmen mehr, sondern ein relativ spontaner Entschluss.

Quelle: Tourismusstudie des B·A·T Freizeit-Forschungsinstituts „Urlaub 85/86", Hamburg 1986, S. 22f.

Frei sein, high sein, „nix wie weg": *Spontis gelten als neue Reisepioniere.* „Die Spontaneitätsleistung wird immer größer empfunden, je weiter das Reiseziel entfernt ist. So beweisen sie sich Mut, Offenheit und kalkuliertes Risiko" (B·A·T Studie „Urlaub 91/92", S. 45). Last-Minute ist also mehr eine Frage von jugendlichem Lebensstil. Für die überwiegende Mehrheit der Bevölkerung (88%) sind Last-Minute-Angebote weder attraktiv noch praktikabel.

13. Urlaub auf Pump: Eine Legende

Über elf Millionen Bundesbürger (18%) legen derzeit eine „eigene Urlaubskasse" an. Mit dem extra Ersparten nur für den Urlaub finanzieren sie dann ihre nächste Urlaubsreise. Vom Urlaubs-Sparstrumpf machen am meisten die Arbeiter (27%), am wenigsten die Beamten (14%) Gebrauch. Hinzu kommen über 19 Millionen Bundesbürger (31%), die ihr Sparbuch bzw. ihre Sparguthaben angreifen, damit sie auf ihre Urlaubsreise nicht verzichten müssen. Die ältere Generation der 65- bis 79-Jährigen ist von der Sparbuch-Idee am meisten angetan (45%), während die junge Generation der 14- bis 24-Jährigen im Urlaub mehr vom Urlaubszuschuss der Eltern (31%) als vom eigenen Sparbuch (25%) lebt.

Heute muss jeder zweite Bundesbürger (51%) seine Urlaubsreise aus Ersparnissen und Rücklagen der vergangenen Jahre finanzieren. Das laufende Einkommen reicht nur für die Mehrheit der Besserverdienenden. Dabei erweist sich „Urlaub auf Pump" als Legende. *Holiday-Banking*, ein System der Urlaubs-Vorfinanzierung per Kredit und Raten, soll angeblich auf dem Vormarsch sein. In Wirklichkeit setzt sich die Urlaubsfinanzierung durch Kreditaufnahme nach dem amerikanischen Grundsatz „travel now – pay later" in Deutschland nach wie vor nicht durch. Was für Auto oder Unterhaltungselektronik zutreffen mag, hat für die immaterielle Lebensqualität Urlaub fast keine Bedeutung (1%). Zum zeitgemäßen Urlaubsgepäck gehören auch Euroschecks und Kreditkarten. Kontoüberziehung (2%) und Kreditaufnahme bei der Bank (1%) haben ebenfalls nur marginale Bedeutung. In der Urlaubsfinanzierung sind die Bundesbürger nach wie vor konsequent: Sie verreisen meist erst dann, wenn sie genug verdient oder gespart haben. Das Geld muss vorher da sein – sonst verzichten sie ganz auf die Reise.

Änderungen für die Zukunft deuten sich lediglich bei den konsumfreudigen *Singles* im Alter von 25 bis 49 Jahren an. Fast jeder sechste Single verreist auf Pump (16%) – überzieht ganz bewusst das Konto, nimmt vorher einen Kredit bei der Bank auf oder ‚stottert' nachher in Raten die Urlaubskosten beim Reisebüro ab. *Jugendliche* im Alter von 14 bis 24 Jahren sind besonders einfallsreich in der Erschließung von Geldquellen zur Finanzierung der Ferienreise. Jeder vierte Jugendliche (25%) jobbt regelmäßig für den Urlaub – nach der Schule, nach der Uni oder nach Feierabend. Mit dem Nebenjob während der Woche wird der Höhepunkt des Jahres finanziert. Ansonsten verreisen die Jugendlichen nach der Devise: *Statt Urlaub auf Pump lieber die Eltern anpumpen!* So geht fast jeder dritte Jugendliche (31%) unbeschwert auf Reisen – mit dem Urlaubszuschuss von den Eltern. Trotz mancher Nebenjobs oder laufender Einkommen: Für die Jugendlichen bleiben die Eltern die wichtigste Finanzierungsquelle für den Urlaub.

Die Urlaubsreise ist heute zum Inbegriff eines schönen Lebens geworden. Und eine ausgefallene Urlaubsreise gilt fast als verlorene Lebenszeit. Gespart wird heute nicht mehr, um Rücklagen für Notfälle zu bilden, sondern um sich eine Urlaubsreise leisten zu können. Es ist sicher wichtig, über einen „Notgroschen" zu verfügen, auf den man in schlechten Zeiten zurückgreifen kann. Mindestens genauso wichtig ist es aber, sich eine Urlaubsreise als ein Stück Lebensqualität leisten und den Urlaub auch ohne schlechtes Gewissen genießen zu können.

Profitiert die Reisebranche gar von der neuen Erben-Generation? Die Umfragen ermitteln ein völlig anderes Bild: Die junge und mittlere Generation kann bisher von Lebensversicherungen und Erbschaften nur träumen. Bei der Finanzierung der letzten Urlaubsreise haben Lebensversicherungen und Erbschaftsvermögen überhaupt keine Rolle gespielt (jeweils 0%). Und selbst bei der älteren Generation im Alter von über 65 bis 79 Jahren konnte sich gerade einmal jeder hundertste Befragte (1%) darüber freuen, mit der ausgezahlten Lebensversicherung die Urlaubsreise zu bezahlen. Vielleicht ist die neue Erben-Generation auch nur ein Phantom – und kann noch lange auf die versprochene Erbschaft warten. Eher wird Wirklichkeit, was sich derzeit in den USA abzeichnet. Die sogenannten „Neuen Alten", ausgestattet mit einer guten Gesundheit und einer sicheren Altersversorgung, machen von ihrer neuen Freiheit selber Gebrauch: Die amerikanischen Highways quellen über von Wohnwagen mit Aufklebern wie *„Mach klar Schiff! Gib deine Erbschaft aus!"*

14. D.A.CH.-Tourismus: Urlaubskosten im Drei-Länder-Vergleich

Die Deutschen, die sich gern als Weltmeister im Reisen bezeichnen, geben im Urlaub relativ wenig aus. Dieses Ergebnis überrascht. Doch ein Drei-Länder-Vergleich im Rahmen der Europäischen Tourismusanalyse weist beispielsweise nach: Bei einer Zwei-Wochen-Reise kommen die Deutschen mit etwa 50 Euro pro Tag aus. Die Schweizer lassen sich den Urlaubstag rund 60 Euro kosten. Und die Österreicher pflegen den aufwendigsten Urlaubsstil mit Gesamtkosten von 64 Euro pro Tag. Während der letzten längeren Urlaubsreise haben die Deutschen also im Durchschnitt 716 Euro, die Schweizer 834 Euro und die Österreicher 897 Euro ausgegeben. Dies geht aus dem Ausgabenvergleich hervor.

Auch bei *kürzeren Reisen zwischen 5 bis 13 Tagen* dominieren die Österreicher (495 Euro) vor den Schweizern (442 Euro) und den Deutschen (430 Euro). Weil Deutsche offensichtlich gern und öfter verreisen, müssen sie auch ökonomischer mit ihrem Reisebudget umgehen. Der hohe Stellenwert der Urlaubsreise hat seinen Preis: Wer am reisefreudigsten ist, kann nicht gleichzeitig auch am ausgabefreudigsten sein.

Urlaubsausgaben vor Reisebeginn

Ein 3-Länder-Vergleich

Repräsentativbefragungen von 1.000 Personen ab 15 Jahren in Österreich und der Schweiz
sowie 2.600 Personen ab 14 Jahren in Deutschland

Frage: »*Wenn Sie an Ihre letzte Urlaubsreise denken? Welche der folgenden Dinge oder Dienstleistungen haben Sie vor Reisebeginn neu gekauft oder in Anspruch genommen?*«

Angaben in Prozent	D	A	CH
Urlaubskleidung, Schuhe	47	40	37
Lebensmittel für den Urlaub	22	15	19
Autoinspektion	16	14	12
Badebekleidung	29	35	28
Arztbesuch (z. B. Impfung)	10	14	7
Kredit von Bank, Sparkasse	2	4	2
Sonnenbrille, -schutzmittel	39	41	48
Reiselektüre (Bücher)	19	20	30
Reiseführer	21	22	25
Arzneimittel	27	31	32
Koffer, Reisetaschen	19	18	21
Spiele, Spielzeug	4	4	6

Eine Urlaubsreise kostet Geld, bevor sie überhaupt begonnen hat. Dabei demonstrieren Deutsche, Österreicher und Schweizer bemerkenswerte Unterschiede im *Ausgabeverhalten „vor" Reisebeginn*:

- Die *Deutschen* denken zuerst an ihre Urlaubskleidung, decken sich eher mit Lebensmitteln für den Urlaub ein und vergessen auch die Autoinspektion nicht.
- Im Unterschied zu den Deutschen und Schweizern gehen die *Österreicher* schon zu Hause mehr auf die Suche nach modischer Badebekleidung, konsultieren den Arzt und scheuen auch die Kreditaufnahme bei der nächsten Bank nicht.
- Die *Schweizer* stellen sich zu Hause besonders gern auf Sonne ein: Fast jeder zweite Schweizer (48%) kauft regelmäßig vor Reisebeginn eine neue Sonnenbrille und sorgt für entsprechende Sonnenschutzmittel. Und im Vergleich zu den Deutschen und Österreichern legen sie auch mehr Wert auf den Kauf von Reiselektüre.

Jede Reise in die Ferne regt die Kauflust schon vor Reisebeginn an. Umgekehrt gilt auch: *Eine Krise im Tourismus könnte zu spürbaren Umsatzrückgängen im Einzelhandel zu Hause führen.* Ganz abgesehen davon, dass immer mehr Läden dort stehen, wo Touristen sich tummeln. Fehlen die Touristen, bleiben auch die Käufer aus. Mehr als die Hälfte ihrer Uhren verkaufen z.B. die Schweizer Geschäfte an Touristen ...

„Vor Ort" im Urlaub fallen die deutschen Touristen durch besondere *Sparsamkeit beim Shopping* auf. Im Vergleich zu den Urlaubern aus Österreich und der Schweiz sind sie nur in einer Hinsicht dominant: Wenn es darum geht, etwas zu kaufen, „was man zu Hause vergessen hat". Beim Schuh-Kauf sind die Österreicher im Vergleich zu den Deutschen (8%) fast doppelt so konsumfreudig (15%). Beim Einkauf von Markenbekleidung (D: 19% – CH: 28%) und Sportartikeln (D: 4% – CH: 8%) tun sich die Schweizer hervor, die im Drei-Länder-Vergleich das Urlaubs-Shopping auch am meisten pflegen.

Ein wenig anders sieht es bei den *Nebenausgaben am Urlaubsort* aus. Bei Ausflügen und Besichtigungen zeigen die Deutschen vergleichsweise etwas mehr Unternehmungsfreude. Aber große Unterschiede zwischen den drei Ländern sind kaum feststellbar. Sicher: Österreicher halten sich mehr (49%) als Deutsche (33%) in Kneipen, Bistros, Pubs und Tavernen auf. Und die Schweizer lassen sich ihre Sportausübung im Urlaub etwas mehr kosten (D: 7% – A: 10% – CH: 13%). Generell aber zeigt das Ausgabeverhalten der drei Europäer durchaus Züge von Urlaubsnormalität: Wer im Urlaub verreist, will sich dann auch mehr als zu Hause leisten können.

Für alle drei Länder gilt: Wenn das Geld knapp wird, sind „Preisknüller" oder „Reisen zu Freundschaftspreisen" immer willkommen. Ein bemerkenswerter Unterschied ist dennoch feststellbar: Österreicher wie Deutsche sind sich in einer Hinsicht vollkommen einig: „Wenn das Geld knapp ist, verreise ich erst gar nicht" sagt fast jeder zweite Befragte in Österreich und Deutschland (jeweils 46%). Die Schweizer hingegen pflegen offensichtlich einen anderen Umgang mit dem Geld. Urlaubsverzicht kommt für sie deutlich weniger infrage (37%). Dafür sind sie aber auch bereit, sich mehr im Urlaub einzuschränken. Jeder vierte Schweizer (25% – A: 17% – D: 12%) ist dann mit einem „billigeren Hotel" zufrieden, jeder fünfte praktiziert „Selbstversorgung" in einer Ferienwohnung (21% – D: 17% – A: 14%) oder entscheidet sich lieber für ein Last-Minute-Angebot (19% – D: 12% – A: 12%). In Zeiten knapper Kassen vertrauen die Eidgenossen auch im Urlaub auf ihre ökonomischen Fähigkeiten und wollen sich nur ungern von außen oder anderen Krise, Askese oder Verzicht einreden lassen.

VII. Service für das Wohlbefinden. Qualitätstourismus

„Graffitiverschmierte Wände werden
touristisch erst interessant, wenn sie –
wie in Pompeji – 2000 Jahre alt sind.“
Werner Müller (1999)
Bundeswirtschaftsminister

1. Qualität im Tourismus: Was heißt das eigentlich?

Vor über zwanzig Jahren schrieb das Bundesministerium für Wirtschaft einen internationalen Modellwettbewerb „Mehr Ferienqualität“ aus. Als Hauptkriterien für den Modellcharakter wurden damals *Bedürfnisgerechtigkeit und Umweltfreundlichkeit* genannt. Das Wettbewerbsergebnis war jedoch enttäuschend. Kein Urlaubsmodell konnte den Kriterien voll entsprechen. In der Palette der Wettbewerbsarbeiten zeigten sich deutliche Mängel. Vermisst wurden vor allem

- Analysen der Bedürfnislage,
- Umsetzung in praktische Maßnahmen,
- Didaktischer Wert als Anleitung für Tourismusplaner und -praktiker,
- Realisierbarkeit der Projekte,
- Nutzwert für einzelne Urlauber oder für Gruppen.

Als Hauptursache ermittelte die Jury seinerzeit eine „Lücke im Problembewusstsein der Freizeit- und Tourismusexperten und -planer“ (StfT 1978, Bd., I, S. 427). Was an Preis- oder Anerkennungswürdigem verblieb, trug allenfalls dazu bei,

- die Isolierung des Urlaubers (insbesondere Einzelreisender) abzubauen;
- die Überfremdung der Einheimischen durch Touristen zu verhindern;
- die Umweltbelastung durch Verkehrslärm und Immissionen zu vermeiden.

Mehr Ferienqualität bedeutete eigentlich nur *weniger Qualitätsmängel.* An dieser Einschätzung hat sich bisher wenig geändert.

Insbesondere der *Städtetourismus* hat in Deutschland nach wie vor unter deutlichen Qualitätsmängeln zu leiden. Das Deutsche Wirtschaftswissenschaftliche Institut für Fremdenverkehr an der Universität München (DWIF) kam schon Anfang der neunziger Jahre zu dem Ergebnis, dass „die Themen Dreck/Schmutz – Nichtsesshafte – Rauschgift“ in jeder deutschen Großstadt eine mehr oder weniger „bedeutsame Rolle“ spielen – sieht man von der süddeutschen Großstadt München einmal ab. Kritisiert wurden nicht kleinere Ärgernisse, sondern *generelle Qualitätsdefizite* aus der Sicht von Städtetouristen. Eine Befragung von 1.200 Übernachtungsgästen Hamburgs förderte beispielsweise an Qualitätsmängeln zutage:

- Dreck/Schmutz: 27,0 Prozent
- Nichtsesshafte: 18,6 Prozent
- Rauschgift: 7,5 Prozent.

Dagegen schienen infrastrukturelle Mängel wie z.B. die schlechte Verbindung zum Flughafen fast unbedeutend (1,5%) zu sein. Die wörtlichen Äußerungen der Befragten sprechen für sich (vgl. DWIF 1992, S. 79f.):

- „Die chaotischen Schmierereien an den Fassaden und den Bahnen."
- „Die vielen mittellosen Jugendlichen und Trinker, die einen fast überall belästigen oder anpöbeln."
- „Abends kann man als Passant schon Angst bekommen."

Hamburg hat hierbei nur Beispielcharakter. Der Eindruck entsteht: In vielen deutschen Städten soll eine Flut an kulturellen Angeboten den *Mangel an Flair und Sauberkeit* an Plätzen und Straßen vergessen machen.

Qualität im Tourismus:
Was heißt das eigentlich?

„Qualität ist die erwartete Leistung minus der erbrachten. Wenn bei dieser Rechnung Null oder noch besser ein negativer Wert herauskommt, stimmt das Angebot und der Gast ist zufrieden."

K. Weiermair: TIROL Heft 2/1993, S. 5

Eine 1995 vom ADAC durchgeführte Befragung von 300 Unternehmen der Touristikbranche (Hotels, Restaurants, Verkehrsträger, Verkehrsvereine u.a.) ergab, dass Service, Preis-Leistungs-Verhältnis und breitgefächertes Angebot aus der Sicht der Veranstalter die wichtigsten Voraussetzungen für Qualität im Tourismus seien. Die Veranstalter waren davon überzeugt: *Qualität ist machbar.* Dass Landschaft/Klima/Atmosphäre als natürliche Voraussetzungen nur bedingt plan- oder machbar sind, wurde dabei weniger bedacht. Touristische Qualität, das ist doch in Wirklichkeit eine „Kombination aus vielen Kleinigkeiten und Details, das ist Atmosphäre" (ADAC 1995, S. 11), die Seele des Ganzen. Mit halbherzigen Dienstleistungen ist dieses Ziel nicht zu erreichen.

2. Wunschvorstellung: In Atmosphäre baden

Im Tourismus hat die Forderung nach einer *Null-Fehler-Mentalität* (z.B. Club Méditerranée: „zéro défault") weite Verbreitung gefunden. Die Gefahr ist natürlich groß, dass bei diesem Perfektionswahn emotionale Faktoren wie z.B. „Es kommt von Herzen" auf der Strecke bleiben. Professionelle Freundlichkeit kann Herzlichkeit nur bedingt ersetzen. Qualität im Tourismus hat viel mit *Atmosphäre* zu tun. Im Tourismus wandelt sich die Ökonomie des Kaufens und Verkaufens zur Psychologie von *Ambiente und Animation*. Es wächst das Bedürfnis der Touristen nach emotionaler Anregung, d.h. konkret nach emotionalen Erlebnissen. Touristen wollen Gefühle kaufen und keine Ware. Sie wollen den Gefühlswert (also den ideellen, nicht den materiellen Wert einer Ware) mit ihrer eigenen Person verbinden. So werden aus Gütern und Dienstleistungen *Erlebnisobjekte*, die mit Emotionen geradezu aufgeladen werden. Die Wirkung kommt einem Turbo-Effekt gleich: „Ich muss es haben".

Repräsentativumfragen des B·A·T Instituts haben nachgewiesen: Ein Restaurant z.B., das man gerne besucht, „muss" im Service Spitze sein. Drei Viertel der Besucher erwarten von einem Restaurantbesuch in erster Linie *freundliche, aufmerksame Bedienung*. Und zwei Drittel legen auf die *Atmosphäre zum Wohlfühlen* besonderen Wert. Die gute Küche und das vielfältige Küchenangebot erscheinen dagegen fast zweitrangig. Nur zwei von fünf erwarten im Restaurant eine große Auswahl an Speisen und Getränken. Und ernährungsbewusste Speisenangebote interessieren nur knapp ein Fünftel der Bevölkerung. Wichtiger werden Portionen zum Sattwerden eingeschätzt. Sattwerden statt Schlankwerden: Im Urlaub entscheiden sich Restaurantbesucher manchmal mehr für die „Sättigungsbeilage" als für den kurz pochierten Fjordlachs auf einem Bett von Kresseschaum.

Weder mit Haute Cuisine noch mit Omas Rezepten kann man heute Gäste ins Lokal locken. Für Restaurantbesucher ist zunächst nur eines wichtig: Flair – eine Mischung aus Atmosphäre, Ambiente und Animation. *Flair kennt keine Rezession*. Restaurantbesucher suchen die positive Stimmung, die sie vorübergehend aus dem Alltagstrott wirft: Die Atmosphäre muss zum Wohlfühlen einladen, das Publikum muss „gut" und der Rahmen „gepflegt" sein, was jede(r) einzelne auch darunter verstehen mag. Das Interieur – ob rustikal, klassisch oder elegant – ist beinahe Nebensache. Es muss nur stimmig sein: Das Licht, die Farben, die Temperatur. Die Gäste wollen in Atmosphäre baden und ein wenig das Zeitgefühl verlieren.

3. Handel mit Lebensfreude: Service für das Wohlbefinden

Dem Tourismus steht eine neue Diskussion bevor: Urlaubsqualität muss neu definiert werden. Der Urlaub dient nicht mehr nur der Erholung von der Arbeit. Die traditionelle *„Weg-vom-Alltag"-Flucht* reicht als Hauptmotivation für eine Urlaubsreise nicht mehr aus, in der es früher in erster Linie um Orts- und Tapetenwechsel ging. Zunehmend wichtiger wird die positiv motivierte *„Hin-zu"-Bewegung*: Die Sehnsucht nach einem erlebnisreicheren Leben, einer Art „zweitem Leben" – nicht als Abwechslung vom Arbeitsalltag, sondern als Höhepunkt des Freizeitlebens. Urlaub wird als ein Stück Lebensqualität empfunden, womit auch die Hoffnung auf persönliche Lebenserfüllung verbunden ist.

Die wachsende Reise"erfahrung" hat die Qualitätsansprüche der Urlauber verändert. Qualität ist dabei nicht nur eine Geldfrage. Gemeint ist vielmehr: *Qualitätssicherung, Qualitätskontrolle, Qualitätsverbesserung* – frei nach der Forderung des Tourismusministers der Balearen: „Höchste Qualität für jede Klasse, also für jeden Geldbeutel". Höchste Qualität im Service, in der Infrastruktur und im Atmosphärischen – von der schönen Landschaft über den sauberen Strand bis zur sicheren Straße.

Wer in Europa Reisen verkauft, muss mehr als Transport und Unterkunft, Service und Frühstück bieten. Urlaubsqualität beginnt erst beim Zusatznutzen und schließt neben traditionellen Leistungen vor allem Ambiente und Atmosphäre ein:

- Schönheit der Landschaft
- Sauberkeit der Unterkunft
- Sicherheit vor Ort
- Schutz vor Belästigungen
- Sehenswürdigkeiten in der Umgebung.

Diese *„5-S-Qualität"* gewinnt zunehmend an Bedeutung: Schönheit, Sauberkeit, Sicherheit, Schutz und Sehenswürdigkeiten.

Service für das Wohlbefinden
Mehr Psychologie als Ökonomie

„Guter Service ruft Wohlbefinden hervor: Hier kümmert man sich um mich. Hier bin ich gut aufgehoben. Hier nimmt man mich ernst. Dies ist der größte Luxus und seine Bereitstellung kostet am wenigsten."

J. Horovitz: Service entscheidet, Frankfurt/M.-New York 1992, S. 9

Die materielle Infrastruktur in vielen Ferienregionen lässt sich kaum mehr steigern, was auch ökonomisch weder sinnvoll noch ökologisch wünschenswert wäre. Was der Urlauber in Zukunft will, ist vor allem *Wohlgefühl, Sorglosigkeit und Lebensfreude.* Jenseits von Erholung und Entspannung bekommt der Urlaub den Charakter des Außergewöhnlichen zwischen Erleben und Genießen. Die entscheidende Motivation des Urlaubsreisenden wird die Suche nach psychologischer Stimulierung. Jeder Urlauber will am liebsten sein ganz persönliches Erlebnisprofil. „Ich habe es mir verdient"– in Zukunft mehr eine aggressive Forderung als ein bescheidener Wunsch. Das Atmosphärische wird immer wichtiger: Die Attraktivität einer Ferienregion hängt wesentlich davon ab, welche Atmosphäre sie den Gästen vermittelt.

Marketingstrategien der Zukunft müssen stärker als bisher Erkenntnisse der angewandten Psychologie in ihre Überlegungen einbeziehen, weil sonst manche kostenaufwendige Investition als „Atmosphärekiller" (R. Schober) Gäste mehr abschreckt als anzieht. Wer die atmosphärische Wirkung vernachlässigt, muss mit Standort-Nachteilen rechnen.

Das äußere Erscheinungsbild touristischer Zentren in Deutschland hat in den letzten Jahren deutlich gelitten, so dass sich viele Gäste und ausländische

Besucher nicht mehr wohlfühlen: Der Schmutz auf den Straßen und Plätzen, die Graffiti-Schmierereien auf Bahnen und Gebäuden sowie die Belästigungen durch Bettler, Drogenabhängige und aufdringliche Händler stellen die touristische Attraktivität insbesondere großstädtischer Kulturmetropolen immer mehr infrage (Forderung eines Touristen: *„Keine Dosen und Obdachlosen"*). Wer erfolgreich Werbung betreiben und im Wettbewerb bei Großveranstaltungen, Kunstausstellungen oder internationalen Messen bestehen will, kann sich ein abstoßendes Stadt- und Erscheinungsbild nicht mehr leisten: Sonst bleiben die Besucher aus.

Aus der Sicht des Citymarketings von heute droht das *Sauberkeits- und Sicherheitsproblem* in den deutschen Städten zu einer Krise der Innenstadt zu werden. Alles das, was die Erlebniseinkaufscenter auf der grünen Wiese so attraktiv macht,

- Sauberkeit,
- Sicherheit,
- Helligkeit,
- Erreichbarkeit

in Verbindung mit erlebnisreichen Unterhaltungsangeboten fehlt weitgehend im Innenstadtbereich. Das problematische Erscheinungsbild vieler Innenstädte ist nicht nur ein Imageproblem, sondern eine Folge von Angebotsdefiziten und Qualitätsmängeln. Um ihren vermeintlichen „Erlebniswert auszuspielen" (Bundesvereinigung City- und Stadtmarketing Deutschland 1999), wird die Diskussion um eine gezielte Freigabe des Ladenschlusses für Innenstädte an Abenden und Wochenenden angeheizt.

Trotz aller Sparzwänge hatte das Bundeswirtschaftsministerium im Bundeshaushalt 1999 die Mittel für die Tourismuswirtschaft um fünf Millionen Mark aufgestockt – aus guten Gründen: Der Tourismusstandort Deutschland wies nach wie vor *Qualitätsmängel* auf: „Graffitiverschmierte Wände und Brückenpfeiler werden touristisch erst interessant, wenn sie – wie in Pompeji – 2000 Jahre alt sind" (so Bundeswirtschaftsminister Werner Müller im August 1999 in Leipzig). Doch so lange konnte der Tourismusstandort Deutschland nicht warten.

Die große Anziehungskraft privater Ferienclubs und Feriendörfer, Freizeitparks und Entertainment Center ist nicht nur auf die Wetterunabhängigkeit, sondern auch auf die *Sicherheitsgarantie* zurückzuführen: Auf ihrem Privatgelände üben sie das Hausrecht aus. Hauseigenes Sicherheitspersonal bewacht das Areal und behält sich auch das Hausrecht in jedem Einzelfall vor wie z.B. den „Ausschluss von Bettlern und Hausierern" (Quack 2000, S. 190).

Die Europäische Tourismusanalyse (vgl. BAT 1994) ergab z.B.: Die Franzosen klagen über zu viel Verkehr in Deutschland, die Österreicher trauern hier ihrer guten Küche nach und den Engländern sind die Urlaubsunterkünfte in Deutschland einfach zu teuer. Vor dem Hintergrund des wachsenden Wettbewerbs kann das tourismuspolitische Gebot im 21. Jahrhundert nur lauten: Mehr Qualität im Tourismus. Es reicht also in Zukunft nicht mehr aus, auf landschaftliche Vielfalt oder komfortable Unterkünfte zu verweisen, wenn solche Urlaubsqualitäten entweder selbstverständlich sind oder für viele unbezahlbar werden. Wer sich erfolgreich der europäischen Konkurrenz stellen will, muss *Urlaubsqualität „über"der europäischen Norm* bieten.

4. Qualitätsurlaub: Einen Mehrwert bieten

Aus der Sicht der Branche ist Qualität im Tourismus nach wie vor der Schlüssel zum Erfolg. Erfolg- und ertragreich können aber nur die touristischen Angebote sein, die den Urlaubsgästen „einen Mehrwert bieten" (Kreft 2000, S. 144). Nur dann ist der Gast wirklich zufrieden. Was aber bedeutet *Mehrwert im Urlaub*? Mehr als nur Erholung, mehr als nur Unterhaltung, aber auch mehr als nur ein ausgewogenes Preis-Leistungs-Verhältnis oder eine preiswerte Unterkunft.

Im Rahmen der 1. Europäischen Tourismusanalyse (Euro-TA 92/93) wurden Anfang der neunziger Jahre zehntausend Europäern aus sechs Ländern unterschiedliche Merkmale für Qualitätsurlaub zur Auswahl und Entscheidung vorgelegt. Was z.B. für jeden achten deutschen Urlauber am wichtigsten war (Fahrradwege am Urlaubsort), hatte für die übrigen Europäer die geringste Bedeutung. Im statistischen Durchschnitt der sechs befragten Länder (A/D/DK/F/GB/NL) ragen zehn *Hauptmerkmale für Qualitätstourismus* hervor:

1. Die Landschaft muss schön sein

Was die Atmosphäre für das Gemüt, ist das Ambiente für das Auge des Urlaubers: Der Urlaub wird durch eine „schöne Landschaft" erst schön, sagen vor allem Deutsche, Österreicher oder Holländer. Die Sinne konsumieren mit. Urlaubserleben ist auch ästhetisches Erleben. Die „beautiful scenery", die schöne Kulisse, macht den Alltag vergessen und den Urlaub zum Erfolg.

2. Die Atmosphäre muss gemütlich sein

Die Europäer wollen ihren Urlaub in aller Gemütlichkeit genießen: Gemächlich und behaglich muss es sein. Die Atmosphäre muss einfach stimmen. „Bonne atmosphère" ist die zweitwichtigste Anforderung, die Europäer heute an ein Reiseziel stellen. Deutlich mehr als die Deutschen haben die Dänen Gemütlichkeit im Urlaub gepachtet: Für drei Viertel der Dänen fängt Urlaubsqualität erst einmal mit „behagelig atmosfaere" an. Zum Urlaub gehört die ansprechende, die anheimelnde, die stimmungs- und anregungsreiche Atmosphäre.

3. Sauberkeit ist selbstverständlich

Auch im Urlaub herrscht Ordnung und Sauberkeit: Was Europäer im einzelnen auch unter „propreté“ (F) oder „goede hygiene“ (NL) verstehen mögen, die Sauberkeit des Ferienorts und der Ferienunterkunft gehört fast zur ersten Urlaubspflicht. Deutsche und Österreicher stellen in dieser Beziehung die höchsten, Holländer die geringsten Ansprüche. Was sich allerdings qualitativ hinter diesen Ansprüchen verbirgt, unterliegt weitgehend der ebenso länderspezifischen wie subjektiven Bewertung.

4. Die Sonne muss scheinen

Europäer erwarten im Urlaub „Sonnengarantie“. Aus der Sehnsucht nach Sonne machen sie einen Anspruch auf Sonne. Schlechtes Wetter wird von ihnen nicht mehr schicksalhaft hingenommen. Als größte Sonnenanbeter erweisen sich die Franzosen, am wenigsten Wert legen die Dänen darauf. Diese Einstellung beeinflusst auch die Auswahl der Reiseziele. Für die Dänen sind Norwegen, Finnland und Schweden attraktiver als Italien oder Portugal, für die Franzosen kommen im Urlaub fast nur Sonnenziele – vom eigenen Land bis zur Karibik und den USA – infrage.

5. Das Klima muss gesund sein

Nicht überall kann die Sonne scheinen, von den gesundheitlichen Folgeerscheinungen starker Sonnenbestrahlung ganz abgesehen. Sonnenbräune wird ihren Wert als Statussymbol so schnell nicht verlieren, aber zunehmend setzt sich in Europa die Erkenntnis durch, dass intensives Sonnenbaden zum Gesundheitsrisiko wird. Ein gesundes Klima kann im Urlaub genauso wichtig sein wie Sonnenschein den ganzen Tag. Deutsche und Österreicher sind Vorreiter dieses neuen Gesundheitsbewusstseins. Beide schätzen mittlerweile den Urlaubswert eines guten Klimas sogar höher ein als die tägliche Sonnengarantie am Ferienort.

6. Die gute Küche gehört dazu

Die Erholung geht durch den Magen. Gut essen können ist jedem zweiten Österreicher im Urlaub wichtiger als Baden, Shopping, Wandern oder Sporttreiben. Auch für die Deutschen gehört das Kulinarische zu einem gelungenen Urlaub. Im Urlaub und auf Reisen möchten viele „anders“ essen und trinken als zu Hause. Einfachheit ist genauso gefragt wie Exklusivität.

7. Viel Ruhe und wenig Verkehr

Der Europäer will im Urlaub auf Verkehrsmittel wie Auto und Flugzeug nicht verzichten, aber von Verkehrslärm möglichst verschont bleiben: Problemlos reisen, viel Ruhe, wenig Verkehr – vor allem Deutsche und Österreicher stellen diese Forderung auf. Vielleicht ein erstes Signal für die wachsende Beliebtheit autofreier Feriengebiete in der Zukunft.

8. Die Umgebung muss landestypisch sein

Ausflüge, „Sightseeing" und die Erkundung der Umgebung gehören zum Ritual vieler Urlaubsreisender. Doch die Besichtigung muss sich auch lohnen: Engländer erwarten „a lot of sightseeing" und die Niederländer eine „typische omgeving". Besonders stark sind die Franzosen und Deutschen an einer landestypischen Umgebung interessiert. Ein Urlaubsort muss viele lokale Attraktivitäten bieten, um Urlaubsgäste halten oder neue gewinnen zu können.

9. Man muss im Meer oder See baden können

Ein Swimmingpool oder Schwimmbad kann das Baden im offenen Meer oder See nur bedingt ersetzen: Es fehlt das Gefühl der räumlichen Weite und freien Sicht. Zum Urlaub gehört dieses Erleben von Freiheit, damit man „aus sich herausgehen" kann. Österreicher und Deutsche legen auf die Bademöglichkeit im Meer oder See deutlich mehr Wert als andere Europäer.

10. Es muss attraktive Orte zum Ausgehen geben

Auch der Urlaubstag hat seinen Feierabend: Doch mehr als im Alltag zu Hause sind im Urlaub Restaurant-, Café- und Kneipenbesuche gefragt. Es gibt kaum einen Bereich, der im europäischen Verhalten so große Unterschiede zeigt, wie das Ausgehverhalten im Urlaub. Während sich Franzosen und Niederländer in dieser Beziehung äußerst zurückhalten, wollen die Dänen von Kneipenbesuchen einen fast exzessiven Gebrauch machen.

5. Qualitätskriterien: Der Gast setzt die Maßstäbe

Jahrzehntelang herrschte in der öffentlichen Touristikdiskussion – wie beim 1:0 in der Sportberichterstattung – das Gesetz der großen oder kleinen Zahl: „Immer mehr verreisen" und „Billiger als im Vorjahr". Hingegen wurden Unternehmensgrundsätze wie *„Der Gast bestimmt unser Handeln"* oder *„Wir setzen auf Qualität"* weitgehend vernachlässigt. Das ständige Schielen nach Kasse und Masse verdrängte die notwendige Diskussion um vorhandene Qualitätsdefizite im Tourismus. Rechtzeitig zur Jahrtausendwende gehen jetzt Anbieter in die Qualitätsoffensive: „Man muss kein Prophet sein, um vorauszusagen, dass dies in Zukunft ganz anders sein wird. Das beherrschende Thema der kommenden Jahre wird die Qualität sein“ (Günter Ihlau/TUI). Die Qualität des Angebots entscheidet dann darüber, wohin die Reiseströme in Zukunft ziehen.

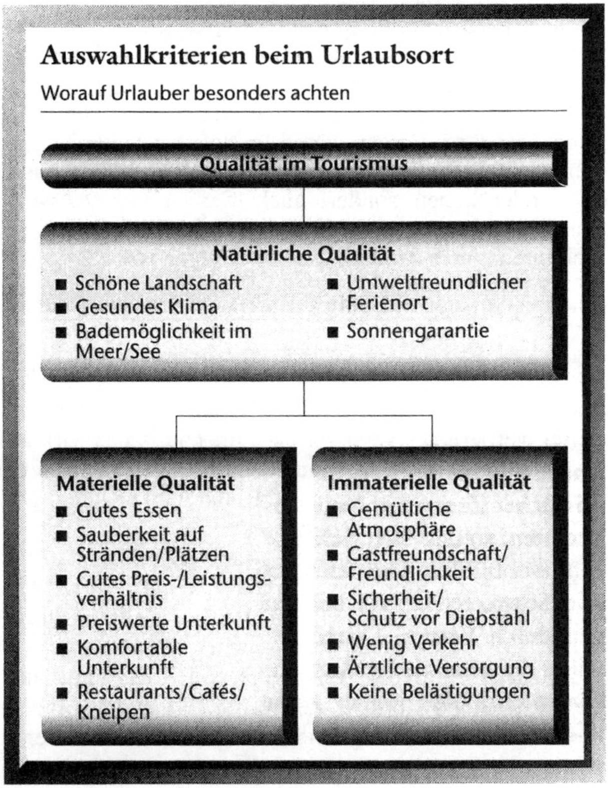

Qualitätsstandards im Tourismus müssen messbar und nachweisbar sein. Infolgedessen hat das B·A·T Freizeit-Forschungsinstitut auf repräsentativer Ebene ein zweistufiges Vorgehen gewählt:

Erstens werden 3.000 Personen ab 14 Jahren 28 Qualitätskriterien zur Bewertung vorgelegt. Hierbei wird der Kriterienkatalog, der schon 1992 in sechs europäischen Ländern (A/D/DK/F/GB/NL) im Rahmen der 1. Europäischen Tourismusanalyse erhoben wurde, um weitere Kriterien erweitet wie z.B.:

- Gutes Preis-/Leistungsverhältnis
- Gastfreundschaft/Freundlichkeit
- Sicherheit/Schutz vor Diebstahl

- Gepflegte öffentliche Sanitäreinrichtungen
- Keine Belästigungen (z.B. Bettler)
- Tägliche Anreise möglich
- Angebote für Kurzurlauber
- TouristCard mit Vergünstigungen.

Zweitens werden 2.293 Urlauber, die eine Inlands- oder Auslandsreise unternommen hatten, danach gefragt, welche der Qualitätsmerkmale sie auf ihrer letzten Urlaubsreise wirklich vorgefunden haben. Auf diese Weise ist ein *Qualitätsvergleich der Reiseziele* möglich.

Die erste Untersuchungsstufe gibt eine Antwort auf die Frage: Was erwarten Urlauber von ihrer Ferienregion? Im zweiten Untersuchungsabschnitt kann nicht nur ermittelt werden, was die Urlauber auf ihren Reisen im In- und Ausland vorgefunden haben, sondern auch, was sie *vor Ort vermisst* haben. Die Tourismusanalyse deckt einerseits touristische *Defizite* auf, gibt aber andererseits auch interessante *Aufschlüsse* über Fragen wie z.B.

- Wo befindet sich nach Meinung der Urlauber die gastfreundlichste Ferienregion?
- Wer bietet das gesündeste Klima oder das beste Preis-/Leistungsverhältnis?

Ferienqualität im Test bzw. im Urteil der Urlauber: Hier gibt es nichts zu verschleiern oder zu verbergen. Wenn der Gast im Tourismus wirklich König ist, dann muss auch seine Kritik willkommen sein. Und die Ferienregionen sollten die offenen Wünsche der Urlauber sofort und gern erfüllen. *Der Gast setzt die Maßstäbe: das ist Qualität im Tourismus.*

Es ist schon bezeichnend, dass man in einschlägigen Handbüchern des Touristikmanagements Stichwörter wie „Urlaubsqualität", „Qualitätsforschung" oder „Gästezufriedenheit" vergeblich sucht (vgl. Dettmer/Hausmann/Kloss/Meisl/Weithöner 1999; Gewald 2000). Da wird mehr über Abwicklungsprozesse und Absatzkooperationen, Preispolitik und Wirtschaftlichkeitskennziffern, Agenturverträge und Reisevertragsrechte reflektiert. Eigentlich müsste über allen touristischen Marketing- und Managementmaßnahmen der Leitsatz stehen: *„Der Gast ist König. Und: Urlaub ist Lebensqualität."*

Woran liegt es, dass Kundenorientierung ausgerechnet im Tourismussektor bisher so wenig thematisiert wird? Und warum sinkt hier die Dienstleistungsbereitschaft im gleichen Maße, wie die Tourismusentwicklung ansteigt (Roßkopf 1999, S. 134)? Die Ursache ist in einem Grunddilemma zu suchen: Die Touristik will *Klasse versprechen* und muss *Masse bewältigen*. Die Tourismusbranche droht zum Opfer ihrer eigenen Marketingstrategie und Werbesprache zu werden. Qualität muss deshalb neu definiert und auch konkretisiert werden. Die folgende Qualitätsanalyse kann dafür hilfreich sein.

Die Urlauberbefragung ermöglicht die Erstellung spezieller *Stärken-Schwächen-Analysen* einzelner Ferienregionen. So lassen sich unterschiedliche *Qualitätsprofile* entwickeln und auch miteinander vergleichen (z.B. „Qualitätsprofil Ostsee" und „Qualitätsprofil Bayern"). Einem solchen repräsentativ ermittelten Bild einer Region können darüber hinaus auch Ergebnisse spezieller Gästebefragungen gegenübergestellt werden. Vielfältige Ansätze also, um die touristische Angebotsqualität zu verbessern und die Wettbewerbsfähigkeit zu erhöhen.

6. Ferienqualität im Test: Idealwert und Realwert

Am Tourismusstandort Deutschland gibt es noch viel zu tun: Deutschlands *Tourismuskapazitäten* sind zu zwei Dritteln *unausgelastet*: Tendenz eher steigend. 1992 waren 57 Prozent des Bettenangebots in Deutschland unausgelastet, 1995 waren es bereits 61 Prozent und 1998 gar 66 Prozent. Dies geht aus dem Jahresbericht 1999 des Deutschen Tourismusverbands hervor (DTV 1999, S. 56). Das Bettenangebot wächst stetig (zwischen 1992 und 1998 mit einer zweistelligen Zuwachsrate von 20 Prozent), während gleichzeitig die Bettenauslastung sinkt. Eine problematische Entwicklung.

Damit sich die *Schere zwischen Angebot und Nachfrage* nicht noch weiter öffnet, müssen Antworten auf folgende Fragen gefunden werden:

- Was erwarten Urlauber von ihrem Feriengebiet?
- Was vermissen sie in Deutschland?
- Und wie schneiden die deutschen Feriengebiete im Vergleich zur ausländischen Konkurrenz ab?

Der Repräsentativumfrage werden drei Qualitätsbegriffe zugrundegelegt:

- Natürliche Qualität (z.B. Landschaft)
- Materielle Qualität (z.B. Restaurants)
- Immaterielle Qualität (z.B. Gastfreundschaft).

Die Umfrageergebnisse lassen den Schluss zu, dass die natürliche Qualität das wichtigste Kapital eines Feriengebietes ist. Sieht man vom Städtetourismus und den Reisen zu Kulturmetropolen einmal ab, stellen *Landschaft und Klima* die wichtigsten Voraussetzungen für die Eignung einer Region als Feriengebiet dar.

Überraschend gering wird die infrastrukturelle Situation vor Ort eingeschätzt. 81 Prozent der Urlauber messen z.B. dem Vorhandensein eines Fahrrad- oder Wanderwegenetzes keine Bedeutung zu. Auch von einer Erschließung mit Öffentlichen Verkehrsmitteln wollen 84 Prozent der Urlauber nichts wissen. Und zwei Drittel der Befragten (64%) sind sogar an einem umweltfreundlichen Urlaubsort nicht sonderlich interessiert. Dies trifft insbesondere für die 14- bis 29-jährigen Jugendlichen (74%) zu: Niedrige Preise vor Ort sind für Jugendliche wichtiger als hohe Umweltschutzstandards.

Auffällig ist auch, dass Mängel in der immateriellen Qualität (wie z.B. Atmosphäre oder Freundlichkeit) nicht einfach durch materielle Qualitäten ausgeglichen werden können.

- *Freundlichkeit* wird doppelt so hoch bewertet (52%) wie etwa die Schaffung von Sportmöglichkeiten am Urlaubsort.
- Und das *Baden im Wohlgefühl* („gemütliche Atmosphäre") ist für Urlauber genauso wichtig (57%) wie das Baden im Meer oder See (56%).

Die Qualitätsanalyse des Freizeit-Forschungsinstituts erlaubt die Erstellung zielgruppenspezifischer Prioritätenkataloge wie z.B.

- *Schöne Landschaft* am Urlaubsort wird am meisten von Leitenden Angestellten erwartet (80% – übrige Bevölkerung: 71%)
- Auf *gesundes Klima* legen die Rentner den größten Wert (69% – übrige: 61%)
- Und das *Preis-/Leistungsverhältnis* ist für Familien mit Kindern (62% – übrige: 57%) am wichtigsten.

Gegenstand der Qualitätsanalysen sind die Ferienregionen im In- und Ausland, die in der vergangenen Reisesaison von deutschen Urlaubern als Reiseziel gewählt wurden. Die erhobenen Daten werden getrennt für jede Ferienregion ausgewertet und auf der Basis eines Punkteverfahrens (Prozentpunkte = Zufriedenheitsgrad) bewertet. Die aus der Sicht der Bevölkerung *wichtigsten Qualitätsmerkmale* sind nach den Ergebnissen der Repräsentativumfrage:

- Schöne Landschaft
- Gesundes Klima
- Gutes Essen
- Sauberkeit
- Gemütliche Atmosphäre
- Gutes Preis-Leistungsverhältnis
- Bademöglichkeit im Meer/See
- Gastfreundschaft/Freundlichkeit
- Preiswerte Unterkunft
- Wenig Verkehr.

Diese Qualitätsmerkmale haben für das Urlaubserleben die größte persönliche Bedeutung. Umweltschutzaspekte wie z.B. „Umweltfreundlicher Urlaubsort" werden dabei – wieder einmal – von den Urlaubern nicht favorisiert und haben die gleiche marginale Bedeutung wie z.B. „Gepflegte öffentliche Sanitäreinrichtungen" (je 36%).

In der Tourismusbranche gilt: Feriengäste stellen *„immer höhere Anforderungen"* (Stiftung Warentest/"test" Februar 2000, S. 64). Ein ebenso qualitatives wie abwechslungsreiches Angebot ist nahezu Pflicht. Erst jenseits der bloßen Erholung fängt für viele Urlauber die Kür, die Kur und auch die Erlebnisqualität an. In zwei Erhebungswellen wurden repräsentativ ermittelt:

- der *Idealwert*, wie sich also Urlauber idealerweise die Qualität eines Ferienziels vorstellen und
- der *Realwert*, was Urlauber tatsächlich vor Ort vorfinden.

Ein Vergleich der Urlaubsqualität zwischen *Wunsch* (Idealwert) und *Wirklichkeit* (Realwert) fördert bemerkenswerte Ergebnisse zutage. Nicht in allen Fällen liegt der Idealwert über dem Realwert. Teilweise übertrifft die Wirklichkeit die Erwartung der Urlauber.

71 Prozent der Bevölkerung wünschen sich im Urlaub eine schöne Landschaft; 81 Prozent haben sie wirklich vorgefunden. Offensichtlich trifft die Sprache der touristischen Werbung einen psychologischen Kern: „Traumurlaub“. „Ferienparadies“. „Märchenhaft“ Die schöne Landschaft einer Ferienregion kann noch beeindruckender als die Ausdruckskraft der Werbesprache sein. Urlauberimpressionen wirken nach, bleiben in der Phantasie haften, obwohl sie eigentlich unaussprechlich sind. Manchem Urlauber verschlägt es beim Anblick der Naturlandschaft (z.B. Gletscherwelt, Grand Canyon) im wahrsten Sinn des Wortes die Sprache.

Andererseits machen Urlauber auch gegenteilige Erfahrungen. Die meisten Urlauber reisen mit dem Auto oder Flugzeug an und fühlen sich dann vor Ort vom Verkehrslärm beeinträchtigt, dem sie doch eigentlich entfliehen wollen. Jeder zweite Bundesbürger (49%) wünscht sich im Urlaub „viel Ruhe und wenig Verkehr“, doch nur knapp die Hälfte von ihnen (24%) findet die Ruhe dann auch vor.

7. Sauberkeit. Gemütlichkeit. Freundlichkeit: Ferienregionen im Urteil der Urlauber

Im Urlaub ist alles möglich. Erwartungen können übertroffen, aber auch enttäuscht werden. Im Urlaub wird nicht wirklich das Paradies gesucht, sondern der *Himmel auf Erden.* Er ist ein durch ganz realistische Faktoren (wie z.B. Geld, Zeit) eingeschränktes Bild vom Paradies: Der Traum vom Baden im Wohlgefühl. Bei den Bundesbürgern rangieren Atmosphärefaktoren wie Sauberkeit (58%), Gemütlichkeit (57%) und Freundlichkeit (52%) deutlich vor materiellen Angeboten, die käuflich und konsumierbar sind. Gute Einkaufsmöglichkeiten (29%), Sportmöglichkeiten (27%) oder kulturelle Rahmenprogramme interessieren nur am Rande. „Schöne Ferien“ haben mehr mit Wohlfühlen als mit Wohlstand zu tun.

Massentouristische Zentren müssen kein Beweis dafür sein, dass die Urlaubszufriedenheit dort am größten ist. Manche Regionen verdanken ihre massenhafte Anziehungskraft z.B. einer hervorragenden verkehrsmäßigen Erschließung oder einer günstigen Preisgestaltung. Beides sagt wenig über den Zufriedenheitsgrad der Urlauber aus.

Von allen Inlandsreisen kehren die *Schwarzwaldurlauber* am zufriedensten nach Hause zurück. Hinsichtlich Gastfreundschaft, gemütlicher Atmosphäre, Komfort in den Unterkünften und guter Küche scheint der Schwarzwald in Deutschland konkurrenzlos zu sein – so die subjektive Sicht der Feriengäste. Im Qualitätsvergleich wird den *Nordsee-Regionen* das gesündeste

Klima, die beste ärztliche Versorgung, die größte Sauberkeit an den Stränden sowie eine hervorragende Restaurant-, Café- und Kneipenszene bescheinigt. Als beste Bademöglichkeit nennen die Urlauber die *mecklenburgisch-vorpommersche Ostseeküste.* Wer ein gutes Preis-Leistungsverhältnis sucht, muss Urlaub in den übrigen *ostdeutschen Feriengebieten* machen. Und die schönsten Landschaften gibt es nach Einschätzung der Urlauber in *Bayern* und im *Schwarzwald.*

Was auf den ersten Blick ausnahmslos positiv erscheint, hat auch seine Schattenseiten. Beim Qualitätsvergleich der inländischen Feriengebiete schneidet die Nordseeregion im Preis-Leistungsverhältnis am schlechtesten ab (42% Zufriedenheit – übrige Gebiete: 52%). In den ostdeutschen Feriengebieten geben sich nur 28 Prozent der Urlauber mit der Sauberkeit auf Plätzen, Straßen und Stränden zufrieden (übrige Gebiete: 48%); auch Freundlichkeit und Gastfreundschaft sind hier noch unterentwickelt (49% – übrige Ferienregionen: 62%). Und so schön Schwarzwald, Ost- und Nordsee auch sein mögen, mit der Verkehrsberuhigung an den Urlaubsorten sind nur wenige Feriengäste zufrieden (Schwarzwald: 20% – Ostsee: 25% – Nordsee: 29%).

Auch bei den beliebtesten Ferienzielen im Ausland zeigen sich in der Bewertung der Urlauber bemerkenswerte Unterschiede. *Italien* gilt nach Einschätzung der Urlauber als das lauteste Ferienland. Nur jeder zehnte Urlauber (10%) ist mit der Ruhe vor Ort zufrieden. In *Skandinavien* ist es deutlich ruhiger, dafür sind nur wenige Urlauber mit dem Preis-Leistungsverhältnis zufrieden (35% – übrige Ferienländer: 52%). Das Ferienland *Österreich* hat nach Meinung der deutschen Urlauber im Vergleich zu allen anderen Ferienländern die schönste Landschaft (93% Zustimmung – übrige Länder: 81%). Andererseits werden hier die Bademöglichkeiten am Meer vermisst.

Und noch eine Besonderheit: Bundesbürger, die aus der „Servicewüste Deutschland“ kommen und Urlaub im Ausland machen, sind am meisten von der *Freundlichkeit der Gastgeberländer* überrascht. Fast zwei Drittel der Deutschen (62%) erwarten Gastfreundschaft im Ferienland Ihre Erwartungen werden in Wirklichkeit weit übertroffen: Spitzenreiter der Gastfreundschaft sind Griechenland (77%), Türkei (71%), Tunesien/Marokko (71%) und Österreich (71%).

Qualitätsanalysen im Tourismus spiegeln immer auch Reisezufriedenheit und Reiseenttäuschung wider. Bereits Ende der achtziger Jahre stellte das B·A·T Institut in seiner Tourismusanalyse 88/89 („Wohin die Deutschen reisen und wie zufrieden sie damit sind“) die Frage: *Ist Glücklichsein die erste Urlaubspflicht?* Das Schlüsselwort der Touristikbranche lautet *Reisezufriedenheit.* Der Urlauber soll – mit sich und der Welt zufrieden – von der Reise zurückkehren: Zufrieden mit dem Preis, der Leistung, dem Service, der Sauberkeit und der Sicherheit. Vom Paradies kann man nur träumen, aber *„Schöne Ferien“* wollen schließlich alle haben. Auch wenn nicht alle Wünsche im Urlaub in Erfüllung gehen: Die subjektive Reisezufriedenheit ist seit jeher überaus groß. Die Tourismusanalyse ergab seinerzeit für die in- und ausländischen Feriengebiete die Durchschnittsnote 1,8.

Qualitätsprofile Ausland 1999

Wie zufrieden Urlauber mit der vorgefundenen Ferienqualität sind

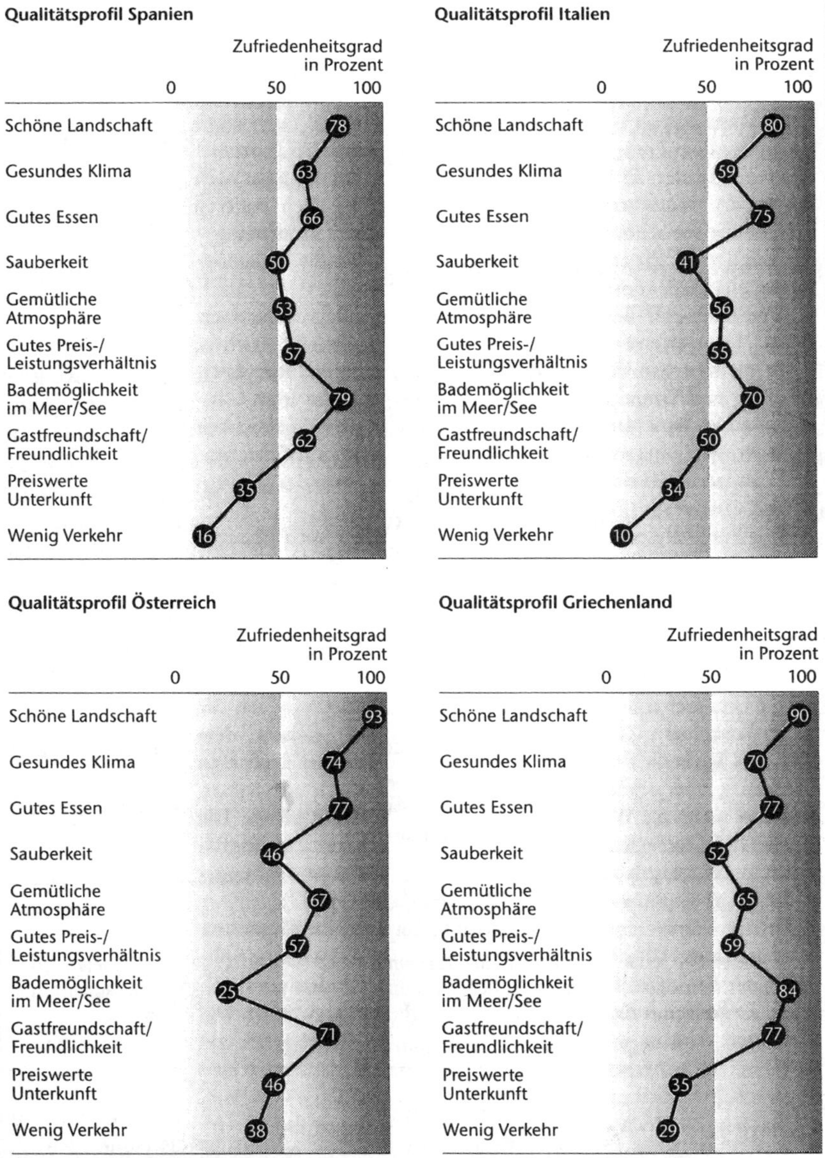

Urlaub „muss“ einfach schön sein. Traumnoten für Traumwelten sind angesagt. Urlaub und Reisen: Das sind traditionell die Spitzenreiter der Kundenzufriedenheit. Die Urlaubsreisenden verwirklichen ein *Erwartungs-Erfüllungs-Modell* (vgl. Braun 1993, S. 308). Die Erwartungen „sollen“ in Erfüllung gehen. In aller Regel „erfüllen“ sie sich dann auch. Die Urlauber arrangieren sich, damit die Kluft zwischen Wunsch und Wirklichkeit nicht zu groß wird. Die einen träumen vom Schwarzwald und fahren dann doch an die Ostsee. Die anderen schwärmen von Österreich und buchen zugleich die nächste Spanienreise. So bleiben immer Wünsche offen und man kann nie ganz wunschlos unglücklich werden.

8. Qualitätsverbesserung: Praktische Empfehlungen für die Branche

Der Urlaubsreisende der Zukunft, der zwischen Sparen und Verschwenden, Versorgungs- und Erlebniskonsum, Zeitgewinn und Zeitverlust springt und pendelt, sprengt alle herkömmlichen Gast-Dimensionen. *Er will möglichst „alles“ haben.* In seinen Konsumwünschen verbindet er hohe Ansprüche mit ausgeprägtem Qualitätsbewusstsein und intensivem Lebensgenuss. In seiner knapp bemessenen Urlaubszeit will er etwas vom Leben haben. Dabei wird er immer spontaner. Er will sich zeitlich und organisatorisch nicht festlegen lassen und frei und unabhängig und vor allem ohne Termindruck sein.

Das Urlaubsdomizil muss – zumindest in der Wunschvorstellung – wie eine Insel, eine Oase, ein Refugium sein. So zeichnet sich das Bild eines Urlaubsreisenden ab, der

- ungestört sein und sich zeitweilig zurückziehen will,
- sich wohlfühlen und auch in der Fremde auf Behaglichkeit nicht verzichten will,
- seinen eigenen Lebensrhythmus beibehalten und viel relaxen und entspannen, aber auch möglichst viel sehen und erleben will.

Service-Geist
Dienstleistung durch Inspiration

Service-Geist: „Eine Haltung, die auf bestimmten Wertvorstellungen und Überzeugungen über Menschen, Leben und Pflichterfüllung fußt und jemanden dazu veranlasst, anderen gerne zu dienen und stolz auf diese Arbeit zu sein.“

K. Albrecht: Total Quality Service, Düsseldorf-Wien-New York-Moskau 1993, S. 124

Felizitas Romeiß-Stracke, die Autorin der ADAC-Studie „Service-Qualität im Tourismus“, sieht im Service-Geist den Schlüssel für touristische Erfolge. Service-Geist hat mehr mit innerer Haltung als mit ständigem Lächeln zu tun. Service-Geist stellt eine Art *Garantie für Rundum-Wohlfühlen* dar (ADAC

1995, S. 30). Idealiter ist das Urlaubshotel für den vielbeschäftigten Menschen eine Entspannungsoase, die alle Störfaktoren von dem Gast fernhält.

Viele Urlauber sind im Berufsalltag vom „Burn out"-Syndrom, dem Ausgebranntsein, bedroht: Zu viel Druck, zu viel Stress und zu lange Arbeitszeiten lassen ihnen letztlich zu wenig Zeit für die Familie, die Freunde und für sich. So wollen sie sich wenigstens im Urlaub durch entsprechende Lebensqualität entschädigen lassen. Was der anspruchsvolle Gast im Urlaubshotel braucht und sucht ist: Dienstleistung für Wohlbefinden. Er fühlt sich subjektiv immer dann am wohlsten, wenn seine persönlichen Ansprüche und die Dienstleistungen des Hauses im Gleichgewicht sind. Dabei kann Urlaubsqualität immer nur die *Summe vieler kleiner Dienstleistungen* sein, die alle zusammen (und nicht jede für sich) den Gast zufrieden stellen und ihm das Gelingen des Urlaubs als Gefühl (wie „nach getaner Arbeit") vermitteln.

Ein zukunftsweisendes touristisches Angebot müsste eigentlich ein flexibler *24-Stunden-Betrieb* sein, der dem Gast *Qualität rund um die Uhr* garantiert. Der Gast will auch am Nachmittag noch essen, um 22.00 Uhr noch schwimmen und um 5.00 Uhr früh auschecken und frühstücken können. Dann und nur dann hat er das Gefühl, sich den Urlaub auch verdient zu haben, weil die Ferienunterkunft jederzeit für sein ganz persönliches Wohlbefinden sorgt. Zum Wohlbefinden und zur Zufriedenheit des Urlaubsgastes tragen beispielsweise bei:

– *Attraktivität des Standorts*

Für gehetzte Erlebniskonsumenten ist die gut erreichbare Lage und das anregende Umfeld des Hotels unverzichtbar („location, location, location"). Das Reiseziel muss schnell und bequem erreichbar sein. Und das lokale Ambiente und Umfeld müssen stimmen.

– *Atmosphäre im ganzen Haus*

Die Atmosphäre eines Ferienhotels sollte so beschaffen sein, dass der Gast nach und nach in eine entspannte, fast unbeschwerte Stimmung gelangt. Alle Räume müssen eine Atmosphäre zum Verweilen ausstrahlen. „Kalte Pracht" oder „postmodernes Intérieur" können solche Prozesse kaum in Gang setzen, eher hinderlich sein.

– *Service rund um die Uhr*

Alles rundum ist für die Bequemlichkeit und Behaglichkeit des Gastes da. Es fängt mit den kleinen Dingen des Urlaubslebens an:

- *Gepäckwagen mit Kleiderstange*, die problemlos in den Fahrstuhl passen, können für den Gast, der „schnell zur Ruhe kommen will", eine größere Hilfe sein als die persönliche Hilfe durch Mitarbeiter des Hauses.
- Im Hotelzimmer muss es eine *stabile Kofferablage* geben, auf der problemlos moderne Schalenkoffer auch im aufgeklappten Zustand gelagert werden können. Der Gast bleibt manchmal (z.B. als Kurzurlauber) nur ein paar Nächte und lebt immer öfter aus dem Koffer. Aufwendige Schränke mit Türen, Fächern und Schubladen, mit denen man sich sozusagen für drei Wochen Urlaub „häuslich einrichtet", sind nicht entbehrlich, stellen

aber eher den Ausnahmefall dar. Eine offene Garderobe mit Kleiderstange und Kleiderbügeln muss in jedem Fall zusätzlich vorhanden sein.

Zugleich muss der Servicebereich zeitlich flexibel organisiert werden: Es ist nicht mehr angemessen, einen Gast im Ferienhotel das Zimmer „bis 10.00 Uhr räumen" zu lassen. Insbesondere der Kurzurlauber will jeden Tag und jede Stunde intensiv und mit vollen Zügen genießen und bis zur letzten Minute zeitökonomisch nutzen, ehe am Spätnachmittag oder frühen Abend die Rückreise erfolgt. *Die Check-out-Zeit muss verlängert werden.* Umgekehrt gilt auch: Ein Gast muss z.B. auch freitags mit einer Frühmaschine anreisen können, so dass insbesondere *freitags und samstags eine Check-in-Zeit von 9.00 oder 10.00 Uhr* (und nicht etwa erst um 15.00 oder 16.00 Uhr) möglich ist.

Ein guter Service ist mindestens so wichtig wie ein gutes Essen. Wer an 365 Tagen im Jahr Servicequalität anbieten will, kann auf *Qualitätskontrolle* nicht verzichten. Erforderlich ist ein *sensibles Frühwarnsystem für Mängel*, das der Hotelgast nicht spürt und ihn schon gar nicht stören darf: Der ideale Kontrolleur eines Hotels ist eigentlich der Gast selber – er sieht auch das, was dem Personal nicht auffällt. Der zunehmend reiseerfahrenere Urlauber kann Vergleiche anstellen und neigt dazu, weniger duldsam zu sein. Dieser Gast braucht jemanden, der/die ihm wirklich zuhört: *Eine(n) Qualitätskontrolleur(in) bzw. Supervisor(in).* Sein/ihr Arbeitsplatz liegt zwischen Palmen und Pool und vom Outfit und Auftreten her wirkt er/sie wie ein Gast: Er/sie wandert den ganzen Tag mit einem Notizblock durch die Hotelanlage und spricht Gäste am Strand, am Pool oder im Restaurant an. Als Zuhörer und Blitzableiter sorgt er/sie für zufriedene Gäste, indem Mängel, Ärgernisse und Beschwerden sofort entgegengenommen und möglichst auch sofort behoben werden.

Andererseits muss auch vor Euphorie gewarnt werden: *Service ist nicht alles.* Wenn das Angebot vor Ort mangelhaft ist, kann auch der beste Service keine Wunder vollbringen. Sonst könnte jeder Dienstleistende zum Tourismusanbieter werden. Im Urlaub muss – so die Wunschvorstellung der Reisenden – möglichst alles anders als zu Hause sein. Qualität im Tourismus ist zuallererst natürliche Qualität: Die Erwartungen der Urlauber konzentrieren sich primär auf *schöne Landschaft* (71%) und *gesundes Klima* (61%). Dies macht den Kontrast zum (Arbeits-)Alltag aus. Ohne landschaftliche und klimatische Besonderheiten haben Ferienregionen kaum eine Erfolgschance.

Das *natürliche Kapital* ist durch ein vielfältiges touristisches Angebot nicht zu ersetzen. Zweitrangig erscheinen den Urlaubern geradezu Einkaufsmöglichkeiten (29%) und Sportmöglichkeiten (27%) am Urlaubsort. Aufwendige Angebotspakete mit Rahmenprogramm (13%) oder die Ausgabe einer TouristCard mit Vergünstigungen (9%) werden von den Urlaubern überhaupt nicht honoriert, bilden geradezu das Schlusslicht in der touristischen Erwartungsskala. „Liebe geht durch den Magen": Überraschend hoch bewertet wird das *gute Essen* (61%) im Urlaub: eine Ferienregion, die sich als kulinarische Hochburg „verkauft", hätte also große Chancen, Attraktivitätsmängel im Hinblick auf Landschaft oder Klima auszugleichen.

Wer will was?

Urlaubsreisende: Ansprüche und Prioritäten

Welche Anforderungen »persönlich entscheidend bei der Auswahl einer Urlaubsreise« sind:

Angaben in Prozent

Schöne Landschaft	**71**
Leitende Angestelle	80
Jungsenioren (50 bis 64 Jahre)	80
Verheiratete	77
Gesundes Klima	**61**
Rentner	69
Verheiratete	68
Frauen	64
Gut essen können	**61**
Leitende Angestelle	75
Selbstständige/Freiberufler	70
Westdeutsche	63
Sauberkeit	**58**
Jungsenioren (50 bis 64 Jahre)	65
Familien mit Kindern	63
Rentner	61
Gemütliche Atmosphäre	**57**
Jungsenioren (50 bis 64 Jahre)	63
Ostdeutsche	62
Verheiratete	61
Gutes Preis-/Leistungsverhältnis	**57**
Familien mit Kindern	62
3.500 bis 4.999 DM Haushaltsnettoeinkommen	61
25- bis 59-Jährige	59
Bademöglichkeiten im Meer/See	**56**
14- bis 17-Jährige	87
Familien mit Kindern	74
über 5.000 DM Haushaltsnettoeinkommen	66
Gastfreundschaft	**52**
Selbstständige/Freiberufler	61
40- bis 49-Jährige	57
Landbewohner	56
Preiswerte Unterkunft	**52**
Junge Erwachsene (18 bis 24 Jahre)	62
Arbeiter	60
Ostdeutsche	60
Wenig Verkehr	**49**
Rentner	61
Selbstständige/Freiberufler	57
Verheiratete	55

9. Ausblick: Qualität hat ihren Preis und ihre Wirkung

Jeder Urlauber erlebt zwar seinen Urlaub auf eine individuelle Weise. Dennoch gilt in der Wirtschaftswissenschaft der objektiv nachweisbare und positive *Zusammenhang zwischen Qualitätsbeurteilung und Kundenbindung* als gesichert (vgl. Wöber/Zins 1997, S. 150). Mit anderen Worten: Der zufriedene Gast kommt wieder bzw. je zufriedener ein Urlaubsgast ist, desto höher ist die Wahrscheinlichkeit, dass er den Urlaubsort wieder besucht.

Mit dem Qualitätsbegriff muss in Zukunft differenzierter umgegangen werden: Infrastrukturqualität, Anmutungsqualität, Erlebnisqualität, Dienstleistungsqualität, Servicequalität. Was auf den ersten Blick fast inflationär erscheint, ist in Wirklichkeit Ausdruck eines komplexen Phänomens: Der Tourismus hat es mit Produkten, Gütern und Dienstleistungen, mit Ökonomie, Ökologie und Psychologie gleichermaßen zu tun. Diese Vielfalt spiegelt sich wie in einem Brennglas in der Gästezufriedenheit wider. Die Urlaubsgäste wollen *„einfach alles"*, also Sport *und* Shopping *und* Sightseeing *und* Service *und* ... Im Urlaub muss eben alles anders und vor allem alles möglich sein. In der Tourismusbranche gilt: Feriengäste stellen „immer höhere Anforderungen". Ein vielfältiges und abwechslungsreiches Angebot „ist nahezu Pflicht" (Stiftung Warentest 2000, S. 64). Der bloße Erholungstourismus hat sich überholt. Nur zum Erholen kommt kaum noch ein Gast. Die Erlebnisqualität des Angebots wird zum wichtigsten Entscheidungskriterium.

Resümee: Das erste touristische Jahrhundert liegt hinter uns. Urlaub ist „die" Entdeckung des 20. Jahrhunderts gewesen. Die wachsende Reise- und Urlaubserfahrung der Menschen bewirkt, dass die Qualitätsansprüche immer höher werden. Der Urlauber will alles haben: Ruhe und Rummel, Individual- und Massentourismus, Natur für alle und gleichzeitig intakte Landschaft, Kurzurlaub und Langzeiturlaub. *Aus dem Reisetraum wird ein Lebensstil*, ein zweites Zuhause – nur eben ganz anders als zu Hause, fern vom Alltag – aber so gemütlich wie zu Hause.

Vor über sechzig Jahren brachte der Schriftsteller Kurt Tucholsky in seinem Traktat „Die Kunst, falsch zu reisen" (1929) dies auf die Formel: „Wenn du reisen willst, *verlange* von der Gegend, in die du reist, *alles*: Schöne Natur, den Komfort der Großstadt, kunstgeschichtliche Altertümer, billige Preise, Meer, Gebirge – also: vorn die Ostsee und hinten die Leipziger Straße. Ist das nicht vorhanden, dann schimpfe ... Verlange überall ländliche Stille; ist sie da, schimpfe, dass nichts los ist ... Auf der Reise *muss alles besser sein ...*"

VIII. Immer wieder einmalig. Eventtourismus

1. Event: Im Trend

„E-v-e-n-t": Fünf Buchstaben können den Tourismus in Zukunft verändern. Events sind Ereignisse, über die die Medien berichten, bevor sie überhaupt stattgefunden haben. Übersättigte Konsumenten verlangen nach immer Neuem, nach nie Dagewesenem. So werden Ereignisse in Serie inszeniert und zum *Reiseanlass und Reiseanreiz* für Millionen – getrieben von der Suche und Sucht nach Superstars und Superlativen, bei denen Steigerungen kaum mehr möglich erscheinen. Die Verhüllung des Berliner Reichstages hatte fünf Millionen Menschen in Bewegung gesetzt. Das Luther-Jahr zum 450. Todestag des Reformators hatte für 250.000 zusätzliche Übernachtungen gesorgt und den Veranstaltern gleichzeitig Einnahmen in Höhe von rund 25 Millionen Euro beschert. Die Love Parade in Berlin zog 500.000 auswärtige Besucher an. Jeder Besucher gab durchschnittlich 100 Euro aus. Das Tagesereignis bescherte der Stadt Berlin einen zusätzlichen Kaufkraftzufluss von 50 Millionen Euro.

Die Eventreise macht sich bezahlt, wenn ein „ultimatives Match" (Boris Becker) geboten wird, an das die Besucher noch lange zurückdenken. Aus Zu-Schauern werden Teil-Nehmer, die sich glücklich schätzen, dass sie „das" erleben dürfen und sich selbst als Teil des gelungenen Ereignisses fühlen können. 1984 gab es beispielsweise beim Tennis-Davis-Cup-Spiel Deutschland gegen Rumänien in Berlin 200 Zuschauer, 1996 beim ATP-Turnier in Hannover über 90.000. „Wer wusste denn vor zehn Jahren in Deutschland, was ein Event ist", so Ion Tiriac, der Manager der ATP-Weltmeisterschaft. 98 Prozent verkaufte Eintrittskarten konnten sich sehen lassen. Und Sportevents der Zukunft werden noch gigantischer ausfallen, also mehr an eine Showbühne als an eine Sportarena erinnern.

Erfolgreich verlaufene Events lassen sich nicht einfach wiederholen oder konservieren, nur steigern oder überbieten. Die anspruchsvollen Erlebniskonsumenten sind unerbittlich: Sie wollen jedes Jahr ein neues Ereignis oder zumindest eine Steigerung des Ereignisses – ein Event, von dem die Medien berichten, bevor es überhaupt stattgefunden hat. Massen von Menschen setzen sich in Bewegung, werden mobil, um dabei zu sein. Die Folge ist: „Eventtourismus". Was die Markt- und Rummelplätze in früheren Jahrhunderten waren, sind heute die Massenveranstaltungen und Top-Ereignisse im Sport-, Kultur- und Unterhaltungsbereich geworden. Infolgedessen entwikkeln sich Sport-, Kultur- und Städtereisen zu einer neuen Massenbewegung im 21. Jahrhundert.

2. Eventkultur: Inszenierung der Einmaligkeit

Der Lebemensch Jean-Jacques Rousseau hat die Eventkultur von heute schon im 18. Jahrhundert vorgelebt und vorgedacht: „Nicht wer am ältesten wird, hat am längsten gelebt, sondern wer am stärksten erlebt hat. Mancher wird mit hundert Jahren begraben, der bei seiner Geburt gestorben war" (Rousseau 1762/1975, S. 16). *Von Kindheit an soll der Mensch sich ausleben.* Was mit Rousseau 1762 im „Emile oder über die Erziehung" gedanklich seinen Ausgang nahm, hat auch heute – über zwei Jahrhunderte später – seine Problematik und Brisanz bewahrt: *Erlebe dein Leben – oder stirb!* Die Erlebnisgesellschaft des 21. Jahrhunderts hat hier ihre geistigen Wurzeln.

Es ist nicht zu leugnen: „Erlebnis" gilt heute als Schlüsselwort der Freizeit- und Tourismusforschung, seitdem sich Tourismus- und Freizeitindustrien zu Erlebnisindustrien wandeln. Bereiche wie Tourismus, Medien, Kultur, Sport, Spiel und Unterhaltung stellen *Erlebniswerte* dar, auf die Menschen auch und gerade in wirtschaftlich schwierigen Zeiten nicht mehr verzichten können, ja nicht mehr verzichten wollen. Immer mehr Menschen suchen und finden hier ihre Erlebnisse und ihre Lebenserfüllung.

Als Trend für die Zukunft zeichnet sich vor allem der *Themenpark als Kurzurlaubsresort* ab. Dieser Kurzurlaub mit Erlebnis- und Infotainment-Charakter wird sich in der gesamten westlichen Welt zu einer *neuen Form des Spezialtourismus* mit wachsender Bedeutung entwickeln. Aus „ein paar schönen Stunden" werden dann schnell „ein paar schöne Tage". Kommen amerikanische Verhältnisse auf uns zu? Weil die Attraktivität und Angebotsvielfalt in den Erlebnisparks immer mehr gesteigert wird, geraten die Besucher in Zeitnot: Drei Viertel (74%) halten sich fünf bis zehn Stunden dort auf. Jeder elfte Besucher (9%) kommt sogar am nächsten Tag wieder. Und gut ein Drittel (36%) der Tagesausflügler entschließt sich mehrmals im Jahr zu einem Themenparkbesuch. Dies geht aus einer Besucherbefragung hervor, die im Europapark Rust, Phantasialand Brühl und Heidepark Soltau durchgeführt wurde (OPR 1998).

Den Erlebnispark-Besuchern läuft die Zeit davon. Sie wollen alles erleben und nichts verpassen. Deshalb bleiben sie immer länger, kommen öfter wieder oder machen aus ihrem Parkbesuch ein Kurzurlaubsziel. Die Erlebnisprogramme müssen dann nicht mehr im Laufschritt absolviert werden. Im Kurzurlaub kann man sich auch eine Erholungspause gönnen. Um aus der Stress-Rallye zwischen Rennen und Warten auszusteigen, entscheiden sich immer mehr Besucher zur Verlängerung der Aufenthaltsdauer. Der Europapark Rust verfügt beispielsweise über 500 Betten im „Quartier Français" und im „Erlebnishotel El Andaluz", ein weiteres 400-Betten-Hotel ist hinzugekommen. Euro Disney bei Paris bietet gar 5.000 Übernachtungsmöglichkeiten an. Und die Erlebnishotels in Orlando/Florida gehören mittlerweile zu den bestausgelasteten Hotels der Welt.

Als Antwort auf die Besucherwünsche nach *„Immer-Mehr" und „Immer-Länger"* gehen die Themenparks dazu über, Mehrtagesaufenthalte als Package (inklusive Fahrt, Unterkunft und Eintritt) anzubieten. Damit die Kombination von Erlebnisangebot und Hotelaufenthalt noch finanzierbar bleibt, sind Anbieter auch gezwungen, nach neuen Wohn- und Unterkunftsformen Ausschau zu halten. Als kostengünstige Alternative zum Ferienhotel kommt *„Caravaning auf Zeit"* infrage. Fast jeder zweite Themenpark-Besucher (48%) kann sich vorstellen, auch mit einem Reisemobil oder Caravangespann anzureisen, um die höheren Hotelkosten zu sparen (vgl. OPR 1998).

Aus der Sozialforschung ist seit langem bekannt: Das alltägliche Freizeitverhalten ist sehr *distanzempfindlich.* Angestrebte Ausflugsziele müssen entweder wohnungsnah oder besonders attraktiv sein. Und je attraktiver das Ziel, desto größer ist auch die Bereitschaft, dafür längere Wegstrecken zurückzulegen. Die Fahrdauer ist meist das Ergebnis einer ganz individuellen Güterabwägung, bei der der *Zeitaufwand im richtigen Verhältnis zum Erlebniswert des Ziels* stehen muss. Je nach der Attraktivität des Ziels kann eine solche Entscheidung auch gegen alle Vernunft ausfallen.

Die größte Anziehungskraft für automobile Unternehmungen nach Feierabend und am Wochenende stellen derzeit die Themenparks dar. Um sie zu besuchen, legt jeder Besucher im Durchschnitt 198 km – meist mit dem Auto – zurück. Und jeder vierte (25%) mutet sich für den Besuch eines Themenparks sogar eine Anfahrt von mehr als 300 km zu. Bisher galt als Erfahrungswert für die Erlebnismobilität der Bundesbürger: *Ein Ziel muss in der Regel in einer Stunde erreichbar sein.* Die 60-Minuten-Distanz traf für den Besuch von Volksfesten und Sportveranstaltungen genauso zu wie für Museums- oder Theaterbesuche. Eine Art „Innere Erlebnis-Uhr“ war auf eine Stunde Anfahrt, zwei Stunden Aufenthalt und eine Stunde Rückfahrt ausgerichtet. Beim Themenpark-Besuch wird die erlebnispsychologische Regel jedoch außer Kraft gesetzt, weil die Ausflügler dann auch länger verweilen.

Die Bahn als Verkehrsmittel hat für Themenpark-Besucher fast eine Null-Attraktivität: 1 Prozent der Besucherschaft reist mit der Bahn an, 87 Prozent dagegen mit dem eigenen Auto. Sechs Prozent der Besucher machen von Bus-Angeboten Gebrauch. Und mit Reisemobil und Caravangespann sind fünf Prozent der Besucher unterwegs. Psychologisch gesehen stellt das Autofahren selbst schon ein Freizeiterlebnis dar, während die Bahn und andere öffentliche Verkehrsmittel die Tagesausflügler mehr zum Freizeitziel „transportieren“. Das Auto liegt den freizeitmobilen Menschen einfach „näher am Herzen.“

Hinzu kommt auch, dass der Themenpark-Besuch eine gesellige Unternehmung ist, die offenbar im eigenen Gefährt am meisten Spaß macht und auch Kosten sparen hilft. 70 Prozent der Besucher sind mit der Familie unterwegs, 14 Prozent mit Freunden sowie 15 Prozent mit Partner oder Partnerin – jedoch nur ein Prozent allein. Das gemeinsame Freizeiterleben wird dadurch gesteigert, die Verweildauer wird länger. Über zwei Drittel der Besucher (67%) halten sich bis zu acht Stunden im Park auf. Etwa jeder sechste Besucher (16%) bleibt länger und plant eine Übernachtung im Hotel, bei Freunden oder Verwandten ein (vgl. OPR 1998).

Grenzenlos mobil sein wollen ist das eine, grenzenlos Geld ausgeben können das andere. In Zeiten knapper Kassen und stagnierender Realeinkommen müssen auch die erlebnishungrigen Konsumenten den Gürtel enger schnallen. Dennoch: Ein Parkbesucher gibt im Durchschnitt 41 Euro pro Tag und Person aus. Ein Themenpark-Besuch gilt für viele Bundesbürger als *„der“ Erlebnis-Höhepunkt des Monats.* Was dabei an Geld zu viel ausgegeben wird, muss die übrigen Tage über wieder eingespart werden. Viele Besucher verhalten sich eher nach der Devise: „Wenn schon – dann richtig.“ So ist es auch zu erklären, dass über ein Drittel aller Parkbesucher (38%) zwischen 30 und 50 Euro pro Tag und Person ausgibt, jeder siebte (14%) sich das Freizeitvergnügen zwischen 50 und 75 Euro kosten lässt und jeder zehnte Besucher (10%) noch nicht einmal mit 75 Euro am Tag auskommt. Themenpark-Besucher lassen sich mehr von ihren Gefühlen als von ihrem Geldbeutel leiten. Das teure Freizeitvergnügen ist offensichtlich sein Geld wert, weil hier mehr Erlebnisse als Waren „gekauft“ werden. Spürbare Einsparungen sind dann nur noch über kostengünstige Unterkünfte möglich.

So unwirklich Themenparks und Erlebniswelten auch erscheinen mögen, aus psychologischer, ökonomischer und ökologischer Sicht gibt es vernünftige Gründe dafür:

- *Erlebnispsychologisch* gesehen treffen die rosaroten Traumwelten vom Fließband offensichtlich den Massengeschmack. Erlebnismarketing bedeutet in Zukunft vor allem: Szenerie und Dramaturgie von Erlebnislandschaften. Erholen kann man sich auch zu Hause.
- *Ökonomisch* erweisen sich Freizeitparks und Erlebniswelten geradezu als Erfolgsformel Nr. 1. Sie erreichen eine Auslastung, von der andere Branchen nur träumen können.
- *Ökologisch* gesehen sind die Kunstwelt-Konzepte mitunter fast ein Segen für die Problematik von Massenmobilität und Umweltbelastung. Die Besucherströme konzentrieren sich auf die künstlichen Erlebnislandschaften, während die natürlichen Landschaften weitgehend unbehelligt bleiben.

Es bleibt festzuhalten: Die Macher, die Anbieter und Betreiber von Freizeitparks und Erlebniswelten schaffen nach den Grundsätzen der modernen Marketingforschung (vgl. Inden 1993; Bruhn 1997; Nickel 1998) Erlebniswelten als

- *inszenierte Ereignisse* und Veranstaltungen, die
- *multisensitiv*, also mit starken emotionalen und physischen Reizen dargeboten werden und
- den Teilnehmern besondere und nichtalltägliche, vielfach spannende oder gar *einmalige Erlebnisse* vermitteln.

3. Eventtouristen: Jede Saison ein neues Ereignis

Reiseveranstalter, Fremdenverkehrsgemeinden und Tourismuszentralen stehen vor einer großen Herausforderung: Sie müssen jede Saison ein neues Ereignis schaffen. Der Urlaubsgast ist unerbittlich: Er verlangt nach immer neuen Attraktionen. Gemeint sind Events, die Einmaliges und Außergewöhnliches versprechen. Mit den Reiseerfahrungen wachsen auch die Urlaubsansprüche. Die kleinen Freuden des Urlaubslebens werden verdrängt, weil sie normal und langweilig zu werden drohen.

Jeder fünfte Bundesbürger ist ein Eventtourist, d.h. 22 Prozent der Bevölkerung ab 14 Jahren nennen den Besuch von Veranstaltungen im Bereich von Kultur, Sport und Unterhaltung als Grund für private Reisen in den letzten Jahren.

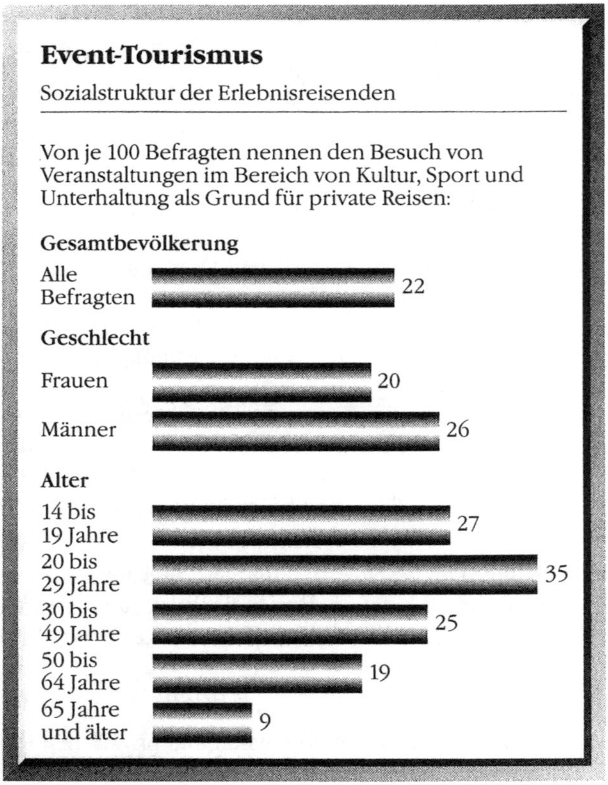

Der typische Eventtourist ist eher männlich, gehört der jüngeren Generation an und zählt zu den Besserverdienenden.

Sportliche, kulturelle und gesellige Events als Anlass für Reisen nutzen Männer mehr (26%) als Frauen (20%). Die größte Mobilität demonstrieren die 20- bis 29-Jährigen (35%), denen offensichtlich kein Weg zu weit ist, um etwas Außergewöhnliches zu erleben. Und mit dem steigenden Einkommen nehmen erwartungsgemäß auch die eventtouristischen Unternehmungen zu, d.h. der Anteil der Besucher von Haushaltsnettoeinkommen in Höhe von 2.500 Euro und mehr ist unter den Eventtouristen doppelt so hoch (32%) wie bei den Beziehern von Einkommen unter 1.000 Euro (16%). Events haben ihren Preis und sind in der Regel nicht umsonst zu haben. Über das Lebensnotwendige hinaus ist jeder Eventtourist zugleich ein Erlebniskonsument, der es sich leisten will und leisten kann, besondere Ansprüche zu stellen.

Die entscheidende Motivation ist nicht mehr der Bedarf, sondern der Wunsch nach intensiverem Erleben. Dieser Wunsch hat etwas „aggressiv Forderndes" (Popcorn 1992, S. 50) – so wie man sein Recht einklagt. Dahinter verbirgt sich ein ausgeprägtes Anspruchs- und Prestigedenken. Dem Eventtouristen vermittelt das *Bericht- und Erzählbare* über das Einmal-Ereignis mehr Sozialprestige als das *Sicht- und Vorzeigbare* wie z.B. bei der Kleidung, dem Auto oder der teuren Urlaubsreise. Events entwickeln sich zu „den" touristischen Statussymbolen im 21. Jahrhundert.

Dies hat zur Folge: Im Eventtourismus inszeniert der Sport seine Spiele, die Kultur ihre Festivals. Events werden in Serie produziert, die Massen begeistern und Emotionen freisetzen. Da werden schnell Traum- und Wunderwelten zum Jahrhundertereignis hochstilisiert. Stars, Promoter und Sponsoren machen manche Open-Air-Veranstaltung zum Massenerlebnis oder Massenevangelium mit garantiertem Gemeinschaftsgefühl. Denn die Gemeinsamkeit gehört immer dazu.

Die „Nacht der 3 Tenöre" hat beispielsweise Zeichen dafür gesetzt, wie derzeit kulturelle Events regelrecht erfunden werden. Aus bloßer Opern-Musik wird eine *Klassik-Entertainment-Show mit Superstars*. Die Konzerte werden als gesellschaftliche Ereignisse verkauft, die man erlebt haben muss, weil man darüber spricht. Ein VIP-Dinner danach in Anwesenheit der Superstars verspricht Exklusivität – auch wenn sich dabei bis zu 2.400 Leute beim Massen-Dinner in einer Halle tummeln.

Wenn Events mehr ein Ergebnis strategischer Planung als eine gelegentliche touristische Nische sein sollen (vgl. Gertschen 1996, S. 11), dann müssen sie folgende Kriterien erfüllen:

1. *Paukenschlag-Effekt*, also Einmal- und Einzigartigkeitscharakter,
2. *Kontinuitätsgarantie*, also Eventangebote in zeitlich regelmäßigen Abständen sowie
3. *Innovationsanspruch*, also glaubwürdige Vermarktung von immer neuen Ideen.

Vielleicht wird es im Tourismus der Zukunft Eventplaner genauso geben müssen wie Umweltbeauftragte.

Events leben von drei Erfolgsfaktoren:

1. *Imagination*: Illusionierung und inszenierter Kulissenzauber gehören immer dazu – so echt wie möglich. Die Kulisse kann schöner und beeindruckender als die Wirklichkeit sein. Imagination kommt ohne Szenerie und Dramaturgie nicht aus.
2. *Attraktion:* Besondere Attraktionen machen das Ereignis unvergleichlich. Das Gefühl des Einmaligen und Außergewöhnlichen stellt sich ein, wozu auch der Kick des Überraschenden und Unvorhersehbaren gehört.
3. *Perfektion:* Die „everything-goes"-Devise verlangt Perfektion bis ins kleinste Detail. Alles wird, alles muss perfekt geplant werden. Es gilt das Null-Fehler-Prinzip.

Ob Olympiaschlussfeier oder Reichstagsverhüllung, Dürer-, Goethe- oder Lutherjahr, Opernball oder ATP-Turnier: Nichts bleibt dem Zufall überlassen. Events müssen professionell gemanagt und vermarktet werden. *Eventmanagement* ist ein expansives Wachstumsfeld für Profis geworden. Davon profitieren Hotellerie und Gastronomie, Bahn-, Bus- und Flugtouristik sowie Reisebüros und Reiseveranstalter am meisten. Aber auch Städte und Regionen erfahren durch „Special Events" eine Attraktivitätssteigerung.

4. Eventtourismus: Erlebnismobilität der besonderen Art

Kommen amerikanische Verhältnisse auf uns zu? Während der Football-Saison im Kampf um den „Superbowl" fängt das wahre Leben in den USA schon fünf Stunden vor Spielbeginn an – und zwar auf den Parkplätzen der Stadien zwischen Wohnwagen und Wohnmobilen, Autos und Bussen, Erdnüssen, Eis und Cola. Das Spektakel auf dem Rasen ist eigentlich nur der Anlass, also „das" gesellschaftliche Ereignis, um sich massenhaft in Bewegung zu setzen: Erlebnismobilität der besonderen Art. Ob Michael Jackson in Prag, Madonna in London oder die drei Tenöre in Wien: Die Eventtouristen sind oft schon lange da, bevor die Stars überhaupt eintreffen.

Eventtourismus gleicht einer *Mischung aus Erlebnishunger und Bewegungslust, Sensation und Happening* zugleich. 43 Prozent der Bevölkerung strömen mindestens einmal im Jahr zu solchen Massenspektakeln, die Erlebnisse versprechen und „Wir"-Gefühle vermitteln. Am meisten sind derzeit Open-Air-Konzerte gefragt. 8,2 Millionen Bundesbürger besuchen einmal im Jahr eine Open-Air-Veranstaltung, das sind 13 Prozent der Bevölkerung ab 14 Jahren.

> Jedes gesellschaftliche Ereignis, über das man spricht, bevor es überhaupt stattgefunden hat, gilt heute als Event.

Also machen sich Massen von Menschen auf den Weg, werden immer mobiler – ob mit Bus oder Bahn, Auto oder Wohnmobil. Im Grunde genommen bewegen sie sich nicht auf irgendein Ziel hin, sondern immer von etwas weg. Weg von der Langeweile, der Routine, dem Alltag. „Wo viel los ist, da erlebt man auch viel": Nach diesem Grundsatz leben sie. Sie sind dabei mitunter zeitlich mehr unterwegs als am Ort des Geschehens. *Der Erlebniswert wiegt schwerer als der Zeitverlust.*

Dies trifft insbesondere für Jugendliche und Singles zu. Jeder dritte Jugendliche im Alter von 14 bis 24 Jahren (34%) und jeder vierte Single im Alter von 25 bis 49 Jahren (26%) hat im vergangenen Jahr eine Open-Air-Veranstaltung besucht. Jugendliche und Singles setzen Zeichen, wollen Kultur spontan erleben. Die besondere Attraktivität resultiert aus dem *Live-Erlebnis*. Gefragt sind Leben und Erleben im Hier und Jetzt. Die Live-Atmosphäre, der Aktualitäts- und Augenblickscharakter erklärt wesentlich die besondere Faszination. Fünf Millionen Bundesbürger besuchen mindestens einmal im Jahr ein Musikfestival, weitere fünf Millionen suchen herausragende Kunstausstellungen auf.

Daneben entwickelt sich der *Sport zur größten Antriebskraft für die neue Erlebnismobilität.* Der Schumacher-Effekt hat beispielsweise bewirkt, dass es mittlerweile genauso viele Besucher von Motorsportveranstaltungen (1,9 Mio) wie von Tennisveranstaltungen gibt. Über 40.000 Caravaner bevölkern dann den Nürburgring. Wohnwagen und Wohnmobil werden zum Hotelersatz. 7,6 Millionen Bundesbürger haben in den letzten zwölf Monaten mindestens einmal eine Fußballveranstaltung besucht – und das fast nie zu Fuß: Von der Fußball-Bundesliga bis zur Europameisterschaft. Die Zahl der Fußballfans ist viermal höher als die Zahl der Besucher von Tennisveranstaltungen (1,9 Millionen). Unter den regelmäßigen Zuschauern bei Fußballveranstaltungen sind Männer mehr als fünfmal so viel vertreten (Frauen: 4% –

Männer: 21%). Überrepräsentiert sind bei den Fußballfans auch Westdeutsche (13% – Ostdeutsche: 7%) sowie Besucher der mittleren Generation. Die 30- bis 39-Jährigen gehen öfter auf den Fußballplatz (19%) als etwa die 14- bis 19-Jährigen (14%). Ein Motiv für die massenhafte Mobilität der Sportbegeisterten ist die Gewissheit, dass das Fernsehen immer live dabei ist ...

„Superlive“
Beispiel für die Inszenierung eines Mega-Events

„Rund um die Tennisweltmeisterschaft in Hannover bietet die EXPO 2000 ein aufregendes und mitreißendes Beiprogramm: Die ‚Stella the Musical Company‘ gibt im Auftrag der Weltausstellungsgesellschaft zwischen den Spielen Kostproben aus den weltweit erfolgreichsten Musicals und begleitet den Einzug der Spieler in die Tennisarena zu einer Hymne mit einer beeindruckenden Lightshow.

‚Cats‘, ‚Das Phantom der Oper‘, ‚Miss Saigon‘, ‚Starlight Express‘ und ‚Les Misérables‘ locken weltweit Millionen in die Musicalpaläste von New York, London, Hamburg und Wien. Die Besucher der ATP Tour WM, die in diesem Jahr zum ersten Mal von der EXPO 2000 in Hannover veranstaltet wird, bekommen die besten Songs aus diesen Welterfolgen kostenlos als Appetithappen vor den Spielen von Becker, Sampras, Agassi und Chang serviert.

An allen Tagen des Turniers wird vor dem ersten Spiel um 14 Uhr und dem dritten Spiel um 19 Uhr 30 ein zwanzigminütiger Auftritt der Stella-Künstler auf dem Centre Court für Stimmung in der Europahalle sorgen. Außerdem begleiten die Licht- und Tonkünstler im Auftrag der EXPO 2000 die Spieler beim Einzug in den Centre Court. Zu einer Hymne werden die acht besten Tennisspieler der Welt per Lichtshow dem Publikum präsentiert und die rund 16.000 Zuschauer in der Arena auf den Höhepunkt der Tennissaison eingestimmt ...“

Pressemitteilung der EXPO 2000 Hannover GmbH

Auch die Vielzahl der Freizeitausstellungen und Messen im Bereich von Auto, Hobby, Sport, Boot, Caravaning und Reisen zieht Millionen von mobilen Menschen in ihren Bann. 6,3 Millionen Bundesbürger haben mindestens eine Ausstellung im vergangenen Jahr besucht. Paare (15%) und Familien mit Kindern (13%) zählen zu den eifrigsten Ausstellungsbesuchern (zum Vergleich: Singles: 9% – Rentner: 5%).

5. Immer auf Achse: Zwischen Olympia und Verona

Hinsichtlich der Sozialstruktur der Besucher sportlicher und kultureller Großveranstaltungen sind deutliche Unterschiede feststellbar. Die größte Erlebnismobilität demonstrieren die Selbstständigen (59%) und Leitenden Angestellten (64%), die sich solche Unternehmungen auch leisten können. Große Unterschiede gibt es in der Erlebnismobilität zwischen Frauen und Männern. Während nur ein Drittel der Frauen (34%) solche Großveranstaltungen besucht, nimmt sich eine knappe Mehrheit der Männer (53%) regelmäßig die Freiheit dafür.

Insbesondere die Jugend im Alter von 14 bis 24 Jahren genießt die Freiheit eines neuen Wir-Gefühls: *Die Lust an der Masse Mensch.* Die Masse wird zur Bühne. Im Vergleich zur übrigen Bevölkerung können sich Jugendliche deutlich mehr für Open-Air-Konzerte begeistern (Gesamtbevölkerung: 13% – Jugendliche: 34%), besuchen öfter Musikfestivals (+6 Prozentpunkte) und sind bei fast allen Sportveranstaltungen überrepräsentiert. Die jungen Leute stellen die Gruppe dar, die von diesen Veranstaltungen vor allem eins erwartet: Viel! Viele Menschen. Viel Gedränge. Und viel zu sehen. Dafür sind die Jugendlichen auch bereit, viel zu opfern: Zeit und Geld.

Noch nie hat es eine Generation gegeben, die so viel freie Zeit zur Verfügung hatte und gleichzeitig so mobil war. Dies verändert die gesamte Angebotslandschaft in Deutschland.

Eine flächendeckende kulturelle Versorgung bis in die entlegensten Gebiete auf dem Lande und außerhalb der Städte und Ballungszentren ist immer weniger erforderlich. Niemand muss heute mehr mit einem Musical auf Tournee gehen. Der Eventtourismus ersetzt die Tournee. Denn: Die Menschen machen sich selbst auf den Weg zu den Highlights ihrer Wahl.

Die aktuelle Werbung spricht eine deutliche Sprache: „Michael Jackson kommt nicht nach Deutschland – wir fahren zu ihm hin. Mit dem Sonderzug nach Prag" oder „José Carreras: Mallorca Classic Night. Wir fliegen Sie hin...." Keine Sportveranstaltung, kein Kulturereignis und keine Attraktion der Unterhaltungsbranche scheint der erlebnismobilen Bevölkerung zu weit zu sein. Mit der Attraktivität des Ziels wächst auch die Bereitschaft, längere Wegstrecken dafür zurückzulegen.

Bei Veranstaltungen mit besonders hohem Erlebniswert können Mobilitätsentscheidungen auch gegen alle Vernunft ausfallen. Jugendliche nehmen z.B. für den Besuch eines Open-Air-Konzerts durchschnittlich 2,4 Stunden Fahrzeit mit dem Auto in Kauf. Generell gilt: Entfernung und Fahrdauer sind das Ergebnis einer ganz individuellen Abwägung, d.h. subjektiv gesehen muss der *Zeitaufwand im richtigen Verhältnis zum Erlebniswert* des Ziels stehen. Je höher der Ereignischarakter einer Veranstaltung, desto größer die Bereitschaft, dafür lange unterwegs zu sein.

Wichtig ist in diesem Zusammenhang auch die Frage, welche Verkehrsmittel die Besucher von Großveranstaltungen benutzen. Drei Viertel aller Veranstaltungsbesuche (76%), das sind 20,5 Millionen, werden *mit dem eigenen Auto* unternommen. Über 4 Millionen reisen jeweils mit der Bahn (4,3 Mio) oder dem Bus (4,6 Mio) an. Der Eventtourismus löst eine neue Mobilwelle aus. Über 500.000 Besucher sind jährlich mit dem Motorrad zu Großveranstaltungen unterwegs. Weitere 270.000 Bundesbürger brechen jedes Jahr mit ihrem Wohnwagen auf, um Freizeitausstellungen, Kultur- oder Sportveranstaltungen zu besuchen. Allein zum Oktoberfest in München reisen jährlich Tausende von italienischen Touristen mit Wohnwagen oder Wohnmobil an.

Die seit Jahren in der Arbeitswelt geforderte berufliche Mobilität zieht jetzt offensichtlich auch private Mobilität nach sich. Dabei handelt es sich um eine Erlebnismobilität, in der Events im Mittelpunkt stehen. Im gleichen Maße, wie die Bürger immer höhere Ansprüche an den Eventcharakter von Angeboten und Veranstaltungen stellen, legen sie auch immer größere Entfernungen zurück. Zudem haben die Arbeitszeitverkürzungen der letzten Jahre ihre Spuren hinterlassen: Weil der Mensch nicht zur Untätigkeit und Sesshaftigkeit geboren ist, entwickelt sich ein Mobilitätsschub wie nie zuvor. Massenbewegungen an Wochenenden und zu Ferienzeiten sind die Folge.

6. Sport-, Kultur- und Städtereisen: Ein Überblick

1996 wurde der Nachweis erbracht: Für die Deutschen sind mittlerweile Urlaubsreisen so wichtig wie die Grundbedürfnisse Wohnen oder Kleiden. Infolgedessen verzeichnen auch Erlebnis-Angebote wie Kino, Musical, Theater und Konzert deutliche Zuwächse (B·A·T 1996, S. 19). Das Erlebnis triumphiert über die Bedarfsdeckung. Konsumerlebnisse werden bedeutsamer als Konsumgüter. Die Konsumenten suchen zunehmend Erlebnisse und Gefühle – und nicht nur Produkte und Waren. Dies ist die *erlebnispsychologische Basis* für Events im Tourismus.

Eine Urlaubsreise machen ist für die meisten Bundesbürger heute identisch mit *Neuland entdecken*, also neue Gegenden sehen, neue Menschen kennen lernen und neue Eindrücke gewinnen: „Nur rund 25 Prozent der deutschen Urlauber sind Stammgäste an ihrem Urlaubsort“ (AWA ’96). Die überwiegende Mehrheit der Urlaubsreisenden aber sucht ständig neue Reiseerlebnisse. Das können neue Urlaubsorte oder Highlights der besonderen Art sein: Von der Mitternachtsmesse im Petersdom bis zur Silvesterfeier in New York.

Sport-, Kultur- und Städtereisen sind im Trend. Sie haben in den letzten fünf Jahren deutlich zugenommen. Von allen Kurzurlaubern, die im vergangenen Jahr eine 2- bis 4-tägige Kurzreise unternommen haben, bezeichneten 52 Prozent der Befragten ihre Reise als *Sportreise*, 44 Prozent als *Kulturreise* und 50 Prozent als *Städtereise*. Offensichtlich sind die Interessen relativ gleich verteilt. Mal ist ein sportliches Ereignis Anlass der Reise, mal motivieren spezielle Kulturveranstaltungen zum Ortswechsel. Daneben ist gleichermaßen die reine Städtereise gefragt, bei der die Attraktivität einer Stadt als Event empfunden wird.

7. Sporttourismus: Zwischen Aktivurlaub und Veranstaltungstourismus

Beim Sporttourismus muss man zwischen sportlichem Aktivurlaub (=Sport im Urlaub bzw. Sportreise) einerseits und sportorientiertem Veranstaltungstourismus unterscheiden.

- Beim *sportlichen Aktivurlaub* stellen sportliche Aktivitäten einen bedeutsamen Teil der Urlaubsgestaltung dar. Dabei reicht das Aktivitätsspektrum von der gelegentlichen Sportausübung bis hin zur gesamten Ausrichtung des Urlaubs auf eine bestimmte Sportart (vgl. „Skireise“, „Tennisreise“, „Golfreise“). Die Grenzen zwischen Aktivurlaub und Sportreise sind fließend. Ein Skireisender kann manchmal im Urlaub mehr ein Lebemann als ein Sportsmann sein. Und ein Aktivurlauber, der seine Ferien im Club verbringt, kann rund um die Uhr sportlich aktiv sein.
- Hingegen ist der *sportorientierte Veranstaltungstourismus* fast ausschließlich auf den Besuch von Sportveranstaltungen bzw. Sportereignissen ausgerichtet. Oft werden Reisen zu Sportveranstaltungen auch in Verbindung mit Besichtigungsprogrammen gebucht (vgl. Dreyer/Krüger 1995). Die Teilnehmer sind dabei mehr passive Sportkonsumenten als aktive Sporttreibende.

Im künftigen Erlebniszeitalter wird sich beispielsweise der Sport nur als *Marktplatz der Sponsoren* und als *vermarktete Freizeitwelt* zwischen Körperkult und Erlebnismarketing behaupten können. Aus der Authentizität des eigenen Sporterlebens wird dann zunehmend ein Sport der Inszenierung, der neue Erlebnis-Welten und Mega-Ereignisse jenseits des wirklichen Lebens produziert. Insbesondere das Fernsehen hat die Sportbegeisterung der Bevölkerung in den letzten Jahren derart ‚angeheizt‘, dass z.B. aus einer behäbigen Sportschau am Samstagnachmittag ein *hochkommerzialisiertes Massenspektakel* geworden ist. Die TV-Vermarktung bzw. Telegenität mancher Sportarten hat nachweislich ihre Attraktivität erhöht.

Die Grenzen zwischen Inszenierung und Vermarktung werden immer fließender: Da werden neue Regeln geschaffen oder neue Sportarten kreiert. Pop und Show halten Einzug in den Sport: In Zukunft läuft Sport als Inszenierung *wie eine Seifenoper im Fernsehen* ab (Hans Mahr/RTL – Dez. 1996: „Der Grund für unsere Erfolge ist, dass wir nicht nur Boxkämpfe veranstalten, sondern Events inszenieren: Gesamtkunstwerke aus Gesang, Feuerwerk und Boxen“). Die Inszenierung ist die logische Konsequenz der Kommerzialisierung. Wer mit dem Sportinteresse der Bevölkerung Geld verdienen will, darf das Zuschauen nicht dem Zufall überlassen. Infolgedessen werden die Sportveranstaltungen als Spektakel und die Sportaktivitäten als Erlebnis dramaturgisch in Szene gesetzt. Sportartikelindustrie und Sponsoren kommen ohne Show-Inszenierung nicht mehr aus. Von der Inszenierung zur Spektakularisierung des Sports (Boxkampf-Motto „Eine Frage der Ehre“) ist nur noch ein

Schritt. In Zukunft werden vielleicht Sport und Spektakel in einem Atemzug genannt.

Also: Viel Show und Unterhaltung – und mittendrin ein wenig Sport (TV-Kommentator Werner Schneyder live beim Boxkampf: „Und jetzt, glaube ich, geht es sportlich weiter. Während der Ring von der Show-Einlage gesäubert wird ...“). Vielleicht wird in Zukunft eine Ion Tiriac zugeschriebene Inszenierungs- und Vermarktungsidee Wirklichkeit: Der *Daviscup* findet nur noch vor 500 steinreichen Leuten *auf einem Kreuzfahrtschiff* statt – unter Ausschluss der Öffentlichkeit, aber das Fernsehen ist live dabei.

Seit über einem Vierteljahrhundert gibt es im Tourismus das *Leitbild des aktiven Urlaubs*, das in den sechziger Jahren vom Jugendtourismus ausging. Den „Stil der jungen Urlaubswelt“ haben die Erwachsenen als „Leistungsnorm“ übernommen und kopiert (vgl. Opaschowski 1970, S. 166f.). Der Aktivurlaub ist Leitbild einer traditionellen Leistungsgesellschaft geworden, aber kein Abbild der heutigen Urlaubergeneration. Relaxurlaub ist für die meisten wichtiger als Aktivurlaub. Daran hat sich bis heute nicht viel geändert.

3.000 Personen ab 14 Jahren wurde die Frage vorgelegt: „Haben Sie in den letzten Jahren privat eine Reise (mit mindestens einer Übernachtung) unternommen, bei der eine sportliche Betätigung (z.B. Tennis, Golf, Skifahren, Reiten, Wassersport) besonders wichtig oder gar alleiniger Grund der Reise war?“ 80 Prozent der Befragten haben die Frage verneint, weil sie von Sport- oder Aktivurlaub wenig halten. Tennis-, Golf- und Reitplätze allerorten – doch nur eine Minderheit ist daran interessiert.

Andererseits: Jeder fünfte Bundesbürger (20%) hat in den letzten Jahren eine private Reise unternommen, um sich am Reiseziel sportlich zu betätigen. Das sind *über 12 Millionen* Bundesbürger, die gelegentlich oder öfter *Sportreisende* sind. An Sportreisen finden Männer (23%) mehr Gefallen als Frauen (17%). Die Teilnahme an Sportreisen ist auch einkommensabhängig. Unter den Sportreisenden sind die Besucher von Haushaltsnettoeinkommen mit über 2.500 Euro am stärksten vertreten (31%). Infolgedessen zeigen auch Leitende Angestellte (30%) sowie Selbstständige und Freiberufler (36%) das größte Interesse am Sporttourismus.

Die meisten Sportreisenden sind *Wintersportler (4,7 Mio) oder Wassersportler (2,7 Mio)*. Hinzu kommen 3,7 Millionen Wanderer und Bergsteiger sowie 1,3 Millionen Radfahrer bzw. Mountainbiker. Bezeichnenderweise haben die Anlagen und Angebote, wofür Tourismuspolitik, Fremdenverkehrsplanung und Hotelmanagement in den letzten Jahren die größten Investitionen getätigt haben, die geringste Bedeutung wie z.B.

- Fitnessstudios
- Tenniscourts
- Reitanlagen
- Golfplätze.

So nutzen beispielsweise nur knapp eine halbe Million Bundesbürger eine Golfanlage während ihrer Sportreise. Outdoor-Sportarten zwischen Snowboarding und Trekking, Surfen und Radfahren ziehen viel mehr Touristen in ihren Bann.

8. Kulturtourismus: Zwischen Boom und Business

Im traditionellen Sinne stellt Kulturtourismus einen „Oberbegriff für Kultur-, Bildungs- und Studienreisen" (Nahrstedt 1996, S. 20) dar. Im weiteren Sinne meint Kulturtourismus auch *Kultur im Tourismus*, d.h. Reiseangebote werden durch Elemente von Kultur angereichert. Die Touristikbranche unterscheidet *drei Gästesegmente innerhalb des Kulturtourismus* (vgl. Meier 1996, S. 9). Der Kulturreisende

- wählt erstens ein Reiseziel nicht wegen seines kulturellen Angebotes, ist jedoch vor Ort offen für den Besuch kultureller Sehenswürdigkeiten;
- wählt zweitens ein Reiseziel aufgrund seines spezifischen kulturellen Angebots: Das Kulturangebot ist für ihn wichtiger als der Ort selbst;
- wählt drittens ein kulturell bekanntes Reiseziel für einen einmaligen, kaum zu wiederholenden Besuch.

Das erste Gastsegment setzt sich aus *Kulturinteressierten* zusammen, das zweite aus *Kulturreisenden* und das dritte aus *Eventtouristen*.

Die Befragungsergebnisse bestätigen den expansiven *Markt für Musicals*. Kulturtourismus zwischen Musical und Festival: So lässt sich die neue Reisebewegung der letzten Jahre umschreiben. Musikalische Veranstaltungen zwischen Pop und Klassik führen dabei die Hitliste eventtouristischer Unternehmungen an. Ganz obenan stehen Musicals (28%) und Open-Air-Konzerte (20%). Eine überraschend geringe Resonanz finden hingegen Sportereignisse (14%) und populäre Großveranstaltungen wie Volks- und Stadtfeste (12%) oder Fasching und Karneval (5%). Sie locken zwar Bewohner massenhaft auf die Straßen, sind aber offensichtlich kaum eine Kurzreise von zwei bis vier Tagen Dauer wert.

Kulturelle Events als Reiseanlass werden vor allem von den Frauen bevorzugt. Deutlich mehr als Männer reisen sie zu Musicals (36% – Männer: 22%), Musik-Festivals (21%) – Männer: 15%), Kunstausstellungen (17% – Männer: 11%) oder Theater-Festivals (12% – Männer: 6%). Millionen Besucher haben bisher den „Starlight Express" sowie „Cats" und „Das Phantom der Oper" gesehen. Der Musical-Boom hat eine noch nie da gewesene Reisewelle in Deutschland ausgelöst.

Im künftigen Eventzeitalter muss sich auch die *Kultur zwischen Boom und Business* ansiedeln. Bisher „hatten" wenige Kultur, in Zukunft können viele Kultur „erleben". E-(rnst)- und U-(nterhaltungs)bereich vermischen sich. Kultur und Konsum lassen sich kaum mehr voneinander trennen, zumal Wirtschaft und Industrie in Werbung und Marketing verstärkt mit kulturellem Zusatznutzen arbeiten, also kulturelle Elemente in Produkte und Promotions einbeziehen.

Die neue Eventkultur trägt wesentlich zur *Entmythologisierung des traditionellen Kulturverständnisses* bei. Der Abbau von Zwängen (z.B. Garderobenvorschriften, Ängsten (z.B. Angst vor Überforderung) oder Sprachbarrieren (z.B. Bildungszwang) nimmt breiten Schichten der Bevölkerung die Angst vor der Kultur. Die neue Eventkultur kommt ohne Unterhaltungswert nicht mehr aus: Eine kulturelle Veranstaltung „muss“ in Gesellschaft erlebt werden. Das Miteinander-Erleben gibt der Kultur eine interessante Facette, entstaubt Kultur und macht sie lebendiger.

Allerdings darf auch nicht verschwiegen werden, dass die westlich geprägte Massenkultur zunehmend einen *„ephemeren“ Charakter* bekommt, also das beinhaltet, was in der italienischen Kulturdiskussion „effimero“ genannt wird: Gemeint ist eine *Kultur als Augen-Blick und Eintags-Fliege* zwischen Show- und Sensationseffekt, flüchtigem Kitzel und kurzlebigem Spektakel ohne Folgen: Ein ephemeres, also eintägiges, kurzlebiges und unverbindliches Ereignis. Hiervon ist die Massenkultur besonders bedroht, zumal es sich dabei weitgehend um medial vermittelte Ereignisse handelt. Medien neigen dazu, die Einzigartigkeit des Kulturerlebens herauszustellen, bei dem man einfach „dabei gewesen sein muss“. So wird Kultur mitunter als punktuelles Ereignis konsumiert, das keine nachhaltigen Spuren hinterlässt.

Musicals, Musik-Festivals und Open-Air-Konzerte erweisen sich derzeit als die attraktivsten Kulturveranstaltungen: Sie sind *akustisch-visuelle Erlebnisse*. Die sinnliche Ansprache, der optisch-akustische Eindruck der Besucher ist hier am stärksten, wozu insbesondere Ton- und Licht-Effekte beitragen. Zudem können die Besucher auch Idole, Künstler und Persönlichkeiten ‚zum Anfassen‘ aus unmittelbarer Nähe erleben. Eventkultur als Anfass-Kultur wird nirgends so perfekt vermittelt wie hier. Wer das Live-Erlebnis sucht, muss Musicals, Musik-Festivals und Open-Air-Konzerte besuchen. *Live und sinnlich*: Dies sind die Erlebnisdimensionen der neuen Eventkultur.

Die Einbeziehung sinnlichen Erlebens unterscheidet Open-Air-Konzerte wesentlich vom Angebot traditioneller Kulturangebote. Insbesondere die jüngere Generation, die im Zeitalter neuer Medien mit der Flut visueller Eindrücke aufgewachsen ist, kann auf optisch-akustische Finessen nicht mehr verzichten. *Atmosphärisches und Illusionäres gehören immer dazu.* Die Besucher wollen erst einmal unterhalten werden – und dies nicht allein, sondern unter vielen Menschen, die man dort trifft. Aus dem Wir-Gefühl inmitten vieler Gleichgesinnter kann sich schnell Massenbegeisterung entwickeln. Die Schaffung einer stimmungsvollen Atmosphäre lässt die Erlebnisarmut des Alltags vergessen, fördert das ‚einmalige‘ Gemeinschaftserleben und versetzt die Besucher in eine Hochstimmung, die nachwirkt – auch über den Tag oder Abend hinaus.

Kultur als touristischer Standortfaktor mit Blick auf wirtschaftliche Begleiteffekte und urbane Attraktivität wird in den nächsten Jahren eine Hauptantriebskraft für die Kulturpolitik sein. Viele Städte und Regionen gehen dazu über, einen eigenen *Kultursommer* zu kreieren, eine Art fünfte Jahreszeit, die allen Städtetouristen und Daheimurlaubern Kulturangebote rund um die Uhr bietet: Festivals und Open-Air-Konzerte, Theaterpremieren und Kunstausstellungen, Kultur- und Kreativwochen. Eine Mischung aus Rock und Rokoko, Sommerakademie, Musical und Festspiel. Sonderausstellungen machen Museumsbesuche zum touristischen Ereignis: Ein „Muss“ für viele.

Manche Bewahrer des Musealen werden die Massenhaftigkeit als *Kulturtourismus* beklagen, andere hingegen sehen in dieser massentouristischen Bewegung eine gelungene Demokratisierung der Kultur: Kulturelle Einrichtungen und Veranstaltungen werden zu Orten und Gelegenheiten, wo viele etwas sinnlich erleben können. Bildungsbarrieren werden abgebaut; die Kulturlandschaft wird zum Erlebnisraum für ein breites Publikum: „Man“ geht oder fährt eben hin.

Bewahrheitet sich die Prognose des Komponisten Arthur Honegger aus den fünfziger Jahren, die Kultur werde in Zukunft nicht an Blutarmut, sondern an Überfülle sterben? Spezielle Event-Marketing-Agenturen werden versuchen, Konzerte, Festivals und Ausstellungen jeweils als „das“ gesellschaftliche Ereignis des Jahres zu verkaufen und Kulturdenkmäler als touristische Werkzeuge zu Kulturboutiquen zu vermarkten, damit sie profitabel werden. Verkommt die Kultur zur gigantischen 365-Tage-Software von Großunternehmen, bei der die Magie der großen Zahl über die Inhalte regiert und die Kultur zur bloßen Ware und zum Wirtschaftsfaktor wird?

Kultur und Konsum werden wohl in Zukunft eine Vernunftehe eingehen: Manche Kulturveranstaltungen gleichen dann mehr einer Konsummeile wie umgekehrt auch viele Konsumspektakel ohne kulturelle Rahmenprogramme nicht mehr auskommen. Der Standortfaktor Kultur wird gleichermaßen ein Ansiedlungsfaktor für Unternehmen und ein Attraktivitätsfaktor für Städtetouristen sein.

9. Städtetourismus: Zwischen Sightseeing und Lifeseeing

Der Städtetourismus floriert. Während sich beispielsweise für inländische Feriengebiete teilweise schmerzhafte Einbußen abzeichnen, melden städtetouristische Metropolen erstaunliche Zuwächse. Neben einem herausragenden musealen Angebot bieten sie zusätzliche Theaterfestivals, Opernpremieren und Kunstausstellungen. Städtereisen werden bei den Deutschen immer beliebter. Wie erstmals die Allensbacher Markt- und Werbeträger-Analyse (AWA) ermittelte, besuchten 1986 lediglich sechs Prozent der Bundesbürger mindestens einmal im Jahr eine deutsche Stadt. Zehn Jahre später hatte sich der Anteil der Städtetouristen verdoppelt (1996: 12%). Zuwächse sind auch bei Reisen in ausländische Metropolen feststellbar (1986: 4% – 1996: 6%).

Städtereisen werden zum überwiegenden Teil als *Kurzurlaubsreisen von höchstens vier Tagen Dauer* durchgeführt. Dies bedeutet: Mit dem Trend zur Kurzurlaubsreise nimmt auch die Bedeutung von Städtereisen zu. Infolgedessen kommt nach einer Empfehlung des Deutschen Fremdenverkehrspräsidiums der Erhaltung der touristischen Attraktivität der Städte höchste Priorität zu. Für Städtetouristen wird eine ganze Stadt zum Erlebnisraum.

Der Boom des Städtetourismus muss auch vor dem Hintergrund der Freizeit- und Wohlstandsentwicklung der letzten Jahre gesehen werden. Einen großen Nachholbedarf signalisiert zunächst die ostdeutsche Bevölkerung, die deutlich mehr (42%) als Westdeutsche (33%) das Kennenlernen einer Stadt als Grund für eine private Reise nennt. Andererseits setzt das Geldbudget dem Reisedrang enge Grenzen: Städtereisen muss man sich auch leisten können. Infolgedessen machen erwartungsgemäß die Besserverdienenden davon am meisten Gebrauch. Darüber hinaus spielt der Bildungsgrad im Städtetourismus eine wesentliche Rolle. Höhergebildete sind unter den Städtetouristen deutlich überrepräsentiert.

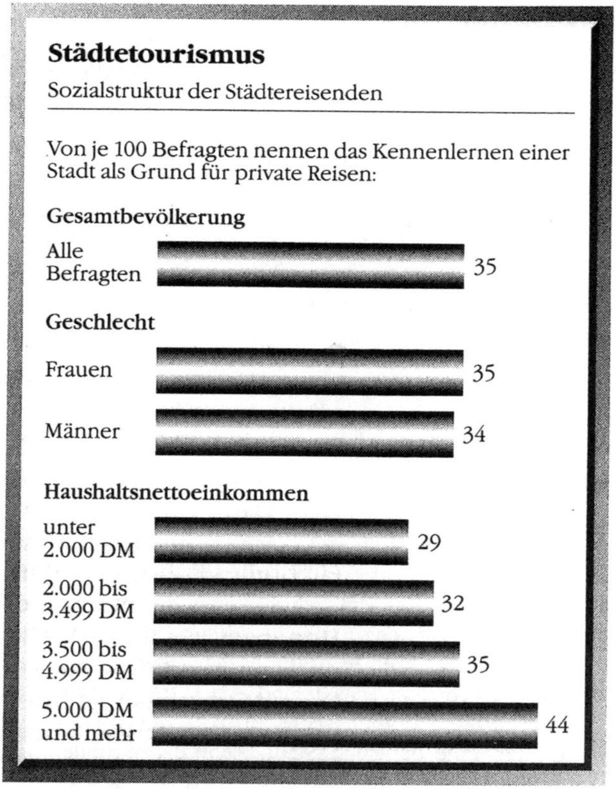

Und wohin geht die Reise? Welche Ziele finden bei den Städtetouristen die größte Resonanz? Die Lieblingsziele der Deutschen bei zwei- bis viertägigen *Städtereisen im Inland* sind Berlin (17%), München (12%), Hamburg (10%)

und Dresden (6%). Auffallend ist, dass die Deutschen als Ziel ihrer Städtereisen fast nur Großstädte bzw. Kulturmetropolen wählen. Dabei hat mittlerweile Dresden, das deutsche Elbflorenz, vielen westdeutschen Metropolen wie Köln (3%), Nürnberg (2%), Hannover (1%) oder Frankfurt (1%) den Rang abgelaufen. Und auch klassische Reiseziele wie Heidelberg, Trier oder Lübeck (jeweils nur 1%) zählen nicht mehr zu den touristischen Highlights der Kurzreisenden.

Werden Dresden, Weimar und Potsdam in Zukunft Heidelberg, Trier und Lübeck als touristische Highlights verdrängen?

Bei den *Städtereisen ins Ausland* stellt Paris nach wie vor den unangefochtenen Spitzenreiter dar. Von allen Befragten, die in den letzten Jahren eine zwei- bis viertägige Städtereise unternommen haben, waren mehr Besucher in Paris (19%) als in Rom (6%), Venedig (4%), Budapest (2%) und Florenz (2%) zusammen. Die beliebtesten Kurzreiseziele der Deutschen sind neben Paris auch Wien und London (je 10%), Prag (8%), Rom (6%) und Amsterdam (5%). Prag weist – wie Dresden – im inländischen Bereich eine bemerkenswert hohe Besucherresonanz auf und übertrifft damit an touristischer Attraktivität klassische Ziele wie Rom, Mailand oder Monte Carlo.

Im Zeitalter des Eventtourismus können sich klassische Reiseziele nicht mehr auf ihren Lorbeeren ausruhen oder auf ihre Traditionen berufen. Allein am Beispiel Hamburgs lässt sich zeigen, wie Städtereisen an Attraktivität hinzugewinnen können, wenn sie traditionelle Angebote (z.B. Hafen, Landungsbrücken, St. Pauli) *um neue Erlebniswerte bereichern* wie z.B.

- Errichtung von Einkaufspassagen und Galerien,
- Etablierung von Kunstmeilen (z.B. Deichtorhallen – Kunsthaus – Kunsthalle),
- Durchführung von Großveranstaltungen (z.B. Hafengeburtstag – Altervergnügen),
- Schaffung einer Musical-Metropole (z.B. „Cats“ – „Phantom der Oper“).

Die qualitative Profilierung bleibt nicht ohne Folgen. Die Kulturvielfalt in Hamburg zieht mittlerweile mehr Übernachtungsgäste an (12,5%) als etwa das Image von der Grünen Stadt (8,2%) oder das einzigartige Stadtbild (7,1%). Die *Kombination von Sightseeing und Lifeseeing (Eventbesuche)* trägt wesentlich zur Attraktivitätssteigerung bei und gibt dem Tourismusstandort Hamburg einen „positiven Imageschub“ (DWIF 1992, S. 148).

Der Tourismus in Deutschland kann seine Attraktivität nur mehr durch zusätzliche *eventorientierte Themenwelten* erhöhen. „Willkommen im Land der Märchen und Feen, wo selbst die Preise träumen“: So heißt nach wie vor eine der Devisen, mit denen die Deutsche Zentrale für Tourismus Reisewerbung im Ausland macht. Deutschland wird noch immer als Land der Romantiker zwischen Rhein und Mosel, Fachwerkhäusern und Alpenkulisse „verkauft“. Doch die Zukunft gehört eher dem *Erlebnisland Deutschland*, wo sich etwas ereignet, das man gesehen und erlebt haben muss: Mehr Nürburgring als Neuschwanstein, eher Musicalticket als Kurkarte. Touristische Angebote und touristische Regionen müssen in Zukunft wie Konzerne organisiert werden.

Es ist kein Zufall, dass derzeit die Teilnahme an sportlichen und kulturellen Großveranstaltungen zunehmend von Touristikkonzernen organisiert wird, weil sie nach Auffassung der Branche die professionelle Kompetenz eines Reiseveranstalters garantieren. Amerikanische Verhältnisse setzen sich in Zukunft durch: Da werden Wochenendreisen zu den Erlebnisparks in Brühl, Soltau und Rust angeboten, Wochenendarrangements inklusive Dinner-Buffets zum DFB-Pokalfinale konzipiert und Fahrten zur Bundesgartenschau oder zum nächsten ATP-Finale organisiert. Das Erlebnisland Deutschland im Eventfieber – von Langeweile keine Spur.

Ein Erlebnisland setzt sich in Szene – und die Gäste und Besucher wollen „dabei gewesen" sein. Dies muss die Werbestrategie sein, die mehr auf Gegenwart als auf Vergangenheit setzt und dem Touristen das Gefühl vermittelt: *Hier kannst du das Leben erleben!* Auf die Inszenierung kommt es an. Eine neue Erlebnisgeneration, die fast alles schon bereist, gesehen und konsumiert hat, will in inszenierten Erlebnissen geradezu baden. Urlaubserleben heißt immer mehr: Das ausleben, was zu Hause und im Alltag zu kurz kommt.

Die Welt und das Leben sind schon immer voller Überraschungen. Deshalb kommt es auch im Eventtourismus mehr darauf an, überraschende Highlights zu bieten, die noch in keinem Reiseprospekt zu finden sind. Der Eventtourist von morgen will: Alles! Oder richtiger: *Alles – kommt zu mir!* Action und Einsamkeit genauso wie Arenal und Antarktis, Pop-Festival und Klassik-Konzert. Eine touristische Herausforderung, vielleicht sogar eine fast unlösbare Aufgabe für die Zukunft. Denn:

> Die Zauberformel Event von heute kann zum Risikofaktor von morgen werden. Was passiert eigentlich, wenn die Reisenden der Eventlawine überdrüssig sind?

Besteht nicht die Gefahr, dass durch die allgemeine Eventmanie die Reizschwelle so erhöht wird, dass viele Events, die bis dahin massenhaft Besucher anzogen, ihre Attraktivität verlieren? In der Entwicklung von Zukunftsmärkten für neue touristische Ideen stehen wir erst am Anfang.

Johann Wolfgang von Goethe ist vor über zweihundert Jahren einer der ersten *Eventtouristen* gewesen. Während seiner „Campagne in Frankreich" war er 1792 als sogenannter *Schlachtenbummler* unterwegs. Er sah sich erlebnishungrig die Kanonade von Valmy in angemessen sicherer Entfernung an und formulierte dabei den historischen Satz, der auch für den Eventtourismus der Zukunft prägend sein wird: „Von hier und heute geht eine neue Epoche der Weltgeschichte aus. Und ihr könnt sagen: *Ihr seid dabei gewesen.*"

IX. Schöne Neue Urlaubswelt. Tourismusprognosen

1. Reisepioniere: Wegbereiter eines neuen Reisestils

„Reisepioniere“: An dieses Wort werden wir uns in Zukunft gewöhnen müssen. Reisepioniere sind Wegbereiter eines neuen Reisestils. Pionierhaft beschreiten sie neue Wege, machen Ernst mit dem *Anspruch neuen Reisens*, scheuen sich auch nicht, einstweilen eine Minderheit zu sein. Veränderungen künden sich schließlich immer in Minderheiten an. Reisepioniere entwickeln ihre eigenen Vorstellungen vom Reisen und Urlaubserleben, setzen neue Maßstäbe, die vielleicht in Zukunft für viele interessant und erstrebenswert werden können. Reisepioniere sind sich ihrer Vorreiterrolle durchaus bewusst. Ganz gezielt betreten sie Neuland und wollen der Zeit voraus sein. Sie verstehen sich als Individualisten, nicht als Außenseiter. Die Gratwanderung zwischen Individualität und Außenseitertum ist allerdings schmal.

In einem *Zeitalter des Massentourismus* setzt sich zunehmend das Bewusstsein durch: Als „Tourist“ droht man die eigene Identität zu verlieren und auf der Strecke bleibt das unverwechselbar Individuelle. Mit dem Massentourismus ist immer auch ein schaler Geschmack von Oberflächlichkeit verbunden. Je mehr die Reiseziele („Sonne“ – „Süden“ – „Mediterranes“) austauschbar erscheinen und die Pauschalangebote von Reiseveranstaltern sich immer ähnlicher werden, desto stärker betonen die Urlauber ihre Individualität. Sie wollen sich nicht normieren oder vereinnahmen lassen. Im touristischen Angebot fordern sie für sich selbst ständige Durchlässigkeit, wollen spontan von einem Angebot zum anderen springen und sich nicht mehr auf einen bestimmten Veranstalter festlegen.

Reisepioniere distanzieren sich von Angebotsdiktat, Gruppenzwang oder Terminkorsett. Sie müssen dabei manche organisatorische Hürde überspringen oder gar erkaufen („Es war schon immer etwas teurer ...“), also ihren individualistischen Reisestil gegen viele formelle Widerstände durchsetzen. Ihre Reise-Spontaneität muss den Reise-Organisationen zwangsläufig zu schaffen machen. Die Veranstalter versuchen daher, erst einmal Verständnis zu entwickeln – mit kleinen Zugeständnissen: Vom täglichen Linienflug bis zur „Comfort Class“ beim Charterflug, von der „individualistischen Pauschalreise“ bis zum „individuellen Programm für Weltenbummler“. Reisepioniere geben sich mit solchen marginalen Differenzierungen auf Dauer nicht zufrieden. In kritischer Distanz zum touristischen System spiegeln sich in ihrem Verhalten *Autonomiebestrebungen* wider – auch und gerade als Folge des Trends zur Individualisierung.

Und so stellt sich die Zukunft des Urlaubsverhaltens dar: *Die Stammurlauber sterben aus* – die neuen Reisepioniere geben den Ton und Trend an.

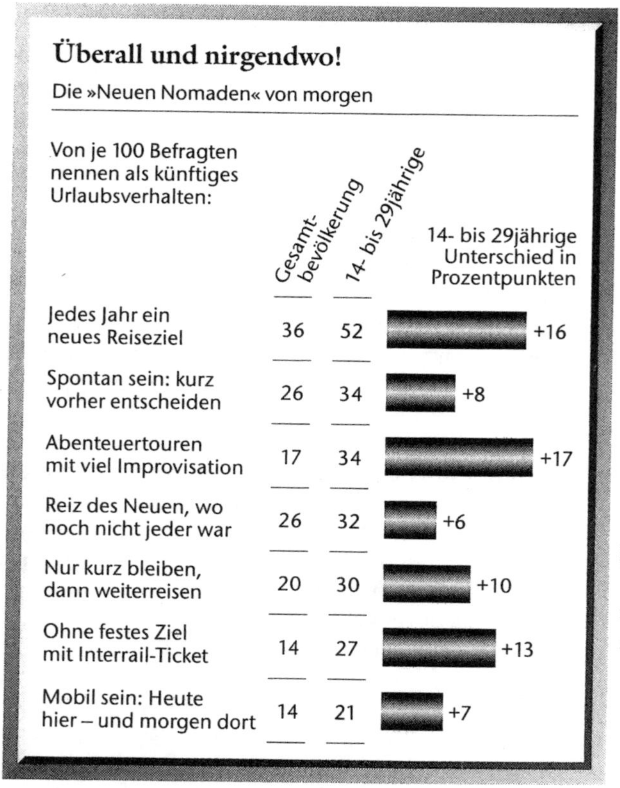

– *Globetrotter* werden zunehmend den bloßen Erholungsurlauber ablösen. Eine neue Wohlstandsgeneration von Jugendlichen, jungen Erwachsenen und Singles *„will die ganze Welt sehen und jedes Jahr ein neues Reiseziel kennen lernen"*. Neu und faszinierend muss die jährlich wechselnde Palette der Reiseangebote sein. Noch geben sie sich mit einer Steigerung des Bisherigen zufrieden: Südsee statt Süditalien, Hawaii statt Türkei, Florida statt Mallorca. Ihr Drang nach Neuem scheint fast grenzenlos zu sein. Doch ihr Anspruch, die „ganze Welt" sehen zu wollen, täuscht: In Wirklichkeit suchen sie nur Sonne, Wärme und Exotik und fühlen sich wohl, wenn sie in der Sonne liegen und gelegentlich Baden oder Sport treiben können. Und Restaurants, Cafés und Kneipen sorgen für die Geborgenheit der Gleichgesinnten. Globetrotter sind eigentlich nur für sich selbst da – und die ganze Welt als Kulisse.

- *Intervaller*, die zweite Hauptgruppe der Reisepioniere, weist in die Zukunft, indem sie an die Gegenwart anknüpft. Immer mehr Bundesbürger stoßen an die Grenzen der Finanzierbarkeit ihrer Urlaubsreise, wollen aber dennoch die Urlaubsreise als ein Stück Lebensqualität nicht aufgeben: Sie verreisen einfach *„nicht mehr jedes Jahr"*. Sie reisen in Intervallen, wie es Landbewohner schon immer tun. Insbesondere Familien mit Kindern gehören in Zukunft zu den Intervallern, die sich aus finanziellen Gründen für das Rotationsprinzip *„Mal verreisen, mal zu Hause bleiben"* entscheiden müssen. Die Intervaller stellen die genügsamste Urlaubsgruppe dar: Sie geben sich schon zufrieden, wenn sie ein Zimmer mit schöner Aussicht haben und es für die Kinder einen Spielplatz in der Nähe gibt.
- *Prestigetouristen* müssen es in Zukunft sich und anderen beweisen: Wenn alle zu jeder Zeit und an jeden Ort verreisen können, *„reizt nur noch das Außergewöhnliche, wo noch nicht jeder war"*. Die wahren „In"-Ziele können dann nicht mehr Europa oder Amerika sein. China oder die Südsee werden favorisiert. Prestigetouristen müssen frei, unabhängig und gut verdienend sein. Selbst in der Fremde wollen sie auf ihren gewohnten Komfort nicht verzichten. Sie wählen Ferienanlagen aus, die modernen Ansprüchen standhalten. Auf Reisen und Ausflügen wollen sie etwas sehen und erleben, solange der Komfort nicht darunter leidet. Selbst Disco und Spielcasino gehören zu den unverzichtbaren Wünschen der Prestigetouristen.
- *Spontis* als neue Reisepioniere setzen sich mehrheitlich aus Singles und jungen Leuten zusammen, wobei Männer überrepräsentiert sind. Sie sind relativ frei und unabhängig und leben ihre Spontaneität aus, d.h. *„erst kurz vor Urlaubsbeginn entscheiden sie sich, wohin die Reise geht"*. Ihre Urlaubsansprüche und -aktivitäten bewegen sich durchaus im Konventionellen zwischen Baden, Bummeln und Shopping. Das könnten sie auch zu Hause tun – doch zu den Spontis gehört die weite Reise: Hongkong, Karibik und Australien. Das macht gerade den besonderen Reiz aus: Die Spontaneitätsleistung wird umso größer empfunden, je weiter das Reiseziel entfernt ist. So beweisen sie sich Mut, Offenheit und kalkuliertes Risiko.
- *Studienreisende* werden auch in Zukunft bei Älteren und Höhergebildeten überrepräsentiert sein. Da das Bildungsniveau auf breiter Ebene steigt (der Anteil der Abiturienten hat sich in den letzten vierzig Jahren vervielfacht) und die Älteren die am stärksten wachsende Bevölkerungsgruppe darstellen, wird sich der Kulturtourismus für Studien- und Bildungsreisende zu einem großen Wachstumsmarkt im Tourismus entwickeln. Die Studienreisenden möchten *„in erster Linie Kultur und Kunst erleben"*. Sie treten belesen ihre Reise an, besichtigen kunsthistorische Bauwerke und besuchen Museen, Theater und Konzerte. Den Studienreisenden als neuen Reisepionieren reichen Italien, Griechenland und die Türkei als Studienziele bald nicht mehr. Östliche Kulturen rücken in den Vordergrund (z.B. Japan oder Indien).

- *Abenteurer* wollen viele sein. Fast ein Fünftel der Bevölkerung (18%) glaubt, dass in Zukunft *„Abenteurertouren mit wenig Gepäck und viel Improvisation“* immer gefragter sein werden. Natur-Reiseziele stehen im Vordergrund: Island, Bali und Java. Gesucht werden dann Natur-Bademöglichkeiten, intensive Kontakte mit Einheimischen und internationale Atmosphäre. Abenteurer zeigen sich besonders sensibel für fremde Kulturen und Naturlandschaften.
- *Nomaden* stellen eine moderne Spielart der Zug- und Reisevögel dar. Das Unterwegssein ist für sie das Wesentliche: *„Urlaub heißt Reisen. Man bleibt nur kurz an einem Ort, dann reist man weiter“*. Man begnügt sich mit dem Notwendigen, bescheidet sich mit einer Kochgelegenheit, ist glücklich über vorhandene Fahrradwege. Man ist durch das Lesen von Reiseführern gut über Land und Leute informiert und sucht auch den direkten Kontakt zu Einheimischen. Die Nomaden sind die eigentlich umwelt- und sozialverträglichen Reisenden, die ganz gut auf Technik, Motorisierung und Komfort verzichten können und sich auch sozial sensibel für einheimische Belange zeigen. Die Nomaden fühlen sich in Skandinavien am wohlsten. Sie machen ihre Lebenshaltung zum Reisestil.
- *Profis* werden die anspruchsvollsten Urlauber der Zukunft sein. Sie *„kennen schon die halbe Welt“*. Es fällt ihnen immer schwerer, überhaupt noch interessante Reiseziele zu finden. Sie haben viel Reiseerfahrung – meist schon von Berufs wegen (z.B. Leitende Angestellte) – und müssen erkennen, dass wirklich Interessantes immer seltener wird: So halten sie Ausschau nach Nepal und Himalaja oder wollen nach Südafrika reisen. Sie legen großen Wert auf eine naturbelassene Umwelt, ohne deswegen auf ein gutes Hotel verzichten zu wollen.
- *Solisten* bleiben Einzelgänger. Die Ferienwelt der Zukunft lebt von Geselligkeit und gemeinsamem Erleben. Da ist für Einzelreisende kaum Platz. Dennoch: Singles, die in der Anonymität der Großstädte leben, werden oft im Urlaub zu Solisten wider Willen, auch wenn sie von sich selbst behaupten, *„am liebsten allein“* zu verreisen. Sie haben manchmal keine andere Wahl. Andererseits gehören zu den Solisten auch Großstädter, die alleinlebend oder nicht, ganz bewusst die Einsamkeit im Urlaub suchen: *„Im Urlaub kann es nicht einsam genug sein“*. Die Solisten werden nie zu einer Massenbewegung werden, aber eine ernstzunehmende Zielgruppe im touristischen Massenmarkt bleiben.

In Zukunft wird das Heer der Reisepioniere immer größer. Der Massentourismus kann nur überleben, wenn er die Notwendigkeit zum Massenhaften durch die Möglichkeit zur Individualisierung vergessen macht. Dazu muss die individualistische Formel „Jedem das Seine“ neu definiert werden: Denn nicht jeder Veranstalter kann allen alles bieten. Reiseveranstalter werden ganz unterschiedliche *Eigen-Profile* entwickeln müssen, mit denen sich Urlauber identifizieren und gleichzeitig von anderen abgrenzen können. *Das „Einheitsprodukt Urlaubsreise“ wird es in Zukunft nicht mehr geben.*

Der standardisierte Urlaub von der Stange wird sich dem Trend zur Individualisierung anpassen müssen. Dem Wunschurlaub nach dem *Baukastenprinzip*, bei dem sich persönliche Reisewünsche zu einem „individualisierten Pauschalurlaub" zusammenfügen lassen, gehört die Zukunft. Diese künftigen Reisepioniere prägen das Bild einer neuen Urlaubergeneration mit vielfältigen und teilweise auch widersprüchlichen Ansprüchen:

- Reisepioniere wollen spontan verreisen, frei und flexibel bleiben und den Urlaub ganz individuell gestalten. Und sie wollen mobil bleiben – auch im Urlaub. Aus Angst vor Langeweile wird die ständige Bewegung und Abwechslung gesucht, der Orts-, der Szenen- und der Stimmungswechsel.
- Reisepioniere stellen immer höhere Qualitätsansprüche an die Reiseziele: Umwelt- und Erlebnisqualität, Schnee- und Sonnengarantie zugleich. Sie wollen fast alles haben.

Zugleich werden auch die Reisepioniere zunehmend Veranstalterdienste in Anspruch nehmen, auch wenn sie ihre Reise nach eigenen Vorstellungen planen und gestalten. Die veränderten Urlaubsansprüche erfordern andere Urlaubsangebote. Im einzelnen bedeutet dies: Die Bedürfnisse steuern den Bedarf und nicht umgekehrt. In den Urlaubsangeboten von morgen werden sich die Wünsche und Erwartungen dieser neuen Reisepioniere widerspiegeln. Die Reisepioniere verpflichten die Urlaubsanbieter zur *Flexibilität rund um die Uhr*: Von der kurzfristigen Buchung über flexible Öffnungs- und Essenszeiten bis hin zur flexiblen Angebotsplanung, die auch bei schlechtem Wetter noch flexibel reagieren kann. Urlauber werden bis mittags frühstücken und spät abends noch Shopping gehen wollen. Sie suchen spontane Erlebnisse und das alles ohne Verbindlichkeit und sichtbaren Organisationsaufwand.

Die Schlüsselwörter ihres neuen Urlaubserlebens sind:

- Herr seiner Zeit sein, zeitliche Reglements meiden und großen Wert auf die eigene Bewegungsfreiheit legen.
- Seinen eigenen Urlaubsstil finden und individuell ausgestalten.
- Ungestört sein und Kontaktnähe durch Kontaktdistanz suchen, also Gemeinsamkeit auf Zeit erleben, aber sich jederzeit wieder zurückziehen können.
- Sich wohlfühlen und auch in der Fremde auf Behaglichkeit nicht verzichten.

Sind die individualistischen Reisepioniere in Zukunft *überhaupt noch organisierbar?* Der Reisemarkt individualisiert sich so sehr, dass er manchem Megaveranstalter im gleichen Maße Absatzprobleme bescheren kann wie er *neue* Marktchancen für Nischenveranstalter eröffnet. Der Massentourismus der Zukunft wird sich zum Zielgruppentourismus mit *Service für Individualisten* entwickeln müssen. Dieser neue Individualismus im Tourismus knüpft eigentlich nur an alte Menschheitsträume an. Dahinter verbirgt sich die menschliche Sehnsucht, sich wohl zu fühlen – das Lechzen nach persönlicher Lebensqualität. Die Sehnsucht gilt letztlich der Insel. Die Insel kann auch eine Palme, ein Strand, ein Pool oder eine behagliche Nische sein. Für die Reisepioniere, die im Alltag schon fast alles haben, ist der Urlaub vielleicht *das letzte Nischenerlebnis*.

> In den subjektiven Vorstellungen der Bevölkerung scheint die Zukunft des Reisens relativ ungetrübt zu sein, auch wenn oder gerade weil die äußeren Umstände ganz andere Zeichen setzen: Massenarbeitslosigkeit im eigenen Land und Hungersnot in Entwicklungsländern. Die Urlaubsreisenden aber lassen sich kein schlechtes Gewissen einreden. Eher gilt für sie der Grundsatz: „Im Urlaub bin ich Egoist" – der Alltag ist hart genug.

Und auch die neueren wissenschaftlichen Erkenntnisse über einen beträchtlichen Ozonabbau über der nördlichen Erdhalbkugel geben den Menschen wenig Anlass zu großer Sorge. Offensichtlich praktizieren sie im kleinen das, was das Umweltbundesamt im großen als beruhigende Information verbreiten lässt: „Für die Menschen in Deutschland besteht zur Zeit noch keine Gefahr". Auf der individuellen Erlebnisebene bedeutet dies: „Genieße das Leben jetzt!". Und selbst wenn es schlimmer wird, bleibt als letzte Hoffnung: „Jetzt kann uns nur noch ein Urlaub retten!"

2. „Ganz schön abenteuerlich": Urlaubsformen der Zukunft

Bei der Suche nach der Ferienwelt von morgen sollte man sich von einer Reihe erlebnispsychologischer Erkenntnisse leiten lassen:

1. Im Urlaub soll alles ganz anders sein.
Urlaub ist die Idee von einem anderen Dasein, einer Art ‚zweitem Leben' oder ‚zweiter Heimat'. Die Sehnsucht nach dem ganz anderen ist klar, aber niemand weiß, wie es dort eigentlich aussieht. Also bleibt auch die Vorstellung vom Urlaub der Zukunft notwendigerweise unbeschreiblich.

2. Urlaub ist fast zwanghaft mit Reisen verbunden.
„Raus" und „weg" heißt das Ziel, das Wohin der Reise erscheint beinahe zweitrangig. Raus aus allem, was mit dem alltäglichen Leben zu tun hat, weg von der gewohnten Umgebung.

3. Urlaub hat viel mit Inszenierung zu tun.
Von den Fesseln des Alltags befreit, sehen sich Urlauber selbst als Akteure. Sie übernehmen Urlaubsrollen und wollen dabei eine glückliche Rolle spielen. Urlaub gleicht einem inszenierten Spiel. Dabei braucht der Urlauber nur das Original-Gefühl: So viel Ursprünglichkeit wie möglich, aber auch so viel Kulisse wie nötig.

4. Der Urlaub muss schön sein.
Diese Vorstellung vom Urlaub gleicht einer schönen Idee. Dahinter verbirgt sich die Sehnsucht nach dem verlorenen Paradies: Schöne Landschaft, schöne Menschen, schöne Stunden: Urlaub erscheint wie ein glitzerndes, schönes Fertigprodukt. Auf den schönen Schein möchte niemand verzichten.

Diese vagen Wünsche beweisen: Den Urlaub der Zukunft gibt es eigentlich nur in der Phantasie. Denn die Welt erscheint doch touristisch fast lückenlos erschlossen. Von neuen Zielen kann man eigentlich nur träumen. Der Blick in die Urlaubswelt von morgen kann nicht nur eine strahlend schöne Wunschwelt eröffnen; er muss vielmehr realistisch an das anknüpfen, was wir heute schon haben. Der Urlaub der Zukunft setzt sich aus traditionellen, aktuellen und futuristischen Elementen zusammen. Damit sind ihm ganz natürliche Grenzen gesetzt – zeitlich, räumlich und auch finanziell. Der Urlaub der Zukunft hat manchmal mehr mit Gewohnheiten als mit Spekulationen zu tun. Und doch ändern sich unsere Vorstellungen vom Urlaub laufend und fast unbemerkt.

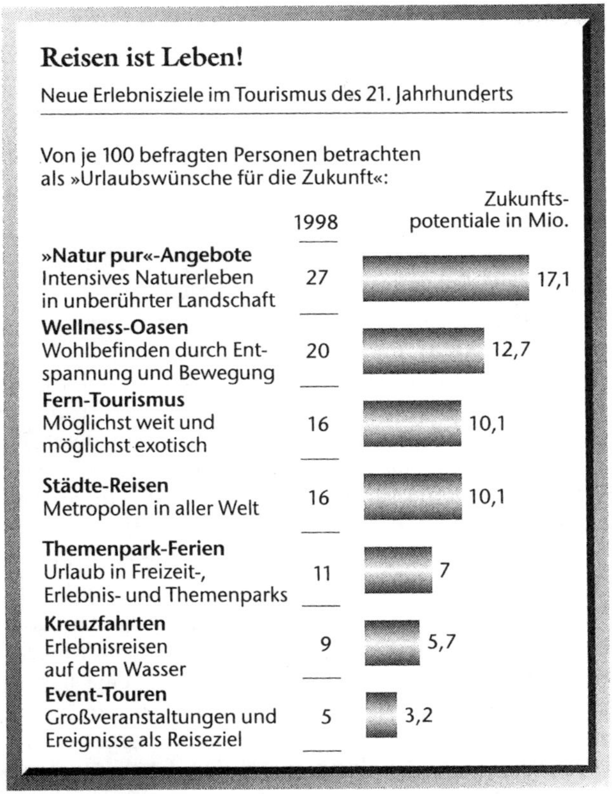

Die Ansprüche an den Urlaub der Zukunft werden immer höher und maßloser, die angebotenen Urlaubserlebnisse immer inszenierter und arrangierter, die Urlaubsumwelten immer künstlicher und perfekter – auf Kosten von Einfachheit und Bescheidenheit, Spontaneität und Ursprünglichkeit, Echtheit und Natürlichkeit.

Unsere Erlebnisgesellschaft treibt die individuellen Wünsche und Erwartungen an den Urlaub in illusionäre Höhen. Der Urlauber der Zukunft gibt sich mit Sorglosigkeit und Zwanglosigkeit nicht mehr zufrieden, *Perfektionierung und Illusionierung* müssen gleichfalls garantiert sein. „Ganz schön abenteuerlich“: Zwischen grüner Oase und künstlichem Paradies – auf diesen Nenner lassen sich die Ergebnisse von Repräsentativumfragen bringen.

- *Schöne Natur und saubere Landschaft sind selbstverständlich.*
  Gesucht wird die intakte Umwelt, die reine Luft, das saubere Wasser. Und schöne Natur (und wenn es sein muss auch Naturkulisse) gehört immer dazu. Zwei von fünf Bundesbürgern wollen nicht mehr darauf verzichten. Zum schönen Urlaub gehört immer eine schöne Landschaft. Verstand und Gefühl, Umweltbewusstsein und Naturerleben lassen diesen Wunsch immer stärker werden. Natur und Landschaft bleiben auch in Zukunft das größte Kapital des Tourismus.
- *Die Sehnsucht nach Sonne, Strand und Meer bleibt erhalten.*
  Im Liegestuhl faulenzen, bummeln und schön essen gehen – das traditionelle Urlaubsritual verliert auch in Zukunft seine Faszination nicht. Dabei zeigen sich allerdings deutliche schichtspezifische Unterschiede. Arbeiter legen doppelt so viel Wert darauf (42%), dass auch im Urlaub der Zukunft „alles beim alten bleibt“, als Angestellte (21%). Arbeiter müssen offensichtlich mehr für ihre körperliche Erholung tun.
- *Künstliche Ferienparadiese, die allen alles bieten, werden zur Urlaubsnormalität von morgen.*
  Die Urlauber wollen in Zukunft mehr als Meer erleben. Sie träumen von Ferienparadiesen in einer „Mischung aus Yachthafen, tropischem Garten, Shopping Center und griechischem Dorf“. Jeder siebte Bundesbürger sieht in einer solchen illusionierenden, aber perfekten Ferienwelt seine eigenen Urlaubswünsche verwirklicht. Jeder fünfte Jugendliche im Alter von 14 bis 24 Jahren fühlt sich dort besonders wohl (22%) – ganz im Gegensatz zur älteren Generation der über 55jährigen (6%). Auch Singles (22%) lassen sich von solchen Kunstwelten im Stil von Orlando und Las Vegas begeistern. Da die Jugendlichen von heute die Urlaubergeneration von morgen sind und der Trend zur Single-Gesellschaft unaufhaltsam erscheint, haben phantasievolle Erlebnislandschaften eine sichere Zukunft.
- *Urlaubshopping („heute hier und morgen dort“) breitet sich aus.*
  Die Freizeitkonsumenten haben es schon lange vorgelebt: TV-Hopping, Party-Hopping, Kino- oder Kneipen-Hopping: Es fällt vielen Konsumenten immer schwerer, lange bei einer Sache zu verweilen. Aus dem „Bleiben Sie dran!“ der Fernsehanstalten kann in Zukunft ein „Bleiben Sie

doch! Abreisen können Sie woanders" der Urlaubsorte werden. Das Bedürfnis nach Abwechslung und die Gier nach Neuem machen aus dem stationären Stammurlauber einen unberechenbaren „Ich bin-gern-mobil"-Urlauber: Weit reisen, oft wechseln und immer nur kurz bleiben. Ganz im Stil von Last Minute und Interrail. Jeder siebte Bundesbürger (15%), aber ein Viertel aller jungen Leute im Alter von 14 bis 24 Jahren (25%) wollen in Zukunft immer kurz entschlossen, ständig mobil und nie ganz planbar sein – eine Provokation und Herausforderung an die Flexibilität von Reiseveranstaltern.

– *Urlaub wird zum letzten Abenteuer.*
  Safaris, Trekkingwanderungen und Abenteuertouren werden immer attraktiver. Urlaub wird zur Herausforderung, Reisen zum Risiko. Deutlich mehr Männer (16%) als Frauen (10%) wollen sich im Urlaub als Kurz-Zeit-Helden erleben. Die Urlaubsmacher von morgen werden Abenteuer in Serie produzieren müssen.
– *Die Urlaubswelt von morgen muss möglichst exotisch sein.*
  Das Exotische ist die Zauberformel, unter der jeder neunte Bundesbürger (11%) die Urlaubswelt von morgen zu sehen wünscht. Das kann die Südsee oder die Karibik sein. Auf jeden Fall möglichst weit und möglichst exotisch. Vielleicht ist es kein Zufall, dass in dieser Hinsicht die norddeutschen Großstädter in Hamburg, Bremen und Berlin die höchsten Ansprüche stellen. Exotik fasziniert. Und Karibik übt seit Jahrhunderten einen besonderen Reiz auf Reisende aus.
– *Junge Familien entdecken zunehmend die Badeparadiese unter Glas.*
  Ein paar Urlaubstage zwischen Wasserfällen und Stromschnellen, Südseepalmen und Bananenstauden und das in unmittelbarer Nähe: Für junge Familien (13% – Gesamtbevölkerung: 9%) eine erholsame Oase für den Kurz- und Zwischendurch-Urlaub von wachsender Bedeutung. Die lange Anfahrt entfällt. Der Stress bleibt zu Hause. Immer dann, wenn man sich in heimischen Gebieten auf die Sonne nicht verlassen kann, ist ‚Urlaub unter Dach' angesagt. Subtropische Badeparadiese wollen die tropische Wirklichkeit nicht ersetzen, allenfalls vorübergehend vergessen machen.
– *Kultur- und Studienreisen entwickeln sich zu einem stabilen Marktsegment.*
  Die Bundesbürger werden immer älter, das Bildungsniveau steigt, die Reiseerfahrung nimmt zu: „Viel Neues" kann man fast nur noch auf Kultur- und Bildungsreisen kennen lernen: Fremde Länder und andere Kulturen. Kunst, Kultur und Sehenswürdigkeiten machen einen wesentlichen Teil der Erlebnisqualität des künftigen Urlaubs aus. „Kultur pur" bzw. „Kultur zum Anfassen" ist gefragt – bei den 14- bis 24-Jährigen (11%) genauso wie bei den 50- bis 64-Jährigen (11%). Der Urlaub der Zukunft kann – wie schon in früheren Jahrhunderten – wieder zur persönlichen Bildungsreise werden.
– *Ferienclubs alten Stils verlieren ihren Reiz des Besonderen.*
  Ferienclubs galten in den fünfziger bis neunziger Jahren als „die" Ferien-

form der Zukunft. Sie sind die Erfinder des Aktivurlaubs, der vielseitigen Animation und der üppigen Büfetts gewesen. Mittlerweile haben sie in der gesamten Ferienhotellerie ihre Nachahmer gefunden. Selbst große Ferienzentren haben den Clubcharakter kopiert. So drohen die Ferienclubs der 1. Generation ihre Pionierfunktion und Trendsetterrolle zu verlieren. Ein nachlassendes Interesse an Ferienclubs und Ferienanlagen mit Clubatmosphäre ist feststellbar. Nach wie vor sind sie eher Treffs für Singles (23%), während die über 55-Jährigen kaum daran interessiert sind (1%). Die Ferienclubs haben ihren Exklusivitätscharakter verloren und die Philosophie des sportlichen Aktivurlaubs ist überholungsbedürftig geworden. Um verlorengegangene Marktanteile zurückzugewinnen, sind neue Konzepte erforderlich (z.B. Ferienclubs auf dem Wasser als schwimmende Badeparadiese).

Im künftigen Erlebnis-Zeitalter muss auch die „schönste Zeit des Jahres“ neu definiert werden. Die Zeit ist reif für neue Urlaubskonzepte zwischen grünen Oasen und künstlichen Paradiesen, Abenteuertouren und Mobilität rund um die Uhr. Die Erlebnisstrategien im Tourismus müssen auf Highlights, variable Bausteinprogramme und Nischenmarketing setzen, Phantasie besitzen und Perfektion beherrschen, damit Urlauber die Wirklichkeit verträumen oder ihre Träume verwirklichen können.

3. Wohin die Reise geht: Trends und Trendziele

Halten wir noch einmal wichtige Zukunftsaspekte fest. Im 21. Jahrhundert wird es *erstmals mehr Pauschalreisende als Individualreisende* geben. Das hat es in der Geschichte des modernen Tourismus noch nicht gegeben. Für die Zukunft zeichnet sich als Tendenz ab: Die Individualreisenden laufen massenhaft in die offenen Arme der Reiseveranstalter. Der organisierte Tourismus hat den Trend zur Individualisierung in allen Lebensbereichen rechtzeitig erkannt und sich von starren Angebotsformen verabschiedet. Tourismus im 21. Jahrhundert heißt: Flexibilität rund um die Uhr. Der „moderne“ Pauschalreisende ist ein flexibler Tourist, der fast an jedem Tag von Hamburg nach Palma de Mallorca und zurück nach Stuttgart fliegen kann, an keinen 7-Tage- oder Zwei-Wochen-Rhythmus mehr gebunden ist und variabel *Kombi-Urlaube* wie z.B. Badereise *plus* Kulturreise *plus* Golfreise buchen kann. Das Klischee vom „Pauschal“-Tourismus gerät ins Wanken. Wer eine Veranstalter- oder Reisebüroreise kauft und sich dabei fast alle individuellen Wünsche (zeitlich, räumlich, inhaltlich) erfüllt, muss um sein Ansehen nicht mehr bangen.

Reiseveranstalter und Reisebüros profitieren zudem von einer Kernzielgruppe, die für neue Wachstumsimpulse in der Reisebranche sorgt: Es ist die *Gruppe der Vielreisenden bzw. Frequent Traveller*, die sich zunehmend für Zweit- und Drittreisen interessieren. Reiselustig, konsumfreudig und vielseitig interessiert gleichen die Zweit- und Drittreisenden wieder das aus, was durch ältere Daheimurlauber, die auf längere Reisen verzichten, verloren geht. Bei den Vielreisenden handelt es sich um die finanzkräftigste Bevölkerungsschicht, die auf konjunkturelle Entwicklungen kaum Rücksicht nehmen muss. Sie können sich auch ein antizyklisches Reiseverhalten leisten. Während andere immer öfter zu Hause bleiben, leben sie ihre Reiselust geradezu extensiv aus: Spiegelbild einer Zweiklassengesellschaft wie im Alltagsleben auch, in dem sich die Verbraucherschichten in Versorgungskonsumenten und Erlebniskonsumenten aufspalten.

Die älter werdende Bevölkerung in Deutschland hat die Lebensmitte verschoben. Eine *Midager-Generation* jenseits der 40 (USA: „fourty is fabulous") lässt – vor dem Hintergrund einer teilweise über achtzigjährigen Lebenserwartung – die *neue Lebensmitte* zu einer interessanten Zielgruppe im Reisemarkt werden. Die Midager haben Zeit und Geld und entwickeln vielseitige Lebensinteressen im Umfeld von Sport, Kultur und Reisen. Sie stehen mitten im Leben, tragen keine Verantwortung für Kinder mehr und richten sich ihr Leben neu ein. Die jahrelangen Rücksichtnahmen liegen hinter ihnen, ein völlig neues Lebensgefühl vor ihnen. Alle Zukunftshoffnungen sind nur mehr auf ein Ziel gerichtet: Freier und unbeschwerter das Leben genießen können.

Eventtourismus bleibt weiterhin gefragt, vor allem bei der jungen Generation, die nach der Erlebnisdevise lebt: „Wo ist am meisten los?" Events müssen Einmaliges und Außergewöhnliches versprechen. Das können Open-Air-Konzerte, Marathon- oder Formel-1-Rennen, nicht aber Dorffeste oder Folkloreveranstaltungen sein. Eventtouristen stellen hohe Ansprüche.

Auch der *Städtetourismus* lebt immer mehr vom Life-Seeing. Wenn traditionelle Sehenswürdigkeiten nicht um neue Erlebniswerte bereichert werden, verlieren sie schnell an touristischer Attraktivität. Wenn z.B. eine Stadt in Deutschland ihre Bedeutung als Kunst-, Kultur- oder Musical-Metropole verliert, reisen die Touristen gleich weiter nach Florenz, London oder Paris.

Je mehr sich Tempo, Hektik und Schnelllebigkeit im Alltag ausbreiten, desto größer wird der Wunsch nach Wieder-Auftanken-und-Zur-Ruhe-Kommen im Urlaub. *Wellnesstourismus* schwappt infolgedessen weiter als Wohlfühlwelle durch alle Urlaubsorte und Ferienhotels. „So richtig verwöhnen lassen" und „wie neu geboren" nach Hause zurückkommen, bleibt das Erfolgsgeheimnis dieses stabilen Reisetrends. Sich nur wie zu Hause fühlen, reicht aber als Anreiz nicht mehr aus. Verwöhnung zwischen Badetempel und Beautyfarm muss hinzukommen, damit Wellness für Kurzurlauber immer attraktiv bleibt. Wellness für ein paar Tage ist Cocooning auf Zeit, bevor die Stressrallye im Alltag wieder von neuem beginnt.

Kaum ein Wort der deutschen Sprache löst mehr Wunschbilder aus als die Verbindung der drei Begriffe *Träume, Trends und Reisen*. Sehn„sucht", Reise„fieber" und Fern„weh" halten den Traum vom besseren, vom schöneren Leben wach. Und was gestern nur ein Traum war, kann in Zukunft ein stabiler Trend werden. So konnte das B·A·T Institut 1990 nachweisen: *Für die Deut-*

schen ist die Karibik der Traum der Träume – der Inbegriff von Sonne und Ferne, tropischen Temperaturen und exotischen Landschaften. Und auch der Traum von „Faulenzer-Ferien unter Palmen auf einer einsamen Südseeinsel“ wies auf subjektiv empfundene Defizite der deutschen Urlauberseele hin.

Was ist aus diesen Reiseträumen geworden? Wie weit nähern sie sich der Urlaubswirklichkeit? 2.600 Personen ab 14 Jahren wurden jeweils 1991 und 1998 danach gefragt, welche Reiseziele ihrer Meinung nach „*im Trend*“ sind und wo man einfach hinreisen „*muss*“. 1492 landete Kolumbus in der Karibik. Fünf Jahrhunderte später hat das Abenteuer Karibik seine Faszination behalten. Von allen Befragten wird *Karibik als Trendreiseziel Nr. 1* am meisten genannt. Zwei von fünf Befragten (1991: 42% – 1998: 40%) glauben, unbedingt dort hinreisen zu müssen. Zudem wird die Sehnsucht der Deutschen nach fernen sonnigen Inselwelten immer stärker: Die Südsee, Bali und Java, die Malediven und Hawaii werden besonders als Trendziele genannt.

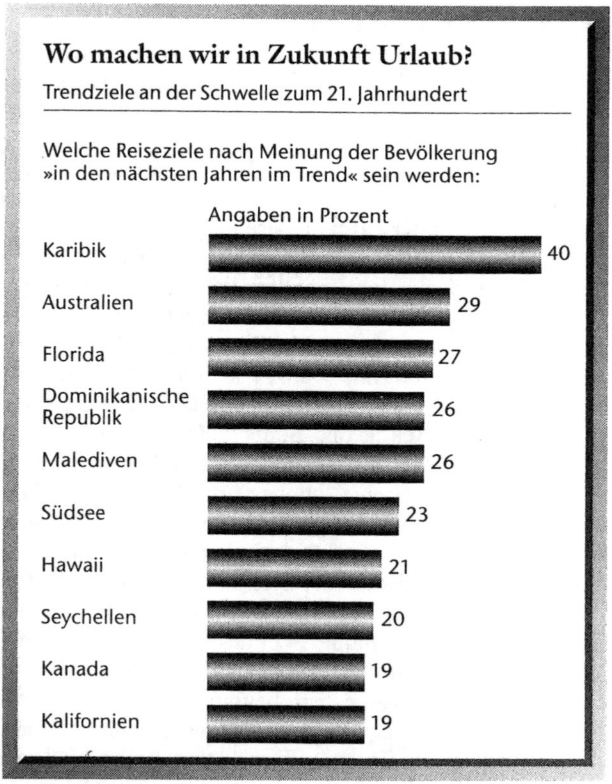

Wenn es nach den persönlichen Reisevorstellungen der Deutschen geht, dann könnte die Ferntouristik einen wahren Boom erleben: *Australien, Dominikanische Republik und Südafrika sind „die" Trendziele der Deutschen.* Sie haben in den letzten Jahren die größten Attraktivitätszuwächse erfahren: Australien (+6 Prozentpunkte), Dominikanische Republik (+15), Südafrika (+5) sowie Himalaja/Nepal (+4). Ferne, Wärme, Weite und Höhe bestimmen die neuen Trendziele, die für die Bundesbürger immer interessanter werden.

- Australien ist am meisten bei den jungen Leuten im Trend: Mehr als jeder dritte 18- bis 24-Jährige (37%) meint, dass man dort in den nächsten Jahren einfach hinreisen „muss".
- Die Dominikanische Republik wird besonders stark von Arbeitern (34%) favorisiert. Selbstständige, Freiberufler und Leitende Angestellte äußern sich deutlich zurückhaltender.
- Und von Südafrika als Trendziel der nächsten Jahre träumt jeder fünfte Single im Alter von 25 bis 49 Jahren (22%).

Auch Neuseeland (+2), Singapur (+2), Bali/Java (+2), die Arabische Halbinsel (+2) sowie die Seychellen (+3) haben an Faszination gewonnen. *Trendziele haben ihre Trendsetter.* Mit dem Alter und der Lebensphase verändern sich auch die Reisewünsche. Was gestern noch als „Muss" für Singles galt, wird plötzlich fragwürdig, wenn man eine Familie gründet:

- Wie keine andere Bevölkerungsgruppe favorisieren derzeit 14- bis 17-jährige *Jugendliche* Kalifornien, Hawaii und die Sahara als neue Trendreiseziele.
- Für *junge Leute* im Alter von 18 bis 24 Jahren liegen Kanada, China, Japan und Thailand besonders im Trend.
- *Singles*, die persönlich, zeitlich und finanziell freier und unabhängiger als andere disponieren können, zählen zu den Reisetrends der Zukunft Südafrika, Dominikanische Republik sowie Anden/Peru.
- Für *Familien mit Kindern* unter 14 Jahren liegen die „Fernziele" der Zukunft relativ nah: Griechenland und Türkei.
- Die *Jungsenioren* können sich für Russland begeistern.
- Und die *Ruheständler* wissen Estland, Lettland, Litauen sowie die Ruhe in Skandinavien zu schätzen.

Die neuen Trendziele beeinflussen die Richtung der Reiseströme in den nächsten Jahren. Sie sind keine bloßen Wunschträume, sondern haben einen realen Hintergrund. So ist es zu erklären, dass eine Reihe von Reisezielen deutliche Attraktivitätsverluste in der Gunst der Urlauber hinnehmen musste. Die politischen Veränderungen in Osteuropa haben beispielsweise dazu geführt, dass Russland als Trendreiseziel zwei Drittel seiner Anhänger verloren hat (1991: 20%; 1998: 7%) und Estland, Lettland und Litauen im gleichen Zeitraum weniger Interesse (-5) finden. Und auch die Überfälle in Florida (-7) und Ägypten (-1) haben ihre Spuren hinterlassen. Selbst Frankreich musste Einbußen (-2) hinnehmen, weil das Preis-Leistungs-Verhältnis offenbar nicht mehr stimmt.

So erweist sich das *Trend-Barometer als sensibler Seismograph*: Politische, soziale und ökonomische Veränderungen haben Einfluss auf subjektive Reisestimmungen und Reisepläne, was sich dann nach Jahren auch objektiv im Reiseverhalten und in Reisebuchungen widerspiegeln kann.

4. Erlebniswelt Wasser: Die Vielfalt kennt keine Grenzen

Mit dem „Traumschiff" in die Karibik, an Bord der „Sea Cloud" durch die Ägäis und mit der „Donauprinzessin" von Passau nach Budapest: Die Wasser-Urlaubsträume der Deutschen kennen keine Grenzen. Der klassische Badeurlaub wandelt sich immer mehr zur *Erlebnisreise auf dem Wasser*. Dabei wird die Kreuzfahrt an Bord eines Luxusschiffes als Traumurlaub par excellence empfunden. Nach den Ergebnissen der Repräsentativumfrage bei 2.600 Personen ab 14 Jahren würde zudem jeder sechste Westdeutsche (17% – Ost: 12%) gerne mit einer luxuriösen Segelyacht eine Seereise machen, während die Ostdeutschen lieber selbst ein Motorboot mit eigenem Führerschein fahren (West: 14% – Ost: 16%).

Urlaub auf dem Wasser – das ist mal Verwöhnung und mal letztes Abenteuer, auf jeden Fall ein Reiseerlebnis, das immer mehr Urlauber fasziniert:

- Von einer führerscheinfreien Hausboot-Fahrt auf Seen, Flüssen und Kanälen träumt jede sechste *Familie* in Deutschland.
- Jeder vierte *Single* bevorzugt mehr eine Fahrt mit dem eigenen Motorboot.
- Jeder dritte *Jugendliche* im Alter von 14 bis 19 Jahren (34%) würde gerne beim Wildwasser-Rafting einen Abenteuerurlaub verbringen.
- *Frauen* fühlen sich an Bord eines schwimmenden Hotels („Kreuzfahrt") am wohlsten (49% – Männer: 37%).
- Doppelt so viele *Männer* (13%) wie Frauen (6%) finden dagegen an einer mehrtägigen Wasserwanderung mit einem Kanu Gefallen.
- Und nur für eine Urlaubsform können sich beide gleich wenig begeistern (je 8%): Als Kojencharter-Reisende an Bord einer Motoryacht („mit crew") lediglich mitfahren dürfen, ohne selbst aktiv sein zu können.

Zum Urlaub auf dem Wasser muss man nicht geboren sein, aber eine besondere Beziehung oder Nähe zum Wasser ist offensichtlich schon vorhanden. „Pack die Badehose ein ..." sagen vor allem die Berliner (86%), die Bewohner in Baden-Württemberg (84%) und in Mecklenburg-Vorpommern (84%) – deutlich mehr als etwa die Bayern (74%), die neben Seen und Wassersport auch noch die Berge und Wintersport zur Verfügung haben.

Natürlich hat auch eine Erlebnisreise auf dem Wasser ihren Preis. Bei Beziehern von Haushaltsnettoeinkommen unter 750 Euro ist im Vergleich zu allen anderen Bevölkerungsgruppen der Wunsch, mit einer Segeljolle Binnenseen wie Bodensee, Chiemsee oder Müggelsee zu erkunden, am stärksten ausgeprägt. Bezieher von Einkommen bis 1.000 Euro würden besonders gern eine Kreuzfahrt machen, während die Höchstverdienenden mit einem Einkommen von über 2.500 Euro als Traumurlaub, der „am ehesten" ihren persönlichen Wünschen entspricht, eine Seereise mit einer luxuriösen Segelyacht (z.B. „Sea Cloud") nennen.

Haus- und Motorboote halten die *Sehnsucht nach der Insel* wach: Sie garantieren Freiheit und Unabhängigkeit genauso wie Sicherheit und Geborgenheit. Infolgedessen werden diese Urlaubsformen auch von jungen Leuten, Singles und Paaren besonders favorisiert. Ein Symbol für Urlaub in Eigenregie. Romantik inklusive.

Es zeigt sich, dass der Wandel vom klassischen Badeurlaub zur Erlebnisreise auf dem Wasser auch ein Ausdruck von Wohlstand, wachsender Reiseerfahrung und immer höheren Urlaubsansprüchen ist. Erlebnisqualität ist zunehmend gefragt, also psychologische Extras, die besondere Erlebnisse versprechen, ohne Erholung zu verhindern. Viel sehen, ohne viel zu tun, reicht als Herausforderung für den Urlauber nicht mehr aus. Kontrastprogramme werden gesucht: Mal rasante Fahrten auf Stromschnellen beim Wildwasser-Rafting, mal gemächliches Dahingleiten beim Wasserwandern mit dem Kanu und mal auf hoher See mit dem Luxusliner. Und wohin geht die Urlaubsreise auf dem Wasser?

Schwimmen und Schnorcheln, Windsurfen und Wellenreiten, Sonnenbaden und Segeltörn, Wärme und Wasser: Der Mensch kommt aus dem Wasser – der Urlauber will zum Wasser zurück, um sich wirklich wohl zu fühlen. „Die" Wassersportparadiese der Deutschen sind Karibik (40%), Südsee (31%) und Mittelmeer/Spanien und Balearen (26%). Sie garantieren schmeichelnde Luft und verschwenderische Wärme. *Wasserlandschaften werden als Urlaubslandschaften immer attraktiver.* Die schöne Landschaft zieht in Zeitlupe vorbei. Der Wassersportler ist der Natur besonders nah.

Mittelmeergebiete wie Griechenland, Türkei, Slowenien und Kroatien sind für Wassersporturlauber genauso interessant (22%) wie mediterrane Gebiete um Frankreich und Italien (21%). Gegen solche südlichen Wassersportparadiese können deutsche Gewässer nur bedingt konkurrieren. Die Nordsee ist keine Südsee und die Ostsee kann auch nicht Wärme rund ums Jahr garantieren.

Insbesondere für die junge Generation der 14- bis 24-Jährigen stellt die Karibik den Traum der Träume dar (53%), während die über 55-Jährigen (27%) entweder schon da waren oder aufgegeben haben, davon zu träumen. Es fällt auf: Mit zunehmendem Alter verlieren ferntouristische Ziele an Attraktivität und rücken heimische Gefilde wieder in den Mittelpunkt des Interesses. Jeder siebte Wassersporturlauber im Alter von über 55 Jahren nennt die deutsche Nordsee (14%) oder Ostsee (15%) als Reiseziel. Und der Anteil der über 55-Jährigen, die ihren Urlaub gerne einmal auf deutschen Binnengewässern verbringen möchten (z.B. Mosel, Rhein, Neckar), ist fast dreimal so hoch (17%) wie bei der jungen Generation im Alter von 14 bis 24 Jahren (6%). In jungen Jahren lockt die weite Welt. In höherem Alter halten sich jedoch viele eher in bequem erreichbarer Nähe auf, weil sie sich dort am wohlsten fühlen.

- *Wassersport entwickelt sich zum Massensport.* Schon heute wird jeder siebte Bundesbürger ab 14 Jahren (15%) im Urlaub oder am Wochenende zum Surfer oder Segler, Taucher oder Wasserskifahrer, Ruder- oder Kanusportler. Etwa 9 Millionen Bundesbürger genießen die Freiheit vor dem Wind.
- *Tauchen und Wasserskifahren* gehen einer expansiven Zukunft entgegen. Als *Urlaubssportarten* in Spanien, Griechenland, Frankreich, Italien und der Türkei ziehen sie immer mehr junge Leute in ihren Bann.
- Für die Zukunft zeichnet sich auch ein gegenläufiger *Trend zum Binnenwassersport* auf Seen, Flüssen und Kanälen ab – von der Kanu- und Kajakwanderung bis zum Urlaub auf dem Hausboot. Als naturnahe Outdoor-Sportarten garantieren sie Urlaubserholung und -entspannung genauso wie Erlebnisse und Abenteuer auf dem Wasser.
- Motorboot- und Kreuzfahrten verlieren ihren Luxuscharakter, während gleichzeitig der *Trend zu immer größeren Yachten* („Super"- oder „Mega"-Yachten von über 30 Meter Länge) für die erfahrenen Wassersportler der 1. Generation (= Neue Senioren) immer interessanter wird.
- Die attraktivsten Freizeitlandschaften der Zukunft werden *Wasser- und Badelandschaften*, die gefragtesten Reiseziele *Warmbadeziele und Wassersportzentren* sein. Freizeit- und Ferienparks ohne Wasserlandschaften müssen um ihre Zukunft bangen. Die massenhafte Entdeckung und Vermarktung der Erlebniswelt Wasser steht erst noch bevor.

5. Urlaub auf Rädern: Caravaning im Trend

Wie nie zuvor rollt in Ferienzeiten eine Mobil-Welle durch Deutschland. Caravaning ist „das" Symbol für Bewegungsfreiheit im Urlaub geworden. 3,5 Millionen Bundesbürger sind von dem Urlaub auf Rädern begeistert. Weitere 1,8 Millionen wollen in den nächsten Jahren „auf jeden Fall" einen Urlaub im rollenden Wohnzimmer verbringen. Und 5,6 Millionen bekunden ihr Interesse bzw. „beabsichtigen, es zu tun". Wenn die Bundesbürger ihre Reisepläne verwirklichen, dann könnte sich auf Deutschlands Ferienstraßen der Anteil der Pkw-Reisenden mit Wohnanhänger und Reisemobil in den nächsten Jahren verdreifachen – von 3,5 auf insgesamt 10,9 Millionen. Entwickelt sich der Caravaning-Tourismus im Zeitalter des Individualismus zu einer expansiven Urlaubsform?

Jung, urban, gebildet und besser verdienend – so lassen sich die Hauptmerkmale der heutigen Mobilurlauber umschreiben. Die Caravaner, die mit Wohnwagen und Wohnmobil Urlaub machen, sind eher

- jung (über 55-Jährige: 2% – 14- bis 34-Jährige: 9%),

- urban (Landbewohner: 3% – Großstädter: 6%),
- gebildet (Haupt-/Volksschüler: 4% – Abiturienten: 10%) und
- besserverdienend (Bezieher von Haushaltsnettoeinkommen bis 1.250 Euro: 3% – über 2.500 Euro: 10%).

Die Caravaner weisen soziale Merkmale auf, die auch für *Konsumpioniere und Trendsetter* in anderen Freizeitbereichen (z.B. Medien, Sport, Kultur, Unterhaltung) typisch sind. Insofern können sie wegweisend und stilprägend für sich neu entwickelnde Urlaubsformen sein. Sie scheuen weder Kosten noch Mühen, um den Urlaub mit einem Höchstmaß an Individualität und Beweglichkeit zu verbringen.

Die Freiheit, im Urlaub rund um die Uhr mobil sein zu können, ist allerdings nicht umsonst zu haben. Dies erklärt auch, warum derzeit jeder siebte Arbeiter (14%) – zwar an einem Caravaning-Urlaub interessiert – mit der Begründung aufgibt: „Kommt für mich nicht infrage, *da zu teuer*“. An den Kosten scheitern viele Caravaning-Träume vor allem in den neuen Bundesländern (Westdeutsche: 7% – Ostdeutsche: 15%).

Darüber hinaus gibt es zahlreiche Caravaning-Interessenten, die sich eine mobile Urlaubsform finanziell durchaus leisten können, aber dennoch darauf verzichten, weil ihnen die Reise *„zu anstrengend und unbequem*“ erscheint. Darüber klagen vor allem die über 55-Jährigen (18%) – deutlich mehr als etwa die 20- bis 34-Jährigen (8%). Offensichtlich gibt es im Image und auch in der Realität des Caravaning-Urlaubs noch Komfort- und Servicemängel (z.B. Informations- und Beratungsbedarf, organisatorische und technische Hilfen). Eine Herausforderung der Branche für die Zukunft, zumal neue Zielgruppen aktiviert werden können, wenn die Angebote für Mobilurlauber so verbessert werden, dass man nicht geborener Caravaner sein muss, um diese Urlaubsform unbeschwert genießen zu können. Fast jedem fünften Selbstständigen und Freiberufler (19%) erscheint ein Mobilurlaub zu beschwerlich. Weil sie das ganze Jahr über beruflich gefordert sind, wollen sie nicht auch noch im Urlaub Stress erleben oder auf Komfort und Sicherheit verzichten.

Diesen *Neuen Nomaden* gehört offensichtlich die Zukunft. Jeder elfte Bundesbürger im Alter von 14 bis 29 Jahren macht bereits einen Caravaning-Urlaub (9%), mehr als doppelt so viele (22%) wollen es in den nächsten Jahren „auf jeden Fall“ noch tun bzw. „beabsichtigen“, es zu tun. Ähnlich große Zukunftspotentiale zeichnen sich für die Generation der 30- bis 39-Jährigen ab: 9 Prozent sind im Urlaub schon mobil, weitere 19 Prozent träumen vom Caravaning-Urlaub – vom Interesse bis zur festen Absicht. Die künftige Urlaubergeneration wird eine Erlebnisgeneration sein, die im Urlaub „nur ja nichts verpassen“ will. Das *Nomadisieren („Heute hier – morgen fort“)* gehört dann immer dazu.

Die Interrailer haben es in den letzten Jahren schon vorgelebt: Mit dem Inter-Rail-Ticket in der Tasche hüpften die jungen Leute im Urlaub von einer Sehenswürdigkeit zur anderen. Sie verbrachten mitunter mehr Zeit im Zug als an irgendwelchen Reisezielen. Aus dem Transportmittel („Bahn“) machten sie einen besseren Aufenthaltsraum, in dem sie reisten, speisten und schliefen. So wurden aus Reisezielen Umsteigepunkte. Die Rail-Hopper wandeln sich in Zukunft zu Neuen Nomaden, die nach der Devise leben: *Weit reisen, oft wechseln und immer nur kurz bleiben.*

Was macht eigentlich einen Urlaub mit Reisemobil und Wohnanhänger „so interessant und attraktiv"? In den Antworten der Befragten rangiert der *Freiheitsaspekt* ganz obenan: Fast zwei Drittel der Bevölkerung heben als besonderes Qualitätsmerkmal die außergewöhnliche Bewegungsfreiheit hervor (61%). Kaum eine andere Urlaubsform gewährt so viele Möglichkeiten für Mobilität und freie Beweglichkeit. Zudem erscheint der Mobil-Urlaub vielen als eine Garantie für Unabhängigkeit (53%)

Männer genießen die mobile *Bewegungsfreiheit* deutlich mehr (66%) als Frauen (57%). Frauen stellen Caravaning eher das Prädikat *familienfreundlich* aus (30% – Männer: 22%) und heben die zwanglose und unkomplizierte Art des Urlaubmachens hervor (42% – Männer: 37%). Großstädter wissen Caravaning als eine besonders *individuelle Lebensform* zu schätzen, während für Landbewohner der Caravaning-Urlaub eher ein Synonym für *Erlebnis-Urlaub* ist. Urlaub auf Rädern ermöglicht auch besonders intensive Formen des Naturerlebens. Vor allem Jugendliche im Alter von 14 bis 24 Jahren empfinden den Mobil-Urlaub als außergewöhnlich naturnah. *Fern von Zwängen – nah an der Natur*: So lässt sich die wachsende Beliebtheit, der Reiz und die Attraktivität von Caravaning erklären.

In unserer schnelllebigen Zeit gilt Mobilität als ein hohes, ja immer höherwertigeres Gut. Wohnwagen und Reisemobil

- gewähren ein Höchstmaß an Individualität,
- garantieren Bewegungsfreiheit rund um die Uhr,
- lassen Individualisierung genauso zu wie Familienorientierung,
- ermöglichen besonders intensive Formen des Naturerlebens
- und sind fast so gemütlich wie zu Hause.

Wer Caravaning-Urlaub macht, nimmt die *Gemütlichkeit mit auf Reisen*: Dazu gehören Wohnlichkeit und Behaglichkeit, gewohnter Komfort und auch „ein bisschen Luxus": Von der Federkernmatratze bis zur Polstersitzecke, vom Mini-Bad bis zum Kühlschrank mit Gefrierfach. Caravaner bekommen eine zusätzliche Urlaubsqualität geboten, von der andere Urlauber nur träumen können. Denn was die Deutschen im Urlaub am meisten vermissen wie z.B.

- das eigene Bett,
- das gemütliche Zuhause,
- die Sauberkeit rundum und
- das Fernsehen

– das alles geht im rollenden Eigenheim mit auf Reisen. So wird das mobile Urlaubsdomizil zum *Zweiten Zuhause*. Caravaner können sich auch in der Fremde heimisch fühlen.

6. „Atemlos – gelangweilt": Tourismus im neuen Jahrtausend

6.1 Eine Branche in der Krise

Die Angst geht um in der Touristikbranche: Auf dem Weg in die Urlaubsrepublik könnten den Urlaubsmachern die Ideen ausgehen. Die Reisenden hätten fast alles schon erlebt und im 21. Jahrhundert gebe es keine touristischen Abenteuer mehr. Es sei nicht mehr möglich, nach neuen Ufern aufzubrechen, Reisen sei alltäglich und der Tourismus eine Banalität geworden.

Viele Anzeichen deuten daraufhin, dass nach dem Agrar- und Industriezeitalter die *Erlebnisgesellschaft* (Opaschowski 1983, S. 88) bzw. das *Erlebniszeitalter* kommt. Doch was passiert, wenn wir bald alles schon gesehen haben, wenn es keine echten Erlebnisse, keine natürlichen Lebensgefahren und keinen Kampf um das physische Überleben mehr gibt? Wird dann die Devise *Bleib zu Haus* als moderne Urlaubsweisheit ausgegeben, weil die Reiseziele in einer „Wüste der Langeweile" (Baudelaire) unterzugehen drohen?

Die Erde gilt als erforscht, ausgelotet und fotografiert. „Na und?", sagen die französischen Schriftsteller Paul Bruckner und Alain Finkielkraut: „Hier wird wissenschaftliche Information mit subjektiver Erfahrung verwechselt, Wissen mit Tun; *kein Bild, kein Faktum kann das Erlebnis einer persönlichen Odyssee ersetzen*" (Bruckner/Finkielkraut 1981, S. 73). Auch wenn alle Abenteuer schon einmal erlebt und alle fremden Völker und Länder von anderen schon besucht wurden, bleibt der individuelle Wunschtraum wach: Ich möchte Christoph Columbus, Robinson Crusoe, Tarzan oder James Bond sein.

In Zukunft wird es immer schwieriger, im Massentourismus *Erlebnisse mit Ernstfallcharakter* anzubieten. Der Tourismus, der größte Arbeitgeber der Welt, kann im 21. Jahrhundert fast alles ertragen – Kriege, Krisen und Konflikte – nur eines nicht: Langeweile. Wenn die organisierte Reise durch Rund-um-Sorglos-Pakete zu professionell, perfekt und sicher wird, kommt zwangsläufig Langeweile auf.

Die Gefahr besteht, dass die Urlaubsangebote der Reiseveranstalter bald nicht mehr mit den Erlebniserwartungen der Urlauber übereinstimmen. Das aber kann folgenreich sein. Auch weiße Wolken werfen Schatten. Die „Weiße Industrie" muss sich erneuern – sonst steht sie sich selbst im Wege. Existenzprobleme einer ganzen Branche zeichnen sich bereits heute ab. Reinhard Galler, der Generaldirektor der Verkehrs AG, des größten Tourismuskonzerns in Österreich, brachte es in den neunziger Jahren so auf den Punkt: „Österreich ist zu fad geworden. Eine Region, die langweilig und teuer ist, ist das Schlimmste, was einem Urlauber passieren kann" (Hotel&Touristik 7/8 <1995>, S. 3). Der Tourismus muss neue Wege gehen, mehr auf Fantasie als auf Fun setzen und Erlebnismarketing zum Herzstück strategischer Planung machen.

„*Erleben*“ heißt doch, Außergewöhnliches „er-fahren“, was über das gewöhnliche Leben hinausreicht und Grenzübertritte vom Gewohnten zum Ungewohnten erlaubt. So gesehen stellen *Abenteuer im Urlaub* Erlebnissteigerungen dar, die zeitlich und räumlich befristet von kulturellen Standards des Alltags abweichen: „Im Abenteuer manifestieren sich Wunschbilder, Tagträume und Utopien“ (Köck 1990, S. 9) von einem anderen und/oder besseren Leben. Andererseits unterliegt das Wort „Abenteuer“ derzeit der Gefahr der Inflationierung, in dem es fast alles bezeichnet, was nicht der Norm oder dem Normalen entspricht. Vom Abenteuerspielplatz und Abenteuerpark bis hin zum Abenteuerurlaub.

Abenteuer
Definition aus dem Jahre 1807

„Ursprünglich Gefahr und Wagnis auf ungewissen Ausgang. Jetzt versteht man darunter in scherzhaftem oder verächtlichem Sinne einen seltsamen, wunderbaren wohl auch gefährlichen Zufall, der aber doch nicht schlimm endet: Ein Abenteuer bestehen. Ein Abenteuer wagen. Auf Abenteuer ausgehen.“

Quelle: Joachim Heinrich Campe: Wörterbuch der deutschen Sprache (1807), Band 1, Hildesheim/New York 1969, S. 14

6.2 Lifeseeing statt Sightseeing: Wettrennen um die letzten Abenteuer

Eine große Bedeutung werden in Zukunft neue *Wildniserlebnisse* bekommen, bei denen Naturlandschaften und -gewalten mehr als Zivilisationstechniken beeindrucken und für nachhaltige Sinneseindrücke sorgen wie z.B.

- Savannenlandschaft
- Wilde Wasserfälle
- Naturabenteuer bei Kanutouren
- Gipfelerlebnisse
- Fahrt durch die Wüste
- Ferne Trommeln
- Fische braten über offenem Feuer
- Biwakbau
- Das „primitive“ Leben von Einheimischen beobachten
- Fährtensuche
- Am Strand schlafen
- Überlebenstraining in der freien Natur
- u.a.

Hauptsache: Die Wildnis ist ganz nah. „Wildnis“ ist im Verständnis satter Wohlstandsbürger nur ein anderes Wort für *Ursprünglichkeit und Unberührtheit*. Vielleicht wird es in Zukunft lange Wartelisten geben, um z.B. „einmal im Leben“ auf den Spuren von Greenpeace in der Nähe des Mururoa-

Atolls segeln, in der Antarktis spazieren oder am Fuße des Mount Everest campieren zu können.

Die Gefahr ist allerdings groß, dass die Wildnis in Zukunft zum *Marktplatz und Profitcenter* wird: Wildnis „muss" sich lohnen. Dahin deuten die Themen des World Wilderness Congress im November 2002 im südafrikanischen Port Elizabeth: „Wildnisurlaub – Erfahrungen und Auswirkungen" oder „Wildnis und die menschliche Gesellschaft." Andererseits: So sehr der Traum von der Wildnis kulturelles Erbe und ein zutiefst menschliches Bedürfnis sein mag – Nationalparks beispielsweise , „die der Lust an der Natur mehr Raum geben, können damit sogar Geld verdienen. Naturschutz wird so bezahlbar" (Meyer 2001, S. 13). Noch sieht die Wirklichkeit anders aus. Der Nationalpark Berchtesgaden verschlingt 3,5 Millionen Euro im Jahr, bringt aber nur eine Viertel Million Euro Einnahmen durch die Besucher ein ...

Und wo die Ursprünglichkeit einer Urlaubsregion nicht mehr vorhanden oder Wildnis nicht mehr spürbar ist, können ersatzweise *Wildheitserlebnisse* geboten werden: Also „Thrilling" im Urlaub als Ausdruck höchster Lebens- und Risikofreude, Angstlust zwischen prickelndem Gefühl, eiskaltem Schauer und letztem Kick. Viel Spannung, ein wenig Gefahr und kein bisschen Langeweile. Unverzichtbar werden dabei (neben entsprechendem Outfit natürlich) Abenteuer-Utensilien, die die Erlebnisindustrie in Serie bereitstellt wie z.B. isotonische Leistungsgetränke und gefriergetrocknete Nahrung, Wasserentkeimungstabletten und Thermo-Unterwäsche, Leichtgewichts-Schlafsäcke und Höhenmesser, Isoliermatten und Sturmzelte u.a.

Wildnis- und Wildheitserlebnisse

Angebote aus den Katalogen:

Pirschfahrten durch Wildreservate in Südafrika
Abgeschieden in der Wildnis liegt die Paradise-Valley Ranch
Mit Bus und Boot durch Guyana
Erkundungen im Regenwald auf Borneo mit Booten, Jeeps oder zu Fuß
„Abenteuer-Wüste" mit Wanderung, Kamelritt und Landrover-Tour
Motorboot, Kanu, Bus, Jeep und kleine Flugzeuge sind die Transportmittel, mit denen die Gäste tropische Regenwälder, ursprüngliche Indio-Dörfer und spektakuläre Wasserfälle erkunden
Tauchsafari auf den Malediven
Champagner am Polarkreis

Mit *Abenteuer-Wear* und *Outdoor-Clothing* kann man sich im künftigen Erlebniszeitalter ganz individuell von der Touristenkleidung der Masse abheben. Was früher Karneval und Kostümierung waren, werden in Zukunft Abenteuertourismus und Reiseausrüstung sein: Der legale Ausstieg aus dem Alltag in einer Mischung aus Lebenslust und Sicherheitsventil garantiert, dass auch in Zukunft die Freude am Leben und am Arbeitsalltag erhalten bleibt.

Um die Normalität der Urlaubsreise vergessen zu machen, bekommen Accessoires und Aktivitäten abenteuerlich anmutende Bezeichnungen wie z.B.

- Trekking statt Wandern
- Rafting statt Schlauchbootfahren
- Mountainbiking statt Fahrradfahren
- Off-Road-Tour statt Autofahren
- Outdoor-Living statt Zelten.

6.3 Erlebnistourismus: Ein Weg für neue Abenteuerkarrieren

Tourismus im Erlebniszeitalter des 21. Jahrhunderts ebnet den Weg für neue Karrieren. Als Karrierist musste man früher unbedingt „Akademiker" werden, in Zukunft kann es auch ein „Globetrotter" sein. Die Karriereleiter im Urlaub beginnt beim *Reisen auf eigene Faust*, das nach immer größeren Herausforderungen (= einzelnen Sprossen der Karriereleiter) verlangt. Zum Abenteuerkarrieristen gehört das Erfolgserlebnis.

Nepal, die höchstgelegene Region der Erde, symbolisiert geradezu den unaufhaltsamen Drang zu Höherem und Höchstem. Das Karriereerlebnis setzt bei Dritte-Welt-Touristen bereits zu Hause im Tropeninstitut mit den Impfungen ein: „Mit den Injektionen gegen Cholera, Malaria oder Gelbfieber wird der Noch-Alltagskörper mit einer ‚Kanüle Exotik' durchsetzt und auf die Erlebniswelt vorbereitet" (Köck 1990, S. 107). Dieses Ritual gleicht dem Akklimatisieren professioneller Bergsteiger, die zur Vorbereitung ihrer Expedition ein Höhentraining in den Alpen durchführen.

Beim Wettrennen um die letzten Abenteuer braucht niemand auf den gewohnten Komfort zu verzichten. 5-Sterne-Schiffe unternehmen Expeditionen in den Urwald. Auf den Fährten Alexander von Humboldts garantieren exotische Amazonas-Kreuzfahrten ‚Wildnis pur' und gleichzeitig ‚Luxus satt'. *Urlaubsfaszination im Über-Fluss*, in der grenzenlosen Weite des größten Flusses der Welt.

6.4 Zwischen Krise und Katastrophe: Auf dem Weg zum Risikotourismus

Semiprofessionelle Abenteuerkarrieristen, die mehr riskieren wollen, können eines Tages live beim nächsten Vulkanausbruch dabei sein, sich vorübergehend in der Erdbebenzone aufhalten oder sich einfach im Regenwald aussetzen lassen. Ein solcher Krisentourismus schafft krisensichere Arbeitsplätze für neue Lebensversicherungen. Aus dem Erlebnistourismus des 20. Jahrhunderts kann im 21. Jahrhundert ein Risikotourismus werden. Der Ausnahmezustand wird dann zum Normalzustand. Und die „Risikogesellschaft" (U. Beck) läuft im Risikotourismus auf vollen Touren. Dazu gehören der Fronttourismus, der Militärtourismus und der Katastrophentourismus.

Immer mehr Urlauber machen die Erfahrung, dass immer weniger Urlaubsgebiete zur ‚heilen Welt' gehören. Sie haben sich daran gewöhnt, dass viele Urlaubsregionen auch Krisengebiete sind. Der Gewöhnungseffekt bewirkt, dass sie eine Urlaubsreise in Krisengebiete nicht für gefährlicher halten als einen Stadtaufenthalt in New York, Neapel, Moskau oder Berlin. Nach ihrer subjektiven Einschätzung birgt selbst das Autofahren in Deutschland noch mehr Risiken.

Das gewandelte Krisenbewusstsein verändert auch den Service der Touristikbranche. Alle größeren Reiseveranstalter richten spezielle *Informationsdienste für Krisengebiete* ein, die vor allem besorgte Angehörige und Daheimgebliebene auf dem Laufenden halten. Auch das Auswärtige Amt informiert Urlaubsreisende, gibt Verhaltenstipps oder weist auf Sicherheitsrisiken in Krisenregionen hin. Mit der zunehmenden Gewöhnung an Krisenmeldungen verändert sich zugleich die Hemmschwelle für potentielle Risikotouristen. Dies hat zur Folge: Wenn einen Urlauber im letzten Moment vor Antritt der Reise wider Erwarten der Mut verlässt, ist eine Stornierung oder Umbuchung der Reise kaum mehr möglich. Dann müssten schon die Warnstufen des Auswärtigen Amtes wenigstens die Stufe 3 erreicht haben, nach denen ausdrücklich vor Reisen abgeraten oder zum Reiseverzicht aufgerufen wird.

Die Tourismusindustrie hat keine Angst vor Kriegen und Krisen mehr. Die Bürger in den westlichen Wohlstandsländern wissen: „Die ganze Welt ist zur Zeit ziemlich verrückt – absolut sicher lebt niemand“ (Serge Trigano CLUB MEDITERRANEE). Also brauchen auch Touristen keine Kugelwesten und Schutzhelme zu tragen. Allein im Jahre 1995 hielten sich 89.000 deutsche Touristen in Kroatien auf; die meisten von ihnen waren mit dem eigenen Auto unterwegs. Viel mehr als Gewalt und Terror fürchtet die Tourismusindustrie Überkapazitäten und Fehleinschätzungen.

Der *Fronttourismus* wird zur Marktnische für kleine Reisefirmen. Für Nepal-Reisende wird dann ein Besuch im tibetanischen Flüchtlingslager attraktiver als das Bestaunen der Berge sein. Auf den gewohnten Komfort und Luxus braucht auch dann nicht verzichtet zu werden. Selbst Luxushotels im Sklaven-Verlies sind möglich. Während z.B. die UNESCO unlängst Ghanas Festungen zum Weltkulturerbe erklärt hat, plant das zuständige Tourismusministerium auf dem 1482 von den Portugiesen an einer Lagune erbauten Elmina Castle Luxushotels für zahlungskräftige Touristen – an dem Ort, wo bis zum Verbot der Sklaverei Millionen Sklaven unter menschenunwürdigen Verhältnissen dem Schiffstransport nach Amerika entgegendämmerten.

Eine Sonderform des Fronttourismus stellt der *Militärtourismus* dar. In Russland können Abenteuerlustige in MiG-Kampfflugzeugen mitfliegen oder in Übungsmaschinen für Kosmonauten die Schwerelosigkeit erproben. Künftig werden ihnen auch Reisen in Panzern, U-Booten und Schlachtschiffen angeboten. Der Militärtourismus wird als neue Devisenquelle erschlossen. So bietet beispielsweise heute schon der japanische Reiseveranstalter SADAAKI MATSUI von Kronstadt bei St. Petersburg aus eine sechsstündige U-Boot-Fahrt in der Ostsee an. Panzerfahrten und Kriegsschiffreisen (mit oder ohne Raketen) sind keine Utopie mehr.

ABER.....
ACHTUNG
!!!
REISE JETZT UND NICHT ERST MORGEN
ACH, LASSEN SIE — MICH HALTEN KATASTROPHEN NICHT VOM REISEN AB...
PFUSCHI - CARTOON

Auch der *Katastrophentourismus*, bei dem Urlauber voyeurhaft auf den Spuren menschlicher Schicksale und Tragödien wandeln, hat eine rosige Zukunft vor sich. Hier kommt der Simpson-Effekt zum Zug: Das seinerzeit täglich weltweit publizierte Gerichtsverfahren gegen den ehemaligen Football-Star und Schauspieler O.J. Simpson hat in Los Angeles für touristischen Auftrieb gesorgt. Der Ortsteil Brentwood, in dem Simpson wohnte, gehört längst zu jeder Stadtrundfahrt. Und die Schifffahrtsgesellschaft Carnival Cruise Lines veranstaltet eine „O.J. Trial of the Century" – Kreuzfahrt, auf der die Urlauber den Fall mit Experten diskutieren können. Vom Katastrophentourismus profitiert beispielsweise auch das Unternehmen Grave Line, das Touristen im silberfarbenen Cadillac-Leichenwagen zu Plätzen bringt, an denen berühmte Leute auf ungewöhnliche Weise starben. Hier herrscht eine Mordsstimmung, von touristischer Endzeitstimmung keine Spur.

Vor diesem Hintergrund kann es nicht weiter überraschen, dass schon heute ernstgemeinte Strategien für den Risikotourismus des 21. Jahrhunderts erdacht und entwickelt werden. Dazu gehören:

- *Die Strategie des konstruierten Unfalls*
  Das Urlaubsangebot enthält eine Unfallgarantie. „Unfallteams" sorgen dafür, dass dem Touristen vor Ort etwas zustößt (z.B. im Rahmen von Survival-Angeboten).
- *Die Strategie des gesuchten Unfalls*
  Dazu gehören Krisen- und Kriegsgebiete. Das Fronttourismus-Erlebnis wird gesucht, sozusagen das Erlebnis total unter schwierigen Lebens- und Überlebensbedingungen.

Risikotourismus im Erlebniszeitalter
Eine Zukunftsprognose aus der Sicht von 1983

„Die Neigung zu stimulierendem Abenteuer, begrenzter Gefahr und kalkuliertem Risiko schließt den begrenzten Auszug aus dem Alltag ein: Das ‚Aussteigen auf Zeit' als Urlaubserlebnis, das Überlebenstraining als Wochenendbeschäftigung oder die 48-Stunden-Grenzerfahrung: Erleben, was sonst nur im Kino möglich ist! (z.B. Ausbruchsversuch im Gefangenenlager, Erleben von Pseudo-Wagnissen und vorprogrammiertem Freizeitfrust)".

H.W. Opaschowski: Arbeit. Freizeit. Lebenssinn. Orientierungen für eine Zukunft, die längst begonnen hat, Opladen 1983, S. 91

Sogenannte Risikoforscher finden in Zukunft ein neues Tätigkeitsfeld: „Risikotourismus ist machbar. Unfälle lassen Träume wahr werden, die man für Geld kaufen kann" (Kurtz 1994, S.188). Kann der Urlaub im künftigen Erlebniszeitalter nur noch als totales Erlebnis überleben? Was aber passiert, wenn selbst das totale Erlebnis normal und langweilig wird? Für die Tourismusindustrie des 21. Jahrhunderts eine fast unlösbare Aufgabe. Der Urlauber ist unerbittlich: Er verlangt nach immer neuen Aufregungen. In jedem Urlaub ein neuer Nervenkitzel. Der Urlauber in hundert Jahren kann *atemlos gelangweilt* sein.

Auf Wolken schweben – sich unter Wasser tummeln: Sind hier in Zukunft überhaupt noch Steigerungen möglich? Heißt die Steigerung von „All-inclusive" bald „All-Tours" in der Luft und auf dem Wasser? Der Countdown läuft: Der erste Tourist Dennis Tito hat für viel Geld den Weltraumtourismus zukunftsfähig gemacht. Werden dem ersten Space-Touristen bald die Massen folgen? Die Erde ist offensichtlich nicht genug: *space odyssey* – der Jahrtausendtrend zur galaktischen Urlaubsreise?

- Statt für 20 Millionen Dollar will die amerikanische Firma Spaceadventures ab *2003* die Weltraumreise als Kurzurlaub bereits für 100.000 Euro anbieten.
- Der japanische Konzern Shimizu will bis *2017* ein Weltraumhotel bauen. Die kreiselförmige Herberge soll dann in einer Erdumlaufbahn in 450 Kilometern Höhe 64 Gästekapseln bieten.
- Die Artemis Society plant bis zum Jahr *2025* den Bau einer permanenten Station auf dem Mond. Wann wird der erste Weltall-Prospekt im Reisebüro ausliegen?

Bisher war der Mount Everest-Gipfel das begehrteste Reiseziel unserer Zeit. Viele gaben ihr ganzes Vermögen aus, um „einmal im Leben" dieses Ziel zu erreichen. „Everest for everybody" hieß der Slogan der Reisevermittler, die sich wie die Eroberer in einem neuen Zeitalter des Kolonialismus gebärdeten und den Trekkingtouristen garantierten, als „Weiße Herren" (sogenannte „Sahibs") dabei keinen Rucksack schleppen zu müssen: Sogar ein Einbeiniger und ein Blinder haben in diesem Jahr den Gipfel erreicht. „Stau am Grat" (Reinhold Messner 2001) ist angesagt. Die Gipfelbesteigung wird zum *Gipfel des Selbstbetrugs.*

Wie viel Abenteuertouristen verträgt der höchste Berg der Welt, bevor er vermüllt wird? Das Königreich Nepal erlaubt neuerdings den Run auf den 8.848 Meter hohen Mount Everest nur noch im Zeitraum von März bis Ende Mai – mit der Folge, dass z.B. im Jahre 2000 14.000 Bergsteiger und Urlauber dem Tschomolungma vom tibetischen Hochplateau zu Leibe rückten. Der Massenansturm an Klettertouristen mit motorisierten Fahrzeugen und Generatoren hinterlässt unterhalb der 6.500-Meter-Grenze tonnenweise Müll. Das Jahr 2000 wurde zum Rekordjahr: Der jüngste Gipfelstürmer war 15 Jahre alt, der älteste war der 64-jährige US-Bürger Sherman Bull. Daneben ging der 32-jährige Amerikaner Erik Weihenmayer als erster blinder Everest-Besteiger in die Annalen ein. Der Gipfel ist zum *Trampelpfad für Extremtouristen geworden.*

Als nächstes touristisches Megaziel planen die Amerikaner eine *Stadt im Meer* („City at Sea") mit dem Namen „Freedom Ship", in der man dann in Zukunft *rund um die Uhr „on tour"* sein kann. Bereitgestellte Kleinflugzeuge und Helikopter sorgen dafür, dass zwischendurch wichtige Geschäftstermine wahrgenommen werden können. In der Werft von Trujillo (Honduras) wird derzeit der Ozeanriese mit 1.300 Metern Länge, 220 Metern Breite und 25 Stockwerken gebaut. Die touristische „Community on the Sea" soll Platz für 40.000 Gäste haben, die dann zwischen Kinos und Kasinos, Restaurants und

Shopping Malls wählen und wandeln können. Das Leben auf dieser paradiesischen Insel garantiert *mit Sicherheit mehr Freiheit* – denn eine Vielzahl von Sicherheitskräften sorgt rund um die Uhr dafür, dass die heile Welt auch erhalten bleibt.

Dies alles sind Jahrhundertideen und Jahrhundertprojekte, die irgendwann Wirklichkeit werden, aber den Massentourismus kaum verändern werden. Spanien, Italien und Österreich waren und sind die liebsten Reiseländer der Deutschen seit über dreißig Jahren, sie werden auch in dreißig Jahren – neben Griechenland und der Türkei – noch die wichtigsten Ziele massentouristischer Ströme sein.

7. „Alles ist möglich": Realistische Szenarien für die touristische Zukunft

Die folgenden Szenarien beschreiben Zukunftsbilder einer Tourismusentwicklung, die schon lange begonnen hat.

7.1 Szenario I: „Superurlaub". Ausstieg auf Zeit

Ein Traum wird Wirklichkeit: Jeder Arbeitnehmer kann alle paar Jahre ein halbes Jahr Urlaub machen. Eine Änderung des Arbeitszeitgesetzes macht es möglich: Superurlaub für alle. Die einen fahren mit dem Fahrrad durch Deutschland, die anderen mit dem Wohnmobil durch die USA. Und eine neue Zug-Kunft beginnt: Hochgeschwindigkeitsfahrten mit ICE und TGV quer durch Europa sind gefragt. Florida und Karibik, China und Australien rücken für viele in greifbare Nähe, seit es „in" ist, *Zeit und Geld für einen Langzeiturlaub „anzusparen"*.

Ein Reisevolk setzt sich in Bewegung, die Touristica Teutonica, zweifellos die mobilste Spezies unter den weltweiten Zugvögeln. Und eine hochtourige Industrie kommt in Bewegung, die Rund-um-die-Uhr-Dienstbereitschaft. Die Superurlauber machen das Nomadenhafte wieder zur Reisenorm. Wer etwas erleben will, muss leiden. Blechschlangen quälen sich gen Süden, kompakte Menschentrauben vor den Schaltern, Autoschlangen, Wartereihen und Flüchtlingslager. Man muss sich sputen, time is action. Die Hetzjagd nach Kilometern und Kontinenten, Leistung und Lust lohnt sich, muss sich lohnen. Busse und Bahnen baggern die neuen Nomaden in die entlegensten Winkel, wo Stress und Rummel warten, freudvolle Ablenkungen vom puritanischen Arbeitsalltag.

Ein Schwarm von Tramps und Travellers flüchtet in die letzten Nischen des Massentourismus. Nach der Marathon-Maloche des Alltags folgt der *Globetrott-Stress der großen Freiheit* im Super-Urlaub. „Haut doch mal ab, Leute", heißt die Devise der Super-Travel-Center, die wie Pilze aus dem Boden schießen. Arbeitsreif kommen sie wieder nach Hause – psychisch aufgetankt, körperlich fertig und manchmal auch finanziell am Ende. Doch in fünf Jahren starten sie wieder. Mit ungebrochenem Leistungswillen, unterwegs zu neuen Erlebnisufern. „Superurlaub" heißt Aufleben, versäumtes Leben nachholen und brachliegende Lebensfähigkeiten reaktivieren. Sie haben sich viel zu erzählen am Ende des Superurlaubs. Die einen reden von Seemannsgarn und Jägerlatein, andere von Kondition und Auslandskontakten. Und manche verlieren überhaupt kein Wort, sie verändern einfach sich und ihren Alltag.

7.2 Szenario II: „Combi. Plus. International". Clubferien für Individualisten

Die klassischen Ferienclub-Organisationen werden in ihrer Trendsetter-Rolle herausgefordert. Die individualistische Clubformel „Jedem das Seine" muss neu definiert werden: Jeder Club kann nicht mehr allen alles bieten. Die Zahl der erfahrenen Cluburlauber wird immer größer. Wem einmal in einem Club 12 Tennisplätze zur Verfügung standen, der wird sie auch in einem anderen Club erwarten oder fordern – wenn nicht der Club vom Profil her ganz anders ausgewiesen ist, so dass von vornherein eine direkte Vergleichbarkeit nicht gegeben ist. Für die Zukunft zeichnen sich drei neue Clubformen ab:

Der CLUB COMBI:
Dies ist die Kombination aus Cluburlaub und Studienreise. Erholen und Vergnügen reichen als Urlaubsmotivation nicht mehr aus. Man will heute Neues entdecken und erleben: Karibik und Pazifik, Afrika und Fernost. Die Ansprüche sind gewachsen. Zwei, drei Wochen an einem Urlaubsort. Das wird den Urlaubern zu langweilig. Viele wollen nicht nur Sonne tanken, sondern auch Land und Leute kennen lernen, was sie als Anregung und nachhaltige Erinnerung mit nach Hause nehmen können.

Der CLUB PLUS:
Die neue Ferienformel für den Cluburlaub 2020 lautet: „Luxus plus Service plus Entertainment". Ein Clubkonzept für die ebenso anspruchsvolle wie zahlungskräftige Generation der Mittvierziger und Mittfünfziger. Perlen werden durch Kreditkarten ersetzt. Türschlüssel, Safe im Zimmer und täglicher Handtuchwechsel, Mobiltelefon und PC, Radio und Zeitung sind inklusive, Achter-Tische nicht mehr obligatorisch, Tischdecken und Servietten selbstverständlich. Und man kann, muss aber nicht, in zwei, drei Sprachen speisen und sprechen. Und statt lautstarker Shows und Spektakel gibt es dann Ruhezonen und lautlose, weniger aufdringliche Soft-Animation à la carte. Im „Club Plus" kann man nicht was erleben, sondern sich selbst erleben.

Der CLUB INTERNATIONAL:
Zum Kontrasterleben des Cluburlaubers gehört auch das Fremdartige und Fremdsprachige. Man möchte nicht nur Deutscher unter Deutschen sein und

umgibt sich weltmännisch mit einem Hauch von internationalem Flair – aber immer mit der Möglichkeit, sich jederzeit wieder in die deutsche Clique oder „Kolonie“ zurückziehen zu können.

Der Ferienclub der Zukunft verliert sicher ein Stück Originalität und Exklusivität. Aber er wird wie bisher (z.B. in Thailand, Mexiko und Marokko) auch in Zukunft „die“ Lokomotive für die touristische Entwicklung eines Landes sein (z.B. in China, Vietnam und Kuba). Und er bleibt Trendsetter für Inklusiv-Offerten (Essen, Tisch- und Bargetränke, Sportkurse u.a. – „alles inklusive“). Der Urlauber der Zukunft will schon bei der Buchung wissen, was ein Urlaub wirklich kostet, und nicht mehr von hohen Nebenkosten überrascht werden.

7.3 Szenario III: „Survival“. Urlaub als Grenzerlebnis

Reisen wird auch zum Grenzerlebnis, Urlaub immer öfter zum letzten Abenteuer. In der Arbeit körperlich weniger gefordert, versuchen sich viele Urlauber als moderne Kurz-Zeit-Helden. Sie suchen Grenzerlebnisse, kosmische Erlebnisse, die über die natürlichen menschlichen Fähigkeiten hinausgehen: Die Schwerkraft überwinden, Schweben, Fliegen, Tiefseetauchen.

Der Tourismus erlebt einen neuen Boom. Grenzerlebnisse werden in Serie produziert. Reisebüros verkaufen nicht mehr Reisen, sondern Grenzerlebnisse à la carte in allen Variationen. *Wilderness für Drauf- und Einzelgänger.* Mal Farmer in Kanada, mal Schafzüchter in Australien, mal Schlittenfahrer bei den Eskimos. Mit Feuer und Flamme, Eis und Ekstase bestehen sie angst- oder lustvolle Mutproben: „Reizhunger“ heißt der neue Impfstoff für den Erlebnis-Trip. Tausende unterziehen sich der Tortur-Tour auf der Suche nach sich selbst: Floß- und Wildwasserfahrten, Biwaks und Safaris, Drachenfliegen und Fallschirmspringen, Hochsee-Fischen und Helikopter-Skifahren, Walfisch-Fang und Goldstaub-Schürfen, überall lauern Gefahren, locken Grenzerlebnisse. Wer kann sich einen solchen Urlaub schon leisten – psychologisch gesehen!

Erleben wird zur Vorform des Überlebens, die Expedition zum zeitbegrenzten Experiment. Frauen stehen ihren Mann, beweisen Männlichkeit am Lagerfeuer. Und Männer wissen zu berichten: „Man muss es halt erlebt haben: Wir überlebten die Hölle.“ Die Grenzurlauber wollen fremde und eigene Grenzen kennen lernen. Die Urlaubsanbieter stellen sich rechtzeitig auf die touristische Trendwende ein: Starre Programme werden zu flexiblen Arrangements, lassen hinreichend Erlebnisnischen für individuelle Schleichwege. Ein Umsteigen bzw. Umpolen des Urlaubs auf Eselskarren oder Pferderücken ist jederzeit möglich. Stimulierende Abenteuer, begrenzte Gefahr und kalkuliertes Risiko ermöglichen ein spannungsvolles „Aussteigen auf Zeit“, das im Überlebenstraining als Wochenendbeschäftigung seine Fortsetzung findet. Bei allem gilt die Formel jeder Grenzerfahrung: Erleben, was sonst nur im Kino möglich ist.

7.4 Szenario IV: „Autofrei". Urlaub auf die sanfte Tour

Sanfte Tourismusanbieter machen Urlaub wieder zu einer sauberen Sache. Im Herzen grün, in der Gangart ruhig, in der Gesinnung nostalgisch. „Retour à la nature" lässt das „Corriger la nature" vergessen. Naturzerstörung wandelt sich in Naturschutz. Die Tourismusmaschinerie gerät vorübergehend ins Stolpern, während die Ökologie ihr Gleichgewicht wiederfindet. Der harte Tourismus, ein Produkt von Zuwachsraten, Reisegeschwindigkeit und Urlaubskomfort, bekommt Konkurrenz von der sanften Tour. Bau- und Liftboom, Ausverkauf von Boden und Bergen droht ein vorschnelles Ende. Immer mehr heißt es jetzt: Fest in einheimischer Hand!

Umweltschutz und Massentourismus gehen eine Vernunftehe ein, weil viele Urlauber nach intakter Umwelt rufen, nach wanderbaren Bergen *ohne Auto und Schlepplift*. Die Urlaubsindustrie wird zum Fürsprecher der neuen Initiative „Natur erleben – geschützter leben". Kombinierte Wander- und Aufforstungsprogramme werden angeboten: Urlaubszeit ist Pflanzzeit für Tausende von Baumsetzlingen. Von der Stressmühle des Alltags in die Werkstatt der Natur – Rosa Zeiten für die Bahn-Touristik, bei der Dampflokomotiven Wiederauferstehung feiern.

Seilbahnen stellen ihren Betrieb um. *Skipisten werden renaturiert*. Der Massenansturm der Winterurlauber verlangt nach uriger Bergbetreuung. Almhütten werden zu rustikalen Raststätten mit Naturküche und Volksmusik. Für kleine Zwischenhalts gibt es praktische Berganimation: Montag ist Käsen, Dienstag ist Buttern an der Reihe. Preis-wert und ur-wüchsig heißt die Urlaubsdevise!

Die Organisation „Grün-Alternative-Urlaubsstimmung e.V." (GAU) bildet im Allgäu sanfte Urlaubsanimateure aus, die sich für Landschafts- und Umweltschutz, Denkmal- und Heimatpflege touristisch engagieren wollen. Das neue Gästepotential – naturverbunden, bewegungsaktiv und lernfreudig – erwartet einfühlsame Kurse über Flora und Fauna. Die Symbiose mit der Biologie des Menschen und der Natur wird (wieder)entdeckt. Die natürlichsten Sachen der Welt – Blumen und Blätter, Humus und Kompost, Biowandern und Kräutersammeln – finden in der sanften Tour ihre Offenbarung. Der Wandel des Urlaubserlebens von der Sehens- zur Naturwürdigkeit macht den ganz persönlichen Wunsch nach Öko-Robinsonaden zur gesellschaftlichen Wirklichkeit. Die schönsten Wochen des Jahres im grünen Urlaubsland.

Die neue Sehnsucht verlangt eine neue Marktstrategie: In den Chefetagen der Tourismusindustrie wird die sanfte Tour zu einem neuen Markt: Ökologiekampagnen und Biocamps, agronomische Pilgerfahrten (Devise: „Einsteigen – Freischaufeln – Aussteigen"), Erkundung letzter Tier- und Pflanzenreservate, Ökoprojekte („Urlauber helfen Einheimischen beim Bio-Anbau") und Langzeitangebote („Bau von Tiefwasserbrunnen und Bewässerungssystemen in der Sahel-Zone"). Wer hier auf einen grünen Zweig kommen will, muss relativ jung und gut verdienend sein und eine Hand- und Herzvoll Pioniergeist mitbringen. Über Erfolgserlebnisse und Statussymbole spricht man nicht, man hat sie.

Autofreie Feriengebiete sind ausgebucht! Die Rechnung der sanften Marketingstrategen (hausintern einst als „touristische Kohlköpfe" belächelt) geht auf: In den Alltag zurückgekehrt, legen die Urlaubserfahrenen Naturlehrpfade an, gründen Trainingszentren mit Umschulungskursen („Wer will biologischer Landbauer werden?") und schaffen sich für den täglichen Bedarf ihre eigene Öko-Scholle. Sie werden zu Wegbereitern eines neuen Marktsegments: Eine neue Idee, eine breite Bewegung, ein grüner Freizeitmarkt! Vergessen ist der heimische Rasen als erweiterter Prestigewohnraum. Die Urlaubserfahrenen läuten die Renaissance des Nutzgartens ein. Hier findet die ganze Familie ihre gesunde Ernährungsgrundlage. Auf eigenem Mist gewachsen, frei von Giftspritzen und Pestiziden, reifen natürliche Speisekammern heran: Rohkost und Kräuter satt! „Gesundheit und Genuss" heißt das kulinarische Küchen-Credo der Zukunft. Die sanfte Tour trägt reiche Früchte.

7.5 Szenario V: „Tropenpark". Urlaub wie in der Karibik

Sommer rund ums Jahr und Wärme zu jeder Jahreszeit garantiert der subtropische Bade-Urlaub unter gläsernem Himmel. Immer mehr deutsche Feriengebiete haben *tropische Strandlandschaften unter Dach* für Kurzurlauber geschaffen. Während draußen ein dreitägiges Dauertief vorbeizieht, fühlen sich die Urlauber bei karibischen Temperaturen ausgesprochen wohl. Hier scheint das ganze Jahr die Urlaubssonne – fast vor der Haustür oder um die Ecke. Zwischen künstlichen Stromschnellen und Wasserfällen, Südseepalmen und Bananenstauden genießt man den Zwischendurch-Urlaub über das Wochenende, für drei, vier oder sieben Tage. Die lange Anfahrt entfällt. Der Alltagsstress bleibt zu Hause.

Atmosphäre und Ambiente der neuen Badelust knüpfen an frühe Menschheitsträume an. Es ist die alte Sehnsucht nach Wärme, Wasser und Wohlfühlen, das Lechzen nach persönlicher Lebensqualität. Gefragt sind zudem witterungsunabhängige Flanierzonen unter Dach, wo man auch bei Regen Shopping oder Tanzen gehen, Kaffee trinken oder grillen kann.

Das Urlaubsleben im Freien und in frischer Luft verliert nichts von seiner Attraktivität. Doch immer dann, wenn man sich in heimischen Feriengebieten auf die Sonne nicht mehr verlassen kann, ist der Urlaub wie in der Karibik gefragt und gesucht. Texlon-Dächer sorgen für die Durchlässigkeit der UV-Strahlen, so dass Sonnen auch im Winter möglich ist. Und wer die Sonne spüren und nicht nur sehen will, kann dies unter dem verschiebbaren Glasdach stressfrei genießen. Im übrigen ist die Hauptmotivation der wachsenden Zahl von Kurzurlaubern mehr auf Abschalten und Auftanken und weniger auf Braunwerden und Kontrasterleben ausgerichtet.

7.6 Szenario VI: „Balkonien". Daheimurlaub als Notlösung

Immer mehr Tourismusländer tun sich zu einer Notgemeinschaft zusammen und schließen systematisch Feriengebiete, um ihrer Selbstvernichtung zu entgehen. Die natürlichen Wasservorräte gehen zur Neige, die betonierte Landschaft trocknet aus. Täglich treffen neue Hiobsbotschaften von der Urlaubsfront ein: „Smogglocken in Athen", „Müllhalden in Benidorm", „Wasserrationen auf Mallorca", „Touristenunruhen in Teneriffa".

Eine neue Werbestrategie *„Öfter mal zu Hause bleiben"* ringt um Anerkennung und Verbreitung. Viele Urlauber bleiben aus Angst, aus ökologischer Rücksichtnahme und auch aus Protest zu Hause. Die Reiseveranstalter sprechen von Panikmache und verketzern die Protest-Urlauber als Alpträumer. Die Daheimurlauber aber setzen neue Maßstäbe. Urlaub ist für sie nicht nur Ortsveränderung, sondern bewusste Alltagsbereicherung. Man kann so Distanz schaffen, ohne verreisen zu müssen. Und: Immer mehr Arbeitnehmer verzichten auf die Urlaubsreise, um ihren Lebensstandard zu halten. Sie träumen mehr von Überstunden und Zweitjobs als von Sonne, Sand und Strand.

Die wachsende Zahl der Daheimurlauber zwingt die Reiseveranstalter schließlich zum Handeln. Der Daheimurlaub wird zum Programm gemacht, Spontaneität geht in Serie. „Ohne Stress und Staus – Urlaub zu Haus" heißt die neue Devise. Lokale Reiseveranstalter entwickeln für Einzelgänger, Familien, Cliquen, Gruppen, Clubs und Vereine *wohnungsnahe Freizeitprogramme*: Schnitzeljagden für Kids, Fahrradtouren für 10- bis 13-Jährige, Geschicklichkeitsfahrten für jugendliche Motorradanhänger, Sternfahrten für Familien mit eigenem Fahrrad, Oldtimer-Rallyes für Hobbyfans, Dampflokomotiv-Reisen für Eisenbahnfreunde, Shoppingfahrten für Senioren, Floßfahrten für Singles mit Kontaktprogramm, Kegeltouren für Junggesellen, Theater- und Opernfahrten für alleinstehende Frauen usw.

Mit ihrem Slogan „Wir garantieren Lebensfreude", den gestaffelten Einzel- und Gruppentarifen, preisgünstigen Feierabend-, Wochenend- und Jahresabonnements und ihren dezentralen Programmbüros in den einzelnen Wohngebieten haben sie großen Erfolg. Leidtragende: Die ortsansässigen Vereine, die über starken Mitgliederschwund klagen oder kurz vor der Auflösung stehen. Doch die Kommunalpolitiker reiben sich die Hände: Das geballte Know-How der Eventmanager befreit sie mit einem Schlag von ungelösten Kommunalproblemen. Sie sonnen sich im Schein des Freizeitprogramms der Veranstalter und des Aktivismus der Bewohner, als wär's ein Stück von ihnen ...

7.7 Szenario VII: „Cyberspace". Virtuell auf Reisen

Die Menschen leben immer länger. In der langlebigen Gesellschaft von morgen wächst die Zahl der 70- bis 80-Jährigen, die sich in der *Rolle von Sofa-Touristen* nicht unwohl fühlen. Sie reisen lieber mit dem Finger auf der Landkarte, bleiben zu Hause und sehen fern. Zudem sind viele Senioren-Haushalte mit Videorecordern und Internetanschluss ausgerüstet. Das gemeinsame Sehen und Surfen auf der heimischen Couch macht Reisestress und fremde Betten schnell vergessen. Und Kartoffelchips sind auch noch da. An die Stelle des zeitraubenden und nervenaufreibenden Reisenmüssens tritt bei manchen *TV-Junkies und Computer-Freaks* das virtuelle Reisen. Es lässt den Start der Millionen Urlauber in die Ferien als hautnahen Horrortrip erleben: Blechschlangen und Pannenstress, Staus und Streiks, Reisefieber und Reisefrust.

Fernweh, Entdeckungsdrang und Risikofreude werden durch laufende „Schau zu – Mach mit"-Programme im Kabelfernsehen befriedigt. Für die aktive Zuschauer-Beteiligung („Interaktives Fernsehen") sind Kabel-Steckdosen mit Rückkanälen in den Wohnzimmern installiert. Die heimischen Erfolgsmeldungen werden live ins Studio durchgegeben. Für die Erschließung einer ganz neuen Kommunikationswelt sind die Multimedia-Fans auch bereit, persönliche Kontakte in der Nachbarschaft auf das Pflichtmäßige zu beschränken. Dafür werden sie selbst zum interaktiven Sender. In der Urlaubszeit haben sie Zeit und Muße, neue Kommunikationspartner elektronisch anzupeilen und gemeinsam interessierende Probleme auszutauschen. Die virtuelle Kommunikation erscheint total. Ehestreitigkeiten gehen zurück. Zwischenmenschliche Funkstille findet ihren Ausgleich in der reizintensiven Relais-Station des abgedunkelten Wohnzimmers.

So könnte die touristische Zukunft im Zeitalter des Internets – auch – aussehen. Noch aber liefert die Wirklichkeit ein anderes Bild: Der Tourismus steckt in den *digitalen Kinderschuhen;* die Cyber-Karawane wird noch lange auf sich warten lasen. Denn drei Viertel der Konsumenten machen von Internet und Online-Diensten keinen Gebrauch. Nur die Branche glaubt, dass das Thema Internet „die gesamte Bevölkerung ‚infiziert'" (Hoffmann 2000), S. 3). In Wirklichkeit ist der virtuelle Marktplatz nur für die *kleine Gruppe der Info-Elite* von – gelegentlichem – Interesse. Sehr viel chancenreicher werden Internetcafés für Urlauber sein – als zeitweilige Surfmöglichkeit zur Verhinderung von Langeweile, wenn Surfen im Meer nicht möglich ist.

Nur auf den ersten Blick muss virtuelles Reisen

- billiger,
- bequemer,
- perfekter,
- kalkulierbarer,
- sicherer,
- zeitsparender,
- umweltfreundlicher und
- grenzenloser

erscheinen. Mit einem Wort: abenteuerlicher – also mit Indiana Jones und Lara Croft als Begleitern durch den Urwald pirschen und dann mit der Enterprise zum Mars fliegen ... Auf den zweiten Blick ist aber erkennbar, dass virtuelles Reisen immer eine *Illusion* bleiben und reales Reisen nie wirklich ersetzen kann. Wäre es anders, würde virtuelles Reisen schnell zum *trojanischen Pferd* der Arbeitgeber werden: Die Urlaubsreise wäre schnell entbehrlich – und am Ende die Gewährung von Urlaub auch.

Touristopia 2030
Mehr Phantasie als Wirklichkeit: Aus der Sicht von Experten

Das Kabinett mit seinem Tourismusminister Joschka Fischer entscheidet, weitere Investitionen chinesischer Konzerne – die bereits die bayerischen Nationalparks aufgekauft haben – mit einer Sonderabgabe zu belegen. Auf den Gästestrom aus Asien ist der deutsche Fremdenverkehr immer noch nicht vorbereitet; noch gibt es keine einheitliche Ferienregelung und viele Staus auf den Straßen. Ein Sechstel der Menschheit ist ständig in der Luft, obwohl Flugbenzin jetzt hoch besteuert wird. Auch hat die hohe Kriminalität vielerorten die Touristikunternehmen zur Einrichtung entsprechender Ressorts genötigt, womit sich gut verdienen lässt. Urlaubsberater verbessern ihren Verkaufserfolg mit legalen Drogen. Die großen Reiseveranstalter sind noch größer geworden; das „Profit Center künstliche Urlaubswelten" trägt am meisten zum Gewinn bei. Dagegen ist die Deutsche Bahn AG überschuldet und technisch veraltet. Die Erwärmung des globalen Klimas ermöglicht Kurzreisen in die versteppte „Allgäuer Taiga", während die größte Insel an der überfluteten Nordseeküste, Hamburg, seit Jahren ein europäisches Las Vegas ist.
Erwin Seitz

Ganz Europa ist ökologisch aufgeteilt, ähnlich wie längst schon das bayerische Alpengebiet. In Zone A darf man auf Seen surfen, auf eingezäunten Flächen mountainbikefahren oder golfen. Am Mittelmeer gibt es eng begrenzte Sportboothäfen, in den Alpen konzentrierte Skiarenen. In Zone B darf man auf Naturlehrpfaden wandern, das Baden an Flüssen und Seen ist kontingentiert. So dürfen an der Isar nur zehn Menschen pro Hektar liegen, auf Sylt zwanzig. Die Zone C darf überhaupt nur mit einem Ausweis von der Öko-Behörde betreten werden; motorisierte und technische Ausrüstung ist dort verboten. Abenteuer aller Art dagegen werden durch High-Tech „virtuell" so gut wie wirklich inszeniert. So bietet die TUI teure Cyberspace-Arenen, die einen Hauch Erotik vermitteln. NUR sendet „Ambientes" frei Haus, je nach Wahl tropisch oder alpin. Allerdings bereitet die schwarz-grüne Bundesregierung schon ein Gesetz vor, das die simulierten Mobilitätsträume als Drogen verbieten soll. Ein Lichtblick: In den Städten, wo Rikschas verkehren, ist es wieder so ruhig, dass auf Ausflüge und Kurzreisen verzichtet werden kann. Zumal die Datenautobahn mit fernen Orten verbindet.
Felicitas Romeiss-Stracke

Szenarien auf dem Wissenschaftsforum der Internationalen Tourismus-Börse (ITB) 1995 in Berlin

7.8 *„Terra Touristica" als Vision: Nur im Film ist es schöner*

Die Frage „Was will der Urlauber in Zukunft wirklich? Kultur oder Kulisse? Wirklichkeit oder Illusionen?" ist eigentlich falsch gestellt worden. Der Urlauber will verwirklichte Visionen und keine Illusionen. *Illusionen kann man zerstören, Visionen nie.* So gesehen will und soll die Ferienwelt von morgen gar kein Abbild der gesellschaftlichen Wirklichkeit sein. Sie soll vielmehr das verwirklichen, was sich die Menschen in ihren Phantasien und Träumen vorstellen. So erklärt sich der Anspruch von Euro Disney: „Wir schaffen Glückseligkeit“. Werden wir uns in Zukunft daran gewöhnen müssen, dass die schöne neue Urlaubswelt nur noch als Kulisse zu haben ist?

Nur im Film ist es schöner ...
Fallbeispiel: Ein Reisebericht

„Der Reiseleiter hat in einer seiner ergreifenden Reden den Reisenden prophezeit, dass ihnen ‚die Würde und Majestät des Grand Canyon den Atem verschlagen werde‘. Tatsächlich aber bleiben die meisten, obwohl erwartungsgeladen, angesichts der unzähligen Touristen und Souvenirshops eher unerschüttert. Aber abends gibt es auf einer 20-mal-35-Meter-Leinwand einen dreidimensionalen Film über den Grand Canyon, wie er vor tausend und vor hundert Jahren war. Ohne Touristen, dafür mit Indianern und Pfadfindern. Im Quadrosound tönen rauschende Stromschnellen und Vogelrufe durch den Saal. Die Zuschauer rasen im sich wild überschlagenden Schlauchboot durch den Canyon und gleiten als sanfte Drachenflieger mit den Adlern durch die Schluchten. Einigen wird schwindlig. Ein Kind schreit, Erwachsene stöhnen. Noch auf der Heimfahrt brausen Beifallstürme und ‚Super‘-Schreie durch den Bus“.

(Bericht über eine USA-Reise. DIE ZEIT vom 8. Dezember 1989).

Die Filmkulisse scheint offensichtlich beeindruckender als die Urlaubswirklichkeit zu sein. Natur und Landschaft sind ja ganz wunderbar, aber sie haben auch einen Hauch von Langeweile – ohne eine Spur von Ekstase. Es sollte schon zu denken geben, dass beispielsweise die Karibik bei den Deutschen als „Traum der Träume“ gilt, andererseits eine Urlauberbefragung zu dem desillusionierenden Ergebnis kam: „Die geringsten Ferienfreuden hatten die Urlauber in der Karibik ...“ (WAZ vom 5. Januar 1991, S. 10).

Bleibt uns in Zukunft nur der Ausweg einer *„Terra Touristica“*, der Schaffung eines eigenen Tourismus-Landes mit echt wirkenden Duplikaten? Der Wiener Aktionskünstler André Heller plädierte im Herbst 1989 auf dem 1. Internationalen Forum für Tourismus für ein sogenanntes Replika-Territorium, das all das beinhaltet, was die Tourismusindustrie als Köder auswirft: Eine Mischung aus Disneyland und Zisterzienserkloster, McDonalds und Club Méditerranée, Kreml und Vatikan – und dazwischen zaghaft aktive Vulkane neben elektronisch gesteuerten Atlantik-Brandungen. Der Einfall touristischer Horden würde dann nicht mehr zur Zerstörung der Natur und Ausrottung des Schönen führen. Nach kurzer Eingewöhnungszeit würden die meisten Touristen damit ihre Vorstellung vom Paradies verwirklicht sehen. Und die Minderheit, der diese Lösung als Hölle erscheint, würde entweder zu Hause bleiben oder neu über den Sinn des Reisens nachdenken.

Hinter allen menschlichen Sehnsüchten verbirgt sich letztlich das *Heimweh nach dem verlorenen Paradies*. Solange es Menschen auf Erden gibt, wird es immer neue Sehnsüchte (und damit „neue Zielgruppen“ und „neue Märkte“) geben. Aber es ist gut zu wissen, dass manche Sehnsucht den Menschen oft lieber ist als die wirkliche Erfüllung, die mitunter enttäuschend sein kann. Der italienische Lyriker Guido Gozzano fasste es in die Worte: „Ma bella piu di tutte l'Isola Non-Trovata“. *Meine schönste Insel ist die Nie-Entdeckte ...*

„Ich gehöre zu den Menschen, die eine Sehnsucht nach der grünen Insel in sich tragen. Immer wieder mache ich mich auf, um nach dem Strand zu suchen, der ferne leuchtet. Auf diese Weise sind mir äußere Reisen zu inneren Wanderungen geraten, sei es in die eigene Vergangenheit, sei es in die märchenhaften Fernen grauer Vorzeit. Ich weiß mich in meiner grünen Inselsehnsucht nicht allein. Orplid, Shambhala oder Avalon haben andere das Ziel ihrer Sehnsucht genannt. Ich nenne es Malinoa." Diese Worte stammen von einer *Papalangi* – eine Bezeichnung, die in der tonganisch-samoanischen Inselwelt seit Jahrhunderten für weißhäutige Fremde gebräuchlich ist. Die Publizistin Linde von Keyserlingk war einer Einladung der Königin von Tonga gefolgt und in die Südsee gereist. Von der Märchenerzählerin der Königin, Tupou Posesi Famua, ließ sie sich in die Träume und Sehnsüchte der Südseeinsulaner einführen und faszinieren (Linde von Keyserlingk 1983, S. 11).

Tonga heißt Süden. Tonga ist zugleich das Symbol für eine kleine grüne Palmeninsel mit weißem Strand mitten im dunklen Meer, die geheime Sehnsüchte weckt. In Tonga kann man seine Träume verwirklichen oder seine Wirklichkeit verträumen. Tonganisches Leben und tonganische Märchensymbole sind identisch: Die grüne Insel und das Meer, das Windgefühl am Körper und die Sehnsucht im Herzen, das Schiff und die Reise.

Reise und Traum deuten seit jeher auf einen Grundzug menschlichen Wesens hin. Von Geburt an wünscht der Mensch, ist er ruhelos und neugierig und träumt von dem Anderen und Neuen, Fremden und Fernen, wofür die Reise eine Chiffre darstellt. Der Philosoph Ernst Bloch geht in seinem „Prinzip Hoffnung" davon aus, dass sich hinter allen Fern-Süchten und menschlichen Träumen das *Wunschbild vom besseren Leben* verbirgt. Die Suche nach einer solchen Traum-Wirklichkeit macht die eigentliche Faszination, aber auch das Paradox der Reise aus: Viele reisen um die ganze Welt und finden am Ende nur sich selber wieder. Und dennoch wirkt manche Urlaubsreise heute wie die zeitweilige Vorwegnahme eines anderen Lebens. Was auf Reisen erfahren wird, kann die Sehnsucht nach einem schöneren Leben verstärken, aber auch dazu führen, sich wieder auf das Zuhause zu freuen.

Doch was passiert, wenn etwas passiert – wenn also Kriege, Krisen oder Katastrophen das Reisen in Zukunft immer unsicherer machen? Kann es sein, dass dann die Reiselust nachlässt und immer mehr Menschen im Urlaub zu Hause bleiben? Die Erfahrung lehrt: Der Tourist hat ein *chronisches Kurzzeitgedächtnis* und leistet *keine Trauerarbeit.* Während des Golfkriegs 1991 gab es z.B.

- spontane Stornierungen von Reisen in Krisengebiete,
- zeitweilige Zurückhaltung bei Flugreisen ins Ausland sowie einen
- vorübergehenden Zuwachs bei Bahn- und Pkw-Reisen im Inland und benachbarten Ausland (D.A.CH.-Tourismus).

Statt „Reisen, nein danke!" wird es auch in Zukunft heißen: „Reisen, ganz sicher!" Die Menschen werden nicht weniger, allenfalls anders reisen.

X. Recht auf Reisen oder Reisen verboten? Politik und Ethik im Tourismus

1. Tourismus: Spielwiese für Politiker?

Wirtschaftlich gesehen ist der Tourismus ein unterschätzter Riese, politisch ist er geradezu ein Zwerg. Die Politik hat die Tourismusentwicklung verschlafen. Allenfalls im kommunalen Bereich macht neuerdings das Wort vom „grünen“ Tourismus die Runde, wobei nicht selten *green* mit *greens* verwechselt wird. Grüner Tourismus heißt dann oft nur: mehr Golfplätze (vgl. Burghoff/Kresta 1995, S. 108). Auf Bundesebene klingt es noch deutlicher (Bundeswirtschaftsminister: „Wenn der Golfer golft, freut sich der Finanzminister“). Die Entdeckung der Tourismuspolitik als eine ökologisch, sozial- und zukunftsverträgliche Entwicklungspolitik (im Sinne des Club of Rome-Begriffs *Sustainable Development = nachhaltige Entwicklung*) steht in Deutschland und Europa noch aus.

Seit dem 1. Januar 2000 gehört der Tourismus in der Europäischen Kommission nur noch zu sonstigen Dienstleistungen und Unternehmen: Der Tourismus wurde vom eigenständigen Direktorat zur Abteilung heruntergestuft. Diese hierarchische Abwertung entspricht offensichtlich auch dem gesellschaftspolitischen Stellenwert. Die Zahl der Mitarbeiter wurde fast halbiert. Die EU hat Abschied genommen von einer gemeinschaftlichen europäischen Tourismuspolitik. Und die Fördermittel für Kulturtourismus sind endgültig ausgelaufen. „Steht die Tourismuspolitik der EU vor dem Aus?“ (Vanselow 2000, S. 80).

Die Situation in Deutschland ist nicht wesentlich anders. Propagiert wird gern: *Der Tourismus wird nachhaltig sein – oder er wird nicht sein.* Ja, der Tourismus soll zum Motor für die Weltökonomie werden. Und was trägt die Tourismuspolitik aktiv dazu bei? Ein konkretes Beispiel: Am 27. Januar 1995 beschäftigte sich der Deutsche Bundestag mit Fragen der Tourismuspolitik. Die folgenden Textauszüge aus dem Original-Protokoll (Drucksache 12/7895) sprechen für sich:

Präsidentin Dr. Rita Süssmuth: Meine Damen und Herren, ich rufe Tagesordnungspunkt 10 auf: Beratung der Unterrichtung durch die Bundesregierung. Bericht der Bundesregierung über die Entwicklung des Tourismus.

Susanne Kastner (SPD): Frau Präsidentin! Liebe Kollegen! Liebe Kolleginnen! Eine Tourismusdebatte am Freitagmorgen zu Beginn der 13. Legislaturperiode und dann auch noch um 10 Uhr zeigt, (*Dr. Olaf Feldmann <F.D.P.>: Was gibt es Schöneres? – Zuruf von der*

SPD: Es ist 10.30 Uhr!) dass die Bedeutung, die der Tourismus in den letzten Jahren gewonnen hat, zugenommen hat. Mir ist klar, dass dies nicht allen Kollegen und Kolleginnen in dem Hohen Hause so bewusst ist. Um so mehr freue ich mich, dass heute doch relativ viele Kollegen und Kolleginnen dieser Debatte zuhören. Erholung, Entspannung, Freizeitgestaltung und Urlaub spielen eine der wichtigsten Rollen im Leben der Menschen. Das wird in diesem Hause niemand bestreiten, es sei denn, man stimmt der Vorstellung des Bundeskanzlers vom Freizeitpark Deutschland zu. Aber das werden wir ja wohl nicht tun. (*Beifall bei der SPD und dem Bündnis 90/Die Grünen*). Mir ist klar, dass dies nicht allen Kollegen und Kolleginnen in dem Hohen Haus so bewusst ist. Um so mehr freue ich mich, dass heute doch relativ viele Kollegen und Kolleginnen dieser Debatte zuhören.

Präsidentin Dr. Rita Süssmuth: Als nächster hat der Kollege Olderog das Wort (Joseph Fischer/Frankfurt <Bündnis 90/die Grünen>: Was hat der Olderog mit Tourismus zu tun? Der nimmt sonst doch nur fest! – Dr. Rolf Olderog <CDU/CSU>: Er macht alles!).

Dr. Rolf Olderog (CDU/CSU): Frau Präsidentin! Meine sehr verehrten Damen und Herren! Ich danke ganz herzlich den Mitarbeiterinnen und Mitarbeitern des Wirtschaftsministeriums. Bei äußerst knapper personeller Besetzung der Fremdenverkehrsreferate, der Tourismusreferate, wird von ihnen oft Schwerarbeit verlangt (*Beifall bei der CDU/CSU und der F.D.P.- Zurufe von der SPD und dem Bündnis 90/Die Grünen: Oh! – Joseph Fischer/Frankfurt <Bündnis 90/Die Grünen>: Aufopferungsvoller Dienst am Vaterland!*). Sie, lieber Herr Fischer, haben davon leider keine Ahnung. Deswegen machen Sie so ironische Zwischenrufe. (*Joseph Fischer/Frankfurt <Bündnis 90/Die Grünen>: Ich fahre nur dann und wann gerne weg!*) Die zentrale Ursache ist diese: Deutschland verkauft sich zu schlecht. Wir sind in weiten Bereichen einfach nicht professionell genug. (*Joseph Fischer/Frankfurt <Bündnis 90/Die Grünen>: Kein Wunder bei diesem Kanzler!*)

Jann-Peter Janssen: Die Bundesregierung hat die etwa 750.000 sozialversicherungspflichtigen Arbeitnehmerinnen und Arbeitnehmer, die im Wirtschaftsbereich Tourismus beschäftigt sind, wohl vergessen.

Vizepräsident Hans-Ulrich Klose: Herr Kollege, gestatten Sie eine Zwischenfrage des Abgeordneten Schauerte? (*Zuruf von der SPD: Das ist die Jungfernrede*!)

Jann-Peter Jannssen (SPD): Es ist bei einer Jungfernrede nicht üblich, dass dem Redner gleich eine Zwischenfrage gestellt wird. – Der Tourismus braucht ein zeitgemäßes Berufsausbildungsangebot mit einer breitangelegten Grundausbildung und mit Spezialisierungsmöglichkeiten. (*Beifall bei der SPD – Dr. Olaf Feldmann <F.D.P.>: Was wollen Sie denn verändern? Das ist Dienstleistung, nicht Industrie! Sie sprechen für eine Industriegewerkschaft!*) – Herr Feldmann, darüber brauchen Sie mich nicht zu belehren.

Vizepräsident Hans-Ulrich Klose: Wir sind am Schluss der Aussprache. Interfraktionell wird vorgeschlagen, die Vorlage auf Drucksache 12/7895 zu überweisen, zur federführenden Beratung an den Ausschuss für Fremdenverkehr und Tourismus und zur Mitberatung an den Ausschuss für Wirtschaft, den Ausschuss für Ernährung, Landwirtschaft und Forsten, den Ausschuss für Gesundheit, den Ausschuss für Verkehr, den Ausschuss für Umwelt, Naturschutz und Reaktorsicherheit, den Ausschuss für Raumordnung, Bauwesen und Städtebau sowie an den Ausschuss für die Angelegenheiten der Europäischen Union. Gibt es dazu anderweitige Vorschläge? – Das ist nicht der Fall. Dann sind die Überweisungen so beschlossen.

In einer knappen Stunde hatte der Bundestag 5 Prozent des Bruttosozialprodukts ‚abgehandelt'...

Die Bundesregierung hat erstmals in den siebziger Jahren für ihre Tourismuspolitik die folgenden grundlegenden Ziele formuliert:

- *Sicherung* der für eine kontinuierliche Entwicklung des Tourismus erforderlichen Rahmenbedingungen
- *Steigerung* der Leistungs- und Wettbewerbsfähigkeit der deutschen Fremdenverkehrswirtschaft
- *Verbesserung* der Möglichkeiten für die Teilnahme breiter Bevölkerungsschichten am Tourismus
- *Ausbau* der internationalen Zusammenarbeit im Tourismus.

Diese Ziele bestehen unverändert fort und warten auf ihre Realisierung. Der Erhaltung der Umwelt wurde bereits damals als Aufgabe der Sicherung der Rahmenbedingungen für den Tourismus ein besonderer Stellenwert beigemessen. Aufgrund der gestiegenen Bedeutung hat jedoch die Bundesregierung in ihrem Tourismusbericht (Drucksache 12/7895) die Erhaltung von Umwelt, Natur und Landschaft als Grundlage des Tourismus nachträglich in den Zielkatalog aufgenommen.

2. Probleme

Eine umfassende und systematische Erörterung der gesellschafts- und wirtschaftspolitischen Bedeutung des modernen Tourismus steht in Deutschland noch aus. Tourismuspolitik wurde bisher, wie die Bundesregierung selbst konstatierte (Drucksache 7/3840), als *Hilfsmittel der regionalen Struktur- und Beschäftigungspolitik* verstanden und im übrigen unter Gesichtspunkten der *Mittelstandsförderung* betrieben. Entsprechend bestehen die Tourismusprogramme der Bundesländer im wesentlichen aus *Wirtschaftsförderungsmaßnahmen.* Die Funktion des Tourismus im Rahmen einer integrierten Freizeit- und Tourismuspolitik, die sich als eine Politik der Lebensqualität und des gesellschaftlichen Wohlbefindens versteht, ist bisher noch nicht hinreichend erkannt und umgesetzt worden.

Für Tourismuspolitik ist das Bundeswirtschaftsministerium zuständig, infolgedessen kommen Gesichtspunkte von Umwelt und Natur, der Kultur und Bildung, der Gesundheit und des Sozialen zu kurz. Da es eine ressortübergreifende Bundeskompetenz nicht gibt, die ausgleichend, fördernd oder bremsend wirken könnte, stehen beispielsweise soziale Belange und finanzielle Möglichkeiten breiter Bevölkerungsschichten weniger im Blickpunkt der Tourismuspolitik. *Auch fehlen normbildende Vorstellungen für die Ausweisung von Freizeit-, Naherholungs- und Feriengebieten* bei der Städteplanung und Raumordnung. Offen ist auch, bis zu welchen Grenzen (Aufnahmekapazität) einzelne Feriengebiete im Hinblick auf ihre ökologische Belastbarkeit entwickelt werden können. Damit verbunden sind auch politische Entscheidungen darüber, in welchen Feriengebieten diese Grenzen bereits erreicht oder gar überschritten sind.

Auf der Basis eines wachsenden und gerecht verteilten Wohlstands muss eine Tourismuspolitik die gesellschaftlichen Rahmenbedingungen für optimales Urlaubserleben schaffen, möglichst allen Bevölkerungsschichten den Zugang zum Reisen ermöglichen, für eine intakte soziale und natürliche Umwelt sorgen und die Lebensbedingungen in den Feriengebieten verbessern helfen.

3. Kompetenzen

In Deutschland gibt es bisher keine *integrierte Freizeit- und Tourismuspolitik*, bei der die Bedingungen und Auswirkungen des Feierabend-, Wochenend- und Urlaubsverhaltens im Gesamtzusammenhang (und nicht isoliert voneinander) gesehen werden. Eine Reihe unterschiedlicher Politikfelder ist von den Veränderungen wachsender Freizeit betroffen: Die Zukunftsentwicklung von Freizeiteinrichtungen und Freizeitwohnen, Camping und Caravaning, Parks und innerstädtischer Landschaftsgestaltung, Sport und Spiel, Naherholung und Fremdenverkehr fordern die politischen Ressorts zu neuen Überlegungen heraus. Es stellt sich wirklich die Frage, ob eine stärkere Koordinierung der Aktivitäten verschiedener Ressorts wünschenswert erscheint oder ob sogar eine eigene politische Zuständigkeit für Probleme und Chancen der Freizeit und des Tourismus geschaffen werden sollte:

- Welches politische Ressort ist heute zuständig für die Schäden in Freizeit- und Feriengebieten, die durch zu starkes Frequentieren von Millionen von Tagesausflüglern entstehen?
- Wer trägt Verantwortung für die Ausbildung und Qualifikation von Fachkräften im Fremdenverkehr?
- Wer fördert und initiiert nicht nur statistische Erhebungen, sondern auch qualitative Freizeit- und Tourismusforschung, die ver-lässliche Voraussagen über die Zukunftsentwicklung ermöglicht, die uns also keine Datenfriedhöfe beschert, sondern sagen kann, ob z.B. Langzeiturlauber zufriedener sind als Kurzurlauber und warum beispielsweise Tagesausflügler die Mosel, die Eifel oder den Hunsrück besuchen oder meiden?

Die politischen Zuständigkeiten für Tourismusfragen sind auf eine Vielzahl von Ressorts verteilt. Die Zersplitterung bleibt nicht ohne Folgen. Ressortegoistische Interessen *verhindern eine koordinierte und integrierte Freizeit- und Tourismuspolitik*. Und so sieht die Wirklichkeit tourismuspolitischer Zuständigkeiten aus:

Bundesministerium für Wirtschaft
- Abteilung Fremdenverkehr (Ressort)
- Fremdenverkehrsförderung
- Regionale und sektorale Strukturpolitik
- Sicherung der allgemeinen wirtschaftlichen Rahmenbedingung

Bundesministerium für Verkehr
- Institutionen Luftfahrtbundesamt, Kraftfahrtbundesamt, Wetterdienst, Bundesautobahnen
- Gesamter Transportsektor
- Planung von Bundesfernstraßen
- Flugverkehr (Tarifhoheit, Streckengenehmigung)
- Schifffahrt auf Binnengewässern

Bundesministerium für Raumordnung, Bauwesen und Städtebau
- Landschaftsplanung
- Regionalplanung, Nutzungspläne
- Festlegung von Freizeit- und Erholungsgebieten
- Freizeitarchitektur und -einrichtungen

Bundesministerium für Auswärtiges
- Auslandsvertretungen
- Konsularischer Schutz und Touristenbetreuung im Ausland
- Visaerteilung für ausländische Besucher in Deutschland

Bundesministerium der Justiz
- Reisevertragsgesetz
- Allgemeines Vertragsrecht
- Internationales Recht/Abkommen

Bundesministerium für Verteidigung
- Freizeit der Soldaten
- Militärisches Transportwesen
- Politischer Reiseverkehr

Bundesministerium des Innern
- Fremdenverkehrsstatistik
- Urlaub für öffentl. Bedienstete
- Freizeitsport
- Aufenthaltsgenehmigungen für Ausländer in der Bundesrepublik
- Zoll- und Passvorschriften

Bundesministerium für Verbraucherschutz und Landwirtschaft
- Ferien auf dem Land
- Ernährung, Landwirtschaft, Jagd und Reiterei
- Naturschutz, Landschaftsschutz

Bundesministerium für Arbeit und Sozialordnung
- Arbeitsregelungen
- Urlaubsregelungen
- Kur- und Erholungsurlaube (Rentenversicherungsanstalt)

Bundesministerium der Finanzen
- Finanzhilfen (Strukturförderung)
- Steuergesetze und -regelungen

- Reisekostenregelungen (im Steuergesetz)
- Bundesaufsichtsamt für das Versicherungswesen (Reiseversicherungen)

Bundesministerium für Jugend, Frauen, Familie, Senioren und Gesundheit
- Jugendaustausch
- Familienfreizeit und -urlaub
- Freizeitverbände
- Gesundheitsvor- und nachsorge (Impfvorschriften)

Bundesministerium für das Post- und Fernmeldewesen
- Kommunikationswesen (Telex/Fax/Telefon)
- Leitungen für Reservierungssysteme
- Neue Medien
- Erholungsstätten für Postbedienstete

Bundesministerium für Bildung und Wissenschaft
- Touristische Ausbildung (Berufs-, Fach- und Hochschulen)
- Weiterbildung, Volkshochschulen
- Hotelfachschulen

Bundesministerium für Forschung und Technologie
- Forschungsaufträge und -förderung im Bereich Tourismus

Bundesministerium für Umwelt
- Umweltschutz
- Naturschutz in Erholungsgebieten
- Erhalt/Einrichtung von Erholungslandschaften

Bundesministerium für wirtschaftliche Zusammenarbeit
- Entwicklungsländertourismus; Arbeitsgruppe Touristeninformation 3. Welt
- Touristische Entwicklungshilfe
- Förderung von Tourismusprojekten im Ausland

Eine integrierte Freizeit- und Tourismuspolitik kommt nicht von selbst. Wenn 6 Prozent aller Produktivkräfte in Deutschland im Tourismusgewerbe tätig und etwa weitere 9 Prozent in den einzelnen Freizeitmärkten beschäftigt sind, so ist dadurch eine ökonomische Größe vorgegeben, der sich die Politik stellen muss. Die Ferienländer und Fremdenverkehrsgebiete in Deutschland können es sich in Zukunft nicht mehr leisten, die große ökonomische und soziale Bedeutung von Freizeit und Fremdenverkehr mit einem geringen politischen Stellenwert zu beantworten.

> Die wachsende gesamtwirtschaftliche und gesellschaftspolitische Bedeutung von Freizeit und Tourismus machen eine ständige Koordinierung der freizeit- und tourismusrelevanten Aktivitäten und Maßnahmen im politischen Bereich unumgänglich (IMA FUTOUR: Interministerieller Ausschuss Freizeit und Tourismus). Die interministerielle und ressortübergreifende Zusammenarbeit ist auszubauen und zu intensivieren.

Schon 1974 stellte der Fremdenverkehrsausschuss der Organisation für Wirtschaftliche Zusammenarbeit (OECD) in Paris fest, dass es immer schwieriger werde, zwischen Freizeittourismus und Urlaubstourismus zu unterscheiden. Die Trennungslinie zwischen Freizeit und Tourismus verwische sich immer mehr. Beobachtbar sei bei den Menschen eine „zunehmende Tendenz, für Urlaub und Freizeit ähnliche Einrichtungen zu fordern". Touristen machten zunehmenden Gebrauch von Einrichtungen, die ursprünglich für Freizeitbeschäftigungen gedacht gewesen wären, während Fremdenverkehrseinrichtungen umgekehrt für Freizeitzwecke verwendet würden. Für den öffentlichen wie für den privaten Investor hätte dies den Vorteil, dass beide Bereiche wegen ihrer besseren Verwendungsmöglichkeiten attraktivere Aussichten böten.

„Man kann vernünftigerweise annehmen, dass diese möglichen Tendenzen sich in Zukunft noch weiter durchsetzen. Infolgedessen werden sich die Regierungen vielleicht der Notwendigkeit gegenübersehen, bestehende Verwaltungsapparate entsprechend zu adaptieren, so dass Pläne sowohl für die Entwicklung von Fremdenverkehrseinrichtungen wie von Freizeiteinrichtungen *eng koordiniert* werden können. In einigen Staaten könnte dies in der Form geschehen, dass die *Zuständigkeit* sowohl für den Fremdenverkehr wie für die Freizeitgestaltung einem einzigen Ressort übertragen wird" (Fremdenverkehrsausschuss der OECD, Paris 1974). In der Antwort der Bundesregierung auf die Große Anfrage im Bundestag (10/5454 vom 9. Mai 1986) wird das Problem erkannt: Neben die längeren Urlaubsreisen ist der *Freizeittourismus* getreten, das sind „kürzere, oft erlebnisbetonte Reisen". Hinzu kommen Tagesausflüge in touristische Zielgebiete sowie die Freizeit im Wohnumfeld: „Dies bedarf vermehrter Beachtung in der Tourismuspolitik".

Trotzdem bleibt festzuhalten: Die *politische Karriere des Tourismus* in Deutschland und seine Entwicklung vom politischen „Stiefkind" zum „Musterknaben" (Feldmann 1997, S. 71) ist noch lange nicht in Sicht. Der Tourismus ist unbestreitbar ein wichtiger Wirtschaftszweig mit Standort- und Arbeitsplatzgarantien für Deutschland. Die dazu notwendigen politischen Weichenstellungen für die Zukunft warten noch auf ihre Realisierung.

4. Maßnahmen

4.1 Den Freizeit- und Ferienverkehr durch flexible Ferien- und Wochenendzeiten entzerren

Die EU-Kommission sieht in einer besseren Ferienstaffelung einen Schwerpunkt ihrer tourismuspolitischen Bemühungen. Dies muss auch für die Tourismuspolitik im eigenen Land gelten. In den zurückliegenden dreißig Jahren wurde die Fremdenverkehrsinfrastruktur nach dem Spitzenbedarf in den Sommermonaten Juli und August dimensioniert. Die Folge waren *Überlastungen* in der Hauptsaison und *Überkapazitäten* in der Vor- und Nebensaison. Die Fachwelt sprach von *„Saison-Falle*“, die nur Geld und Nerven kostete. Denn wenn alle zur gleichen Zeit reisen, wird es teurer und anstrengender.

Die erheblichen saisonalen Schwankungen sind wesentlich auf eine Schulferienregelung zurückzuführen, die den heutigen Mobilitätsbedürfnissen der Bundesbürger kaum mehr gerecht wird. Drei Viertel der Bevölkerung können und wollen sich eine 3-Wochen-Reise im Sommer nicht mehr leisten. Hinzu kommt, dass Großunternehmen dazu übergehen, das Werksferien-Schema von drei Wochen Dauer flexibler dem Markt anzupassen, weil es ebenso starr wie kundenunfreundlich ist. Die Produktion läuft meist auch in den Sommerferien weiter.

Doch die Schulferienregelung im Sommer ist traditionell auf einen Zeitblock von jeweils zwei Reiseperioden von je drei Wochen fixiert. Sinnvoller wäre es, die Ferienregelung zu flexibilisieren, also beispielsweise die Sommerferien um eine Woche zu verkürzen und dafür Oster-, Pfingst-, Herbst- oder Weihnachtsferien entsprechend zu verlängern. Die Forderung zielt auf eine *Flexibilisierung der Ferienzeiten*, d.h. also eine Verkürzung der Sommerferien bei gleichzeitiger Verlängerung der übrigen Ferien. Auf diese Weise könnten die Ferienzeiten gleichmäßiger über das Jahr verteilt und das umweltbelastende Hauptproblem *„Massenhaftigkeit durch Gleichzeitigkeit“ gemindert* werden. Die Flexibilisierung der Ferienzeiten gewährleistet zudem eine bessere Nachfrageverteilung. Verstopfte Autobahnen, überfüllte Strände und überhöhte Preise könnten weitgehend vermieden werden. Fremdenverkehr und Umwelt würden gleichermaßen davon profitieren.

Nicht nur die Reiseintensität, auch die Zahl der Urlaubstage für alle Arbeitnehmer hat sich in den letzten fünfzig Jahren verdoppelt. Die Ferientermine der Schulen aber sind im wesentlichen unverändert geblieben. Der Wandel der Reise- und Urlaubsgewohnheiten wird in Zukunft eine Neuordnung der Ferientermine unerlässlich machen – so wie es die Bundesregierung schon in den siebziger Jahren erkannt hat, ohne die entsprechenden tourismuspolitischen Konsequenzen zu ziehen: „Die weitgehend *unter schulpädagogischen Gesichtspunkten* durchgeführte Ferienterminfestlegung kann in ihrer jetzigen Form unter tourismuspolitischen Aspekten noch nicht befriedigen“ (Drucksache 7/3840 – 1975, S. 22).

Es ist klar: Wenn Wochenende und Ferientermine, Freizeit- und Ferienverkehr zeitlich zusammenfallen, sind das Chaos auf den Straßen und die Abgasbelastung in der Natur vorprogrammiert. Es kommt zu Überlastungen von Umwelt und Natur und zu Kapazitätsengpässen (z.B. Versorgungs- und Entsorgungsanlagen). Hiervon besonders betroffen sind Teile der Voralpen und Alpen sowie die Nord- und Ostseeküsten. Eine spürbare Entlastung des Freizeit- und Ferienverkehrs wäre schon möglich durch eine Flexibilisierung des Angebots (z.B. weg vom starrem Wochenrhythmus: „Anreise am Samstag“). Geboten erscheint die *Einführung von flexiblen Wochenenden* (Samstag/Sonntag oder Sonntag/Montag frei). Wenn nicht mehr alle zur gleichen Zeit am gleichen Ort zusammenkommen, werden die Spitzenbelastungen abgeschwächt, Natur und Umwelt entlastet und der einzelne gewinnt auf diese Weise mehr frei verfügbare Zeit: Weil nicht mehr alle das Gleiche zur gleichen Zeit tun.

Die Forderung nach Einführung von flexiblen Wochenenden, bei dem am Sonntag als sozialer Errungenschaft und gemeinsamem Familientag festgehalten wird, jeder einzelne aber zwischen einem arbeitsfreien Samstag/ Sonntag *oder* einem arbeitsfreien Sonntag/Montag wählen kann, wird immer dringender (vgl. dazu erstmals Opaschowski 1974, S. 31). Dadurch könnten nicht nur rush hour und Spitzenbelastungen im Wochenendverkehr reduziert, sondern auch gastronomische Einrichtungen, Hotels und Pensionen besser ausgelastet werden. Einkäufe, Behördengänge oder Erledigungen wären ebenso (z.B. am Montag) stressfreier miteinander zu koordinieren.

Insbesondere für die wachsende Zahl der 1-Personen-Haushalte (ihr Anteil liegt in einigen Großstädten bei über fünfzig Prozent) könnte dies einen Gewinn an persönlicher Lebensqualität bedeuten. Sie würden auf diese Weise wieder einen Teil freier Zeit zurückgewinnen, weil sie den Stoß- und Wartezeiten aus dem Wege gehen könnten – unter der Voraussetzung allerdings, dass die Arbeitnehmer das flexible Wochenende *freiwillig wählen können*, ohne es nehmen zu müssen.

Wenn die Bevölkerung zunehmend mobiler und spontaner wird, müssen auch die Arbeitszeit- und Ferienzeitregelungen flexibler und frei einteilbarer werden. In den nächsten Jahren werden neun von zehn Erwachsenen mindestens ein Auto zur Verfügung haben – gekauft, geleast oder geliehen. Angesichts der Tatsache, dass die Lebenserwartung der Deutschen jedes Jahr um etwa 3,5 Monate zunimmt, wird die künftige Gesellschaft ebenso freizeitmobil wie langlebig sein. Und die Menschen werden dann nach dem Grundsatz leben: „Alt ist man erst, wenn man nicht mehr autofahren kann".

Die starke zeitliche Konzentration in vielen Feriengebieten wirkt sich nicht nur nachteilig auf die Umwelt aus, sondern beeinträchtigt auch nachdrücklich die Lebensqualität vor Ort – für die ortsansässige Bevölkerung genauso wie für die anreisenden Urlaubsgäste. Kapazitätsengpässe, Auslastungsschwankungen, Einkommenseinbußen und Imageschädigungen sind die Folge. Nicht nur die Politik, auch die Anbieter selbst müssen ihren Teil zur Problemlösung beitragen, z.B. durch eine größere *Flexibilisierung der An- und Abreisetage*. Auch über *längere bzw. flexiblere Ladenöffnungszeiten* in Feriengebieten muss ernsthafter nachgedacht werden.

4.2 Autofreie Ferienorte mit Service und entsprechender Infrastruktur schaffen

Die Bürger entwickeln eine neue Urlaubskunst, die einer Quadratur des Kreises gleicht: Sie legen einerseits großen Wert auf die gute Erreichbarkeit eines Reiseziels mit dem Auto, erwarten aber andererseits am Urlaubsort viel Ruhe und wenig Verkehr. Wie die 1. Europäische Tourismusanalyse ermittelte, stellen die Deutschen derzeit die höchsten Ansprüche in bezug auf *Verkehrsberuhigung am Urlaubsort*. Sie wollen problemlos mit dem Auto anreisen, aber im Urlaub vom Verkehrslärm möglichst verschont bleiben. Die Deutschen könnten zu Vorreitern für die Schaffung autofreier Feriengebiete in Europa werden.

Ähnlich sensibel wie die Deutschen zeigen sich nur die Österreicher (40%). Auch für viele Franzosen (37%) und Niederländer (31%) gehört die Ruhe zur Urlaubsqualität – ganz im Gegensatz zu den Engländern (17%) oder Dänen (4%), die offensichtlich selbst noch am Strand mit Autoabgasen und Motorenlärm ganz gut leben können. Den Wunsch nach einem störungsfreien Urlaub ohne Verkehrslärm äußern Frauen deutlich mehr als Männer, Familien mit Kindern mehr als kinderlose Paare. Am wenigsten daran interessiert sind die Singles, die ihre automobile Freiheit ungern aufgeben wollen.

Für mindestens zwei von fünf Bundesbürgern ist die Verkehrsberuhigung „persönlich entscheidend bei der Auswahl eines Urlaubszieles“ – und damit wichtiger als etwa Sehenswürdigkeiten, Restaurants, Cafes und Kneipen, Sportmöglichkeiten oder gute Einkaufsmöglichkeiten. Ein Urlaubsort ohne Lärm, Abgase und Unfallgefährdung garantiert den Erholungssuchenden Entspannung sowie zusätzliche Erlebnisse mit dem Fahrrad oder zu Fuß. Dies bedeutet: Nicht Vernunft und Einsicht werden am Ende siegen, eher die ganz persönliche Erfahrung, dass Autoabgase und Motorenlärm die eigenen Nerven genauso belasten wie die umgebende Natur. *Verkehrsberuhigung ist erst einmal Nervenberuhigung*. Die Menschen können sich dann besser erholen, die Natur und Landschaft auch.

Eine knappe Mehrheit der Bevölkerung (55%) würde einen „autofreien Urlaubsort sofort akzeptieren“, wenn es ein entsprechend *ausgebautes Rad- und Wanderwegenetz* gäbe, so dass leicht auf Ausflüge mit dem Auto in die nähere Umgebung verzichtet werden kann. Die Bereitschaft mit dem Auto anzureisen, aber im Urlaub weitgehend auf das Autofahren zu verzichten, ist bei allen Bevölkerungsgruppen mehrheitlich vorhanden, allerdings an bestimmte Bedingungen geknüpft. Die Urlauber sind freiwillig zu einem Einstieg in die Autofreiheit bereit, wenn sie zwar auf das Auto, nicht aber auf die autofreie Infrastruktur und den entsprechenden Service verzichten müssen.

Für den freiwilligen Autoverzicht müssen Anreize geschaffen werden. Wirksamer als Verbote und Sanktionsmaßnahmen wie Teilsperrungen oder Nachtfahrverbote werden „Großparkplätze in Verbindung mit Shuttle-Bus-Systemen“ eingeschätzt. 40 Prozent der Bevölkerung wären sogar zur Zahlung von Gebühren bereit, wenn eine Bewachung der Parkplätze am Urlaubsort sichergestellt wird. Als wichtigste Förderungsmaßnahme aber gilt der Ausbau des Rad- und Wanderwegenetzes, so dass ein echter Anreiz für den Verzicht auf Fahrten mit dem Auto geboten wird. Hoffnungsvoll stimmt, dass insbesondere die jungen Leute im Urlaub als Radfahrer oder Fußgänger mobil sein wollen.

Der Einstellungswandel der Bevölkerung wird zur großen Herausforderung für Kur-, Bade- und Fremdenverkehrsorte. Die Urlauber empfinden

Autoabgase zunehmend als Belästigung und den Verkehrslärm als Beeinträchtigung ihrer Erholung. In vielen Fremdenverkehrsgemeinden wird das Auto bald kein Akzeptanzproblem mehr sein. Eher bahnt sich ein sanfter Umstieg an: *Autofahrer werden Radfahrer und Fußgänger in einem sein.*

Mittlerweile haben sich in Bayern Gemeinden der „Interessengemeinschaft autofreier Kur- und Fremdenverkehrsgemeinden" (IAKF) angeschlossen – von Bad Wörishofen über Berchtesgaden bis nach Oberstorf. Als Trendsetter der neuen Autofreiheit gelten schon lange die Ost- und Westfriesischen Inseln, Ischia und die Inseln vor der bretonischen Küste. Die verbesserte Luftqualität, die geringere Lärmbelästigung und das verminderte Unfallrisiko lassen Autofreiheit am Urlaubsort zum Synonym für mehr Lebensqualität im Urlaub werden. Infrastrukturell aber gibt es noch genug zu tun: Wenn rund drei Viertel der Urlauber in autofreien Tourismusorten mit dem Pkw anreisen und auch für ihre Ausflüge im Urlaub das Auto weiter nutzen, so wird doch deutlich, dass es bisher an *attraktiven Ausflugsalternativen* mangelt und das Problem der An- und Abreise mit dem Auto ebenfalls noch weitgehend ungelöst ist.

4.3 Eine Tourismuspolitik („Tourismus-Charta") zum besseren Schutz der Rechte der Touristen entwickeln

In Zukunft wird es nicht darauf ankommen, dass wir überall hinfahren können, „sondern ob es sich noch lohnt, dort anzukommen". Was der Schriftsteller Hermann Löns 1908 als Zukunftsvision formulierte, ist aktueller und brisanter denn je. Nach Ansicht der EU wurde die Entwicklung des Phänomens Tourismus bisher weitgehend dem Zufall, der wirtschaftlichen und „häufig auch nur der *spekulativen Dynamik*" überlassen. So kam es zu einer wachsenden Konzentration der touristischen Aktivitäten auf bestimmte Gebiete und Zeiten mit schweren Infrastrukturmängeln, insbesondere bei

- der Wasserversorgung,
- den Entwässerungs- und Kläranlagen,
- den medizinischen Einrichtungen,
- dem Verkehr und Straßennetz.

Die Folgen blieben nicht aus: Deutlich erkennbare Umweltbeeinträchtigung und eine regelrechte Schädigung der betreffenden Gebiete und des kulturellen und geschichtlichen Erbes. Eine solche spontane, fast *wildwüchsige Entwicklung* droht zu „kultureller Verarmung und sozialer Ungerechtigkeit" (Europ. Parlament 1992, S. 56) in den betreffenden Gebieten zu führen.

Für die Zukunft muss wieder gelten: *Qualitätswettbewerb statt Preiswettbewerb.* Also Werben mit mehr Sicherheit, mehr Service, mehr Komfort und mehr Umweltqualität. Was der Tourismus in Europa braucht, sind keine grünen Koffer oder blauen Wunder, sondern ganz einfach ein *Gütesiegel für Quali-*

tätstourismus, ein einheitliches Garantiezeichen für kontrollierte Tourismusqualität.

Bis heute gibt es noch keine *Lizenzierung von Reiseveranstaltern* nach strengen Regeln. Infolgedessen arbeiten viele Touristikberufe – vom Reiseveranstalter bis zum Reiseleiter – ohne staatliches Diplom. Es gibt keine geregelten Ausbildungswege mit staatlich anerkannter Prüfung (z.B. in der Industrie- und Handelskammer). Entsprechend macht- und rechtlos sind sie bei der Ausübung ihrer beruflichen Tätigkeit z.B. in Griechenland, Italien oder Spanien. Die bisher ungeregelte Gewerbefreiheit sorgt zudem für seltsame Blüten – frei nach dem Motto: „Wer nichts wird, wird Wirt. Wer selbst dann nichts wird, macht eine Reisefirma auf – mit wenig Kapital und noch weniger Fachwissen". In Zukunft muss also eine *tourismusberufliche Qualifizierung* verpflichtend werden (z.B. durch Einbeziehung in vorhandene Berufsausbildungen oder neue Studiengänge), damit die Sensibilisierung für eine umwelt-, sozial- und kulturverträgliche Tourismusentwicklung gewährleistet ist. Also: Urlaub und Reisen verkaufen, kann doch nicht heißen, dass die Reisenden auch ihren Verstand auf Urlaub schicken sollen.

Die Urlauber sind jahrelang auf eigenes Risiko in fremde Länder gereist, ohne dass es für diesen „Fremden-Verkehr" schon ausreichende rechtliche Regelungen gab. Mit der Entwicklung zum weltweiten Massentourismus spitzt sich die Frage des Schutzes von Touristen deutlich zu:

- Touristen, die in einem Urlaubsland *Opfer von Gewaltverbrechen* werden, bekommen nicht immer die gleichen Ansprüche auf Schadenersatz zuerkannt wie die Bewohner des Landes, in dem das Verbrechen verübt wurde.
- In *Notsituationen* und bei Inanspruchnahme von ärztlichen Leistungen werden den Touristen bürokratische Verwaltungsformalitäten auferlegt, die „ein absoluter Anachronismus im Rahmen eines Programms zur Vollendung des europäischen Binnenmarkts" sind (EU 1992, S. 68).
- Viele Touristen sind nicht hinreichend gegen Diebstahl in den Urlaubsunterkünften, insbesondere in den Hotels und auf den Campingplätzen geschützt. Es mangelt an *Safes*, eigens eingerichteten Gepäckaufbewahrungsräumen sowie verstärkter Überwachung der Rastplätze.
- Die *Sicherheitsvorschriften* in Hotels (z.B. in bezug auf den Brandschutz) sind oft nicht ausreichend. Sie werden von einer großen Zahl von Hotelbetrieben nicht eingehalten, zum Teil fehlen sie bei anderen Ferienunterkünften (z.B. Ferienwohnungen, Bungalows) völlig.
- Das Problem der *Überbuchung* (z.B. in Hotels, Luftverkehrsgesellschaften) geht oft zu Lasten der Touristen. Es mangelt an Regelungen für Entschädigungsleistungen (von den Taxi- und Telefonkosten bis zu den Mehrkosten für eine gleichwertige Unterkunft oder Beförderung).
- In einigen Urlaubsländern (z.B. Griechenland, Italien, Spanien) gibt es „eine flagrante *Diskriminierung* gegenüber Touristen" (EU 1992, S. 69), die für bestimmte touristische Leistungen (z.B. Museumsbesuche)

deutlich höhere Preise zu zahlen haben als die einheimische Bevölkerung.

- Im Falle von Problemen und Notsituationen lässt die Betreuung, die die Botschaften und Konsulate den Touristen zukommen lassen, oft zu wünschen übrig. Dies gilt nicht nur für finanzielle Unterstützungen bei unvorhergesehenen Ereignissen. Touristen benötigen vor allem einen *zuverlässigen Informationsdienst bei den diplomatischen Vertretungen*, der eine ständige Einrichtung und unabhängige Serviceleistung werden muss.

In Zukunft brauchen wir eine Tourismus-Charta zum Schutz der Rechte der Touristen, die von der EU und den Länderregierungen anerkannt wird. Eine solche Tourismus-Charta müsste auch für eine *Harmonisierung der Bewertungssysteme* (z.B. für Hotels und Campingplätze) sorgen, damit sich alle europäischen Touristen auf einheitliche Kriterien verlassen können.

4.4 Eine Neuorientierung des Gesundheitstourismus vornehmen

Das Kur- und Bäderwesen hat heute und in Zukunft erhebliche Anpassungsprozesse zu bewältigen. Eine Neukonzeption des gesundheits- und touristischen Angebots in den Kurorten und Heilbädern ist zwingend erforderlich. Gesundheitsreform, ein Wandel des Gesundheitsbewusstseins und ein verändertes Urlaubsverhalten fordern zur Frage heraus, ob in Zukunft neben der klinischen Behandlung, der Anschlussheilbehandlung und der Rehabilitation überhaupt noch Badekuren „im alten Stil" sinnvoll sind. Freizeit und Urlaub nehmen an Umfang und Bedeutung zu. Über die bloße Erhaltung der Arbeitskraft hinaus bekommen *gesundheitsbewusste Lebensgewohnheiten* eine zentrale Bedeutung. In einer Gesellschaft ohne garantierte Vollbeschäftigung werden sich nur selbstständige Menschen, die sich selbst beschäftigen und Eigeninitiative entwickeln, behaupten können.

Das kurative Leitbild des behandelten, betreuten und versorgten Patienten gehört der Vergangenheit an. Wer Selbstverantwortung für das eigene Wohlbefinden übernehmen soll, muss dazu motiviert und aktiviert werden und Gelegenheiten zum Einüben und Trainieren erhalten, damit die Sichtweise zur Lebensweise wird. Die ehemals weitgehend passive Kurbehandlung muss folgerichtig zu einem aktiven *Ganzheitstraining* von Körper, Seele und Geist werden. Bei einer Realisierung der drei Angebotsformen

- Erholungsurlaub
- Wellnessurlaub
- Erlebnisurlaub

werden Badekuren entbehrlich, weil das Konzept des modernen Gesundheitsurlaubs wesentlich wirkungsvoller ist. Heilbäder sollten daher ihr Heil weniger im Verordnen von Bädern, Packungen und Massagen suchen, als vielmehr in einer *stärkeren Freizeit- und Erlebnisorientierung des Angebots*, das für Anbieter und Nutzer gleichermaßen heilsam und unterhaltsam ist. Und Kurorte sollten sich zu Trainingszentren des Gesundheitsurlaubs und Wellnesstourismus wandeln, in denen nicht nur

- Ärzte, Krankenschwestern und Physiotherapeuten ihre medizinischen Dienste anbieten, sondern auch
- Gesundheits-, Ernährungs- und Kosmetikberater,
- Sport-, Psychohygiene- und Kommunikationstrainer,
- Hobbykursleiter, Freizeitberater und Animatoren für kreatives und handwerkliches Gestalten

auf Wunsch beratend, anleitend oder aktivierend zur Verfügung stehen. Kurverwaltungen müssen gesundheitstouristische Managementaufgaben wahrnehmen und Kurdirektoren zu Wellnessdirektoren werden.

4.5 Freiwillige Kapazitätsbeschränkungen einführen

Neue Angebote können neuen Bedarf wecken. Umgekehrt können beispielsweise weniger Lifte und Gondelbahnen dafür sorgen, dass weniger massenhaft Ski gefahren wird. Durch freiwillige Selbstbeschränkung, das heißt *bewusste Reduzierung des Angebots*, werden Nutzungsbarrieren aufgebaut: Überfüllungen schrecken ab, zu Fuß gehen ist unbequem (und bei der Beschaffenheit der heutigen Skistiefel auch nicht mehr möglich). Zweifellos handelt es sich hierbei um restriktive Maßnahmen, die aber das Urlaubsverhalten wirkungsvoll beeinflussen und verändern können. Wenn sich die Anbieter in Teilbereichen freiwillig einschränken und wieder in ökologisch dimensionierten Größenordnungen denken, werden sie manchen „schnellen Euro" verlieren, aber ihre Existenz dauerhaft sichern, ohne dass sich Horst Sterns Prophezeiung erfüllen muss: *„Erst geht die Kuh, dann geht der Gast – wen soll man da noch melken?"*

Nur freiwillige Kapazitätsbeschränkungen („small is beautiful") zur rechten Zeit (wie in den USA üblich) können verhindern, dass Feriengebiete wegen Kapazitätsaus- und Überlastungen geschlossen werden müssen oder Gefahr laufen, wegen Naturzerstörung boykottiert oder verlassen zu werden. Der touristische *Teufelskreis von Erschließung, Nutzung und Ausbeutung* muss durchbrochen werden. Der Weg zur Quelle führt gegen den Strom: Die Einschränkung und Verbesserung des bestehenden Angebots muss absoluten Vorrang vor weiteren Ausdehnungen oder gar Neuerschließungen haben. Ein Wandel vom Erschließungs- zum Dienstleistungstourismus ist das ökologische Gebot der Zukunft, wenn ein staatlich verordneter numerus clausus für neue touristische Projekte verhindert werden soll.

Sonnige Reiseziele im mediterranen Raum werden sich auf Dauer nur durch freiwillige Selbstbeschränkung vor Zerstörung oder gar Vernichtung retten können. Das kann im Einzelfall auch Verzicht auf technischen Fortschritt bedeuten. Die Spanier haben es vorgemacht: Auf dem Teneriffa-Vulkan Teide wurde der Seilbahn-Verkehr eingeschränkt. Die Touristen müssen wieder zu Fußwanderern werden. Und die Besteigung des Gipfels ist nicht mehr gestattet. Die Folge: Die Massen-Attraktivität lässt rapide nach und das Berggelände bleibt vor Verschmutzung und Zerstörung bewahrt.

Erste wegweisende Praxisbeispiele zeichnen sich ab:

- Spanien hat ein neues Küstenschutzgesetz, das jedes Bauen in einer 100-Meter-Zone längs der Küste verbietet.
- Dänemark hat für verschiedene Küstengebiete ein Campingverbot erlassen.
- Belgien hat die Dünen an der Küste gekauft und zum Naturschutzgebiet erklärt, um weiteres Bauen zu verhindern.
- Frankreich hat beschlossen, keine neuen Feriengebiete mehr in den französischen Alpen zu erschließen.
- Griechenland hat einen Baustopp für Hotels mit mehr als 200 Betten verfügt.
- Ungarn erteilt für die Uferzonen am Plattensee keine Baugenehmigungen mehr.

Umweltbewusstes Augenmaß beweist Mauritius: Kein Hotel darf höher als der nächste Baum sein – ein Grundsatz, den die Indonesier auf Bali schon jahrelang praktizieren: *Kein Haus darf höher als die nächste Palme sein.*

Angesichts von Robbensterben und Algenblühen hatte der Fremdenverkehrsverband Schleswig-Holstein beispielsweise 1988 das einzig Richtige – die Offensive nach vorn – getan und ein *Urlauberparlament* einberufen, in dem gemeinsam mit Stammurlaubern Forderungen zur Umweltpolitik und zum Umweltverhalten entwickelt wurden. Für die Zukunft ist absehbar, dass immer mehr Urlauber auf die zügellose Bauwut und Landschaftszerstörung in den Urlaubszentren *mit Verweigerung reagieren* und die Gebiete zusehends meiden werden. Die klassischen Massenziele von Mallorca bis Benidorm, von der Costa del Sol bis zu den Kanarischen Inseln könnten davon als erste betroffen sein. Wer heute an einer unkontrollierten Expansion in Massenzielen verdient – hat morgen auch den Massenexodus der Touristen verdient. Die Masse bleibt aus, die Kasse auch.

Die Balearen-Regierung bereitet auf Mallorca gerade den Umbau vom Massentourismus zum individuellen Qualitätsreiseziel vor: Sie will den Massentourismus um 20 Prozent eindämmen und gleichzeitig eine tägliche *Ökosteuer* von durchschnittlich einem Euro einführen. Was ökologisch vernünftig erscheint, muss aber auch ökonomisch in seinen Folgewirkungen zu Ende gedacht werden: 20 Prozent weniger Tourismus heißt dann aber auch 20 Prozent weniger Einnahmen, 20 Prozent mehr Arbeitslose auf der Insel und 20 Prozent weniger Flüge, d.h. jeder fünfte Flug nach und von Palma würde gestrichen. Man muss wissen: In letzter Konsequenz schaffen Kapazitätsbeschränkungen mehr Umweltqualität, können aber auch – zumindest in der *Übergangsphase* – ökonomisch gesehen weh tun.

Reiseunternehmen müssen in Zukunft – nicht nur zur Sicherung ihrer eigenen Existenz – die Tourismusentwicklung in Massenzielen mitverantwortlich gestalten, d.h. aktiv steuern, kontrollieren und auf ein für Bevölkerung und Umwelt erträgliches Maß begrenzen. Verantwortung für einen zukunftsverträglichen Tourismus zu übernehmen, kann auch heißen, freiwillig Verzicht zu üben.

> Für Reiseunternehmen ist es ebenso ökonomisch wie moralisch, auf touristische Investitionen zu verzichten und freiwillig die Urlaubskontingente in bestimmten Gebieten nicht mehr zu steigern, wenn das für Bevölkerung und Umwelt erträgliche Maß erreicht oder gar überschritten ist. Im Extremfall kann das auch Verkaufsboykott bedeuten.

Wir befinden uns heute auf der Schwelle, in der die *Zukunftsweichen für Selbstvernichtung oder Selbstbeschränkung* gestellt werden müssen. Im Auftrag des Europarats hat eine Expertenkommission alle vorliegenden Daten zur Ist-Situation im Mittelmeer-Tourismus gesammelt und für das Jahr 2025 hochgerechnet – mit katastrophalen Perspektiven. Die Zahl der touristischen Besucher steigt von 150 auf 200 Millionen an, aber um den Preis von Umweltproblemen und Versorgungsengpässen großen Ausmaßes.

In Zukunft kann es nicht mehr nur darum gehen, Umweltschutzbelange sanft im Blick zu haben, sondern das Wachstum in Zentren des Massentourismus hart zu bremsen. Was Pedro Aparicio, der Bürgermeister von Malaga, auf der 2. Konferenz der Mittelmeerstaaten den Delegierten aus leidvoller Erfahrung zurief, wird zur Zukunftsdevise für viele Zentren des Massentourismus werden: „*Wir müssen bremsen, bremsen, bremsen*“.

5. Weltkodex für Ethik im Tourismus. Weichenstellung für das dritte Jahrtausend

Der Weltkodex für Ethik im Tourismus (*Global Code of Ethics*) wurde bei der 13. Generalversammlung der Welttourismusorganisation OMT/WTO in Chile (Resolution A/RES/406/XIII) im Herbst 1999 beschlossen. Dieser Kodex richtet sich an alle Beteiligten der Tourismuswirtschaft, insbesondere an Reiseveranstalter und –vermittler, an das Hotel- und Gaststättengewerbe sowie an touristische Dienstleister wie z.B. Transportunternehmen und Seilbahnen sowie an die Touristen selbst. Der Kodex behandelt in zehn Artikeln ethische Grundsätze für alle Betroffenen.

Der Globale Ethikkodex bietet einen Referenzrahmen für die verantwortungsbewusste und nachhaltige Entwicklung des Welttourismus. Er übernimmt Anregungen aus vielen bereits existierenden ähnlichen Erklärungen und Verhaltensregeln und ergänzt diese durch neue Überlegungen. Angesichts der prognostizierten *Zunahme des internationalen Tourismus um fast das Dreifache* in den kommenden zwanzig Jahren sind die Mitglieder der Welttourismusorganisation der Auffassung, dass der Globale Ethikkodex erforderlich ist, um die negativen Auswirkungen des Tourismus auf die Umwelt und das kulturelle Erbe zu minimieren und die Vorteile für die Bewohner der Tourismusziele zu maximieren.

Der Kodex war in einer Resolution der Generalversammlung der WTO 1997 in Istanbul gefordert worden. Die Kommission der Vereinten Nationen für nachhaltige Entwicklung unterstützt dieses Konzept eines Kodexes auf ihrer Sitzung im April 1990 in New York und forderte die WTO auf, sich auch um Beiträge des Privatsektors, von Nichtregierungsorganisationen und Arbeitnehmerorganisationen zu bemühen. Aus mehr als siebzig WTO-Mitgliedstaaten sowie von anderen Organisationen gingen mehr als siebzig Stellungnahmen zu dem Kodex ein. Der auf dieser Grundlage entstandene zehn Punkte umfassende Globale Ethikkodex – das Ergebnis eines umfassenden Konsultationsprozesses – wurde von der WTO-Generalversammlung im Oktober 1999 in Santiago einstimmig verabschiedet.

Der Kodex beinhaltet neun Artikel, die die *Spielregeln* für die Destinationen, Regierungen, Reiseveranstalter, Entwickler, Reisebüros, Arbeitnehmer und die Reisenden selbst umfassen. Der zehnte Artikel beinhaltet den Bereich Gewährleistung und Reklamation; es ist das erste Mal, dass ein Kodex dieser Art einen *Durchsetzungsmechanismus* enthält. Dieser Mechanismus wird auf Schlichtung durch einen Weltausschuss für Tourismusethik basieren, das aus Vertretern aller Regionen der Welt sowie aller an der Tourismusentwicklung Beteiligten Anspruchsgruppen besteht.

5.1. Präambel

Wir, die Mitglieder der Welttourismusorganisation, die heute am 1. Oktober 1999 in Santiago/Chile zu einer Generalversammlung zusammengekommen sind, bezugnehmend vor allem auf folgende Übereinkommen:

- die allgemeine Erklärung der Menschenrechte vom 10. Dezember 1948;
- die Erklärung von Rio über Umwelt und Entwicklung vom 13. Juni 1992;
- die Erklärung von Manila über die sozialen Auswirkungen des Tourismus vom 22. Mai 1997

bekräftigen das *Recht auf Tourismus und Freizügigkeit für Touristen*; verleihen unserem Wunsch Ausdruck, eine gerechte, verantwortungsbewusste und nachhaltige Welttourismusordnung zu fördern, die allen Sektoren der Gesellschaft Nutzen bringt im Kontext einer offenen und liberalisierten Weltwirtschaft und verabschieden zu diesem Zweck feierlich die Grundsätze des Globalen Ethikkodex für den Tourismus:

5.2. Artikel 1

Der Beitrag des Tourismus zu gegenseitigem Verständnis und Respekt zwischen Völkern und Gesellschaft

1. Das Verständnis für die allen Menschen gemeinsamen ethischen Werte sowie deren Förderung und eine Einstellung, die Toleranz und Respekt für die vielfältigen religiösen, philosophischen und moralischen Überzeugungen beweist, sind Grundlage und Folge eines verantwortungsbewussten Tourismus. Die an der Tourismusentwicklung beteiligten Anspruchsgruppen und die Touristen selbst sollten die gesellschaftlichen

und kulturellen Traditionen und Bräuche aller Völker einschließlich Minderheiten und indigener Völker beachten und ihren Wert anerkennen.

2. Touristische Aktivitäten sollten im Einklang mit den Eigenheiten und Traditionen der Gastregionen und Länder stehen und deren Gesetze, Sitten und Gebräuche respektieren.
3. Die gastgebenden Gemeinschaften einerseits und die örtlichen Fachleute andererseits sollten sich mit den sie besuchenden Touristen vertraut machen, sie respektieren und sich über ihren Lebensstil, ihre Vorlieben und Erwartungen informieren. Die Bildung und Ausbildung, die die Fachleute erhalten haben, tragen zu einer freundlichen Aufnahme bei.
4. Aufgabe der Behörden ist es, die Touristen und Besucher sowie deren Eigentum zu schützen. Sie müssen der Sicherheit ausländischer Touristen aufgrund deren potentieller Schutzlosigkeit besondere Aufmerksamkeit schenken. Sie sollten die Einführung spezieller Mittel zur Information, Vorbeugung, Sicherheit, und Unterstützung entsprechend den Bedürfnissen der Touristen erleichtern. Alle gegen Touristen oder Beschäftigte der Tourismusindustrie gerichteten Angriffe, Tätlichkeiten, Entführungen oder Drohungen sowie die vorsätzliche Zerstörung von touristischen Einrichtungen oder Teilen des Kultur- und Naturerbes sollten scharf verurteilt und entsprechend den nationalen Gesetzen bestraft werden.
5. Touristen und Besucher sollten auf ihren Reisen keine Straftaten oder andere Handlungen begehen, die den Gesetzen des besuchten Landes zufolge als strafbar gelten, und ein Verhalten, das von der örtlichen Bevölkerung als anstößig oder beleidigend empfunden wird oder die örtliche Umgebung schädigen kann, vermeiden. Sie sollten nicht mit verbotenen Drogen, Waffen, Antiquitäten, geschützten Arten, Produkten und Substanzen handeln, die gefährlich oder den nationalen Bestimmungen zufolge verboten sind.
6. Touristen und Besucher sind verpflichtet, sich schon vor der Abreise mit den Besonderheiten der Länder, die sie besuchen wollen, vertraut zu machen. Sie müssen sich der Gesundheits- und Sicherheitsrisiken, die mit jeder Reise außerhalb ihrer üblichen Umgebung verbunden sind, bewusst sein und sich so verhalten, dass diese Risiken so klein wie möglich gehalten werden.

5.3 Artikel 2

Der Tourismus als möglicher Weg zu individueller und kollektiver Erfüllung

1. Der Tourismus ist die Aktivität, die meist mit Ruhe und Entspannung, Sport sowie Kultur- und Naturerleben in Verbindung gebracht wird und sie sollte als privilegierter Weg zu individueller und kollektiver Erfüllung geplant und praktiziert werden. In einer hinreichend offenen Einstellung ist der Tourismus ein unersetzliches Mittel zur Selbsterziehung. Er fördert die gegenseitige Toleranz und das Verständnis für legitime Unterschiede zwischen Völkern und Kulturen und ihrer Vielfalt.
2. Im Rahmen touristischer Aktivitäten sollte die Gleichheit von Männern und Frauen respektiert werden. Die Menschenrechte und insbesondere die individuellen Rechte der sensibelsten Gruppen, vor allem der Kinder, alten Menschen, Behinderten, ethnischen Minderheiten und indigenen Völker sollten gefördert werden.
3. Die Ausbeutung von Menschen in jeder Form, vor allem die sexuelle Ausbeutung besonders bei Kindern widerspricht den grundlegenden Zielen des Tourismus und ist die Verneinung des Tourismus. Als solche sollte sie in Übereinstimmung mit dem Völkerrecht und in Zusammenarbeit aller betroffenen Länder energisch bekämpft und durch die nationalen Gesetze sowohl der besuchten Länder als auch der Länder der Täter schonungslos bestraft werden, selbst wenn diese Handlungen im Ausland begangen werden.

4. Reisen zu religiösen, gesundheitlichen, bildungsbezogenen und kulturellen Zwecken oder der Austausch zum Zweck des Spracherwerbs stellen besonders förderungswürdige Formen des Tourismus dar.
5. Ferner sollte darauf hingearbeitet werden, dass der Wert des touristischen Austauschs, die wirtschaftlichen, gesellschaftlichen und kulturellen Vorteile des Tourismus sowie dessen Gefahren in die Lehrpläne aufgenommen werden.

5.4 Artikel 3

Der Tourismus als Faktor für eine nachhaltige Entwicklung

1. Alle am Tourismus beteiligten Anspruchsgruppen sollten die natürliche Umwelt mit dem Ziel schützen, ein gesundes, kontinuierliches und nachhaltiges Wirtschaftswachstum zu erreichen, das den Bedürfnissen und Zielen gegenwärtiger und künftiger Generationen gerecht wird.
2. Alle Formen der touristischen Entwicklung, die zur Erhaltung seltener und wertvoller Ressourcen beitragen, vor allem von Wasser und Energie, und die sowenig Müll wie möglich produzieren, sollten Priorität erhalten und von den nationalen, regionalen und kommunalen Behörden gefördert werden.
3. Es sollte eine zeitliche Staffelung von Touristen- und Besucherströmen, vor allem bedingt durch Urlaub und Schulferien, und eine gleichmäßigere Verteilung der Ferien angestrebt werden, um die Umweltbelastung in Folge touristischer Aktivitäten zu verringern und den günstigen Einfluss auf die Tourismusindustrie und die örtliche Wirtschaft zu vergrößern.
4. Die touristische Infrastruktur sollte so angelegt und die touristischen Aktivitäten so geplant werden, dass das Naturerbe, d.h. die Ökosysteme und die Artenvielfalt, geschützt und gefährdete Wildtierarten erhalten werden. Die an der Tourismusentwicklung beteiligten Anspruchsgruppen und vor allem die Fachleute sollten sich darauf einigen, ihren Aktivitäten Beschränkungen oder Grenzen aufzuerlegen, wenn diese in besonders sensiblen Gebieten ausgeübt werden: Wüsten, polare Regionen, Hochgebirgsregionen, Küstengebiete, Tropenwälder oder Feuchtgebiete, die sich für die Schaffung von Naturreservaten oder Schutzgebieten eignen.
5. Der Naturtourismus und der Ökotourismus werden als besonders förderlich für die Aufwertung und Verbesserung der Stellung des Tourismus erachtet, sofern das Naturerbe und die örtliche Bevölkerung respektiert und die Aufnahmekapazität der Orte berücksichtigt werden.

5.5 Artikel 4

Der Tourismus als Nutzer des Kulturerbes der Menschheit und als Beitrag zu dessen Pflege

1. Touristische Ressourcen sind Teil des gemeinsamen Erbes der Menschheit. Die Gemeinschaften, in deren Gebiete sie sich befinden, haben ihnen gegenüber besondere Rechte und Pflichten.
2. Im Rahmen touristischer Politiken und Aktivitäten sollte das künstlerische, archäologische und kulturelle Erbe respektiert werden. Es sollte geschützt und an die künftigen Generationen weitergegeben werden. Besondere Sorgfalt sollte auf die Erhaltung und Aufwertung von Denkmälern, Schreinen und Museen sowie auf archäologische und historische Stätten verwandt werden, die in hohem Maße für Besuche von Touristen offen stehen sollten. Unter Berücksichtigung der Rechte ihrer Besitzer sollte der öffentliche Zugang zu Kulturgütern und -denkmälern in Privatbesitz sowie der Zu-

gang zu religiösen Gebäuden gefördert werden, ohne dass dadurch jedoch das normale Bedürfnis der Gläubigen, Andacht zu halten, beeinträchtigt wird.
3. Eintrittsgelder, die für Besuche von Kulturstätten und Denkmälern erhoben werden, sollten zumindest teilweise für Unterhalt, Schutz, Entwicklung und Verschönerung dieses Erbes eingesetzt werden.
4. Touristische Aktivitäten sollten so geplant werden, dass traditionelle Kulturprodukte sowie althergebrachtes Kunsthandwerk und Folklore überleben und blühen können und nicht dadurch entarten und standardisiert werden.

5.6 Artikel 5

Der Tourismus als Aktivität, die für das Gastland und seine Bevölkerungsgruppe förderlich ist

1. Die örtlichen Bevölkerungsgruppen sollten in touristischen Aktivitäten eingebunden werden und einen gerechten Anteil an den wirtschaftlichen, gesellschaftlichen und kulturellen Vorteilen haben, die diese Aktivitäten mit sich bringen, vor allem hinsichtlich der Schaffung direkter und indirekter tourismusbezogener Arbeitsplätze.
2. Tourismuspolitiken sollten so umgesetzt werden, dass sie dazu beitragen, den Lebensstandard der Bevölkerung in den besuchten Regionen zu heben und ihre Bedürfnisse zu befriedigen. Im Rahmen der allgemeinen und baulichen Planung sowie des Betriebs touristischer Urlaubsorte sollten diese soweit wie möglich in die örtliche Wirtschaft und das soziale Gefüge eingebunden werden. Bei gleicher Qualifikation sollte örtlichen Arbeitskräften Vorrang eingeräumt werden.
3. Besondere Aufmerksamkeit sollte den spezifischen Problemen der Küstengebiete und Inseln sowie den sensiblen ländlichen oder gebirgigen Regionen geschenkt werden, für die der Tourismus angesichts des Rückgangs traditioneller Wirtschaftsaktivitäten häufig eine der wenigen Entwicklungsmöglichkeiten darstellt.
4. Tourismusfachleute, vor allem Investoren, für die die von den Behörden festgelegten Regelungen gelten, sollten Studien über die Auswirkungen ihrer Entwicklungsprojekte auf die Umwelt und die natürliche Umgebung erstellen. Sie sollten ferner mit der größten Transparenz und Objektivität über ihre künftigen Pläne und deren vorhersehbare Auswirkungen informieren und einen Dialog über deren Inhalt mit den betroffenen Bevölkerungsgruppen anstreben.

5.7 Artikel 6

Pflichten der an der touristischen Entwicklung beteiligten Anspruchsgruppen

1. Tourismusfachleute haben die Pflicht, den Touristen objektive und zuverlässige Informationen über ihre Zielorte sowie über die Reisebedingungen, Gastfreundschaft und Aufenthalte zur Verfügung zu stellen. Sie sollten sicher stellen, dass die ihren Kunden vorgelegten Vertragsbestimmungen hinsichtlich Art, Preis und Qualität der Dienstleistungen, zu deren Erbringung sie sich verpflichten, sowie hinsichtlich der finanziellen Entschädigung, die Tourismusfachleute im Falle eines einseitigen Vertragsbruchs zu zahlen haben, leicht verständlich sind.
2. Tourismusfachleute sollten sich, insoweit dies von ihnen abhängt, in Zusammenarbeit mit den Behörden um Sicherheit, Unfallverhütung, Gesundheitsschutz und Lebensmittelsicherheit für diejenigen bemühen, die ihre Dienstleistungen in Anspruch nehmen. Ebenso sollten sie für geeignete Systeme für Versicherung und Hilfe sorgen. Sie sollten die gemäß den nationalen Bestimmungen vorgeschriebene Pflicht zur Bericht-

erstattung akzeptieren und im Falle der Nichteinhaltung ihrer vertraglichen Verpflichtungen eine angemessene Entschädigung zahlen.

3. Tourismusfachleute sollten im Rahmen ihrer Möglichkeiten zur kulturellen und spirituellen Erfüllung der Touristen beitragen und ihnen während ihrer Reisen ermöglichen, ihren Glauben zu praktizieren.
4. Die Behörden der Herkunftsländer der Touristen und der Gastländer sollten in Zusammenarbeit mit den betroffenen Fachleuten und deren Verbänden sicherstellen, dass die notwendigen Mechanismen für den Rücktransport der Touristen im Falle der Zahlungsunfähigkeit des Reiseveranstalters vorhanden sind.
5. Vor allem im Falle einer Krise haben die Regierungen das Recht und die Pflicht, ihre Staatsbürger über die schwierigen Umstände oder sogar Gefahren, denen sie bei ihren Auslandsreisen ausgesetzt sein können, zu unterrichten. Sie stehen jedoch in der Pflicht, derartige Informationen so weiterzugeben, dass die Tourismusindustrie des Gastlandes und die Interessen ihrer eigenen Veranstalter nicht auf ungerechtfertigte oder übertriebene Weise geschädigt werden. Der Inhalt von Reiseempfehlungen sollte daher zuvor mit den Behörden der Gastländer und den betroffenen Fachleuten diskutiert werden. Empfehlungen sollten dem Ernst der jeweiligen Situation strikt angemessen und auf die geographischen Regionen beschränkt sein, in denen die unsichere Lage aufgetreten ist. Derartige Empfehlungen sollten relativiert oder aufgehoben werden, sobald die Rückkehr zur Normalität dies gestattet.
6. Die Presse, vor allem die Fachpresse für den Reisesektor, und andere Medien einschließlich moderner elektronischer Kommunikationsmittel sollten zuverlässige und ausgewogene Informationen über Ereignisse und Situationen zur Verfügung stellen, die die Tourismusströme beeinflussen können. Ferner sollten sie den Nutzern touristischer Dienstleitungen genaue und verlässliche Informationen vermitteln. Die neuen Technologien auf dem Gebiet der Kommunikation und des E-Commerce sollten ebenfalls zu diesem Zweck weiterentwickelt und genutzt werden. Wie im Falle der Medien sollten auch sie in keiner Weise den Sextourismus fördern.

5.8 Artikel 7

Das Recht auf Tourismus

1. Die Aussicht auf den unmittelbaren und persönlichen Zugang zur Entdeckung und zum Genuss der Ressourcen des Planeten ist ein Recht, das allen Bewohnern der Welt in gleicher Weise offen steht. Die zunehmend extensive Beteiligung am nationalen und internationalen Tourismus sollte als eine der bestmöglichen Formen der Nutzung der ständig zunehmenden Freizeit angesehen und es sollten ihr keine Hindernisse in den Weg gelegt werden.
2. Das universelle Recht auf Tourismus muss als Folge des Rechts auf Erholung und Freizeit einschließlich einer vernünftigen Begrenzung der Arbeitszeit und des regelmäßigen bezahlten Urlaubs angesehen werden, das in Artikel 24 der allgemeinen Erklärung der Menschenrechte und Artikel 7.d des internationalen Pakts über wirtschaftliche, soziale und kulturelle Rechte garantiert wird.
3. Der Sozialtourismus und insbesondere der Verbandstourismus, der den breiten Zugang zu Freizeit, Reise und Ferien erleichtert, sollte mit staatlicher Unterstützung ausgebaut werden.
4. Der Tourismus von Familien, jungen Menschen und Senioren sowie Behinderten sollte gefördert und erleichtert werden.

5.9 Artikel 8

Touristische Freizügigkeit

1. In Übereinstimmung mit Artikel 13 der Allgemeinen Erklärung der Menschenrechte sollten sich Touristen und Besucher unter Beachtung des Völkerrechts und der nationalen Gesetze frei in ihren eigenen Ländern und von einem in den anderen Staat bewegen können. Sie sollten ohne unverhältnismäßige Formalitäten oder Diskriminierung Zugang zu Transit- und Aufenthaltsorten sowie zu touristischen und kulturellen Stätten haben.
2. Touristen und Besucher sollten Zugang zu allen verfügbaren Formen der internen und externen Kommunikation haben. Sie sollten raschen und einfachen Zugang zu den lokalen Behörden genießen. In Übereinstimmung mit den geltenden diplomatischen Übereinkommen sollte es ihnen frei stehen, Kontakt zu den konsularischen Vertretern ihrer Herkunftsländer aufzunehmen.
3. Touristen und Besucher sollten hinsichtlich der Vertraulichkeit persönlicher Daten und Informationen über diese Daten, vor allem wenn sie elektronisch gespeichert sind, dieselben Rechte genießen wie die Staatsbürger des besuchten Landes.
4. Verwaltungsverfahren hinsichtlich Grenzüberschreitungen sollten unabhängig davon, ob sie in die Zuständigkeit des Staates fallen oder sich aus internationalen Übereinkommen wie beispielsweise Visa oder Gesundheits- und Zollformalitäten soweit wie möglich angepasst werden, um die größtmögliche Reisefreiheit und den allgemeinen Zugang zum internationalen Tourismus zu ermöglichen. Der Abschluss von Vereinbarungen zwischen Ländergruppen zur Harmonisierung und Vereinfachung dieser Verfahren sollte gefördert werden. Sondersteuern und Abgaben, die auf die Tourismusindustrie erhoben werden und ihre Wettbewerbsfähigkeit beeinträchtigen, sollten allmählich abgebaut oder korrigiert werden.
5. Sofern es die wirtschaftliche Lage der Herkunftsländer der Reisenden erlaubt, sollten diese eine bestimmte Menge der für ihre Reisen benötigten konvertierbaren Währungen erwerben können.

5.10 Artikel 9

Die Rechte der Beschäftigten und Unternehmer in der Tourismusindustrie

1. Die Grundrechte der Angestellten und Selbstständigen in der Tourismusindustrie und den damit verbundenen Bereichen sollten in Anbetracht der besonderen Belastungen aufgrund der Saisonabhängigkeit ihrer Tätigkeit, der globalen Dimension ihrer Industrie und der häufig von ihnen infolge der Art ihrer Arbeit verlangten Flexibilität durch Kontrolle der nationalen und lokalen Behörden sowohl der Herkunftsstaaten als auch der Gastländer mit besonderer Sorgfalt garantiert werden.
2. Angestellten und Selbstständigen in der Tourismusindustrie haben das Recht auf eine angemessene berufliche Grundausbildung und Fortbildung sowie die Pflicht, diese zu erwerben. Sie sollten angemessenen sozialen Schutz erhalten. Die Arbeitsplatzunsicherheit sollte so weit wie möglich eingeschränkt werden. Den Saisonarbeitern in diesem Bereich sollte ein Sonderstatus unter besonderer Beachtung der sozialen Fürsorge gewährt werden.
3. Allen natürlichen oder juristischen Personen sollte es, sofern sie über die notwendigen Fähigkeiten oder Kenntnisse verfügen, möglich sein, auf dem Gebiet des Tourismus entsprechend der bestehenden nationalen Gesetzgebung beruflich tätig zu werden. Unternehmer und Investoren, vor allem im mittelständischen Bereich, sollten Anspruch auf freien Zugang zum Tourismussektor bei einem Minimum an gesetzlichen oder verwaltungstechnischen Einschränkungen haben.

4. Ein Erfahrungsaustausch für Führungskräfte, Mitarbeiter und Selbständige aus verschiedenen Ländern trägt zur Förderung der Entwicklung der Welttourismusindustrie bei. Diese Bewegungen sollten so weit wie möglich und in Übereinstimmung mit den geltenden nationalen Gesetzen und internationalen Übereinkommen erleichtert werden.
5. Als unersetzlicher Faktor der Solidarität bei der Entwicklung und dem dynamischen Wachstum des internationalen Handels sollten die multinationalen Unternehmen der Tourismusindustrie die vorherrschende Stellung, die sie manchmal einnehmen, nicht ausnutzen. Sie sollten es vermeiden, sich zum Werkzeug für die Einführung von den Gastländern künstlich aufgenötigten kulturellen und gesellschaftlichen Modellen zu machen. Im Austausch für ihre Investitions- und Handelsfreiheit, die im vollen Maße anerkannt werden sollte, sollten sie sich in der örtlichen Entwicklung engagieren, dabei jedoch vermeiden, durch exzessive Rückführung ihrer Gewinne und ihrer induzierten Importe ihren Beitrag zu den Volkswirtschaften, in denen sie sich niedergelassen haben, zu mindern.
6. Partnerschaft und der Aufbau ausgewogener Beziehungen zwischen den Unternehmen der Herkunftsländer und der Gastländer tragen zur nachhaltigen Entwicklung des Tourismus und einer gerechten Verteilung der Wachstumsgewinne bei.

5.11 Artikel 10

Umsetzung der Grundsätze des Globalen Ethikkodexes für den Tourismus

1. Die öffentlichen und privaten an der touristischen Entwicklung beteiligten Anspruchsgruppen sollten bei der Umsetzung dieser Grundsätze zusammenarbeiten und ihre tatsächliche Anwendung überwachen.
2. Die an der touristischen Entwicklung beteiligten Anspruchsgruppen sollten die Rolle der internationalen Organisationen, an erster Stelle der Welttourismusorganisation, sowie der Nichtregierungsorganisationen mit Kompetenz auf den Gebieten Tourismusförderung und -entwicklung, Schutz der Menschenrechte, der Umwelt und der Gesundheit unter angemessener Beachtung der allgemeinen Grundsätze des Völkerrechts anerkennen.
3. Diese Anspruchsgruppen sollten ihre Absicht deutlich machen, alle Streitigkeiten bezüglich der Anwendung oder Interpretation des Globalen Ethikkodexes für den Tourismus durch ein unparteiisches drittes Gremium mit der Bezeichnung Weltausschuss für Tourismusethik schlichten zu lassen.

Die Welttourismusorganisation (WTO) ist die einzige intergovernmentale Organisation, die ein globales Forum für Tourismuspolitik und touristische Fragen bietet. Die Mitglieder umfassen 138 Länder und Territorien sowie mehr als 350 assoziierte Mitglieder aus dem politischen und privaten Sektor. Das fundamentale Ziel der WTO ist die Förderung und Entwicklung des Tourismus als Instrument für internationales Verständnis und für Frieden, wirtschaftliche Entwicklung und internationalen Handel.

Literaturverzeichnis

Kapitel I: Touristische Grundbegriffe. Terminologie

BKF/Beratende Kommission für Fremdenverkehr des Bundesrates (Hrsg.): Das Schweizerische Tourismus-Konzept, Bern 1979

Datzer, R.: Vorstellungen über die Begriffe „Urlaub nehmen“, „Urlaub machen“, „Cluburlaub“ und „Haupturlaubsreise“. In: Fremdenverkehrswirtschaft International 5 (1984)

Datzer, R./U. Böhm: Die unbekannten Veranstalter. Vorstellungen über die Begriffe „Reisebüro“ und „Reiseveranstalter“. In: Der Fremdenverkehr/Das Reisebüro 12 (1984)

Datzer, R./H.-J. Anders: Vorstellungen über „Veranstalterreise“, „Pauschalreise“ und „Individualreise“. In: Fremdenverkehrswirtschaft International 5 (1983)

Deutsche Gesellschaft für Freizeit (Hrsg.): Freizeit in Deutschland 1994/1995. Aktuelle Daten – Fakten – Aufsätze, Erkrath 1995

Deutscher Bundestag (Hrsg.): Bericht der Bundesregierung über die Entwicklung des Tourismus (Drucksache 12/7895), Bonn 15. Juni 1994

Deutsches Fremdenverkehrspräsidium (Hrsg.): Deutscher Tourismusbericht, Bonn-Frankfurt/M. 1994

Freyer, W.: Tourismus. Einführung in die Fremdenverkehrsökonomie, 5. Aufl., München-Wien 1995

– Tourismus-Marketing, München-Wien 1997

Freyer, W./W. Pompl (Hrsg.): Reisebüro-Management, München-Wien 1999

– Ganzheitlicher Tourismus (TU Dresden), Dresden 2000

Gayler, B.: Begriffsstudien im Tourismus: Vorstellungen über „Animation“ und „Animateur“ im Urlaub. In: Fremdenverkehrswirtschaft International 7 (1988)

Glücksmann, R.: Allgemeine Fremdenverkehrskunde, Bern 1935

Haedrich, G. (Hrsg., u.a.): Tourismus-Management, 2. Aufl., Berlin-New York 1993

Hahn, H./H.J. Kagelmann (Hrsg.): Tourismuspsychologie und Tourismussoziologie. Ein Handbuch zur Tourismuswissenschaft, München 1993

Hunziker, W./K. Krapf: Beiträge zur Fremdenverkehrslehre und Fremdenverkehrsgeschichte, Bern 1941

Kaspar, C.: Die Fremdenverkehrslehre im Grundriss, Bern/Stuttgart 1982

Müller, H.: Freizeit und Tourismus, Bonn 1997

Nahrstedt, W. (u.a.): Tourismusberufe für Hochschulabsolventen (IFKA-Dokumentation Bd. 14), Bielefeld 1994

Opaschowski, H.W.: Sprache und Tourismus. In: Muttersprache 78/3 (1968), S. 79-84

– Zur Herkunft und Bedeutung des Begriffs „Fremdenverkehr“. In: Der Fremdenverkehr 21/1 (1969), S. 39-40

– Vom Ursprung des „Urlaubs“. In: Der Fremdenverkehr 21/3 (1969), S. 53

– Tour-Tourist-Tourismus. In: Der Fremdenverkehr 22/3 (1970), S. 28-30

Kapitel II: Von der Pilgerfahrt bis zum modernen Tourismus. Tourismusgeschichte

Baedeker, K.: Die Schweiz, Koblenz 1844

B·A·T Freizeit-Forschungsinstitut (Hrsg.): Urlaub 90/91. Eine erste gesamtdeutsche Urlaubsbilanz, Hamburg 1991

Bechthum, M.: Beweggründe und Bedeutung des Vagantentums in der lateinischen Kirche des Mittelalters, Jena 1941

Becker, D.J. (Hrsg.): Des Johannes Butzbach Wanderbüchlein, Leipzig 1912.

Birken, S.v.: Hochfürstlicher Brandenburgischer Ulysses oder Verlauf der Laender Reise, Bayreuth 1669

Bleistein, R.: Themen der Tourismuskritik. In: Touristik und Verkehr 3 (1987), S. 5-9

Blüher, H.: Geschichte des Wandervogels (1912). In: W. Kindt (Hrsg.): Grundschriften der Deutschen Jugendbewegung, Düsseldorf/Köln 1963

Enzensberger, H.M.: Vergebliche Brandung der Ferne. Eine Theorie des Tourismus. In: Merkur XII/8 (1958)

Fick, L.: Die deutsche Jugendbewegung, Diss. Jena 1940

Fischer, O. (Hrsg.): Th. u. F. Platters u. Th.A. d'Aubign,s Lebensbeschreibungen, München 1911

Forster, G.: Reise um die Welt, 1. u. 2. Teil. In: G. Forster's Werke, Bd. 2 u. 3, Berlin 1965.

Fuss, K.: Geschichte des Reisebüros, Darmstadt 1960

Gesnerus, C.: Epistola, Tiguri 1541

Goethe, J.W.v.: Italienische Reise. In: Goethes Werke, Bd. XI, Hamburg 1964.

Haller, A.v.: Die Alpen, Berlin 1959

Knebel, H.-J.: Soziologische Strukturwandlungen im modernen Tourismus, Stuttgart 1960

Krempien, P.: Geschichte des Reisens und des Tourismus, Limburgerhof 2000

Laufenberg, W.: Welt hinter dem Horizont. Reisen in 4 Jahrtausenden, Düsseldorf 1969.

Lissner, H.: Der Fahrten-Spiegel (1910), 3. Aufl., Leipzig 1915

Löhneyss, G.E.: Aulico Politica, Remlingen 1622

Löschburg, W.: Von Reiselust und Reiseleid. Eine Kulturgeschichte, Frankfurt/M. 1977.

Marcuse, J.: Bäder und Badewesen in Vergangenheit und Gegenwart, Stuttgart 1903.

Marperger, P.J.: Anmerckungen über das Reisen In Frembde Laender, Dreßden/Leipzig 1740

Meißner, Chr.: Im Osten was Neues – Tourismus: Traum oder Trauma?. In: DSF/Deutsches Seminar für Fremdenverkehr (Hrsg.): Kompetent in die Zukunft, Berlin 2000, S. 68-81

Nachtigall, G.: Sahara und Sudan, Berlin 1879

Opaschowski, H.W.: Jugendauslandsreisen. Geschichtliche, soziale und pädagogische Aspekte, Neuwied/Berlin 1970

Perfahl, J. (Hrsg.): Die Erde ist wunderschön. Entdeckungsreisen von der Antike bis zum Weltraumflug, München 1966

Petrarca, F.: Briefe. Eine Auswahl übers. v. H. Nachrod u. P. Stern, Berlin 1931

Prahl, H.W./A. Steinecke: Der Millionen-Urlaub: Von der Bildungsreise zur totalen Freizeit, Darmstadt-Neuwied 1979

Rousseau, J.-J.: Die Bekenntnisse des J.-J. Rousseau. übertr. v. A. Semerau, Berlin 1920.

Schadendorf, W.: Zu Pferde, im Wagen, zu Fuß. Tausend Jahre Reisen, München 1959.

Schildt, A.: „Die kostbarsten Wochen des Jahres". In: H. Spode (Hrsg.): Goldstrand und Teutonengrill, Berlin 1996, S. 69-85

Spode, H.: Der deutsche Arbeiter reist. Massentourismus im Dritten Reich. In: G. Huck (Hrsg.): Sozialgeschichte der Freizeit, Wuppertal 1980

– Geschichte des Tourismus. In: H. Hahn/H.J. Kagelmann (Hrsg.): Tourismuspsychologie und Tourismussoziologie, München 1993, S. 3-9

– (Hrsg.): Goldstrand und Teutonengrill. Kultur- und Sozialgeschichte des Tourismus in Deutschland 1945 bis 1989 (Institut für Tourismus), Berlin 1996
Stephen, L.: The Playground of Europe, London 1871
Wohlmann, R.: Entwicklung des Tourismus 1954-1991. In: H. Hahn/H.J. Kagelmann (Hrsg.): Tourismuspsychologie und Tourismussoziologie, München 1993, S. 10-16

Kapitel III: Die populärste Form von Glück. Tourismuspsychologie

Allensbach, Institut für Demoskopie: Die Freizeit. Eine sozialpsychologische Studie unter Arbeitern und Angestellten, Allensbach 1958
B·A·T Freizeit-Forschungsinstitut (Hrsg.): Mythos Urlaub. Die unerfüllbare Sehnsucht nach dem Paradies?, Hamburg 1991
– Freizeit und Lebensqualität, Hamburg 1993
Datzer, R.: Reiseart: Organisierte Rund- und Studienreise. In: Der Fremdenverkehr 4 (1980), S. 5-7
Getas (Gesellschaft für angewandte Sozialpsychologie): Motivation, Lebensgefühl, Lebensgestaltung von Alleinlebenden. In: H. Schreiber: Singles, München 1978, S. 235-320
Hachmann, H.: Urlaub. In: Der Fremdenverkehr 11 (1977), S. 10-18
Hahn, H.: Alleinreisende. In: Loccumer Protokolle 18 (1977), S. 3-6
Hahn, H./H.J. Kagelmann (Hrsg.): Tourismuspsychologie und Tourismussoziologie. Ein Handbuch zur Tourismuswissenschaft, München 1993
Hahn, H./B. Schade: Psychologie und Fremdenverkehr. In: Wissenschaftliche Aspekte des Fremdenverkehrs. Veröff. d. Akad. f. Raumforschung u. Landesplanung, Bd. 53, Hannover 1969, S. 35-53
Hartmann, K.D.: Psychologie des Reisens. In: N. Hinske/M.J. Müller (Hrsg.): Reisen und Tourismus, Trier 1975
– Glücks- und Wertvorstellungen im Urlaub. In: K.-H. Klingenberg (Red.): Glück durch Reisen, Stuttgart 1990, S. 44-54
Krippendorf, J.: Die Ferienmenschen. Für ein neues Verständnis von Freizeit und Reisen, Zürich/Schwäbisch Hall 1984
Lettl, M.: Nicht jeder Nichtreisende ist ein Reisemuffel. In: Fremdenverkehrswirtschaft 20 (1985)
Lohmann, M.: „Zum Glück gibt's keine Forschung". In: K.-H. Klingenberg (Red.): Glück durch Reisen, Stuttgart 1990, S. 14-18
Müller, B.: Bildungsansprüche der Jugendarbeit. In: G. Brenner/B. Hafeneger (Hrsg.): Pädagogik mit Jugendlichen, Weinheim 1996, S. 89-96
Nolteernstieg, E.: Jugend. Freizeit. Geschlecht. Der Einfluss gesellschaftlicher Modernisierung, Opladen 1998
Opaschowski, H.W.: Urlaub. Der Alltag reist mit. In: psychologie heute 4/6 (1977), S. 18-24
– Animation. In: psychologie heute 5/7, S. 53-56
– Urlaub und Tourismus haben den Freizeitalltag nachhaltig verändert. In: Reisebüro Bulletin 8/9 (1984), S. 36f.
– (unter Mitarbeit v. R. Stubenvoll): Psychologie und Soziologie des Reisens (Lehrbrief für die Ausbildung zum Touristikassistenten an der Wirtschaftsakademie für Lehrer e.V.), Bad Harzburg 1987
Orlovius, A.: Reisen – die Suche nach Glück in der Fremde? In: K.-H. Klingenberg (Red.): Glück durch Reisen, Stuttgart 1990, S. 29-41
Porwol, B.: Qualität im Jugendtourismus. Die zentrale Bedeutung der Kundenzufriedenheit. Eine empirische Untersuchung (IFKA/Bielefelder Jugendreiseschriften. Hrsg. v. Th. Korbus/W. Nahrstedt/B. Porwol), Bielefeld 2001
Scitovsky, T.: Psychologie des Wohlstands, Frankfurt/M. 1977

Schmitz-Scherzer, R.: Sozialpsychologie der Freizeit, Stuttgart/Berlin/Köln/Mainz 1974
Steinecke, A./K. Klemm: Allein im Urlaub. Soziodemographische Struktur, touristische Verhaltensweisen und Wahrnehmungen von Alleinreisenden (Studienkreis für Tourismus), Starnberg 1985
Studienkreis für Tourismus (Hrsg.): Motive – Meinungen – Verhaltensweisen, Starnberg 1979
– Reisemotive – Länderimages – Urlaubsverhalten, Starnberg 1981
Tubbesing, I.: Eine verschworene Gemeinschaft. In: DIE ZEIT v. 29. August 1980, S. 41

Kapitel IV: Touristen sind immer die anderen. Tourismustheorie und Tourismuskritik

Adler, D.: Achtung Touristen – Anmerkungen eines Verhaltensforschers zum Thema Ferntourismus nebst Anregungen zum besseren Verhalten im Ausland, Frankfurt/M. 1983
Adorno, Th.W.: Freizeit (1969). In: H.W. Opaschowski (Hrsg.): Freizeitpädagogik in der Leistungsgesellschaft, 3. Aufl., Bad Heilbrunn 1977, S. 20-26
Aktion Dritte Welt e.V. (Hrsg.): „Klar, schön wär's, aber..." Tourismus in die Dritte Welt, Freiburg i.Br. 1983
Arbeitskreis Tourismus und Entwicklung (Hrsg.): Reisen in die Dritte Welt, 4. Aufl., Basel 1981
Armanski, G.: Die kostbarsten Tage des Jahres. Massentourismus – Ursachen, Formen, Folgen, Berlin 1978
Assion, P.: Historismus, Traditionalismus, Folklorismus. Zur musealisierenden Tendenz der Gegenwartskultur. In: U. Jeggle (Hrsg., u.a.): Volkskultur in der Moderne, Reinbek 1986, S. 351-362
Bachleitner, R. (Hrsg., u.a.): Der durchschaute Tourist. Arbeiten zur Tourismusforschung, München-Wien 1998
Bätzing, W.: Der sozioökonomische Strukturwandel des Alpenraums im 20. Jahrhundert (Geographica Bernensia P 26), Bern 1994
Bensmann, H.: Die Reisegesellschaft. Deutschlands Urlauber und die Tourismusindustrie, Düsseldorf 1976
Bergmann, K. (u.a.), (Hrsg.): Abhauen. Flucht ins Glück, Reinbek 1981
Beuchelt, E.: Sozialisation in Tourismus-Kulturen: Erziehung zur Dienstleistungsgesellschaft? In: Sociologus 30 (1980), S. 65-76
Beutel, M. (u.a.): Tourismus. Ein kritisches Bilderbuch, Bensheim 1978
BKF/Beratende Kommission für Fremdenverkehr (Hrsg.): Das Schweizerische Tourismus-Konzept, Bern 1979
Bleistein, R.: Themen der Tourismuskritik. In: Touristik und Verkehr 3 (1987), S. 5-9
Bloch, E.: Das Prinzip Hoffnung, 1. bis 3. Teil, Frankfurt/M. 1959
Bruckner, P./A. Finkielkraut: Das Abenteuer gleich um die Ecke (1979), München 1981
Brückner, W.: Trachtenfolklorismus. In: U. Jeggle (Hrsg., u.a.): Volkskultur in der Moderne, Reinbek 1986, S. 363-382
Bugnicourt, J.: Tourismus – eine neue Form des Kolonialismus? In: Forum der Vereinten Nationen 5 (1977)
Bundesministerium für wirtschaftliche Zusammenarbeit (Hrsg.): Urlaub in der Dritten Welt (Entwicklungspolitik – Materialien 40), Bonn 1973
– Tourismus und Entwicklungspolitik (Materialien Nr. 54), Bonn 1976
– Tourismus in Entwicklungsländern (Materialien Nr. 88), Bonn 1993
Burghoff, Chr./E. Kresta: Schöne Ferien. Tourismus zwischen Biotop und künstlichen Paradiesen, München 1995

Cantauw, Chr. (Hrsg.): Arbeit, Freizeit, Reisen. Die feinen Unterschiede im Alltag, Münster/New York 1995
Chorherr, Th.: Zur gleichen Zeit am gleichen Ort. Vom Irrsinn der Urlaubskonzentration. In: Ders.: Der Freizeitschock. Leben in der Urlaubsgesellschaft, Wien (u.a.) 1980, S. 54-71
DEG/Deutsche Investitions- und Entwicklungsgesellschaft mbH (Hrsg.): Tourismus in Entwicklungsländern, Köln Juli 1993
Deutscher Tourismusbericht: Hrsg. v. Deutschen Fremdenverkehrspräsidium, Bonn-Frankfurt/M. 1994
DIE/Deutsches Institut für Entwicklungspolitik (Hrsg.): Auswirkungen des Tourismus in Entwicklungsländern. Eine Beurteilung auf der Basis neuer Analysen des Ferntourismus (Vf.: K. Leffler), Berlin Oktober 1992
Enzensberger, H.M.: Vergebliche Brandung der Ferne. Eine Theorie des Tourismus. In: Merkur XII/8 (1958)
– Eine Theorie des Tourismus (1958). In: Ders.: Einzelheiten, Frankfurt/M. 1962, S. 147-168
Erenz, B.: Das Ferien-Wackersdorf. In: DIE ZEIT v. 28. Jan. 1994, S. 47
Euler, C. (Hrsg.): „Eingeborene" – ausgebucht. Ökologische Zerstörung durch Tourismus, Gießen 1989
Ferrante, C.L.: Konflikt und Diskurs im Ferienort. Wirtschaftsethische Betrachtungen am Fallbeispiel Engelberg (Berner Studien zu Freizeit und Tourismus, 32), Bern 1994
Fink, Ch.: Der Massentourismus. Soziologische und wirtschaftliche Aspekte (St. Galler Beiträge zum Fremdenverkehr u. zur Verkehrswissenschaft 2), Stuttgart 1970
Fischer, H.: Warum Samoa? Touristen und Tourismus in der Südsee, Berlin 1984
Fontane, Th.: Sämtliche Werke, Band V, Darmstadt 1966
Fromm, E.: Märchen, Mythen und Träume, Zürich 1957
Gormsen, E.: Tourismus in der Dritten Welt. In: Geographische Rundschau 12 (1983), S. 608-617
Gruppe Neues Reisen e.V. (Hrsg.): Massentourismus – ein reizendes Thema, Berlin/Osnabrück/Hannover 1994
Gyr, U.: Touristenkultur und Reisealltag. Volkskundlicher Nachholbedarf in der Tourismusforschung. In: Zeitschrift für Volkskunde 84 (1988), S. 224-239
Habermas, J.: Soziologische Notizen zum Verhältnis von Arbeit und Freizeit (1958). In: H. Giesecke (Hrsg.): Freizeit- und Konsumerziehung, 2. Aufl., Göttingen 1968
Hammelehle, J. (Hrsg.): Zum Beispiel Tourismus, Göttingen 1990
Heller, A.: Was der Fremdenverkehr aufgrund der Phantasielosigkeit seiner Verantwortlichen zum Weltuntergang beiträgt. In: Tourismus – Förderer oder Zerstörer der Kultur? Berner Studien zu Freizeit und Tourismus, Bern 1990, S. 97-103
Hennig, Chr.: Die Ferienwelt ist immer noch ein Rätsel. In: FRANKFURTER ALLGEMEINE ZEITUNG vom 2. März 1995
– Reiselust. Touristen, Tourismus und Urlaubskultur, Frankfurt/M.-Leipzig 1997
Institut für Demoskopie Allensbach: Umfrage Sparmotive in West- und Ostdeutschland, Allensbach 1994
Jungk, R.: Wie viele Touristen pro Hektar Strand? In: Geo 10 (1980)
Klingenberg, K.-H. (Red.): Glück durch Reisen? Hrsg. v. Evang. Arbeitskreis Freizeit-Erholung-Tourismus in der EKD, Stuttgart 1990
Knebel, H.-J.: Soziologische Strukturwandlungen im modernen Tourismus, Stuttgart 1960
Köstlin, K.: Wir sind alle Touristen – Gegenwelten als Alltag. In: Cantauw, Chr. (Hrsg.): Arbeit, Freizeit, Reisen. Die feinen Unterschiede im Alltag, Münster/New York 1995, S. 1-12
Kramer, D.: Der sanfte Tourismus, Wien 1983
Krippendorf, J.: Die Ferienmenschen. Für ein neues Verständnis von Freizeit und Reisen, Zürich/Schwäbisch Hall 1984
– Die Landschaftsfresser. Tourismus und Erholungslandschaft – Verderben oder Segen?, 2. Aufl., Bern-Stuttgart 1975

– (u.a.): Freizeit und Tourismus. Eine Einführung in Theorie und Politik (Berner Studien zum Fremdenverkehr, H. 22), Bern 1986
– (u.a., Hrsg.): Für einen anderen Tourismus. Probleme – Perspektiven – Ratschläge, Frankfurt/M. 1988
Lieberherr-Gardiol, F.: Des hommes et des natures. Le Pays-d'Enhaut en 1984, Bd. 1 (Schweizerisches MAB-Programm Nr. 8/1), Bern 1984
Mäder, U./Arbeitskreis „Tourismus und Entwicklung": Fluchthelfer Tourismus. Wärme in der Ferne, Zürich 1982
– Vom Kolonialismus zum Tourismus – von der Freizeit zur Freiheit, Zürich 1987
Maurer, M.: Tourismus. Prostitution, Aids. Zürich 1991
Mayer, L.: Der Wandertrieb. Diss. Würzburg 1934
Messner, R.: Der Gipfel des Selbstbetrugs. In: SÜDDEUTSCHE ZEITUNG am Wochenende Nr. 98 v. 28/29. April 2001, S. 1
Müller, W.: Quo vadis Tourismuskritik. In: Gruppe Neues Reisen e.V. (Hrsg.): Massentourismus – ein reizendes Thema, Berlin-Osnabrück-Hannover 1994, S. 35-40
Mundt, J.W./M. Lohmann: Erholung und Urlaub, Starnberg: Studienkreis für Tourismus 1988
Nebel, G.: Unter Kreuzrittern und Partisanen, Stuttgart 1950
Opaschowski, H.W.: Die Reiselust der Deutschen. In: Der Fremdenverkehr 202 (1968), S. 41
– Freizeit im Ruhestand, Hamburg: B·A·T Freizeit-Forschungsinstitut 1984
Orlovius-Wessely, A.: „Alle Welt reist" – die maßlose Eroberung der Fremde durch die „Masse". In: Gruppe Neues Reisen e.V. (Hrsg.): Massentourismus – ein reizendes Thema, Berlin-Osnabrück-Hannover 1994, S. 78-93
Ortega y Gasset, J.: Aufstand der Massen (1930). In: Gesammelte Werke, Bd. 3, Stuttgart 1956
Pannenbecker, M.: Rucksacktouristen in Griechenland (Studienkreis für Tourismus), Starnberg 1981
Pascal, B.: Pensées. Hrsg. v. L. Chevalier, Heidelberg 1954
Prahl, H.-W./A. Steinecke (Hrsg.): Tourismus. Arbeitstexte für den Unterricht, Stuttgart 1981
– Der Millionen-Urlaub. Von der Bildungsreise zur totalen Freizeit, Darmstadt/Neuwied 1979
Radecki, S.v.: Der ewige Tourist. In: Alles Mögliche (1939), 2. Aufl., Stuttgart/Berlin 1940, S. 133-138
Rifkin, J.: Access. Das Verschwinden des Eigentums, Frankfurt/M.-New York 2000
Romeiß-Stracke, F.: Tourismus – gegen den Strich gebürstet ... Essays, München-Wien 1998
Rütter, H.: Wirtschaftsfaktor Tourismus. In: Eidgenössisches Volkswirtschaftsdepartement (Hrsg.): Die Volkswirtschaft 12 (1990)
Scherer, B.: Tourismus (rororo special), Reinbek b. Hamburg 1995
Scheuch, E.: Ferien und Tourismus als neue Formen der Freizeit. In: R. König (Hrsg.): Handbuch der empirischen Sozialforschung, Bd. 11, Stuttgart 1977, S. 115-149.
Thiel, F./K. Homrighausen: Reisen auf die sanfte Tour. Ein Handbuch. Hrsg. v. d. Naturfreundejugend Deutschlands, Göttingen 1993
Thiem, M.: Tourismus und kulturelle Identität (Berner Studien zu Freizeit und Tourismus, 30), Bern-Hamburg 1994
Urbain, J.-D.: L'idiot du voyages. Histoires des touristes, Paris 1991
– Sur la Plage. Moeurs et coutumes baln,aires, Paris 1994
– „Abstecher ins Paradies" (Interview). In: DER SPIEGEL Nr. 21 (1995), S. 118-121
Vester, H.-G.: Tourismustheorie. Soziologische Wegweiser zum Verständnis touristischer Phänomene, München-Wien 1999
Vorlaufer, K.: Ferntourismus und Dritte Welt (Studienbücher Geographie), Frankfurt/M. 1984.

Wenzel, H.: Reiseskizzen aus Tyrol und dessen Nachbarschaft, Bunzlau 1837
Wöhler, K.: Tourismus und kulturelle Identität. In: Freizeitpädagogik, Jg. 16, H. 3 (1994), S. 269-278
Zehle, S.: Den linken Globetrottern die Leviten gelesen. In: DIE ZEIT, v. 10. Okt. 1978.
Zimmer, P.: Alternativtourismus – Anspruch und Wirklichkeit, Bern 1984

Kapitel V: Wer wann wie wohin reist. Tourismusanalysen

Allport, G.W.: The nature of prejudice, Reading/MA 1954
Amir, Y.: The role of intergroup contact in change of prejudice and ethnic relations. In: P.A. Katz (Hrsg.): Towards the elimination of racism, New York 1976, S. 245-308
Amt für amtliche Veröffentlichungen der Europäischen Gemeinschaften (Hrsg.): Tourismus in Europa – Trends 1989, Luxemburg 1990
– Sozialporträt Europas, Luxemburg 1991
Amtsblatt der Europäischen Gemeinschaften: Beschluss des Rats vom 13. Juli 1993 über einen Aktionsplan der Gemeinschaft zur Förderung des Tourismus (Nr. L 231), Luxemburg 13. Aug. 1992, S. 26-52
Baedeker, R.: Maulkorb inbegriffen. Trotz EG-Urteil haben deutsche Guides im Ausland Probleme. In: Süddeutsche Zeitung v. 19. Okt. 1993, S. 46
B·A·T Freizeit-Forschungsinstitut (Hrsg.): Urlaub 89/90. Trendwende im Urlaubsverhalten?, Hamburg 1990
– Urlaub 91/92. Trendziele und Trendsetter im Tourismus der 90er Jahre, Hamburg 1992
– Tourismus im neuen Europa. 1. Europäische Tourismusanalyse, Hamburg 1993
– Deutsche Tourismusanalyse 2001, Hamburg 2001
Bremkes, W.: Wirtschaftliche Entwicklung des Fremdenverkehrs 1965-1985. In: Presse-Information der Ausstellungs-Messe-Kongress-GmbH für die Internationale Tourismus-Börse, Berlin 1986
Chib, S.N.: Der Tourismus – eine Gegenwelt. In: DIE ZEIT Nr. 40/20. Sept. 1966, S. 49-50
Cook, S.W.: Motives in conceptional analysis of attitude – related behaviour. In: W.Y. Arnold/D. Levine (Hrsg.): Nebraska symposium on motivation, Lincoln 1970, S. 179-236
EG/Europäisches Parlament (Hrsg.): Fremdenverkehr in Europa, Brüssel/Luxemburg 1992
Fuchs, D. (u.a.): Wir und die anderen. In: Kölner Zeitschrift für Soziologie und Sozialpsychologie 45/2 (1993), S. 238-253
Gast-Gampe, M.: Einstellungen, Stereotype, Vorurteile. In: H.Hahn/H.J. Kagelmann (Hrsg.): Tourismuspsychologie und Tourismussoziologie, München 1993, S. 127-131
– Einstellungsänderung. In: H.Hahn/H.J. Kagelmann (Hrsg.): Tourismuspsychologie und Tourismussoziologie, München 1993, S. 132-136
Giesecke, H. (u.a.): Pädagogik des Jugendreisens, München 1967
Hartmann, K.D.: Einige Gedanken zum Theoriedefizit der Tourismusforschung. In: Studienkreis für Tourismus e.V. (Hrsg.): Reisemotive – Länderimages – Urlaubsverhalten, Starnberg 1981
Inglehart, R.: Kultureller Umbruch. Wertewandel in der westlichen Welt, Frankfurt/M.-New York 1989
Leeds, E.J.: Die Erfahrung der Ferne („The Minds of the Traveller", New York 1991), Frankfurt/M.-New York 1993
Lewin, K.: Behaviour and development as a function of the total situation. In: Carmichael: Manual of child psychology, New York 1954
Mäder, U.: Vom Kolonialismus zum Tourismus – von der Freizeit zur Freiheit, Zürich 1987
Maurer, M. (u.a.): Tourismus und Dritte Welt (Berner Studien zu Freizeit und Tourismus, 29), Bern 1992

Mermet, G.: Die Europäer: Länder. Leute. Leidenschaften („Les Europaense, 1991), München 1993
Michaelis-Wellhoener, B.: Wachsendes Interesse an besonderen Urlaubsformen. In: Der Fremdenverkehr 8 (1987)
Nettekoven, L.: Mechanisms of Intercultural Interaction. In: E. de Kadt: Tourism – Passport to Development?, New York 1979
Opaschowski, H.W.: Urlauber und Urlaubsformen der 90er Jahre. In: Industrie- und Handelskammer Trier (Hrsg.): Fremdenverkehrstag Mosel – Eifel – Hunsrück am 19. März 1986, S. 29-56
– Freizeitökonomie – Marketing von Erlebniswelten, 2. Aufl., Hamburg 1995
Peccei, A.: Einführung. In: Berichte an den Club of Rome: Der Weg ins 21. Jahrhundert, München 1983, S. 7-20
Pius XII.: Vom tieferen Sinn und Wert des Reisens (in der Übers. d. Herder-Korrespondenz). In: Der Fremdenverkehr 4-13/14 (1952), S. 3
Schober, R.: Atmosphäre. In: H. Hahn/H.J. Kagelmann (Hrsg.): Tourismuspsychologie und Tourismussoziologie, München 1993, S. 119-121
Schönhammer, R.: Jugendliche Europa-Touristen (Studienkreis für Tourismus), Starnberg 1987
Stackelberg, K.G. von: Alle Kreter lügen, Wien-Düsseldorf 1965
Tourismus und Binnenmarkt. Analysen, Perspektiven und Empfehlungen. Hrsg. v. Landesverkehrsverband Westfalen e.V., Dortmund 1992
Tourismus und Politik. In: FVW/Fremdenverkehrswirtschaft (Themenheft), H. 5 (1993), S. 33-70
Treffer, G.: Jugendaustausch innerhalb einer Städtepartnerschaft. Hrsg. v. Studienkreis für Tourismus, Starnberg 1978
Vorlaufer, K.: Dritte Welt-Tourismus – Vehikel der Entwicklung oder Weg in die Unterentwicklung? In: Geographische Rundschau 42/1 (1990), S. 4-16
Wenzel, H.: Reiseskizzen aus Tyrol und dessen Nachbarschaft, Bunzlau 1837

Kapitel VI: Zwischen Billigreise und Luxusurlaub. Tourismusökonomie

B·A·T Freizeit-Forschungsinstitut (Hrsg.): Urlaub 91/92, Hamburg 1992
Bleile, G.: Tourismusmärkte, München-Wien 1995
BMWA/Bundesministerium für wirtschaftliche Angelegenheiten (Hrsg.): Tourismus mit Zukunft, Wien 1994
Bruckner, P./A. Finkielkraut: Das Abenteuer gleich um die Ecke, München 1981
DFP/Deutsches Fremdenverkehrspräsidium (Hrsg.): Deutscher Tourismusbericht, Bonn-Frankfurt/M. 1994
Dreyer, A./A. Krüger (Hrsg.): Sporttourismus. Management- und Marketing-Handbuch, München-Wien 1995
DWIF/Deutsches Wirtschaftswissenschaftliches Institut für Fremdenverkehr an der Universität München (Hrsg.): Tagesreisen der Deutschen, München 1995
FIF/Forschungsinstitut für Freizeit und Tourimsus (Hrsg.): Angebotsschwächen im Schweizer Tourismus – Bundesstaatliche Impulse (Gutachten von Hansruedi Müller), Bern 1995
Freyer, W.: Tourismus. Einführung in die Fremdenverkehrsökonomie, 5. Aufl., München 1995
– Tourismus-Marketing, München 1997
Gewald, S. (Hrsg.): Handbuch des Touristik- und Hotelmanagements, München-Wien 1999

Köck, Chr.: Sehnsucht Abenteuer. Auf den Spuren der Erlebnisgesellschaft, Berlin 1990
Krippendorf, J.: Die Ferienmenschen. Für ein neues Verständnis von Freizeit und Reisen, Zürich-Schwäbisch-Hall 1984
Kurtz, W.E.: Das totale Erlebnis. In: Gruppe Neues Reisen e.V. (Hrsg.): Massentourismus – ein reizendes Thema, Berlin-Osnabrück-Hannover 1994, S. 185-188
Meffert, H.: Erfolgreiches Marketing in der Rezession, Wien 1994
Naisbitt, J.: Der Tourismus: Die Globalisierung der größten Industrie der Welt. In: Ders.: Global Paradox (New York 1994), Düsseldorf-Wien-New York-Moskau 1994, S. 135-193
Opaschowski, H.W.: Freizeitökonomie – Marketing von Erlebniswelten, 2. Aufl., Opladen 1995
Redwitz, G.: Handelsentwicklung. Wertewandel – Perspektiven für die Handelslandschaft. In: Szallies/Wiswede (Hrsg.): Wertewandel und Konsum, Landsberg/Lech 1990, S. 257-282
Romeiss-Stracke, F.: Servicequalität im Tourismus. Hrsg. v. Allgem. Dtsch. Automobilclub (ADAC), München 1995
Roth, E.: Lokomotive Tourismus. Tourismus in der Bundesrepublik Deutschland – eine Analyse der Grundlagen und Aspekte politischen Handelns, Berlin 1986
Szallies, R.: Zwischen Luxus und kalkulierter Bescheidenheit. In: R. Szallies/G. Wiswede (Hrsg.):: Wertewandel und Konsum, Landsberg/Lech 1990, S. 41-58
Smeral, E.: Tourismus 2005. Entwicklungsaspekte und Szenarien für die Tourismus- und Freizeitwirtschaft, Wien 1994
Verbraucher-Zentrale Nordrhein-Westfalen e.V. (Hrsg.): Aus der Traum vom Traumurlaub? Pauschalreise-Reklamationen, Düsseldorf 1990
Weinberg, P.: Erlebnismarketing, München 1992

Kapitel VII: Service für das Wohlbefinden. Qualitätstourismus

ADAC (Hrsg.): Service-Qualität im Tourismus (Verf.: Felicitas Romeiss-Stracke), München 1995
– Kreative Wege zum besseren Angebot. Eine Planungshilfe für Tourismus-Praktiker (Verf.: Reinhard Schober), München 1995
Albrecht, K.: Total Quality Service, Düsseldorf-Wien-New York-Moskau 1993
Bastian, H. (Hrsg., u.a.): Kundenorientierung im Touristikmanagement, München-Wien 1999
B·A·T Freizeit-Forschungsinstitut (Hrsg.): Tourismus und Lebensqualität. 2. Europäische Tourismusanalyse, Hamburg 1994
Braun, O.L.: Reisezufriedenheit. In: H. Hahn/H.J. Kagelmann (Hrsg.): Tourismuspsychologie und Tourismussoziologie, München 1993, S. 308-311
Dettmer, H. (Hrsg., u.a.): Tourismus – Marketing – Management, München-Wien 1999
Dreyer, A./Chr. Dehner: Kundenzufriedenheit im Tourismus, München-Wien 1998
DTV/Deutscher Tourismusverband e.V. (Hrsg.): Jahresbericht 1999, Bonn 1999
DWIF/Deutsches Wirtschaftswissenschaftliches Institut für Fremdenverkehr (Hrsg.): Die qualitative und quantitative Bedeutung des Fremdenverkehrs für Hamburg, München 1992
Gewald, S.: Handbuch des Touristik- und Hotelmanagement, 2. Aufl., München-Wien 2000
Hartmann, K.: Zur Psychologie des Landschaftserlebens im Tourismus. Hrsg. v. Studienkreis für Tourismus, Starnberg 1982
Horovitz, J.; Service entscheidet, Frankfurt-New York 1992
Ihlau, G./TUI: Interview. In: ADAC (Hrsg.): Service-Qualität im Tourismus, München 1995, S. 85

Kreft, M.: Europa-Park: Von der Unternehmervision zum Marktführer. In: A. Steinecke (Hrsg.): Erlebnis- und Konsumwelten, München-Wien 2000, S. 133-144
Meyer, A./F. Dornach: Das Deutsche Kundenbarometer. In: Jahrbuch der Kundenzufriedenheit in Deutschland 1997. Hrsg. v. d. Dt. Marketingvereinigung, München 1997
Opaschowski, H.W.: Zukunftsfaktor Tourismus. Eine tourismuspolitische Analyse aus der Sicht der Forschung. In: O. Feldmann (Hrsg.): Tourismus – Chance für den Standort Deutschland, Baden-Baden 1997, S. 238-247
– Event-Tourismus. In: S. Gewald (Hrsg.): Handbuch des Touristik- und Hotelmanagement, München-Wien 1999, S. 84-86
Quack, H.-D.: Die Inszenierung der Innenstadt: Das CentrO in der Neuen Mitte Oberhausen. In: A. Steinecke (Hrsg.): Erlebnis- und Konsumwelten, München-Wien 2000, S. 186-199
Roßkopf, J.W.: Mythos Individualisierung. In: Bastian, H. (Hrsg., u.a.): Kundenorientierung im Touristikmanagement, München-Wien 1999
Schober, R.: Kreative Wege zum besseren Angebot. Eine Planungshilfe für Tourismus-Praktiker. Hrsg. v. ADAC, München 1995
StfT/Studienkreis für Tourismus (Hrsg.): Mehr Ferienqualität. Dokumentation zum Modellwettbewerb des Bundesministers für Wirtschaft, Bd. I und II, Starnberg 1978
Stiftung Warentest (Hrsg.): Ferienparks. In: test Februar 2000
TAB/Büro für Technikfolgen-Abschätzung beim Deutschen Bundestag (Hrsg.): Entwicklung und Folgen des Tourismus, Berlin 1999
Tenhaf, R.: Eine „aktive Tourismusaußenpolitik" angemahnt. In: DAS PARLAMENT vom 8. Oktober 1999
Wöber, K.W./A.H. Zins: Erfolgsmessung für Tourismusdestinationen. In: TOURISMUS JOURNAL, Heft 1 (1997), S. 129-152
Zellmann, P.: Qualität im Tourismus aus freizeitpädagogischer Sicht. In: SPEKTRUM FREIZEIT, Heft 3 (1997), S. 276-288

Kapitel VIII: Immer wieder einmalig. Eventtourismus

AWA '96/Allensbacher Markt- und Werbeträger-Analysen. Hrsg v. Institut für Demoskopie Allensbach, Allensbach 1996
B·A·T Freizeit-Forschungsinstitut (Hrsg.): Tourismus und Ökonomie, Hamburg 1996
Becker, C./A. Steinecke (Hrsg.): Kulturtourismus in Europa. Wachstum ohne Grenzen?, Trier 1993
Bruhn, M.: Kommunikationspolitik, München 1997
DFP/Deutsches Fremdenverkehrspräsidium (Hrsg.): Deutscher Tourismusbericht, Bonn-Frankfurt/M. 1994
DFV/Deutscher Fremdenverkehrsverband e.V. (Hrsg.): Jahresbericht 1996, Bonn 1996
Dreyer, A./A. Krüger (Hrsg.): Sporttourismus. Management- und Marketing-Handbuch, München-Wien 1995
Dreyer, A. (Hrsg.): Kulturtourismus, München-Wien 1996
DWIF/Deutsches Wirtschaftswissenschaftliches Institut für Fremdenverkehr an der Universität München (Hrsg.): Die qualitative und quantitative Bedeutung des Fremdenverkehrs für Hamburg, München 1992
FIF/Forschungsinstitut für Freizeit und Tourismus (Hrsg.): Kultur-Events im Tourismus: Nische oder Strategische Erfolgsposition? Bern 1996
Gertschen, R.: Bedeutung von Kultur-Events für den Tourismus der Stadt Bern. In: FIF (Hrsg.): Kultur-Events im Tourismus, Bern 1996, S. 10-11
IfD/Institut für Demoskopie Allensbach (Hrsg.): Allensbacher Berichte Nr. 12, Allensbach 1996

Inden, Th.: Alles Event? Erfolg durch Erlebnismarketing, Landsberg a.L. 1993
Meier, A.: Kultur-Events im touristischen Marketing der Schweiz. In: FIF (Hrsg.): Kultur-Events im Tourismus, Bern 1996, S. 9-10
Nahrstedt, W.: Die Kulturreise. In: A. Dreyer (Hrsg.): Kulturtourismus, München-Wien 1996, S. 5-23
Nickel, O. (Hrsg.): Eventmarketing. Grundlagen und Erfolgsbeispiele, München 1998
Opaschowski, H.W.: Jugendauslandsreisen, Berlin-Neuwied 1970
– Freizeitökonomie – Marketing von Erlebniswelten, 2. Aufl., Opladen 1995
– Kathedralen des 21. Jahrhunderts. Erlebniswelten im Zeitalter der Eventkultur, Hamburg 2000
OPR/Forschungsgruppe Opaschowski/Pries/Reinhardt an der Universität Hamburg: Themenpark-Befragung 98 i.A. des VDWH, Hamburg 1998
Popcorn, F.: Der Popcorn-Report. Trends für die Zukunft („The Popcorn Report", 1991), München 1992
Rousseau, J.-J.: Emil oder über die Erziehung (1762), 3. Aufl., Paderborn 1975
Schulze, G.: Die Erlebnisgesellschaft. Kultursoziologie der Gegenwart, Frankfurt/M. 1993

Kapitel IX: Schöne Neue Urlaubswelt. Tourismusprognosen

ADAC (Hrsg.): Freizeit 2000, München 1980
Freyer, W.: Grundlagen der Zukunftsforschung und –vorhersagen im Tourismus. In: Ders.: Ganzheitlicher Tourismus, Dresden 2000, S. 551-572
Heller, A.: Der Einfall touristischer Horden führt zur Ausrottung des Schönen. In: A. Wörle/L.-W. Wolff: Erstes Allgemeines Nicht-Reise-Buch, München 1990. S. 238-242
Hoffmann, J.: Bin ich schon drin? Über die Versäumnisse und Chancen der Tourismusbranche im Zeitalter des Internet. In: Integra Nr. 2, Wien 2000, S. 2-3
Keyserlingk, Linde von: Sehnsucht nach den grünen Inseln, Hamburg 1983
Köck, Chr.: Sehnsucht Abenteuer. Auf den Spuren der Erlebnisgesellschaft, Berlin 1990
Kurtz, W.E.: Das totale Erlebnis. In.: Gruppe Neues Reisen e.V. (Hrsg.): Massentourismus – ein reizendes Thema, Berlin/Osnabrück/Hannover 1994, S. 185-188
Krippendorf, J.: Tourismus im Jahr 2010, Bern 1978
Laesser, Chr.: Destinationsmarketing im Zeitalter des Internet, Bern 1998
Messner, R.: Der Gipfel des Selbstbetrugs. In: SÜDDEUTSCHE ZEITUNG am Wochenende Nr. 98 v. 28./29. April 2001, S. 1
Meyer, T.: Marktplatz Wildnis. In: natur & kosmos, Juni 2001, S. 13-21
Nahrstedt, W.: Die Kulturreise. Neuer Reisetyp zwischen deutscher Vereinigung und europäischer Integration? In: Infodienst. Kulturpädagogische Nachrichten 37 (1995), S. 11-13
Nake-Mann, B. (u.a.): Neue Trends in Freizeit und Fremdenverkehr und ihre Auswirkungen auf ausgewählte Feriengebiete der Bundesrepublik Deutschland, Bonn 1982
Opaschowski, H.W.: Wohin die Reise geht...Unterwegs zur Zukunft des Tourismus. In: Ders.: Arbeit. Freizeit. Lebenssinn, Leverkusen 1983, S. 114-127
– Wohin die Reise geht. In: Bild der Wissenschaft 6 (1984), S. 119-123.
– Neue Urlaubsformen und Tourismustrends. In: AIEST-Edition/Vol. 26, St. Gallen 1985, S. 79-101
– Wie leben wir nach dem Jahr 2000? Szenarien über die Zukunft von Arbeit und Freizeit (Projektstudie des B·A·T Freizeit-Forschungsinstituts, 2. Aufl.), Hamburg 1988
– Auf dem Weg zur Urlaubskultur von morgen. In: Infodienst. Kulturpädagogische Nachrichten 37 (1995), S. 9-10
– Die Urlaubswelt 2010. In: Ders.: Deutschland 2010, Hamburg 2001, S. 176-199

Romeiß-Stracke, F.: Tourismuspolitik im Spiegel zukünftiger Freizeittrends. In: Informationen zur Raumplanung 1 (1983), S. 1-10
Smeral, E.: Tourismus 2005, Wien 1994
Themenheft „Tourismus und Internet“. Zeitschrift Integra 2 (2000)
Tietz, B.: Der Tourismus. Eine Analyse für die Bundesrepublik Deutschland von 1960-1990, 2 Bände, Hamburg/Saarbrücken 1980

Kapitel X: Recht auf Reisen oder Reisen verboten? Politik und Ethik im Tourismus

BKF/Beratende Kommission für Fremdenverkehr (Hrsg.): Das Schweizerische Tourismus-Konzept. Grundlagen für die Tourismuspolitik, Bern 1979
Burghoff, Chr./E. Kresta: Schöne Ferien. Tourismus zwischen Biotop und künstlichen Paradiesen, München 1995
CDU/CSU-Fraktion im Deutschen Bundestag (Arbeitsgruppe Fremdenverkehr und Tourismus (Hrsg.): Leitlinien zur Fremdenverkehrs- und Tourismuspolitik, Bonn 1992
Deutsche Gesellschaft für Freizeit (Hrsg.): Freizeitpolitik in Bund, Ländern und Gemeinden, Düsseldorf 1975
Deutscher Bundestag (Hrsg.): Unterrichtung durch die Bundesregierung: Tourismus in der Bundesrepublik Deutschland. Grundlagen und Ziele (Drucksache 7/3840), Bonn 1975.
– Antwort der Bundesregierung auf die Große Anfrage der SPD zum Thema „Fremdenverkehr“ (Drucksache 10/5454), Bonn 1986
Feldmann, O. (Hrsg): Tourismus – Chance für den Standort Deutschland, Baden-Baden 1997
Laufer, H./D. Görgmeier: Analyse der Freizeitpolitik von Bund, Ländern und Gemeinden, Bonn/München 1974
Kohl, H.: Freizeitpolitik. Ziele und Zielgruppen verbesserter Freizeitbedingungen, Frankfurt/Köln 1976
Lenz-Romeiss, F.: Freizeitpolitik von Bund, Ländern und Gemeinden, Bonn/München 1975
Mikolaschek, C./P. Mikolaschek: Freizeit als Gegenstand der Politik, Frankfurt/New York 1984
Opaschowski, H.W.: Freizeitpolitik als Gesellschaftspolitik. Die politische Aufgabe der Humanisierung des Alltags. In: Ders. (Hrsg.): Freizeitpädagogik in der Leistungsgesellschaft, 3. Aufl., Bad Heilbrunn 1977, S. 33-49
– Zukunftsfaktor Tourismus. Eine tourismuspolitische Analyse aus der Sicht der Forschung. In: O. Feldmann (Hrsg.): Tourismus, Baden-Baden 1997, S. 238-247
Präsidium der Spitzenverbände des deutschen Fremdenverkehrs (Hrsg.): Wirtschaftsfaktor Tourismus. Schwerpunkte der Tourismuspolitik in den kommenden Jahren, Bonn/ Frankfurt/M. 1984
SPD (Hrsg.): Tourismus in Deutschland. Tourismuspolitische Leitlinien, Bonn 1993
Tourismuspolitik (Schwerpunktthema). In: Der Fremdenverkehr 7 (1986)
Vanselow, H.: Steht die Tourismuspolitik der EU vor dem Aus? In: FVW 6 (2000), S. 80-83.